# 王船山公正思想研究

The Study of Wang Chuanshan's
Thought of Justice

李长泰　著

人民出版社

# 国家社科基金后期资助项目
## 出版说明

后期资助项目是国家社科基金设立的一类重要项目，旨在鼓励广大社科研究者潜心治学，支持基础研究多出优秀成果。它是经过严格评审，从接近完成的科研成果中遴选立项的。为扩大后期资助项目的影响，更好地推动学术发展，促进成果转化，全国哲学社会科学工作办公室按照"统一设计、统一标识、统一版式、形成系列"的总体要求，组织出版国家社科基金后期资助项目成果。

全国哲学社会科学工作办公室

# 目　　录

# 序

## 张立文

　　读书静虑皆自得，写作之乐景无穷。李长泰能"知止而后有定，定而后能静，静而后能安，安而后能虑，虑而后能得"。静虑自得，是其取得学术成果的奥诀，既能静虑觉解，便自然而然地赋予写作的美景而乐无穷。

　　所谓公正，简言之即公平正义，大公至正，适宜和顺。公，见于甲骨金文①。正亦见于甲骨金文②。公，《说文解字》："公，平分也。从八，从厶。八，犹背也，韩非曰'背厶为公'"。平分而不偏，不能平分便有私心，公与私相对、相反。《尚书·周官》载："以公灭私，民其允怀。"孔安国《传》："从政以公平灭私情，则民其信归之。"③《玉篇·八部》："公，平也，正也。"有平允、无私、公正的意蕴。与私相对、相背，有公众、公家之义，一心为公。《诗经》载："言私其豵，献豜于公。"毛亨传："大兽公之，小兽私之"④《韩非子》曰："人主说贤能之行，而忘兵弱地荒之祸，则私行立而公利灭矣。"⑤与私对立的公家、公众、公利。公众、公家，而有共同的公约、公议。《玉篇·八部》："公，通也。"《广韵·东韵》："公，共也。"《荀子》载："凡万物异则莫不相为蔽，此心术之公患也。"杨倞注："公，共也，所好异则相为蔽。"⑥一切事物都有差异，只看到事物的一面会造成认知的片面和局限，这是思维上共同的弊病。消除思想认识上的片面性、偏见、私利，才会达到公议，达成合约。这是在互相尊重、平等的基础上，即在公平、公正、公利的前提下共同公议而成的。

　　正，《说文》："正，是也。从止，一以止。正，古文正，从二，二，古上字。"正中、平正、不偏斜。《说文·正部》："正，是也。"饶炯部首订："'正'下云'是也'。'是'下说'直也'，义即相当无偏之谓……《书》云：'无偏无党，王

---

①　参见郭沫若：《殷契粹编》405，胡厚宣：《战后京津新获甲骨集》4111，金文：利簋、牆盘。

②　参见董作宾：《殷墟文字甲编》3940，《殷墟文字乙编》1054，金文：越盂。

③　《周官》，《尚书正义》卷18，《十三经注疏》，中华书局1980年版，第236页。

④　《七月》，《幽风》，《毛诗正义》卷8—11，《十三经注疏》，中华书局1980年版，第391页。

⑤　梁启雄：《五蠹》，《韩子浅解》，中华书局1961年版，第475—476页。

⑥　梁启雄：《解蔽》，《荀子简释》，古籍出版社1956年版，第288页。

道荡荡;无党无偏,王道平平;无反无侧,王道正直。'亦是意也。"清郝懿行《尔雅义疏·释诂下》:"《考工记·辀人》注:'正,直也。'《文选·东京赋》注:'正,中也。'中、直皆'是'之义也。"是正直、正中不偏,平正无党。人的行为合乎道德规范。《论语》载:"子曰:'晋文公谲而不正,齐桓公正而不谲。'"朱熹注:"谲,诡也。二公皆诸侯盟主,攘夷狄以尊周室者也。虽其以力假仁,心皆不正,然威公伐楚,仗义执言,是正直、公正的,不由诡道,犹为彼善于此。文公则伐卫以致楚,而阴谋以取胜,其谲甚矣。二君他事亦多类此,故夫子言此以发其隐。"①朱熹认为,他们都是以力假仁的霸道,而非王道。然而,齐威公伐楚,仗义执言,而非搞阴谋的诡道。晋文公重耳伐卫致楚,搞的是阴谋,是诡道,是非正道。这就是说,齐威公小白的行为是合乎规范的。《论语》载:"子曰:'吾自卫反鲁,然后乐正,《雅》《颂》各得其所。'"朱熹注:"鲁哀公十一年冬,孔子自卫反鲁,是时周礼在鲁,然《诗》乐亦颇残缺失次。孔子周流四方,参互考订,以知其说。晚知道终不行,故归而正之。"②使《诗》乐残缺失次得以匡正,而合乎规范标准。匡正、纠正,《论语》载:"君子食无求饱,居无求安,敏于事而慎于言,就有道而正焉,可谓好学也已。"朱熹注:"然犹不敢自是,而必就有道之人,以正其是非,则可谓好学矣。"③君子在日常生活中,食不要求满足,居住不要求舒适,工作勤劳敏捷,说话谨慎,到有道人那里去匡正,端正是非,但要求味道纯正不杂。《韩非子》载:"屈到嗜芰,文王嗜菖蒲菹,非正味也,而二贤尚之,所味不必美。"梁启雄引太田方曰:"屈到,楚卿屈荡子,子夕也。芰,菱也……《周礼·醢人》注:'昌本昌蒲根,切之四寸,为菹。'菹,酢菜也。"④菱和酢菜,味道不一定美味纯正。所以有要求美好、善、完善。《仪礼》载:"三加曰,以岁之正,以月之令,咸加尔服。"郑玄注:"正,犹善也;咸,皆也。"⑤以岁为完善,美好。"大木百寻,根积深也;沧海万仞,众流成也。""公正"范畴,在中国哲学理论系统中,根深流远。反思公正思想的思想,为道屡迁,各变所适,为使公正理论思维生生不息。

其一,公与私、公利与私利、公约与私约、公议与私议、公家与私家,构成

①　《宪问》,《论语集注》卷7,《朱子全书》第6册,上海古籍出版社、安徽教育出版社2002年版,第191页。
②　《子罕》,《论语集注》卷5,《朱子全书》第6册,上海古籍出版社、安徽教育出版社2002年版,第144页。
③　《学而》,《论语集注》卷1,《朱子全书》第6册,上海古籍出版社、安徽教育出版社2002年版,第73页。
④　《难四·四》,《韩子浅解》,中华书局1961年版,第388页。
⑤　《士冠礼》,《仪礼注疏》卷3,《十三经注疏》,中华书局1980年版,第957页。

公私内涵致广大的逻辑结构。"公"与"私"是中国伦理道德的主要的观念范畴。人在社会的日常生活中,无时无刻不面临公与私的抉择。从伦理学的视域而观察公与私、公利与私利,是主体所追求的两种相互相连又相分相别的道德价值指向;从价值学的视域来反思,公与私、公约与私约、公议与私议是一种特殊的主客体关系的反映,是满足主体与客体相互不同需要的价值内涵;从社会学的角度而言,公与私、公家与私家、公众与私人,是主体与客体中所体现的物质利益和精神利益的需要。凡此种种,统摄为公私,作为内在的与外在的伦理道德,心灵动机与伦理道德行为活动,是心性伦理道德主体推致道德行为实践的结果。

公与私、公利与私利,是指主客体实践活动中自觉、自主追求实现客观公利的目标、结果与主观深层意识内涵的价值导向、指向的融合。公利是指在一定社会历史条件下国家、民族乃至全人类的根本利益。公利只计是否应该,是否合乎人之为人的应然的原则和使命,而不计是否会对主体自我构成灾害、患难和凶险。私利是指专注能否实现主体自身私欲、物欲等需要的个体利益。私利不顾人之为人的基本的应然的原则和使命,只顾主体自我行为活动的获利需要和成功趋向和目的,以致损公利己,假公济私,以满足自己私利的需要。

公约、公议、公家,是为大家、大多数人的普遍利益着想,是一种公天下的道德行为的实践,它是指主体行为实践活动以追求满足大多数人需要为最高价值,蕴涵着"己所不欲,勿施于人""己欲立而立人,己欲达而达人"的"泛爱众"的精神世界。在主体与客体的融合中,主体既要扩充、提升人的道德价值、人格尊严、心灵素质,又要使客体道问学转化主体的尊德性,以达主体融入赞天地之化育之中。私约、私议、私家,是指主体实践的行为活动,追求满足个人、家族、某个政治集团、政治联盟、军事条约的财产、权力、土地、势力范围,或以力假仁,或以强凌弱,或以富欺贫,或以战压人,以其维护霸主为最高价值,以天下为其一人的私物,而完全不顾人类的利益和需要、人民的诉求和全球的未来。

其二,公平与正义、平分、平允、平正、正中、正是、正直。从公私主体与客体关系的价值差分与融合,而推致公平与正义的价值活动,心性道德主体在何种性质、程度和方式、形态上满足客体的社会何种需要,这是从价值学意义上对平分、平允、平正的考察;从伦理学的视域来反思,正中、正是、正义而不私、不偏、不倚,是伦理道德主体所追求的价值目标。公平的平,《说文》:"平,语平舒也。从亏,从八。八,分也。"有公正之义。《国语》载:"正七体以役心,平八索以成人。"韦昭注:"七体,七窍也……平,正也。八索,谓八体,以应八卦也。谓乾为首,坤为腹,震为足,巽为股,离为目,兑为口,坎为耳,艮为手。"①《商君书·靳令》:"法平则吏无奸。"公平是一种衡量的标准,《淮南子》载:"衡之于左右,无私轻重,故可以为平。绳之于内外,无私曲直,故可以为正。"②衡量左右和准绳内外,既无私轻重,又无私曲直,便公平又公正。公平公正而无私无偏,就能和睦、和谐。《广韵·庚韵》:"平,和也。"《左传》载:"夏,盟于艾,始平于齐也。"杜预注:"今乃弃恶结好,故言始平于齐。"③夏天在艾地结盟,与齐国和媾和、和好、和睦、和好而能使天下太平。《大学》曰:"意诚而后心正,心正而后身修,身修而后家齐,家齐而后国治,国治而后天下平。"心正就能实现公平、平分、平允、平正。在实践中才能做到正中、正是、正直,而符合正义的道德价值。义见于甲骨金文④。《说文》:"义,己之威仪也。从我羊。"朱骏声《说文通训定声》:"经传多以仪为之。"义古当作仪。义有公平、公正的意思。《管子》载:"量之不可使概,至满而止,正也。唯无不流,至平而止,义也。"黎翔凤注:"注于器,满则止,不可加剩。如此者,义也。方圆邪曲,无所不流。平则止,不可增高。如此者,义也。"⑤量满而止,流平而止,为正义。正义的行为是正当、正派、正直的。《周易·系辞下》曰:"理财、正辞、禁民为非曰义。"孔颖达疏:"圣人治理其财用之有节,正定号令之辞,出之以理,禁约其民为非辟之事,勿使行恶,是谓之义。"⑥理财、正辞、禁民为非,勿使行恶,这是合适、合宜的正当、正派、正直的行为活动。《释名·释言语》:"义,宜也。裁制事物使合宜也。"《尚书》载:"用其义刑义杀,勿庸以次汝封。"孔安国传:"义,宜也。用旧法典刑宜于时世者以刑杀,勿用以就汝封之心所安。"⑦《韩非子·解老》曰:"义者,谓之义也,宜而为之。"既正当、正直而又合适、合宜,便是美好和善的。《诗经》载:"宣昭义问,有虞殷自天。"毛亨传:"义,善,虞,度也。笺云:宣遍有又也。天之大命已不可改易矣。当使子孙长行之,无终女身则止,遍明以礼义,问老成人,又度殷所以顺天之事而施行之。"⑧义为善,就顺天的事业而实行,是合乎礼义的。

其三,善与恶。公、公利、公平、平正、正直、正义,其道德价值评价均为

① 《郑语》,《国语集解》卷16,中华书局2002年版,第470页。
② 《主术训》,《淮南鸿烈集解》卷9,中华书局1989年版,第276页。
③ 《隐公六年》,《春秋左传正义》卷4,《十三经注疏》,中华书局1980年版,第1731页。
④ 参见《甲骨缀合编》,2.49,《殷墟书契后编》下,30.12,金文:《蔡庚盘》《墙盘》等。
⑤ 《水地》,《管子校注》卷14,中华书局2004年版,第814页。
⑥ 《系辞下》,《周易正义》卷8,《十三经注疏》,中华书局1980年版,第86页。
⑦ 《康诏》,尚书正义,卷14,《十三经注疏》,中华书局1980年版,第204页。
⑧ 《大雅·文王》,《毛诗正义》卷16—1,《十三经注疏》,中华书局1980年版,第505页。

善,私、私利是为罪恶之源,不公平、不正直、不正义都是由私心所导致。由人性、人生理想、人格塑造中所认同的道德规范原则、原理、标准和价值目标,通过各方式、形态的中介,对人的本质属性及与此相联系的人的道德实践活动的行为作出评价和善恶的判断,是对某一对象所持的褒贬的表现方式,亦是提升人和社会道德水平的一种有力的方法。善恶道德评价是人自我反思、自我完善的特殊价值活动,是道德反思完善功能的实践活动。道德价值评价渗透于全部道德实践活动,包括主体外在道德世界和内在的道德世界,即主体外在的道德传统、行为、舆论、秩序、关系和主体内在的道德心理、观念、意志、情感、知识、理想等活动。中国古代思想家、哲学家、教育家往往把内在道德世界的善恶评价,说成是被人所固有的本性、本质;把外在道德世界的各种实践活动,说成是被内在道德世界所支配与主宰。善是指人的某一行为和事件符合一定的道德规范、原则、原理的肯定的评价。恶是指其违背一定的道德规范、原则、原理而作出的否定的评价。但随着社会的发展,人文语境的变化,以及各民族价值观的差分,善恶道德评价亦随之变化而差分,统治集团或某些强势国家往往以自己善恶价值观为唯一的评价标准,凌驾于其他国家、民族之上,便会导致不善和恶的后果。①

善恶道德评价。善,金文《毛公鼎》作"善效乃友正"。《说文》:"善,吉也。从誩从羊,此与义、美同意。"所以义和美都有善的意蕴。《说文》:"恶,过也。"有过失、过错、过恶,不善为过。《尚书·毕命》载:彰善瘅恶,树之风声。表彰善的道德行为,消除恶的非道德行为,以树立善的社会风气,促使自我与社会治理的完善。《尚书·蔡仲之命》载:"为善不同,同归于治;为恶不同,同归于乱。"②治国理政,善政,德政,社会治理,安定,人民安居乐业;恶政,社会动乱,人民遭殃受苦。外在善恶道德行为受内在道德心理、意识支配。《国语》载:"夫民劳则思,思则善心生;逸则淫,淫则忘善,忘善则恶心生。"韦昭注:"民劳于事,则思俭约,故善心生也。"③善心与恶心的道德意识,是在民劳与淫逸的社会环境下得到产生、滋长。《韩非子》曰:"祸难生于邪心,邪心诱于可欲。可欲之类,进则教良民为奸,退则今善人有祸。奸起则上侵弱者,祸至则民人多伤。"④邪心即恶心,奸邪便诱使欲心生,欲心教化百姓为奸邪,使善人有祸殃。奸与祸使弱者受侵犯,人民多损伤。所

① 参见张立文:《公私、义利、善恶》,《中国哲学范畴发展史》(人道篇),中国人民大学出版社1995年版。
② 《蔡仲之命》,《尚书正义》卷17,《十三经注疏》,中华书局1980年版,第227页。
③ 《鲁语下》,《国语集解》卷5,中华书局2002年版,第194页。
④ 《解老》,《韩子浅解》,中华书局1961年版,第155页。

以奸邪的恶心是祸国害民、乱世伤民的罪恶行为。

中国哲学理论思维上的公正三义，经初步梳理，既考究源流，又探赜意蕴，明清之际的哲学大家王船山的"公正思想有继往开来的作用，是对明清价值论的转型和重构"。学术界、哲学界、思想界近六七十年来，对船山思想哲学甚为重视，专著、论文数以千万计，然对其公正思想研究的专著不多，李长泰教授的《王船山公正思想研究》可谓是创新之作，他从王船山公正内涵、原因、路径三方面展开，从公正的范畴论、天道公正论、人道公正论、心治公正论、礼治公正论、治民公正论、治制公正论、评价公正论八层面对公正思想作致广大而尽精微的全面、系统的探索和分析，特别是其智能创造地彰显其公正思想范畴间的内在逻辑理路，从公正哲学理论思维的概念、范畴间错综复杂的融突联系中构建其公正思想的逻辑结构，从而开出王船山哲学理论思维的新生面、新气象、新识度，可谓是对王船山思想研究的新贡献。

是为序。

于中国人民大学孔子研究院

2021 年 10 月 12 日

# 绪　　论

明末清初时期,中国思想家开始对宋明理学进行反思与总结,其学术思想特征是理学向实学、气学转向,经世致用成为这一时期哲学思潮的主流,学术思想的核心话题是气与用;以心、性、理为核心范畴的探赜与辨正逐渐转换为以理、气、欲为关键语词的考辨与致用,人文学术语境逐渐发生转移。王船山是明末清初的思想家,他对以朱子学为首的宋明理学进行了总结与反思,综罗了先圣先哲的思想,继往而开来,返本而开新,在明清思想史与哲学史上具有重要的学术思想地位。船山思想博大精深,钩深致远,学术界对其思想的研究多维多面,用功颇深,成果丰硕,这些研究体现了学者的学术使命和学术责任,是对中国传统文化研究的贡献,也是传承国学、弘扬国学和发展国学的历史责任和使命担当。特别是21世纪以来,船山学成为国内外学术界研究的重大领域,研究船山思想的学人风起潮涌,推动了中国传统文化的传承和创新,提升了中国古代思想的地位和中国传统文化的价值,为国学的复兴和开新奠定了重要的作用。当今时世,对中国传统文化的研究需要挖掘和诠释更多的经典原著和思想文本,以迎接西方文化对中国社会的挑战和应对社会的极度世俗化、市场化的倾向。通过对古代经典文本的诠释、增加新文本的研究和转换文本诠释的视野路径,以实现过于西化的中国社会转向中西互融互通、中西互释互补,增强中国文化向心力和中国文化自信。船山思想文本是这种互融互通和互释互补的重要文本,对船山经典文本的研究无疑是中华民族伟大复兴战略中的文本诠释的重要内容。

在中国古代思想文化中,以仁义为核心的儒家思想占据主导地位,在古代中国昌盛流行两千多年,而经世致用说明儒家思想文化实现理论性与现实性的结合。儒家思想对当代中国和世界同样具有重要的时代价值和启迪意义,其大仁大义、公平公正、和平共处是中华民族的核心价值观,追求大同理想,"人同此心,心同此理"①。张立文先生说:"中国传统和合文化与人类命运共同体的天下观、伙伴观、仁爱观、和合观、发展观交感联通、智能相应。"②

---

① 《内篇三·辨似》卷三,《文史通义校注》,中华书局2014年版,第395页。

② 张立文:《中国传统和合文化与人类命运共同体》,《中国人民大学学报》2019年第3期。

仁义公正、和平发展也是全世界各民族共同的发展理念和价值目标。从历史层面考察,中西文化都有着共同的和平发展思想,公平公正也是中西思想文化共同的价值理想。天下殊途而同归,百虑而一致,中西文化的交融汇通需要挖掘各自的文化思想精华,中西学者都在努力研究,不虚此命。中国自古以来就有正义观,代代相传,一脉相承。王船山思想是中国传统文化思想的重要组成部分,仁义公正、大公至正、和谐正义是其思想的重要内容,对其公平公正思想的研究和挖掘是船山学研究的重要任务。基于中国传统文化研究的使命和责任,本书力图挖掘和厘清船山的公正思想,将仁义思想与公正思想相结合,揭示船山公正思想的深刻内涵和主要内容,开拓船山思想的现实运用,以利于中国传统文化的传播和运用,提升中华民族的文化自信。

中国传统文化的传承与开新是中华民族伟大复兴的重要内容和任务,民族复兴需要精神文化支撑,中华民族崛起以文化为根本,以经济为基础。王船山思想传承了先秦以来的儒家精神文化道统,综罗百家百代,开启了思想走向启蒙的大门,当代学者研究船山思想是推动中华民族伟大复兴的使命与责任之一。当今中国倡导富强、民主、文明、和谐,自由、平等、公正、法治,爱国、敬业、诚信、友善的社会主义核心价值观从国家、社会、个人三大维度来归纳其价值目标、价值取向和价值准则。而公正就是社会主义核心价值观的重要内容之一。对船山公正思想的研究无疑是丰富社会主义核心价值观的内在要求和文化诠解。挖掘古代思想传统,诠释古典文化精义,返本开新,推陈出新,古为今用,继往开来,推动中国传统文化精神思想的现代化与现代转型是当代学人义不容辞的责任。当今学者深知船山学思想的博大精深,希冀通过研究船山思想,诠释其思想的广大和精微,推行其价值的具体妙用,很多学者潜心尽力,以毕生心血研究船山思想,希望将船山思想展露于天下。王船山是湖湘文化的重要代表,对其公正思想的研究目前还没有较好地展开,随着研究的深入,学者研究船山公正思想必然是船山学研究的重要组成部分。

## 一、公正问题的提出

### (一) 王船山公正思想的索据

王船山(1619—1692),名夫之,字而农,号姜斋,人称"船山先生"是明末清初的思想家,他在思想上的贡献主要是对宋明理学进行总结归纳和反思推进,实现了宋明理学、陆王心学向明清气学的转换,并且集成了气学之大成。一般学界认为船山哲学以理学、气学为中心,反对陆王心学。船山认为阳明心学的"良知"说是"导淫邪,堕名义,举世狂和之而莫能止"①,其学术心路是要实现理、气、形、神的互通互释,专注于理、气、器、欲范畴的探赜索隐与范畴之间的关系辨正,将宋明的理学、气学和心学融为一体,和合贯通。船山学术思想主体是哲学,以气学为宗,以理学为切入点,兼理、气、心、性、欲的关系考辨,形成了以气学为主体的哲学思想,张立文先生认为船山学是"气体学的集成"②。学术界对船山哲学的研究多专注于哲学形而上学的追踪,突出了对船山理气、体用关系的探究与省察。

王船山哲学思想除了形而上的哲学内容,还有伦理道德思想的发挥与建构,学术界对其伦理思想研究实际上也是对其哲学研究的内容之一。船山伦理思想极其丰富,伦理思想中有德法、善恶、公私、义利、孝廉、荣耻等方面的价值观导引和价值观辨正。

王船山哲学思想中是否有公正思想呢? 学术界一般没有直接提出船山公正思想研究的主题,没有明确讨论船山公正思想方面的话题。船山学研究更多地从宏观领域关注船山哲学思想研究,具体到船山公正范畴的研究暂时还没有涉及。学术界更多地关注船山哲学范畴特别是中国哲学视阈中思想和中国传统伦理视界的价值观,认为船山学是理学向气学的转换与生成,其理学思想也是以儒家道统思想为学脉的思想,而儒家道统还是偏重于天人、理气、善恶、心性、义利、名实、道德、公私等具有中国哲学和中国伦理范畴逻辑结构体系的建构和辨析,而"公正"一词在中国哲学和中国传统伦理的范畴体系中使用并不多见,因此船山公正思想问题的讨论并没有多少,甚至根本就没有成为船山思想研究的话题和主题。同时,自新中国成立以来,中国哲学范式的建构主要是基于西方哲学范式和马克思主义哲学体系的范式建立起来的,以西释中,以西方哲学范式建构中国哲学体系是学者们的主要思路,对船山学的研究自然受到这一范式和模式的影响,因此,对船山思想的研究多从其哲学的本体哲学、历史哲学、认识论等多个宏观视野去研究,注重船山哲学"史"的研究,这是近几十年船山学研究的主要领域和学术取向。正是基于以上原因,学者们甚至怀疑王船山是否提出了公正思想的问题。实际上,船山确实提出了公正的问题,有公正思想的论述,并且对公正思想的论述贯穿到船山各大学术著作之中。

"公正"一词在中国古代文献中就已经出现并使用,从先秦诸子哲学至宋明理学都有一定篇幅的论述。"公正"一词多与"无私"并用,并称"公正

---

① 《礼记章句》,《船山全书》(第四册),岳麓书社2011年版,第669页。
② 张立文:《中国哲学思潮发展史》,人民出版社2014年版,第1395页。

无私"。《白虎通义》言:"公者,通也。公正无私之意也"①,"公之为言公正无私也"②,公正而无私。荀子言:"公正无私,反见从横。"③唐代孔颖达在《周易正义》中疏曰:"王庭是百官所在之处,以君子决小人,故可以显然发扬决断之事于王者之庭,示公正而无私隐也。"④宋明理学也提到"公正",程子言"所居者广,所位者正,所道者大,天下至中至大之所",⑤"得其公正",朱子言"只是好恶当理,便是公正"。⑥公正思想在中国古圣先贤那里确定是有的,也是明显的,明确提出了"公正"范畴,公正的思想就是指无私的思想,公正是相对于"私"而言。儒家学脉必然传承公正无私的思想,公正思想到了宋明时期明显继承了公正无私的思想传统。船山学以宋明理学为核心话题,是接着宋明理学讲的学术,对宋明理学进行总结与反思,继往开来,推陈出新,必然有公平公正的思想传承。实际上,王船山提到了公正的问题,他说:"治国推教而必有恒政,故既以孝弟慈为教本,而尤必通其意于法制,以旁行于理财用人之中,而纳民于清明公正之道。"⑦船山经常提出大公无私和大公至正,"如尧授天下于舜,所性之理,大公无私,而顺受得宜者,既尽乎己性之德"⑧,"故臣民一率其举错用缓之公,知其大公至正而归之也"⑨。船山的"清明公正""大公至正""大公无私"语词是其对公正思想的明确表达,他说的"大公无私""大公至正"的观点即是他对公正思想的论述,并且篇幅相当多。因此,船山学术思想中确定有公正思想的内容和篇幅,并且在《船山遗书》中从头至尾都贯穿了公正思想,其公正思想与理气论、体用论、理欲论等论述融为一体。

王船山有丰富的公正思想还可以从其内容上得到有力确证。船山的民本思想主张以民为本,治国、治天下以公正之道治理天下黎民,当政者先正己以正人:"以善教正民好,而心得者见之施行;不恃法而法简矣,不尚刑而刑静矣。此乃以己之正,正人之不正之要道也。"⑩船山认为公正源于天道的公正和人道的公正,从本原上说,天人本身即是公正的主体,因此在社会

①　陈立:《爵》卷一,《白虎通疏证》,中华书局1994年版,第7页。
②　陈立:《爵》卷一,《白虎通疏证》,中华书局1994年版,第17页。
③　王先谦:《赋篇第二十六》卷十八,《荀子集解》,中华书局1988年版,第480页。
④　阮元:《周易正义》,《十三经注疏》,中华书局1980年版,第56页。
⑤　程颢、程颐:《河南程氏遗书》卷第九,《二程集》,中华书局1981年版,第104页。
⑥　黎靖德:《朱子语类》,中华书局1986年版,第645页。
⑦　《读四书大全说》,《船山全书》(第六册),岳麓书社2011年版,第438页。
⑧　《读四书大全说》,《船山全书》(第六册),岳麓书社2011年版,第638页。
⑨　《读四书大全说》,《船山全书》(第六册),岳麓书社2011年版,第442页。
⑩　《四书训义》,《船山全书》(第七册),岳麓书社2011年版,第278页。

管理和国家治理中要建构公正的原则,实施公正的路径。船山主张通过自治、礼治、治民、治制的路径,达到公正的目的:"礼原于天而为生人之本,性之藏而命之主也,得之者生,失之者死,天下国家以之而正,唯圣人知天人之合于斯而不可斯须去,所为继天而育物也。"①通过法治、礼治达到社会公正,礼治与法治相结合达到公正,这些都是公正思想,因此王船山有较丰富的公正思想是确信无疑的。船山公正思想的具体内容将在后面的篇章中详尽论述。

　　或许有学者质疑,船山有公平正义思想,而不是公正思想,不应将船山的公平大义思想归结为公正思想。此种质疑确有其道理,但这里说的公正思想与公平大义思想还不是同一个范畴,即是说公平大义思想与公正思想归属不同学科研究范围。公平大义思想在学科研究归属上更与中国哲学接近,主要从宏观上专注于仁义、义利等本体范畴上的思想研究,注重天人关系体系下的人人关系上的推演和建构,其根源于天道,对于具体的精微细则措施制度则没有详细的规制;而公正思想则在学科研究归属上与伦理学更接近,是一种道德价值判断,主要从更具体的细节上专注于公正的法则等伦理制度上的思想研究,注重大义原则下的人人关系上的演生与规范,其根源于善的原则,即是说在公平正义的原则下形成具有人人关系上的伦理而建构较详细的公正规则。公平大义一般在日常生活的语境中使用,公正则在郑重和正式的语境中运用,正如王海明教授说:"公平与公道,一般用于社会生活的各种日常领域","公正则介于正义与公平或公道之间:它比公平和公道更郑重一些,比正义更平常一些,因而适用于任何场合"。② 王海明教授还说:"公正是一种关于行为应该如何的道德原则,因而只能是行为所具有的属性。"③公正的价值内涵注重"相称"和"应当",公正即是说各司其职,是各得其应得的意思。法律上讲公正是说得其应得的部分,即"法律的基本原则是:为人诚实,不损害他人,给予每个人他应得的部分"④。按照公正的"应得"内涵,王船山的公平大义思想是天人关系上的探究辨正,而公正思想则是人人关系行为上的规则与制度的辨正。王船山在心治、民治、法治、礼治等各个方面都有人人关系的公正规制,人人关系在此规制下广大而精微,既是宏观的公平正义的大道原则,更是具体细致的公正原则,比公平大义思想更细微全面,属于公正思想的范畴体系。西方在公正的内涵上追

---

①　《礼记章句》,《船山全书》(第四册),岳麓书社 2011 年版,第 571 页。
②　王海明:《伦理学原理》,北京大学出版社 2005 年版,第 221 页。
③　王海明:《公正与人道》,商务印书馆 2010 年版,第 21 页。
④　查士丁尼:《法学总论》,张企泰译,商务印书馆 1989 年版,第 1 页。

求应得之义,认为公正源自天赋人权和同为人的类的平等,既是天赋人权应得之义,又是类本性的应得之义,可以如同这样理解:"看清了,我不是一条狗,而是和你一样的人","每个人都把他人当做与自己自然平等的主体或与自己一样的人来看待",①同类的人应得到公正待遇。中国在公正内涵上除了应得之义外,还注重一种"大""宜""和""顺"的意义,公正源自天地人之道的本原,既有天道所给予的应得之义,还有人作为类的本性的应得之义。基于以上公正与公平范畴的对比分析,本书提出船山公正范畴思想的主题完全有理有据,船山公正思想并不是空穴来风和无中生有,船山有着丰富的公正思想确信无疑。

(二) 公正思想的经世取向

王船山是明末清初的思想家,其哲学思想的出现与历史时代背景息息相关。哲学是时代精神的精华,哲学思想的出现迎合了时代发展的需要。船山的学术思想是对明末清初社会动荡、激烈变化的回应,他提出公正思想符合历史时代的需要。船山思想博大精深,"纵贯周秦百家和两汉经学,魏晋玄学,隋唐佛、道之学和宋明理学;横摄经学、史学、子学、集学;博通诗、词、歌、赋。其学术思想之广大,成就造诣之高深,在中国学术史上可谓罕有者之一。其学术思想的心路历程,是以救世救心为主旨。"②正因为船山的哲学迎合了时代的话题转向,他才能担当实现救世救心的学术重任。船山独自隐居湖南衡阳,潜心学术研究,是儒家经世致用学术特征的体现,也体现了明末清初学术界思想转型与重构的共同特征。船山思想接续了宋明理学一脉,集各家学说之大成,但对宋明理学之"理"并没有照着讲,而是将"理"朝着"气"的方向上发展,将理学逐渐转换成气学。王船山以气本论为哲学宗旨,开出了"气"存在的合理性,将理本气末颠倒过来,这为人欲的存在提供了形而上的哲学依据,说明理不再处于至高无上的地位,天理不可随便压迫人欲,世界是由气构成的,人欲也是气,人欲存在具有合理性和合法性。王船山说:"人之所见为太虚者,气也,非虚也。虚涵气,气充虚,无有所谓无者。"③以气为本,必然能够证明人欲存在具有合理性,因为在朱子理学中理为本,气为末,舍末求本,人欲即是气,气与理的矛盾最终以存天理、灭人欲来解决,合理的人欲也被割掉。船山说:"廉耻刊而欲知足,礼乐之实丧而欲知阜,天地之大,山海之富,未有能厌鞠人之欲者矣。故有余不足,

---

① 塞缪尔·普芬道夫:《人和公民的自然法义务》,鞠成伟译,商务印书馆 2010 年版,第110页。

② 张立文:《正学与开新——王船山哲学思想研究》,人民出版社 2001 年版,第 1 页。

③ 《张子正蒙注》,《船山全书》(第十二册),岳麓书社 2011 年版,第 30 页。

九一成之准,而其数亦因之。"①船山的意思是有的富有,有的不足,人欲的存在没有一个统一的标准,人人都有需求,不能抑制合理的人欲。合理的人欲是人应得的欲,肯定合理人欲的合理性,即是公正思想要论证的。船山理欲论即是公正论的内容之一。将理本论转换成气本论,凸显了船山学对朱子理学的转型与重构,这也是学者对船山思想定位为"独成一脉"的重要原因。梁启超说:"非朱非王,独立自成一派,当推王夫之(船山)。船山是湖南人,他这一派,叫湖湘学派,在北宋时为周濂溪,在南宋时为张南轩,中间很消沉,至船山而复盛。他独居讲学,并无师承。"②王船山思想独成一派,这是对朱子理学的转型与重构。实际上自明代以来的吴廷翰、王廷相、颜元等思想家的学术思想都是对宋代理学、阳明心学的转型和重构,气学成为明清时期的显学,王船山是明清哲学思潮转型和重构的重要代表之一,凸显明清哲学的经世致用旨趣,为明清思想的启蒙起了引导作用。刘宗周、黄宗羲、王船山、顾炎武等明末清初思想家都是明清时代哲学核心话题转换的代表。

　　船山学对宋明理学的转型与重构,目的是将哲学话题转向为经世与致用。船山的学说具有经世取向。王船山主张权变和经世:"制天下有权,权者,轻重适如其分之准也,非诡重为轻、诡轻为重,以欺世而行其私也。重也,而予之以重,适如其数;轻也,而予之以轻,适如其数;持其平而不忧其忒,权之所审,物莫能越也。"③权变是为了适应时代变化的需要,权变也要恰如其分,不能过犹不及。在明末清初,社会动荡,作为意识形态的朱子理学不能顺应时代潮流,必须实现哲学话题的转向。王船山认为权变是为了救民救心,"经者天下之体也,权者吾心之用也"④。经世与权变的目的是达到天下致用,"乃以俟用者为'所',则必实有其体,以用乎俟用而可以有功者为'能',则必实有其用。体俟用,则因'所'以发'能';用乎体,则'能'必副其'所'。体用一依其实,不背其故,而名实各相称矣。"⑤王船山主张体用合一,实质是为了颠覆朱子理学、阳明心学的空谈心、性、理的学风,达到经世致用的目的。船山学的经世与致用取向,使其思想能够直面社会问题,解决社会人际纷争,公平公正问题即是当时社会政治需要直接面对的问题,因此船山公正思想是其经世致用思想的一个重要方面和学术宗旨的反映。

　　① 《诗方传》,《船山全书》(第三册),岳麓书社 2011 年版,第 394 页。
　　② 《儒家哲学》,《饮冰室合集》(第十二册),中华书局 1989 年版,第 62 页。
　　③ 《读通鉴论》,《船山全书》(第十册),岳麓书社 2011 年版,第 736 页。
　　④ 《读四书大全说》,《船山全书》(第六册),岳麓书社 2011 年版,第 741 页。
　　⑤ 《尚书引义》,《船山全书》(第二册),岳麓书社 2011 年版,第 376 页。

（三）船山研究的返本开新

船山学独成一脉，将理学、心学向气学转换，气本理末，理气互动，别开生面，此种学术主张为船山伦理思想的形成提供了独特的思维路径。船山学的学术径路首先注重返本，即是回到古圣先贤的经典经学，追根溯源，探赜索隐，钩深致远。返本是对古代经典文本的追溯与阐释，回归到经学经典本身中去，剔除学者对经典的歪曲诠释，矫正学术思想，同时在返本的基础上，提出自己的学术主张，别开生面。船山学在理气、道器、心性、性命等哲学问题上进行了探索和研究，与以往古代哲学思想有很大的不同，既具有承上启下的性质，又具有批判发展的特征，实际上船山学术思想展现了推陈出新的学风，与黄宗羲的学术风格具有异曲同工之妙。船山学的别开生面可从理欲关系中看出，他认为人的基本人欲应该得到承认和确立，"嗜杀人，自在人欲之外。盖谓之曰'人欲'，则犹为人之所欲也，如口嗜刍豢，自异于为鸟兽之嗜荐草。'爱之欲其生，恶之欲其死'，犹人欲也；若兴兵构怨之君，非所恶而亦欲杀之，直是虎狼之欲、蛇蝎之欲。此唯乱世多有之，好战乐杀以快其凶性，乃天地不祥之气，不可以人理论。此种人便声色货利上不深，也是兽心用事。"①合理的人欲不是穷凶极恶，应该给予合理的地位。王廷相也是这样认为："道化未立，我固知民之多夫人心也。道心亦与生而固有，观夫虎之负子，乌之反哺，鸡之呼食，豺之祭兽，可知矣。道化既立，我固知民之多夫道心也，人心亦与生而恒存。观夫饮食男女，人所同欲，贫贱夭病，人所同恶，可知矣。谓物欲蔽之，非其本性，然则贫贱夭病，人所愿乎哉？"②基本的生存欲望应该得到保证。船山学的思想往往都别开生面，推陈出新，继往开来。船山在德业关系上也明显表现出推陈出新的学风。儒家一贯主张盛德，船山则主张盛德与大业同行，"唯《易》全体此道以为教，故圣人于《易》，可以释其忧，以偕百姓而同归于道，由此而盛德着，大业兴。一阴一阳之道为《易》之蕴，而具于人性之中也如此，诚至极而无可尚矣。"③德业俱立，目的是推动黎民百姓创立事业，实现生存发展的愿望。张立文先生将船山学定位为正学与开新④，这一定位比较中肯，本人将船山思想定位为返本与开新⑤，开新即是指别开生面。

船山学的返本与开新为其公正思想的确立打通了学术思想发展的路

---

① 《读四书大全说》，《船山全书》（第六册），岳麓书社 2011 年版，第 900 页。
② 王廷相：《慎言》，《王廷相集》（第三册），中华书局 1989 年版，第 766 页。
③ 《周易内传》，《船山全书》（第一册），岳麓书社 2011 年版，第 528 页。
④ 参见张立文：《正学与开新——王船山哲学思想》，人民出版社 2001 年版，第 1 页。
⑤ 参见李长泰：《王船山"明德"释义发微》，《船山学刊》2012 年第 2 期。

径。公正思想超越了公平大义的思维,需要具体而微的精微规则和规制。因为当时社会处于动荡之中,社会的公平正义出现了问题,船山的公正思想着手回应社会的不公正问题。公正问题需要大道行善、制定规则、矫正关系,船山在其著作中从自治公正、礼治公正、政治公正、美德公正等多个维度论述了他的公正思想,既返本,又开新,可谓别开生面,跳出传统的理气之辩、理欲的视阈,是对公平正义思想的全面推进,正是其“六经责我开生面”①的反映。基于船山“天下兴亡,匹夫有责”的大丈夫责任意识和学术担当精神,船山开启公正思想必然有其可能性,合时合理。

## 二、学界研究的现状

目前,学术界对公正思想的研究比较多,特别是学者对西方公正思想的研究非常多,关于公正问题的研究涉及法律的公正、社会的公正、文化的公正、政治的公正,与此相关的领域主要有法学、社会学、哲学、政治学等意义上的公正问题,关于公正问题的研究主要集中在法学、社会学和哲学三大学科。从哲学和文化的视角上看,学者们有的将正义思想研究与公正思想研究结合起来,将哲学与社会的公正问题进行结合研究,研究专著有李洁的《公正与仁爱》、吴忠民的《社会公正论》、张映芹的《制度理性与福利公正》、任映红的《中国共产党的社会公正观研究》、黄显中的《公正德性论》、唐代兴的《公正伦理与制度道德》、宋增伟的《制度公正与人的全面发展》、安巧珍的《马克思公正思想研究》等。学术界对中国古代公正思想有一定的研究,但多是以论文的形式出现,形成系统性的研究专著成果不是很多,对中国古代公正观的研究领域主要在哲学领域,研究中国思想史中的公正观念,从宏观思想观念上研究古代的公正思想和传统的公正观。以杨国荣教授为主要代表研究了古代思想史的公正观念,提出了公正与正义的基本区分。他说:“‘公’和‘正’分别具有认识论与价值论两个方面的内涵。从认识论的层面看,中国思想家所讲的‘公’,往往关乎一种客观的视域,‘正’则意味着合乎事实。价值观意义上的‘公’,首先与通常所说的‘公共性’相关,但又不完全等同于作为现代观念的‘公共性’,其一般含义在于超越个体性和私人性。‘公正’连用往往更多地涉及价值观的意义。从价值观上说,公正总体上是要求公平、公道地对待群体中的每一成员。”②杨教授的研

---

① “六经责我开生面,七尺从天乞活理”,这是清初文化大家王夫之自题画像的中堂联。
② 杨国荣:《“公”与“正”及公正观念——兼辨“公正”与“正义”》,《天津社会科学》2011年第5期。

究突出了中国古代思想史的公正观念,研究视角以中国伦理范畴的内涵为切入点,在中西伦理范畴比较视阈中探讨了公正的内涵,研究非常有见地。还有任锋等学者也研究了古代的"公"论思想,他们对古代公正思想的研究主要以宏观原则和观念为视角,没有将某一古代思想家的公正思想进行具体研究,对某一思想家公正思想的系统研究成果不多见。学术界对西方公正思想的研究比较多,对西方公正思想的研究结合了西方正义思想的研究,以罗尔斯正义论思想的研究居多,研究成果非常丰富,有相当多的著作和论文。

目前,学术界对船山思想的研究主要集中在船山哲学思想、船山政治思想、船山文学几大研究领域,也有船山经济思想、教育思想的研究。学术界对船山哲学思想的研究主要集中在船山理学、伦理学和历史哲学等领域,本书主要讨论船山的哲学,兼论船山的政治思想。具体来说主要有以下三个方面:

(一) 船山理学思想研究

学术界对船山理学思想的研究非常多,有很多学术成果,其中大多以船山理学在中国哲学史和中国伦理学史上地位为论域,突出了船山哲学的哲学地位。比较早期的研究者有晚清时期的曾国藩、梁启超、谭嗣同、康有为等学术大师,主要是对船山思想进行大方向上的初步轮廓研究与思想价值勾画,对船山学进行了一些初步的定位,但对王船山学术思想的全面研究还没有进行细致规划,研究还没有展开,此时的研究主要是对船山学在湖湘学派中地位与影响进行定位探讨,表达术语是"独立自成一派"、湖湘学的集大成者。曾国藩评述王船山:"荒山敝榻,终岁孳孳,以求所谓育物之仁,经邦之礼,穷探极论,千变而不离其宗,旷百世不见知而无所悔"①,"先生皆已发之于前,与后贤若合符契"②。梁启超是晚清时期学者中的典型代表,他认为船山思想是哲学性质的思想,"船山建设方向近于'哲学的'"③。他说:"西方哲学,前此惟高谈宇宙本体,后来渐渐觉得不辨知识之来源,则本体论等于瞎说,于是认识论和论理学,成为哲学主要之部分。船山哲学正从这个方向出发。"④梁启超认为船山的思想具有认识论和理学的性质,"欲知船山哲学的全系统,非把他的著作全部仔细绅绎后,不能见出。可惜,我未

① 曾国藩:《〈船山遗书〉序》,王夫之:《船山遗书》(第一册),中国书店 2016 年版,第 5 页。
② 曾国藩:《〈船山遗书〉序》,王夫之:《船山遗书》(第一册),中国书店 2016 年版,第 5—6 页。
③ 梁启超:《梁启超讲国学》,吉林人民出版社 2008 年版,第 74 页。
④ 梁启超:《梁启超讲国学》,吉林人民出版社 2008 年版,第 74—75 页。

曾用这种苦功,而且这部小讲义中也难多讲。"①他对船山学术评价很高,具有创新性质,"然亦因是戛戛独有所造"。②谭嗣同评述王船山,"五百年来学者,真通天人之故者,船山一人而已"③。晚清学者的船山学研究在学科归属上属于思想史的领域,凸显了史学门类,多数不属于哲学领域。

民国时期延续了晚清时期对船山学研究的特点,还是注重史学领域的研究,即对船山思想史的探索研究,以钱穆为主要代表。这一时期对船山思想的定位在于船山哲学与史学的结合,逐渐具有哲学性质,并且将船山思想的研究深入思想本身,探讨船山学术思想的本质特征,逐渐考察了船山思想中的理气、道器等哲学范畴的关系。钱穆初步定位船山的学术贡献是"很有新颖的贡献,对于中国思想史方面,有好多处和后来戴东原派学说相似"④。钱穆认为王船山的哲学思想具有"惟器主义(工具主义)"⑤和"人本主义"⑥性质。对船山学术思想的惟器主义和人本主义定位已经深入船山学思想本身,不同于晚清学者对其学术思想地位的定位。

从民国时期到新中国成立后,国内学者对船山学的研究开始转向以哲学史为中心的研究,一大批中国哲学史研究的学者研究了王船山的思想,船山哲学成为中国哲学史中不可或缺的部分和重要内容,这些研究都是以船山理学作为哲学主题,注重船山学中的天人关系、理气之辨、理欲之辨和体用关系。这些研究都注重了哲学范畴问题,对船山理学研究深刻。船山理学的问题即是以气学为中心的问题,因为船山气学没有脱离理学的问题。但是这些研究注重了哲学范式的逻辑,将船山思想嵌入固有的哲学框架之中,没有真正涉及船山公正思想本身。冯友兰在《中国哲学史新编》中以本体论、认识论、历史观的哲学架构构建了王船山的哲学思想,突出了马克思主义哲学的思维范式,以唯物主义与唯心主义的二元分析方法贯穿其中。冯友兰的研究初步提到王船山公正方面的思想,他认为王船山的历史观中的"公"即是"理","郡县制的'理'是什么呢? 王夫之认为,就是'公'。"⑦任继愈主编的《中国哲学史》以唯物主义与唯心主义二元对立思维分析了王船山的气学,认为船山历史观中提到进步是历史的潮流,理势合一,天是

---

① 梁启超:《中国近三百年学术史》,东方出版社 2004 年版,第 90 页。
② 梁启超:《清代学术概论》,中国人民大学出版社 2004 年版,第 148 页。
③ 谭嗣同:《仁学》,梁启超:《清代学术概论》,中国人民大学出版社 2004 年版,第 148 页。
④ 钱穆:《中国学术思想史论丛》(八),九州出版社 2011 年版,第 105 页。
⑤ 钱穆:《中国学术思想史论丛》(八),九州出版社 2011 年版,第 105 页。
⑥ 钱穆:《中国学术思想史论丛》(八),九州出版社 2011 年版,第 108 页。
⑦ 冯友兰:《三松堂全集》(第十卷),河南人民出版社 2001 年版,第 273 页。

理势合一。① 但任老先生并没有真正提及王船山公正的思想。侯外庐在《中国思想通史》中提到船山的理欲之辨问题,认为船山给人欲以合理的地位,理欲一致,反对"灭人欲"②,理欲合性,涉及公正的问题。肖萐父在《中国哲学史》中提到船山"即民见天""理欲合一"的思想③,具有公正思想的性质。

当代对船山理学的研究很多,以中国哲学思潮发展史为主线的研究有张立文先生的鸿篇巨著《中国哲学思潮发展史》,重点探讨了船山哲学的理气、理欲、道器、体用等范畴关系,将王船山哲学定位为气学,是气学的集大成者。张立文先生还专门出版了专著《正学与开新——王船山哲学思想》,以哲学本身的问题作为研究的主题,研究非常系统和全面,结论比较具有创见,但没有涉及船山公正思想的问题。陈来教授对船山哲学的研究有专著《诠释与重建——王船山的哲学精神》,从理气、人性、理欲、德性、功夫等方面较细致地阐释了船山哲学思想,涉及船山公正观的问题,如持志正心。当代学术界有关船山学研究学者、专家很多,研究王船山的人学思想,多以论文的形式出现,如冯契教授的《论王夫之的"成性"说》,王泽应教授的《论王夫之关于人的价值学说》,王立新的《船山人性论及其思想史意义》等,这些论文成果都具有代表性。船山学研究新人不断涌现,对船山理学研究多点开花,如对船山礼学的研究以陈力祥教授最为突出,有《王船山礼学思想研究》《王船山礼宜乐和的和谐社会理想》等专著见诸于世,主要从中国哲学的视角探讨船山礼学,在船山公正思想上有公平大义思想内容的研究。

通过以上对船山哲学研究的梳理,可以看到船山学的哲学形而上学研究队伍不断壮大,成果越来越多,进入 21 世纪以来,船山哲学的研究摆脱了西方哲学架构的范式,逐渐用中国哲学、伦理学自身的范式阐释船山哲学,逐渐远离唯物与唯心二元对立的思维范式,进入实质的良性发展阶段。其中有一大批博士和硕士以学位论文形式研究船山哲学,重点研究了船山的理学和气学思想。2016 年,南京大学陈浩在博士学位论文《王夫之哲学的存在论与心性论研究》中,认为王夫之哲学的根基是天、地、人的存在论,而心性论和治道论是人的存在论,没有探讨船山的公正思想。2017 年,湖南大学夏亚平在博士学位论文《王船山"道"学体系研究》中,说船山以"道"作为其人伦道德建构的终极依据,建立了道、性、心三大架构的哲学逻辑,衍

---

① 参见任继愈:《中国哲学史》(第四册),人民出版社 1996 年版,第 66—67 页。
② 参见侯外庐:《中国思想通史》(第五卷),人民出版社 1956 年版,第 99—101 页。
③ 参见肖萐父:《中国哲学史》(下卷),人民出版社 1983 年版,第 249 页。

生出大、君、臣、民的四层社会政治体系,提出了天人合一、君民合一、理欲合一的历史治理思想,粗略提到船山的公私辩证思想。2017 年,东南大学张震在博士学位论文《道器之际:王船山的"象"哲学思想研究》中,从船山易学中的"象"入手,阐明船山哲学的形而上学思想,没有涉及船山的公正思想研究。2002 年,中国社会科学院章启辉的博士学位论文《王夫之的〈四书〉研究及其早期启蒙思想》,探讨了船山主要的哲学思想,并对船山哲学思想进行定性、定位,没有涉及船山公正思想的研究。2002 年,武汉大学唐铁惠的博士学位论文《王船山美学思想研究》中,以和合观凸显了船山的尊卑、理欲、公私等方面的美学思想,涉及美的伦理,粗略地提及了船山和合的公正思想。2008 年,湘潭大学潘新辉在硕士学位论文《王夫之天道观与人性论的法学研究》中,论说了船山的天道与人性合一思想,为提升民众欲与情存在的合理性找到了法哲学依据,初步提到了船山的公正思想问题。以上对船山哲学的研究主要是中国哲学史体系中的研究,还没有详细研究船山公正思想的核心问题。

（二）船山政治思想研究

船山学中有关政治思想方面论题非常多,比如为政以德、德法并用等。对船山政治思想的研究多以政治哲学研究的形式出现,纯粹船山政治学的研究并不多见,因为船山是以哲学为主要内容的思想家,其政治思想多从哲学的高度进行统观,政治思想在哲学之中,文学思想也有哲学的意蕴,因此船山政治思想多体现为政治哲学的范式。学界对明清时期政治哲学的研究比较多,如对黄宗羲、戴震、顾炎武的政治哲学研究,但对王船山的政治哲学有影响的研究并不常见,仅以学位论文和学术论文的形式出现,或者在研究王船山哲学思想过程中穿插了政治哲学思想的章节,对船山政治哲学进行系统地研究并且有影响的成果不多见。

王船山是湖湘学派的重要代表,湖南是船山学研究的重要地区,以湖南大学、湖南师范大学、湘潭大学、湖南省社科院等学术研究机构为重要基地形成了船山学研究的中心,这些高校和研究机构培养了大量的船山学研究人才,研究生的硕士、博士学位论文多以船山学作为研究对象,有很多船山政治哲学的研究,形成了船山学研究的学统,如湘潭大学黄守红的《王船山政治哲学研究》硕士学位论文、湖南师范大学樊鹤平的《王夫之政治哲学思想研究》博士学位论文,就是其中的代表。以湖南为研究中心,发表关于船山政治哲学为主题的论文也非常多。当然,除了湖南研究船山政治哲学外,其他地方研究机构也有关于王船山政治哲学的研究,如 2007 年中国人民大学陈力祥的博士学位论文中,就有"船山政治哲学"的章节。2008 年武汉大学彭传华在博士学位论文《王船山政治思想研究》中,论述了船山循公与均平、治吏与养民、任人与任法的政治思想。2016 年,东北师范大学魏宽在硕士学位论文《王夫之论为君之道——以〈读通鉴论〉〈宋论〉为中心》中,论述了船山对君主的因私害公、急于求治、目光短浅、修养不足四个方面的批评,认为王船山理想中的为君之道是君主心性的自我修养,提到了船山的公正思想问题。2011 年,湖南师范大学陈泓树在硕士学位论文《王船山"即民见天"民本思想研究》中,论说了船山的尊君与限制君权、尊君与重民思想,大约地提到船山的公正观研究。2017 年,沈阳师范大学陈箬涵在硕士学位论文《王夫之政治哲学思想探析》中,认为王船山的政治哲学思想以崇德重法为核心,组建了他的政治观、道德观以及法制观,没有提到船山公正思想的问题。

真正以船山政治思想为主题的研究当数 20 世纪 90 年代的陈远宁教授,有专著《中国古代政治观的批判总结——王船山政治观研究》,这是系统研究船山政治思想的早期著作,就所有船山学专题研究而言,这是比较早对船山政治思想进行系统研究的专著,分为政治公平思想、集权公权思想、人治法治思想、养士举贤思想等,确实是船山政治思想研究的奠基之作,研究上比较宏观,哲学意味浓厚,表现出深厚的船山学研究功力。

综上所述,王船山政治思想研究基本上都是哲学视阈下政治思想研究,将船山政治思想纳入哲学视阈之中,原因是船山政治思想本身是以哲学的高度谈政治观念和政治治理,并不是研究者生拉硬扯,说明船山是一个哲学家。这些政治哲学的研究探讨了船山政治思想中的公平正义问题、仁义道德问题、德治法治问题,但这些研究都是从宏观上对船山公平正义的理解,还没有进入社会公平正义的规则规制问题上,微观层面的问题还没有研究出来,也就是说,基本上对船山公正思想还没有进行较为深入的内容和逻辑的探讨。

(三) 船山伦理思想研究

学术界对王船山理学的研究多从中国哲学视阈进行分析,实质上船山哲学也包括船山伦理学。因为王船山是湖湘学派的代表,其思想必然有伦理思想作为主要内容,道德、仁义、礼孝、廉耻是湖湘学派讨论的核心话题之一。船山伦理思想研究必然锲入了这些内容,船山伦理学是船山学研究不可绕开的主题之一。

湖湘地区研究王船山伦理思想有非常高的研究水平,成果也很多。船山伦理思想的研究群体主要有以湖南各高校和研究机构为中心的学者和研究生,当然还有湖湘以外的学术研究群体,自 20 世纪 90 年代以来产生了大批关于船山伦理思想研究的学术成果。其中最有影响的有唐凯麟、张怀承所著的《六经责我开生面——王船山伦理思想研究》，不仅考察和论说了船山伦理思想的产生、内容和逻辑关系以及船山伦理思想的历史地位，而且突出了船山伦理思想是对宋明理学以来道德伦理的转型和重构，是"作为道学专制主义伦理学的对立面"的思想。① 在船山伦理思想研究中，以论文形式出现的代表性研究成果还有唐凯麟教授的《王夫之的道德论述评》，王泽应教授的《论王船山伦理思想的世界意义——兼与西方近代伦理思想比较》等，对船山伦理思想有基本轮廓的揭示。

　　其他对船山伦理思想的研究都是以点的方式的研究，比如船山理势合一、理欲合一的伦理体系研究，对船山某一伦理范畴进行探讨，形成的研究论文（包括学位论文）也比较多，总起来说以"点"见长，都是对船山伦理思想研究之"面"的补充，在学术上有益于船山伦理思想的系统性，以点见面。有学者对船山某一伦理范畴的研究形成了系统和精细的研究，学术成果也见诸于世，如湖南大学陈力祥的《王船山遵礼之道研究》和武汉理工大学田丰的《王船山体用思想研究》，都是以范畴研究见长，比较精细和具体。又如 2013 年西北师范大学王羿皓的硕士学位论文《王夫之义利观研究》、2012 年湖南工业大学王琪的硕士学位论文《王夫之理欲观研究》、2018 年湖南师范大学刘文路的硕士学位论文《王船山政治伦理思想研究》，都只是部分地研究了船山的伦理思想，还没有真正涉及船山伦理思想中公正范畴的研究。

　　综上所述，船山学研究现状主要集中在理学、政治和伦理三个领域，目前船山学研究中心主要在湖湘地区，突出了湖湘学的研究，以湖湘学派为研究领域，突出了船山学在湖湘学中的作用与历史地位，旨在挖掘船山学的思想内容，彰显船山学在湖湘学和中国传统文化中的学术史地位。以中国哲学为视阈的研究突出船山学的理气、理欲、体用、道器之辨，提及了仁义的问题，哲学形而上学的特征明显，没有过多涉及公正问题的研究；以政治学为视阈的研究突出船山学的政治观，从哲学的高度解析船山的政治观念和社会治理，部分涉及了公正问题的研究，但并不系统和完善；以伦理学为视阈的研究突出了船山哲学思想的"面"的研究和船山伦理范畴"点"的研究，"面"的研究成果不多，但成果比较有影响，"点"的研究比较多，非常精细，研究得越来越好，但是对船山公正伦理思想的研究并不多见。

---

① 参见唐凯麟、张怀承：《六经责我开生面——王船山伦理思想研究》，湖南出版社 1992 年版，第 19 页。

### 三、研究解决的问题

王船山公正思想研究既是中国哲学视阈的研究又是伦理学视阈的研究,本书需要解决一些学者们的疑虑,尽可能消除船山学研究者对提出船山公正思想问题是否有合理性和准确性的质疑,并给出相关的理论基础和事实依据。因此本书主要解决以下问题:

（一）船山思想中是否存在公正思想的实据

依据对《船山全书》文本的梳理和考证,船山公正思想的存在是确信无疑的。船山以哲学思想见长,既有理学的形而上学论述和推演,又有伦理思想的建构与演绎。哲学形而上学和道德伦理构成了船山哲学的基本架构。在船山理学的大哲学构架下,以理气、理欲、道器、体用关系为基础,从形而上学之理的阐释向下衍生推演建构了理气合一、理欲合一、理势合一、德法并用、以德为先、经权合一的社会伦理道德体系,船山哲学、伦理学思想丰富而不容置疑,学术界也有相当多的船山哲学、伦理学研究成果,湖南出版社出版的唐凯麟、张怀承的著作《六经责我开生面——王船山伦理思想研究》就是代表作之一。基于船山理学架构下的伦理学建构,船山公平大义思想、船山礼学思想的研究也成果丰硕,有陈力祥博士的《王船山礼学思想研究》和《王船山遵礼之道研究》,船山伦理学的研究越来越多、越来越精细。船山哲学、伦理学思想的研究为提出船山公正思想的研究提供了可能性依据,因为有船山哲学与伦理道德思想的存在,所以从逻辑上说船山有可能将其学术向公正思想上发展和推进。

王船山所处的时代明末清初,是一个社会动荡、危机四伏的时代,这个时代社会公正问题面临诸多挑战。社会不公正,表现为皇室贵族拥有特权,黎民百姓极度困苦,而意识形态领域还主张存理灭欲,为封建特权护航。在这种社会极端不公正的形势下,王船山自然需要建构公正的伦理思想,回应社会现实的关切,解决百姓生存的权利和为百姓伸张合理的诉求。天下兴亡,匹夫有责,社会不公,有责任和能力的人必然要通过不同方式和途径给予回应,解决社会不公的问题,建构社会公正原则和规制。因此,王船山提出公正思想是对社会现实不公正现象的回应,对现实的关切为船山提出公正思想提供了必要条件。

就王船山思想的内容而言,他确实提出了公正思想,并且建构和论证篇幅非常多。通过船山伦理学思想研究,细细梳理《船山全书》文本,会发现他经常提到"大公至正""公""正""均""平"等范畴,并且对这些范畴进行了详尽论述和阐释,提出公正、均平、德正、礼正、法正等思想,总体来说是公正思想的内容。从大的架构来说,公正思想在船山思想中地位得到确立,内容丰富,有天理公正、大道公正、政治公正、礼用公正、矫治公正、名实公正等内容。《船山全书》中论述公正的篇章主要有《读通鉴论》《宋论》《周易内传》《礼记章句》《四书训义》《读四书大全说》《张子正蒙注》《尚书引义》等。船山明确提出了"公正""大公至正""公平""正义"等范畴,对这些范畴的阐释纵论古今,横贯现实,实现哲学与伦理的建构。

基于以上各方面的解析,船山公正思想研究需要首先解决船山是否有公正思想的问题,揭示船山有公正思想的依据。本书着力解决提出船山公正思想的合理性和确凿性依据,因为只有将这一问题解决,才有利于船山公正思想内容的开出和逻辑的解析,减少学界的质疑。

（二）船山公正思想所谓的公正是什么

王船山确实建构了丰富的公正思想,在其哲学伦理思想中占有相当大的篇幅,但是船山所说的公正到底是什么呢? 即是说王船山的公正何谓也?这是本研究要解决的关键问题,也是对读者疑惑的回答,对学者们可能的质疑尽量给出较为全面的解释,因此本书更多的是一项释疑工作。实际上船山所说的公正既是一般意义上的公正,即与公平正义范畴相平行意义上的公正,又是所谓的大公至正,即与私利相对意义上的公正,还是一种和谐意义和适宜意义上的和顺公正。王船山所说的公正是中国传统、道统意义上的公正,注重合理、合宜和差分,不完全等同于西方伦理上的公正范畴。西方伦理上的公正更注重应得意义,强调一种权利上的应得,不一定注重差分基础上的和谐。为了着手解决王船山所说的公正是什么,本书开篇即安排了船山公正范畴的界说,尽量对公正范畴作一个较系统的专门界说,主要是对船山所说的公正范畴作一个哲学上的阐释与解析。

依据对王船山思想文本的梳理结果和解析,他所说的公正范畴主要从三个方面展开:大公的公正、合宜的公正、伦序的公正。大公的公正与私利的公正相对等,合宜的公正是适宜于事的公正,伦序的公正是公正中有差分问题。为了阐释王船山所说的公正范畴内涵,必须提出船山的公正与西方伦理观所说的公正有所区分。西方的公正有可能在程度上是公平应得之义,而在中国传统意义上的公正是"均平"和"合宜",船山显然在公正上既有应得之义,还有"均平"与"合宜"之义。船山学既综罗古圣先贤经学学脉,又横贯诸子百家;既传承了儒家传统与道统,又推陈出新,返本与正学,启蒙与开新,因此船山所谓的公正范畴既是公平正义上的公正,又是传统意义上的和谐差分和宜于事理上的公正。船山的公正范畴注重哲学宏观上的内涵建构,这符合中国古代的天下观,突出了"大"与"公"的内涵,他多次提到"大公至正"。船山公正范畴还以公平正义为基本内涵,与西方伦理思想中的公正不谋而合,因此,船山伦理思想具有启蒙性质①。本书对船山公正范畴的界说,尽量从多维度进行内涵解析,这也是本书的难点,突破了这一难点,船山公正思想的问题就会迎刃而解。

（三）船山公正思想如何体现出公正与公平正义思想上的区分

为了阐释王船山公正思想不是公平正义思想,需要对船山公正思想从伦理规则和规制上进行解析,也就是说公正之所以公而正,关键是在公正原则上有明显的具体限定,而不仅仅是一种公平观和大义观,不仅仅从属于"大"的观念,而是有具体的公正原则、规则的制定,因此公正与公平正义的不同在于原则、规则的具体化。公正思想隶属于道德价值判断的思想,公平正义或者大义思想隶属于形而上学的理学思想,从学科上区分,前者归属于伦理学,后者归属于中国哲学。船山公正思想研究依赖于公平正义思想的观念,是从形而上学的理学向伦理学的过渡,是从宏观面向向微观面向的过渡。在前面说过,船山学具有经世致用的取向,是明清哲学转型与重构的代表,船山公正思想也是面对社会现实、解决社会现实问题的产物,因此船山公正思想是致用的和具体的,回应社会现实问题,不只停留在宏观的哲学层面,需要解决具体的社会不公正问题。作为这种回应,船山公正思想的展开深入政治、礼义、法治等诸多领域,牵涉君臣、君民、礼用、德法、名实等各种关系,关系的调适、调节和矫正即是公正的原则和规制,这些规则和规制与公平正义具有明显的差分,具体而微,矫正矫治,实现公正。公平正义更注重哲学良知上的仁义和自觉,注重"义"的觉解,觉解而实现均平,均平的动因在于仁慈的良知,但公正更注重规则上的调节和矫治,矫治而实现均平,均平的动因在于权利的获取。船山公正思想的展开更多地提出了应得之义上的公正,即公正的动因在于人的应得原则,如人欲的存在是合理的,统治者应该给民众以公正的待遇。公平正义是仁义口号的推演,公正则是人应得之义的实施,公平正义则不一定有应得之义的阐释。船山伦理思想具有人本主义的性质,公正则是人本上的应得之义。

基于公正的规则和规制的建构,王船山公正思想的逻辑展开自然涉及伦理学领域中的善的公正,而规范的公正和美德的公正即是公正的规则与规制。船山公正思想的展开主要从自治公正、政治公正、礼治公正、制度公正和评价公正等多方面得以实现。本书的重点即在于船山公正思想中的规

① 参见唐凯麟、张怀承:《六经责我开生面——王船山伦理思想研究》,湖南出版社1992年版,第29页。

则和规制在社会领域如何实现的问题,即是说船山公正思想在不同的领域
如何得到实现。

## 四、研究的内容方法

为了解析船山公正思想,本书以相应的方法和逻辑对船山公正思想做
一个系统的梳理和建构,力图展现一个完整的船山公正思想的图景。具体
研究方法和路径从以下几个方面进行说明:

（一）研究的方法路径

王船山公正思想研究的方法主要有两个方面:一是文献梳理研究法。
此研究方法具体来说有两个方向:(1)系统地梳理《船山全书》的文本、其他
相关湖湘学派的文本和古圣先贤与宋明理学思想文本,寻找挖掘船山公正
思想的阐释和论述,将涉及船山公正思想的字句材料加以整理,建构船山公
正思想的理论框架,将文字材料纳入理论框架之中;(2)查阅船山学研究的
相关研究成果,推进船山思想研究,提出自己对船山公正思想研究的拙见。
二是中国哲学与伦理学相融合的研究法。本书以中国哲学和伦理学作为主
要研究视阈,以哲学的架构审视船山的公正思想,以中国哲学和伦理学视阈
建构研究的理论框架,主要牵涉中国哲学和伦理学的内容结构:(1)中国哲
学的三大架构:本原天道论、天下人道论和修教功夫论;(2)伦理学的三大
架构:元伦理学、规范伦理学和美德伦理学。以这两大领域的三大架构审视
船山公正思想,挖掘船山公正思想的内涵及内容。同时,本书融合中国哲学
和其他学科的研究方法,对船山公正思想涉及的主要范畴和概念进行中国
哲学逻辑的分析和解析,特别是对"公正"范畴内涵的阐释多运用中国哲学
范畴的逻辑进行解析和梳理,力图探赜船山"公正"范畴的真实内涵和思想
图景;本书还以多种人文社科视角研究船山公正思想,如以政治学、法学的
视角审视船山的公正思想,做到多元和谐统一,推陈出新。

（二）主要的内容体系

对王船山公正思想研究主要有八章内容,从船山所说的公正是什么、为
什么、怎么样三大架构来分析、梳理和厘清。具体来说,主要是:1. 船山公正
范畴论。公正范畴论着重对船山公正范畴进行系统的界说,也就是船山对
公正范畴的解说,回答何谓船山所说的"公正"范畴内涵,解决"公正"是什
么的问题。船山没有完整的公正范畴解说,但公正范畴的内涵包含在他的
学术思想之中,通过系统的梳理可获悉其公正范畴的内涵。2. 船山天道公
正论。从中国哲学上说,天道公正论是公正思想的形而上依据。公正源自
天道本原的公正,天道公正论是指大公而至正的公正,是指伦理学上的元善

公正论范围,即元伦理学体系,回答船山公正思想中的为什么要公正的问题,即公正的形而上学回答。正因为天道公正是本原,所以需要建构社会公正规则。3. 船山人道公正论。人道公正论是指仁义的公正,广义上说则是人类公正,还是元善公正范围,回答船山公正思想中为什么要在人类社会实现公正的问题,因为人道是仁义的本质,所以天下要建立公正的社会。由天道进入人道,以思想体系解决社会问题。4. 船山心治公正论。船山公正思想进入自我内心修正和自我矫治的公正,在中国哲学上是心性工夫公正的范围,在伦理学上是规范公正的范围,通过自我内心约束实现社会公正,主要通过自我的诚意、正心、正义三个途径达到社会公正,回答如何实现公正的问题。5. 船山礼治公正论。船山认为通过礼的运用形成公正道德,在中国哲学上是修教工夫论,在伦理学上是规范公正的范围,还是回答怎么样实现公正的问题。6. 船山治民公正论。由政治公正而实现民本的公正,政治公正以公正的治民途径实现,在中国哲学上是政治工夫论,在伦理学上是规范公正的范围,即伦理学上的规范公正架构,回答怎么样实现公正的问题。7. 船山治制公正论。对制度的制定和管理可以实现社会公正,在中国哲学上是政治工夫论的范围,在伦理学是规范公正范围,对不公正的现象进行制度上的规范和矫治,回答怎么样通过制度矫治不公正的问题。8. 船山评价公正论。社会公正的实现要通过评价标准和评价反馈的途径完成,是公正的评价标准问题,美德评价标准需要公正,回答怎么样实现公正的评价,在中国哲学上是工夫论的范围,在伦理学上是美德伦理学的范围。

（三）思想的逻辑演绎

王船山公正思想研究的主要内容在逻辑上如何推演呢？从逻辑架构上看,本书主要分为四大逻辑层次,分别是船山的公正范畴是什么、公正思想的哲学依据是什么、船山的公正思想原则如何实现、公正效果如何得到评价。逻辑层次即公正观是什么、为什么、怎么样,最后两个方面同属于怎么样的部分。逻辑演绎可以从两个维度进行指向:1. 中国哲学指向:公正范畴论→天人道公正论→修教公正论;2. 伦理学指向:公正范畴论→元善公正论→规范公正论→美德公正论。其中元善公正论包括天道公正论和人道公正论,天道公正论以天道大公元善的公正思想为主旨,人道公正论以仁道元善的公正思想为主旨,而人道公正思想来源于天道公正思想。规范公正论包括心治公正论、礼治公正论、治民公正论和治制公正论,即是说规范公正的实现通过心、礼、政、制的规范完成,需要自律、他律来规范,自律的规范是心治的过程,他律的规范是礼治、治民、治制三方面规范的过程。美德公正论指的是评价公正论,主要通过名实评价、文质评价和良心评价进行美德的

评价,完成公正,实现美德。具体的逻辑演绎图示如下:

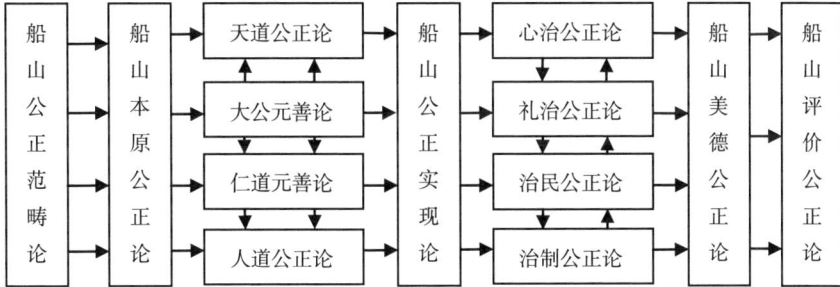

| 船山公正范畴论 | → | 船山本原公正论 | → | 天道公正论 | → | 船山公正实现论 | → | 心治公正论 | → | 船山美德公正论 | → | 船山评价公正论 |
| | | | | 大公元善论 | | | | 礼治公正论 | | | | |
| | | | | 仁道元善论 | → | | | 治民公正论 | | | | |
| | | | → | 人道公正论 | → | | | 治制公正论 | | | | |

船山公正思想逻辑演绎图示

# 第一章 公正范畴论

王船山公正思想建构的起点从公正范畴的内涵厘定开始,公正范畴的内涵是公正思想的基础。船山明确提出了"公正"范畴:"治国推教而必有恒政,故既以孝弟慈为教本,而尤必通其意于法制,以旁行于理财用人之中,而纳民于清明公正之道。"①"清明公正"中有"公正"范畴。船山还提出大公无私和大公至正:"如尧授天下于舜,所性之理,大公无私,而顺受得宜者,既尽乎己性之德。"②"故臣民一率其举错用缓之公,知其大公至正而归之也"③。"大公无私"与"大公至正"都有"公"与"正"。船山思想观念中有明确的公正范畴,说明他有明确的公正思想。船山思想是对宋明以来理学的总结与反思,既返本,又开新,那么船山的公正思想也是既有对宋明理学传承,又是对宋明理学的转型与重建。船山的公正范畴内涵是对宋明理学公正范畴内涵的传承和发展,推陈出新。船山对公正范畴的界说主要从大公的公正、合宜的公正和伦序的公正三个方面进行,对公正范畴的界说主要采用了哲学形而上学与现实实际相结合的方法,体现了经世致用的思维方法和哲学形而上学相统一的价值取向。大公的公正指的是理,属于哲学形而上学的层次,是"道"和"体"的指引,是"道"的展示;合宜的公正指的是事,属于现实运用的层次,是"器"和"用"的展示,属于"器";伦序的公正是理事合一,属于"体用"合一和"道器"互通,是"和"的展示。以哲学之理与现实之事的互通来界说公正范畴,体现了明清思想的转型与重构。

## 第一节 大公的公正

王船山公正范畴的内涵首先从大公的公正上面展开,即是说公正范畴的内涵从大公的公正上开始,大公的公正指向的是公理上的公正。对船山公正范畴的内涵的界说建立在哲学框架之内,船山的公正思想是哲学的思

---

① 《读四书大全说》,《船山全书》(第六册),岳麓书社 2011 年版,第 438 页。
② 《读四书大全说》,《船山全书》(第六册),岳麓书社 2011 年版,第 638 页。
③ 《读四书大全说》,《船山全书》(第六册),岳麓书社 2011 年版,第 442 页。

| 公正范畴界说 | 大公的公正 | 理的公正 | 哲学之体 | 道 |
|---|---|---|---|---|
| | 合宜的公正 | 事的公正 | 现实之用 | 器 |
| | 伦序的公正 | 理事公正 | 体用合一 | 和 |

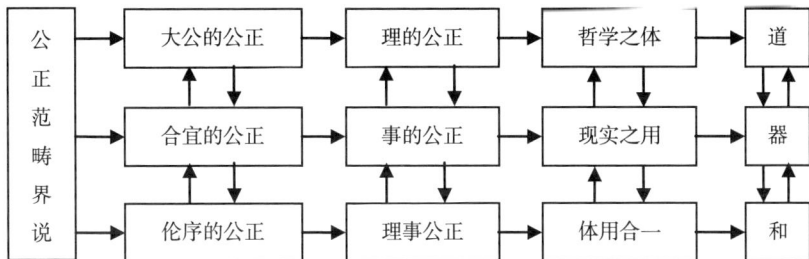

**公正范畴内涵界说逻辑图示**

维框架和价值框架之内公正思想,公正范畴开启了船山哲学大厦中的一扇门:首先,公正之门是"大"的思维构造下的公正,公正的范围对象是大面积范围的公正而成就天下之大全,是无疏漏的坎陷;其次,公正之门是"公"的思维构造下的公正,公正的本质特征是公共利益下的公正而成就天下之民生,是无偏向的坎陷;其三,公正之门是"理"的思维归结下的公正,公正的哲学归宿是至上之理而成就天下之至善,是无残缺的坎陷。船山的公正范畴从大公之理上进行述说,最终要归结到"理"的公正,这符合中国哲学的形而上学元理和伦理学中的元伦理学——元善论。船山以"大""公""理"述说公正范畴的内涵,逻辑推演关系具体来说通过如下图示展示出来:

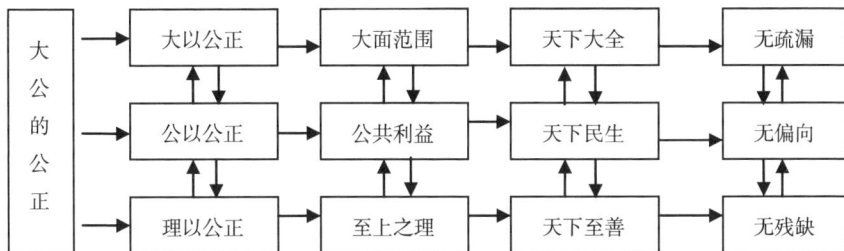

| 大公的公正 | 大以公正 | 大面范围 | 天下大全 | 无疏漏 |
|---|---|---|---|---|
| | 公以公正 | 公共利益 | 天下民生 | 无偏向 |
| | 理以公正 | 至上之理 | 天下至善 | 无残缺 |

**大公公正内涵逻辑关系图示**

## 一、大以公正

王船山公正范畴的内涵首先从大公的指向上展开,是指"大"的公正,能"大"才能公正,范围广大,没有疏漏,才有公正的可能。公正行为指向性是能够大范围、大面积、大周全和大方向的覆盖,考虑到方方面面才能称得上是公正。正如王海明教授说:"公正则介于正义与公平或公道之间:它比公平和公道更郑重一些,比正义更平常一些,因而适用于任何场合。"[①]公正

---

① 王海明:《伦理学原理》,北京大学出版社 2005 年版,第 221 页。

既然适用于任何场合,指向范围广大,说明公正覆盖的面积范围广大,考虑到各种因素,适用于任何场合才有公正的可能。因此,公正是天下大全、宇宙大全、范围大全,"大"即是说宇宙事理、人间事理、历史事理都在公正之中,宇宙大全即是公正,人间大全即是公正,历史大全即是公正。《中庸》说:"万物并育而不相害,道并行而不相悖。小德川流;大德敦化。此天地之所以为大也。"①"大"之所以是公正的,是因为"大"的秉性。广大而周全,天地而和昌,没有疏漏和遗忘,即是公正;有所疏忽和疏漏,当然不能称为公正。《周易》说:"夫大人者,与天地合其德,与日月合其明,与四时合其序,与鬼神合其吉凶,先天而天弗违,后天而奉天时。"②《周易》对大人的特点归纳为:大人能够把握、体贴和运用宇宙大全,体现大范围的公正,没有疏漏。孟子说:"惟大人为能格君心之非。"朱熹注:"惟有大人之德,则能格其君心之不正以归于正,而国无不治矣。大人者,大德之人,正己而物正者也。"③意思是说大人的德性和职能是让国君实现公正,能"大"才能公正,可见能"大"才能实现公正。程颐说到道"大"的问题:"道之在经,大小远近,高下精粗,森列于其中。"④船山以"大"定位公正范畴的内涵,与先秦学说、朱子学说基本一致。朱熹说到公正范畴就以"广大"进行内涵定义:"惟公然后能正,公是个广大无私意,正是个无所偏主处。"⑤公是广大周全的,船山的公正范畴内涵既符合先秦的道统思想,又符合朱子理学的思想阐释。船山说:"礼所以运天下而使之各得其宜,而其所自运行者,为二气五行三才之德所发挥以见诸事业,故洋溢周流于人情事理之间而莫不顺也。盖唯礼有所自运,故可以运天下而无不行焉。本之大,故用之广,其理一也。故张子曰:'《礼运》云者,语其达也;《礼器》云者,语其成也。达与成,体与用。合体与用,大人之事备矣。'"⑥船山提出本是大,用是广,本与用就是大与广,合体用就是广大,广大才能成就大人之事,大人之事即是公正之事。船山认为大人能够运行礼制,是"大"的面向,因为本体的"大"才能各得其宜,周流事理,大人运用礼,大人体量大,礼用才能体现公正(这将在后面章节论述礼用公正的问题)。船山对"大"的理解首先体现为公正的主体是天下众人,意思对天下众人有周全考虑,全面照顾,而不是不及和疏漏,这才是公

---

① 朱熹:《中庸》,《四书章句集注》,中华书局1983年版,第37页。
② 阮元:《上经·乾》,《周易正义》,《十三经注疏》,中华书局1980年版,第17页。
③ 朱熹:《孟子集注》,《四书章句集注》,中华书局1983年版,第285页。
④ 程颢、程颐:《河南程氏遗书》卷一,《二程集》,中华书局1981年版,第2页。
⑤ 黎靖德编:《论语八·里仁篇上》,《朱子语类》,中华书局1986年版,第645页。
⑥ 《礼记章句》,《船山全书》(第四册),岳麓书社2011年版,第535页。

正,如果没有周全,则有偏私,是不公正的。《礼记》说:"大道之行也,天下为公,选贤与能,讲信修睦。"船山对章句进行了诠释:"'天下为公',谓五帝官天下,不授其子。'选',择。'与',授也。谓择贤能而禅之。'讲信'者,讲说期约而自践之,不待盟誓。'修睦'者,修明和睦之教而人自亲,不待兵刑也。凡此皆人道之固然,尧、舜因之以行于天下。与贤而百姓安之,讲信修睦而天下固无疑叛,则礼意自达,无假修为矣。"①船山传承了《礼记》"天下为公"的思想,天下是大,指的是范围广大,天下为公即是说公正以天下为念。尧、舜为了天下众人,传位不传给其子,目的是让百姓安乐,因此天下为公即是大的公正,让所有百姓得到安乐即是公正,让天下众人得到满意即是公正。船山的公正内涵首要的目标是针对天下众人的意愿,周全考虑天下众人,而不是只照顾少数人,偏向少数人,公正的覆盖面积必须广大。《礼记》的"天下为公"面向的是大道,船山传承了公正的大道思想,凸显了"大"对公正的限定和指向性。船山对朱子公正范畴内涵有所超越,大道是公正,而朱子虽说公正是广大,但更注重无偏私,没有将公正的大道说得更彻底,即是说船山的公正内涵增加了大全的公正,朱子的公正更多的是无偏私的公正,没有体现"大"的公正面向。

王船山提出大以公正,是基于哲学思维的面向,"大"体现了宏观层次上的思维方式,以大顺和大同的哲学观审视自然、人生、社会和政治,这根源于中国古代思想家一直沿袭的哲学思维,有"大"才有"顺",有"顺"才是"大"。《易》说:"地势坤,君子以厚德载物。"②地的特点是坤,柔顺之意,"地形不顺,其势顺","坤,顺也"。③ 顺是大顺,天、地、人三才之大顺。王船山说:"敦仁而行之以顺,则天下无不顺矣。大顺斯大同矣,三代之英所以与大道之公而合德也。"④大顺与大同,指的是整体的和谐,大道即是大顺和大同,大道之公正追求大的公正。中国古代讲求天、地、人三才的思维架构,《易》说:"昔者圣人之作《易》也,将以顺性命之理。是以立天之道曰阴与阳,立地之道曰柔与刚,立人之道曰仁与义。兼三才而两之,故《易》六画而成卦。"⑤天、地、人三才一体的思维架构即是所说的"和","和"必然称为"大",因为如果思维视野局限于小的方面,则有可能只思考到天,或只思考到地,或只思考到人,小思维则有所不全,则有所褊狭,有所偏向,必然不能

---

①　《礼记章句》,《船山全书》(第四册),岳麓书社 2011 年版,第 537 页。
②　阮元:《上经·坤》,《周易正义》,《十三经注疏》,中华书局 1980 年版,第 18 页。
③　阮元:《上经·坤》,《周易正义》,《十三经注疏》,中华书局 1980 年版,第 94 页。
④　《礼记章句》,《船山全书》(第四册),岳麓书社 2011 年版,第 574 页。
⑤　阮元:《说卦》,《周易正义》,《十三经注疏》,中华书局 1980 年版,第 93—94 页。

公正。船山对圣人之道的理解就是指向圣人能大而全、大而能,圣人掌握了宇宙大全,圣人是宇宙公民,体现为大全之道。冯友兰论述圣人:"儒家认为,处理日常的人伦世务,不是圣人分外的事。处理世务,正是他的人格完全发展的实质所在。他不仅作为社会的公民,而且作为'宇宙的公民',即孟子所说的'天民',来执行这个任务。他一定要自觉他是宇宙的公民,否则他的行为就不会有超道德的价值。他若当真有机会为王,他也会乐于为人民服务,既作为社会的公民,又作为宇宙的公民,履行职责。"①冯友兰的意思是圣人因为能体悟到大全之道,才能成就、完成、履行圣人之职能。船山论述圣人也是如此,"圣人之道:有大义,有微言。故有宋诸先生推极于天,而实之以性,覆之心得,严以躬修,非故取其显者而微之、卑者而高之也。"②船山认为大义与微言相结合,才能实现公正,既是哲学思维,又是具体行为,性、心、行三者合一,显微结合,高下结合,达到全面,则体现了公正的要义。

正因为公正有"大"的内涵,大以公正,天下众人才能享受到公正的待遇。王船山说:"居重驭轻,先内后外,三代之法也。诸侯各君其国,势且伉乎天子,故县内之选,优于五服,天子得人以治内,而莫敢不正,端本之道也。郡县之天下,以四海为家,奚有于远近哉?"③大以公正,要求君王、郡县、百姓都有公正的原则,君王公正行政,以道行使公正,百姓因为君王公正而归服,公正是道,三代就形成法则。船山说:"夫天下有其大同,而抑有其各异,非可以一说竟也久矣。其大同者,好生而恶死也,好利而恶害也,好逸而恶劳也。各守其大经,不能无死者,而生者众矣;不能无害者,而利者长矣;不能无劳者,而逸者达矣。天有异时,地有异利,人有异才,物有异用。前之作者,历千祀,通九州,而各效其所宜;天下虽乱,终亦莫能越也。此之所谓伤者,彼之所自全;此之所谓善者,彼之所自败。虽仁如舜,智如禹,不能不有所缺陷以留人之指摘。识足以及此矣,则创制听之前王,修举听之百执,斟酌听之长吏,从违听之编氓,而天下各就其纪。故陈言者之至乎吾前,知其所自起,知其所自淫;知其善而不足以为善,知其果善而不能出吾圜中。……而士自修其素业,民自安其先畴,兵自卫其职守,贤者之志不纷,不肖之奸不售。容光普照,万物自献其妍媸,识之所周,道以之定。故曰:'天下之动,贞于一者也。'"④船山的意思是从大的方面思考问题才能体现出公

---

① 冯友兰:《中国哲学简史》,北京大学出版社 1996 年版,第 8—9 页。
② 《读通鉴论》,《船山全书》(第十册),岳麓书社 2011 年版,第 696 页。
③ 《读通鉴论》,《船山全书》(第十册),岳麓书社 2011 年版,第 792 页。
④ 《宋论》,《船山全书》(第十一册),岳麓书社 2011 年版,第 85—86 页。

正，天下大同才能公正，思想不能局限于一种说教，天、地、人、物都能存在，各有辩证，天下才能大同。普照周全，才是根本。公正如果偏向于一人、一物、一事，则不能体现公正；只有方方面面都需要思考周全，才能公正。船山运用辩证思维方法解释了公正是容光普照，周知万物。船山将"正"与"大"连起来进行称谓，称为"正大"，"正大持理法之衡，刑赏尽忠厚之致，不可不慎也"①。正是因为"大"的思维，才能将理法并用、刑赏并用、德法并用，法起着平衡作用。正是因为"大"的方法，行事不能只用一种方法、只用一个原则，需要全面权衡。船山说："夫议道以垂大法、正大经者，固未可一概而论也。"②公正不是一概而论，周全权衡才是公正。朱子的公正内涵也以"天下"为标准，大以公正，若有一人有所疏漏则不是公正的，从朱子与弟子的对话可见。问："'古之欲明明德于天下'，至'致知在格物'，向疑其似于为人。今观之，大不然。盖大人，以天下为度者也。天下苟有一夫不被其泽，则于吾心为有慊；而吾身于是八者有一毫不尽，则亦何以明明德于天下耶！夫如是，则凡其所为，虽若为人，其实则亦为己而已。"先生曰："为其职分之所当为也。"③朱子赞成弟子对大人的定位，大人将恩泽惠及天下每一个人，"大"即是指天下范围，大人考虑天下每一个人的事情，大人以天下为法度，不疏漏一夫、一人。这里朱子虽然是指明德的心性，实质也是公正的面向。但是，汉代贾谊的"大"指的是大事、大功，"故大人者，不怵小廉，不牵小行，故立大便以成大功"④。贾谊的"大"是大的方面，并非周全之意，与朱子、船山的"大"有些差异。船山的公正在"大"的思维取向下，指向了"普"的问题，类似容光普照，大人之事即是阳光普照，恩德普施，"普"则没有偏私，公正无私。船山说："阳出地上，草木嘉谷皆载天之德，以发生而利于物，此造化德施之普也。大人藏密之功已至，因而见诸行事，即人情物理以行仁义象之，故为天下所利见。《礼》曰：'先王以人情为田。'顺人情以施德，德乃周遍。以时则舜之历试，以事则文王之康功田功，以日用则质直好义、虑以下人，而邦家皆达，皆天德之下施者也。"⑤船山的"大"是周全之意，天下众人能享有恩惠，大以公正则是恩惠普施，容光普照，大人之功即是理情合一，功事见行，德施周遍，家邦皆达，无所疏漏，公正无偏。船山大以公正思想明显地超越了朱子的"大"的内涵，更详细，更周详。船山的公正之"大"是多

① 《宋论》，《船山全书》（第十一册），岳麓书社 2011 年版，第 101 页。
② 《宋论》，《船山全书》（第十一册），岳麓书社 2011 年版，第 260 页。
③ 黎靖德编：《朱子语类》，中华书局 1986 年版，第 313 页。
④ 贾谊著，阎振益、钟夏校注：《益壤》卷一，《新书校注》，中华书局 2000 年版，第 57 页。
⑤ 《周易内传》，《船山全书》（第一册），岳麓书社 2011 年版，第 56 页。

维度的结合,是宇宙法则的宏大公正。船山说:"仁、义、礼、信,推行于万事万物,无不大亨而利正,然皆德之散见者,《中庸》所谓'小德'也。所以行此四德,仁无不体,礼无不合,义无不和,信无不固,则存乎自强不息之'乾',以扩私去利,研精致密,统于清刚太和之心理,《中庸》所谓'大德'也。四德尽万善,而所以行之者一也,'乾'也。故曰'乾元亨利贞',唯'乾'而后大亨至正以无不利也。"①船山的"大亨至正无不利"即是说公正是所有的人享有的福利,不是一家、一姓或者一人,是万善的公正,小德也公正,大德也公正,仁义礼信合为一体,一不是单一,是全面的一,公正全面,天下无不有利,大以公正。船山的大以公正内涵,上升到了哲学形而上学的层面,公正之大是宇宙的公正,是天下的公正,是万善的公正。船山反对疏漏的偏一,但提倡万全的大一,正因为万全的大一,成就了天下众人,无人不享有其利。"大"不是自私自利,而是天下众人之利。船山说:"乾之始万物者,各以其应得之正,动静生杀,咸恻隐初兴、达情通志之一几所函之条理,随物而益之,使物各安其本然之性情以自利;非待既始之余,求通求利,而唯恐不正,以有所择而后利。此其所以为大也。"②公正有原则,即是指天下众人的大利,不是一人私利,为了公正必须体现"大"的性质,行为选择不偏向,指向天下众人即是大的公正。船山说:"乾之为德,一心神用,入乎万有之中,运行不息,纯粹者皆其精,是以作大始而美利咸亨,物无不正。在人为性,在德为仁,以一心而周万理,无所懈,则无所滞。君子体之,自强不息,积精以启道义之门,无一念利欲之间,而天德王道于斯备矣。"③船山认为公正是天德,即乾德,恩德普施,运行万事之中,没有不公正的,公正的运行是仁义的施行,王道政治是仁义政治,不偏向于自我私心利欲,周全万事,符合万理。船山将大以公正之"大"逐渐上升为周全万理,以理说明"大",道义是"大",理义是"大",以"理"解释"大",说明船山学还是理学性质的思想,归属于理学的人文语境。

综上所述,王船山的公正范畴内涵首先以"大"来解释,大以公正,对《礼记》的"大道之行,天下为公"进行公正思想方面的诠释,公正是指向天下众人的公正,指向天下周全的公正,是无所偏执的公正,是大道运行的公正。公正的延伸没有疏漏,是恩德普施。既然公正的内涵是大以公正,在范围上需要广大面积的惠及,多元多维的权衡,事理合一、理情合一、理法合

---

①　《周易内传》,《船山全书》(第一册),岳麓书社 2011 年版,第 59 页。

②　《周易内传》,《船山全书》(第一册),岳麓书社 2011 年版,第 69 页。

③　《周易内传》,《船山全书》(第一册),岳麓书社 2011 年版,第 69—70 页。

一、显微合一、君民同存、大顺大同。船山的大以公正思维是哲学的致思,以理实现公正。船山公正范畴的"大"的内涵超越了西方公正范畴的内涵,西方公正范畴的首要之义是相称和应得,并没有对公正范畴作"大"上的规定,不一定考虑在范围的天下众人这一主体,更多地从自由、民主、平等的原则上去思考公正问题,主题是"人民要自由独立""人民要平等""人民要尊重人权"①,而不会从天下大众的普遍主体上去思考公正范畴的内涵。

## 二、公 以 公 正

　　王船山的公正范畴内涵在"大"的基础上向前发展为"公"的公正,意思公正是公以至正。船山公以至正的公正范畴内涵通过"大公至正"语词进行呈现,他经常提到"大公至正"一词,"天下有大公至正之是非焉,匹夫匹妇之与知,圣人莫能违也"②。圣人的德性和职能是大公至正。"又曰'有德此有人',则以慎其好恶之几得之于心者,慊乎人心之所同然;而措夫好恶之用行之于道者,尽夫众心之攸好;故臣民一率其举错用缓之公,知其大公至正而归之也。"③民众期望大公至正。"使文王而当七雄、秦、项之际,上无可服事之故主,下无可推让之邻国,又岂得不以天命不可旷、民望不可违为大公至正之道哉!"④天命大公至正,民众需要遵守。

　　"公"是相对于"私"而言,公正而无私,这是公正本质内涵的限定。如果说大以公正是范围上的确定,公以公正则是本质上的定位和确立。许慎《说文解字》说:"公,平分也。"⑤"共,同也。"⑥说明"公"以"共同"性质进行规定才能称为"公"。船山多从没有私欲、私心上阐明公正范畴:"君子体之,自强不息,积精以启道义之门,无一念利欲之间,而天德王道于斯备矣。"⑦前面说过,朱熹说公正有广大之意,但朱熹多将公正从"公"上讲,即无私的公正,"惟公然后能正,公是个广大无私意,正是个无所偏主处"⑧。没有私心才是公正的本质。董仲舒认为"正"即是与"利"相对的意思:"正也者,正于天之为人性命也。天之为人性命,使行仁义而羞可耻,非若鸟兽

---

①　罗尔斯:《万民法》,陈肖生译,吉林人民出版社 2001 年版,第 40 页。
②　《读通鉴论》,《船山全书》(第十册),岳麓书社 2011 年版,第 1178 页。
③　《读四书大全说》,《船山全书》(第六册),岳麓书社 2011 年版,第 442 页。
④　《读四书大全说》,《船山全书》(第六册),岳麓书社 2011 年版,第 999 页。
⑤　许慎:《说文解字》,中华书局 1963 年版,第 28 页。
⑥　许慎:《说文解字》,中华书局 1963 年版,第 59 页。
⑦　《周易内传》,《船山全书》(第一册),岳麓书社 2011 年版,第 70 页。
⑧　黎靖德编:《论语八·里仁篇上》,《朱子语类》,中华书局 1986 年版,第 645 页。

然,苟为生,苟为利而已。"①公正即是无私利。《白虎通义》云:"所以名之为公侯者何? 公者,通也。公正无私之意也"②,"公之为言公正无私也"③。公正的本质是无私,无私即是无偏私,公正无私体现了"公"的价值下没有偏私,朱子正是强调这一点,有私心便不可能称为公正。先生云:"《注》中引程子所谓'得其公正',是如何?"答云:"只是好恶当理,便是公正。"先生曰:"程子只着个'公正'二字解,某恐人不理会得,故以'无私心'解'公'字,'好恶当于理'解'正'字。有人好恶当于理,而未必无私心;有人无私心,而好恶又未必皆当于理。惟仁者既无私心,而好恶又皆当于理也。"④朱熹以无私心来解释公正,与早期圣贤思想一致。程子认为公正之义即是无私心:"有一个包涵遍覆底意思,则言天;有一个公共无私底意思,则言王。"⑤王者需要公共无私。船山的公正内涵传承了程子、朱子的公正思想,以无私解释公正之义。船山解释"天下为公"时说:"'天下为公',谓五帝官天下,不授其子。"⑥帝位不传授其子,尧舜二帝体现了无私的公心,因此船山所说的公正是指无私的公正。船山在《读四书大全说》中说到朱子的"尽己之谓忠,推己之谓恕"时说:"尽与推都是由己及物之事,则两字更不得分晓。故知合尽己言之,则所谓己者,性也、理也;合推己言之,则所谓己者,情也、欲也。如尧授天下于舜,所性之理,大公无私,而顺受得宜者,既尽乎己性之德;乃舜之德必为天子而后尽其用,舜之情也;天下臣民必得舜为天子而后安,天下之情也。舜欲兼善天下之情,亦尧所有之情;天下欲得圣人以为君之情,亦尧所有之情。推此情以给天下之欲,则所谓推己者,又于情欲见之也。"⑦船山认为尧舜能够大公无私,尽忠推恕,实现天下之情,公正是无私的情、无私的欲,合乎天下之理,大公无私即是公正。情不是私情,情是指天下之情,欲不是私欲,是指天下之欲,最后是指性和理。船山的公正内涵不是指一己偏私,是指天下公理,天下之情、天下之欲,与"大"的公正内涵相呼应。船山说:"理唯公,故不待推;欲到大公处,亦不待推;而所与给万物之欲者,仍圣人所固有之情。"⑧真正的公正是大公的公正,做到大公不需要推己及人,圣人之所以能够达到公正是因为公正符合天下之情,即是无

① 苏舆著,钟哲点校:《竹林第三》,卷三,《春秋繁露义证》,中华书局1992年版,第61页。
② 陈立著,吴则虞校:《爵》卷一,《白虎通疏证》,中华书局1994年版,第7页。
③ 陈立著,吴则虞校:《爵》卷一,《白虎通疏证》,中华书局1994年版,第17页。
④ 黎靖德编:《朱子语类》,中华书局1986年版,第645页。
⑤ 程颢、程颐:《河南程氏遗书》卷二,《二程集》,中华书局1981年版,第30—31页。
⑥ 《礼记章句》,《船山全书》(第四册),岳麓书社2011年版,第537页。
⑦ 《读四书大全说》,《船山全书》(第六册),岳麓书社2011年版,第638—639页。
⑧ 《读四书大全说》,《船山全书》(第六册),岳麓书社2011年版,第640页。

私的公正。西汉刘向说:"《书》曰:'不偏不党,王道荡荡。'言至公也。古有行大公者,帝尧是也。贵为天子,富有天下,得舜而传之,不私于其子孙也。"①大公至正即是无私的公正。刘向与朱子的观点一致,朱熹说真正的公是"绝无私系",以天下之情为公都是公正。问:"'惟仁者能好人,能恶人'。好善而恶恶,天下之同情。若稍有些子私心,则好恶之情发出来便失其正。惟仁者心中浑是正理,见人之善者则好之,见不善者则恶之。或好或恶,皆因人之有善恶,而吾心廓然大公,绝无私系,故见得善恶十分分明,而好恶无不当理,故谓之'能好能恶'。"曰:"程子之言约而尽。公者,心之平也;正者,理之得也。一言之中,体用备矣。"②朱子认为大公绝无私系,是正理,心以无私为约,即是公正。船山对"大公"的解释与朱子思想一样,认为功在天下,他说:"汉王初即皇帝位,未封子弟功臣,而首以长沙王吴芮、闽粤王无诸,此之谓'大略'。二子者,非有功于灭项者也,追原破秦之功而封之。以天下之功为功,而不功其功,此之谓'大公'。"③大公即是以天下之功为准,没有私心。"限也者,均也;均也者,公也。天子无大公之德以立于人上,独灭裂小民而使之公,是仁义中正为帝王桎梏天下之具,而躬行藏恕为迂远之过计矣。"④均平公正,大公无私,即是仁义中正,君王公正不是实现一己之私,而是为天下众人行使公心。船山说:"事是君而为是君死,食焉不避其难,义之正也。然有为其主者,非天下所共奉以宜为主者也,则一人之私也。子路死于卫辄,而不得为义,卫辄者,一时之乱人也。推此,则事偏方割据之主不足以为天下君者,守之以死,而抗大公至正之主,许以为义而义乱;去之以就有道,而讥其不义,而义愈乱。何也? 君臣者,义之正者也,然而君非天下之君,一时之人心不属焉,则义徙矣。此一人之义,不可废天下之公也。"⑤船山的公正是指大公至正,实现大公至正则要考虑天下众人的利益,并非实现君王的一己之私。大公至正的公正来源于大义,大义是天下大义,不是一人之小义。船山认为公正是天下的公利,不是一人之私利。船山还认为公正是公开的公正,"公论明,刑赏定,而国无不正矣"⑥。"明"即是公示天下,让天下人都清楚明白,公正能够将利益公示于天下,私利则不能公示于天下,能够公示天下,说明事理公平公正。船山的公正内涵

①　刘向撰,向宗鲁校证;《说苑·至公》,《说苑校证》,中华书局1987年版,第343页。
②　黎靖德编:《朱子语类》,中华书局1986年版,第645页。
③　《读通鉴论》,《船山全书》(第十册),岳麓书社2011年版,第83页。
④　《读通鉴论》,《船山全书》(第十册),岳麓书社2011年版,第194页。
⑤　《读通鉴论》,《船山全书》(第十册),岳麓书社2011年版,第535—536页。
⑥　《礼记章句》,《船山全书》(第四册),岳麓书社2011年版,第1175页。

超越朱子的地方在公正的"明"上,公正需要公示天下,已经超越了朱子内心的公正无私。船山的公正内涵是相对于私利而言,反对私心,因为私心起于私意,导致天下不公,而公正能够志公去私。张载说:"盖志意两言,则志公而意私尔",船山释:"未有事,则理无所倚而易用明。惟庸人无志尔,苟有志,自合天下之公是。意则见己为是,不恤天下之公是。故志正而后可治其意,无志而唯意之所为,虽善不固,恶则无不为矣。故大学之先诚意,为欲正其心者言也,非不问志之正否而但责之意也。教人者知志意公私之别,不争于私之已成,而唯养其虚公之心,所谓'禁于未发之谓豫'也。"①船山认为"志"能实现公正无私,是"天下之公","意"则是个人的私利,"见己为是","志"的公心完全超越了"意"的私心。立志则能体现公正,任意则是私心漫延。"志"的目标宏大,"意"的目标褊狭。张载云:"'言不必信,行不必果',志正深远,不务硁硁信其小者。"船山注曰:"反大经则正,达天德则深,循大常则远。"②张载认为"志"能够公正而深远,目标宏大。船山认为"志"因为与古代大道精义一致,所以是公正的,与天德常理一致,所以是深远的。船山所说的公正是指道的公正、理的公正、法的公正,公正无私,万事各得其宜。古代道统是公正无私的,使用于人际社会,公正成为民众的常识、共识。船山说:"世其位者习其道,法所便也;习其道者任其事,理所宜也。法备于三王,道著于孔子,人得而习之。贤而秀者,皆可以奖之以君子之位而长民。圣人之心,于今为烈。选举不慎,而贼民之吏代作,天地不能任咎,而况圣人! 未可为郡县咎也。若夫国祚之不长,为一姓言也,非公义也。秦之所以获罪于万世者,私己而已矣。斥秦之私,而欲私其子孙以长存,又岂天下之大公哉?"③民众为何能够达到公正呢? 船山认为是古代的道统使然。孔子推崇三王之道而发扬光大,子孙后代自然传承道统,公正行事。公正不是一己之私、一姓之言,是公义的公正。儒家发扬了三代以来传承的道统,理备事宜,天下大公,道统公正,国家发展,天下公正。"国无正论,不可以立。"④国家的根本在于道统价值观,没有正确的价值观,国家不能存在和发展,有正确的价值观即有公正的可能。

　　综上所述,船山大公的公正范畴内涵在"大以公正"的基础上向前推进为"公以公正","公"的公正是相对于"私"而言,公正无私即是指本质上的公正,实现公正必须没有私心,不偏私才能达到公正。船山的公正内涵传承

---

① 《张子正蒙注》,《船山全书》(第十二册),岳麓书社 2011 年版,第 189 页。
② 《张子正蒙注》,《船山全书》(第十二册),岳麓书社 2011 年版,第 250 页。
③ 《读通鉴论》,《船山全书》(第十册),岳麓书社 2011 年版,第 68 页。
④ 《读通鉴论》,《船山全书》(第十册),岳麓书社 2011 年版,第 822 页。

了先秦诸子的学说,发展了朱子学说的公正无私的内涵,提出公正之"公"是"明"的公正,能够公示天下、昭明天下则是"公",这是对朱子学的超越。船山还认为公正是道统的延续,只有确立公正的价值观国家才能存在和发展。

## 三、理 以 公 正

王船山的公正范畴内涵界定从"大"的公正,发展到"公"的公正,目的是要达到"理"的公正,逻辑上是大公至理,达到"理"的公正是其公正内涵的必须逻辑。船山提出"理"的公正,源于其哲学思维,理是宋明理学和明清哲学绕不开的哲学话题和人文语境,由理到心、由理到气,理是源头。大以公正、公以公正,大公至理,公正源于理。船山说:"孟子言'顺受其正',原在生后。彼虽为祸福之命,而既已云'正',则是理矣,理则亦明命矣。"①船山认为"理"本身是正的,没有偏向歪邪,完美无缺,无论是生死祸福,都是正的。宇宙之正、人生之正、社会之正就是理之正。这里船山所说的理之正是"大"而"正",不偏注于一私、一事、一物。大而全,即是无缺,宇宙法则,即是无私。船山说理之所以公正,是因为理完美无残缺,公正普施,普惠于万事万物,是宇宙大全。"君子于此,看得物之备于我,己之行于物者,无一不从天理流行,血脉贯通来。故在天则'云行雨施,品物流行',天之'发己自尽'者,不复吝留而以自私于己;'乾道变化,各正性命',天之'循物无违'者,不恣己意以生杀而变动无恒。则君子之'首出庶物,万国咸宁'者,道以此而大,矩以此而立,絜以此而均,众以此而得,命以此而永。故天理之存也,无有不存;而几之决也,决于此退藏之密而已矣。"②船山认为天理流行于万事万物,实现了四个全面贯通:贯通于自我,因为我明理而万物皆备于我;贯通于上天,因为天施恩而云雨普施无私;贯通于社会,因为大道确立而社会国家安宁;贯通于宇宙,因为天命明确而宇宙变化,物有其命。船山说"理"之"正"是宇宙大正、天下大美、社会安泰、人心舒畅,理正而完美无缺。如果说"大"的公正是从范围上说没有疏漏,"公"的公正是从利益取向上说没有偏私,那么"理"的公正则是从至善上说没有残缺。

王船山"理"的公正内涵实际上是接着朱熹的公正内涵向前发展的。朱熹说公正是理的要义,当理就是公正,符合理就是公正,理确定了公正的哲学内涵。朱熹有专门的对话。先生云:"《注》中引程子所谓'得其公正',

---

① 《读四书大全说》,《船山全书》(第六册),岳麓书社 2011 年版,第 407 页。

② 《读四书大全说》,《船山全书》(第六册),岳麓书社 2011 年版,第 448 页。

是如何?"答云:"只是好恶当理,便是公正。"先生曰:"程子只着个'公正'二字解,某恐人不理会得,故以'无私心'解'公'字,'好恶当于理'解'正'字。有人好恶当于理,而未必无私心;有人无私心,而好恶又未必皆当于理。惟仁者既无私心,而好恶又皆当于理也。"①朱子以"理"规范"公正",说明"理"是天下认同的共同价值观,人同此心,心同此理,是指道心,而不是人心。《尚书》曰:"人心惟危,道心惟微,惟精惟一,允执厥中。"朱熹说:"人心则危而易陷,道心则微而难著。"②但天下之人都有共同的大同之心、公理之心,即是道心,道心即是理。王阳明说:"是故率是道心而发之于父子也无不亲;发之于君臣也无不义;发之于夫妇、长幼、朋友也无不别、无不序、无不信;是谓中节之和,天下之达道也。放四海而皆准,亘古今而不穷;天下之人同此心,同此性,同此达道也。"③人人都有的共心、良知即是理,理当然是公正的,因为此心是天下的道心,范围广大,无偏私,必然公正。朱子的公正范畴更多的是从"理"上说,从"公"上说是为了给"理"上说作理论上的铺垫,因为"公"即是"道心",道心即是理,朱子的公正范畴从"大"上说则只是稍稍提及了一下。船山的公正范畴从"理"上说无疑是接着朱子公正范畴内涵讲的。

但是,朱子的公正内涵并没有明确地从"至善"上讲述,因为朱子所说的理着重强调公正是指理的公正,并没有直接说明因为理是"善"的公正,这是船山的公正内涵超越朱子的地方。朱子说到至善与理的关系,他在解释《大学》的"明德、亲民、至善"时说:"至善,则事理当然之极也。"④朱子的意思是,理的终极目标是至善,理在平时并非能够实现大全至善。这显然与船山"理"的大全公正、"理"的完善公正有一定的差分,即是说船山之"理"就是大全完善,而朱子之"理"是在发展中实现公正。船山与朱子"公正"之"理"的差分原因在于:朱子重视"格物致知"的认识论,对理的认知也是一个发展的过程,理是形而上学之本体,而船山则强调"理气同体"⑤,理气都是善的,理也是完善的。

王船山所说的"理以公正"思想也从"理通天下"来进行说明。理既是天理,又是事理,此理是天下认同的理,理在人们心中是公共认同的,是公正之理。《礼记》说:"曲礼曰:'毋不敬,俨若思,安定辞,安民哉!'"他在《礼

---

①　黎靖德编:《朱子语类》,中华书局1986年版,第645页。
②　黎靖德编:《尚书一·大禹谟》卷第七十八,《朱子语类》,中华书局1986年版,第2009页。
③　王阳明:《文录四》,《王阳明全集》,上海古籍出版社1992年版,第256—257页。
④　朱熹:《大学章句》,《四书章句集注》,中华书局1983年版,第3页。
⑤　参见张立文:《中国哲学思潮发展史》,人民出版社2014年版,第1406页。

记章句》中说："循事察理,必得其安,而后定之以为辞说,言而信诸心也。此三者未及于安民之事,而以此自治而临人,则天下之理得而情亦可通矣。于以安民,奚难哉!'民'者,人之尽辞。此言君子行礼反躬自尽之学。"①理以公正,理统事物,天下平安,民众安心,理得情通,社会完美,君子用礼是因为遵照理而行事。船山认为以理行事和统物必然公正,他注张载"中正然后贯天下之道,此君子之所以大居正也"时说:"不倚之谓中,得其理而守之、不为物迁之谓正。中正,则奉天下之大本以临事物,大经审而物不能外,天下之道贯于一矣。有成心者有所倚,徇见闻者必屡迁;唯其非存大中而守至正,故与道多违。"②天下大道中正,君子守道居正,人得理而公正,守理称为守正,得理不会偏向私心,不因外物变化而无理,理即是公正之理,理以公正。

王船山认为理的本质是指向公正的,得"理"即是得到"公正"。"夫王者合天下以为一家,揭猜疑以求民之莫而行士之志,法愈疏,闲愈正,不可欺者,一王之法,天理之公,人心之良也,而恃区区之标制也乎? 三代之隆也,士各仕于其国,而民益亲。"③天理公正无私、天下则公正无偏,船山将公正的"公"与公正的"理"结合起来,因为"理"是"公",所以理是公正的。这里船山完成了从"大的公正""公的公正"向"理的公正"的逻辑转换,"理"不仅"正",而且"公",因此理以公正。

王船山还从反面论证了理的公正,因为完美而公正,不完美则不公正。"好谀者,大恶在躬而犹以为善,大辱加身而犹以为荣,大祸临前而犹以为福;君子以之丧德,小人以之速亡,不可戒哉!"④小人做恶事,行为不公正,不是善。"罪者,因其恶而为之等也,而恶与罪抑有异焉。故先王之制刑,恶与罪有不相值者,其恶甚不可以当辜,其未甚不可以曲宥,酌之理,参之分,垂诸万世而可守,非悁悁疾恶,遂可置大法以快人情也。"⑤刑罚是理所当然,是公正的,有罪非罪,以理为准,理是公正的。有罪,自有公正法办;没有罪,自有公正法判确定其无罪。理作为标准判断奖罚自然是公正的、完善的。船山说:"君子之无往不用者,仁、义、忠、正也。岂悻然挟一直以孤行天下乎? 凡言仁,不但不暴之谓;言知,非但不愚之谓;言勇,非但不怯之谓。言德必有得,既去凶德,而抑必得夫令德。若言直,则即不罔之谓。道者,离

① 《礼记章句》,《船山全书》(第四册),岳麓书社 2011 年版,第 12 页。
② 《张子正蒙注》,《船山全书》(第十二册),岳麓书社 2011 年版,第 156 页。
③ 《读通鉴论》,《船山全书》(第十册),岳麓书社 2011 年版,第 324 页。
④ 《读通鉴论》,《船山全书》(第十册),岳麓书社 2011 年版,第 460 页。
⑤ 《读通鉴论》,《船山全书》(第十册),岳麓书社 2011 年版,第 813 页。

乎非道而即道也。故天地生生,必有以生之,而非止不害其生。直特不害,而无所益。人之祈天永命、自求多福者,则不可期以必得,而但可守以不失。故仁、智以进德,而直以遵道。进德者以精义入神,遵道者以利用安身。圣贤之言,统同别异,其条理岂可紊哉! 于此不察,则将任直为性,而任气失理以自用。"①船山认为理是公正的,因为理有仁、义、忠、正四德;理是完善的,天地因之发展完善;理是完善的,人因之利用安身,圣贤知理,行事有方。理是天下之道,社会之道,圣人之道。离开理,一切都乱了方寸。船山认为理是公正的,不可多得就不会多给,祈求永命多福是幻想,天所给的命与福自有公正之理,不可企求,公正是应得之义。船山认为理源于天道,理的最高和最早思想来源是《易》,易道之理无所不备,因而公正。他说:"伏羲之始画卦也,即阴阳升降、多寡隐见,而得失是非形焉。其占简,其理备矣。后圣因之,若《连山》,若《归藏》,皆引申画象之理而为辞,使民晓然于吉凶之异,以遵道而迪吉。至于文王,益求诸天人性命之原,而见天下之物、天下之事、天下之变,一本于太极阴阳动静之几,贞邪、诚妄、兴衰、利害,皆刚柔六位交错固然之理,乃易其序,以乾坤并建之统宗,而错综以成六十四卦,举万变之必形者可以约言而该其义,则《周易》之象辞所由折中往圣而不可易也。周公复因卦中六位阴阳之动而为之象辞,则以明一时一事之相值,各有至精允协之义,为天所祸福于人、人所自蹈于吉凶之定理,莫不于爻之动几显著焉。"②《周易》的易道和易理综罗了天地、社会、人生一切现象和一切秩序,形成易象爻辞,易理完备无缺,是公正之源。形上之理,形下之事,象辞之文,互为贯通;天地人合一、文质互释,都在易理之中,无所残缺。天地有序,人随其变,公正无缺,世界定理。船山褒扬了易理的完美无缺,完成了理的形而上学建构,以理的形而上学展示公正的内涵。既然易道和易理完美无缺,公正也需要达到完善和完美。既然易理完美无缺,人必须坚守易理不可更改,那么对公正的守望和追求代代不可放松。可见,船山所说的理最终要回到易理上来,易理的完美无残缺使公正的内涵得以在此思想上建构。

王船山所说的"理以公正"推动公正内涵得以丰富和发展,但对理的把握要精准,不可以似是而非,对理不可巧言诡辩和穿凿附会,如果这样,则是对理的歪曲,无益于天下公正的实现。船山说:"小道邪说,惑世诬民,而持是非以与之辩,未有能息者也,而反使多其游词,以益天下之惑。是与非奚准乎? 理也,事也,情也。理则有似是之理,事则有偶然之事,情则末俗庸人

---

① 《读四书大全说》,《船山全书》(第六册),岳麓书社 2011 年版,第 686 页。
② 《周易内传》,《船山全书》(第一册),岳麓书社 2011 年版,第 505 页。

之情,易以歆动沉溺不能自拔者也。以理折之,彼且援天以相抗,天无言,不能自辩其不然。以事征之,事有适与相合者,而彼挟之以为不爽之验。以情夺之,彼之言情者,在富贵利达偷生避死之中,为庸人固有之情,而恻隐羞恶之情不足以相胜。故孟子之辩杨、墨,从其本而正其罪,曰'无父无君',示必诛而不赦也;若其索隐于心性,穿凿于事理者,不辩也。君子之大义微言,简而文,温而理,固不敌其淫词之曼衍也。"①船山认为理之所以是公正的,是因为理是精准的理,完美无残缺,理如果打了折扣,就不是真正的理了。理不能打折扣,行事不能仅凭经验,不能沉溺在情感之中,最终是事、情、理的合一,以理统情,事在理中。理既有大义,又有微言,理适中温和,完美无残缺,不可巧言令色。船山看到了似是而非的歪理邪说对天下正理的干扰,歪理必然带来天下不公正,因此提出理是大义微言的合一,是天下之理,不是歪道邪说,不是一言之理。船山说:"草木有气而无情,禽兽有情而无理,兼情与理而合为一致,乃成乎人之生。故遇物之危而恻然动,见人之哀而隐然恤,虽残忍习成,而当可恻可隐之时,则心必动,如其悍然而慭忘之,则必非人而后然矣。如己有可愧而羞之,见人有不善而恶之,虽廉耻道丧,而于可羞可恶之时,则心必动,如其坦然而忽忘之,则必非人而后然也。得非所有,不容已于辞;人不可陵,不容已于让;虽骄盈气盛,而当必辞必让之际,则心为之动,如其傲然而安之,必非人而后然矣。理所同是,不可以为非;理所必非,不可以为是;虽私利相蒙,而当是一是一非之著,不觉而动,如其冥然而莫觉,则必非人而后然矣。贤者全此心,而不肖者亦不昧;后念失此心,而前念必不迷也。孰有终身而无一日之明,终日而无一念之发者乎?是何也?天命之为人,而仁义礼智早在性中,梏亡之余,不能尽丧,因感而发者,仁义礼智之本体于此见端也。"②船山认为理有是非判断,有是非判断则有公正的产生。是非是公正的基本标准,有是非判断则有公正道德的发生。人生明理、得理、用理,必然能够兼情于理,实现理情合一,公正道德则在其中。是非、善恶、恻隐、羞愧、显隐、骄让等通过理的把握和贯通,都能实现完美调适,天下理同,是非不昧,见之于本体。理不是单独之理,理中有情,情中见理,情理合一成就人生。人生之所以能够达到公正,是因为理统心与情。船山的"理以公正"内涵将情纳于理中,理统情,与张载和朱熹的心统性情有一致的地方,这将在后面再作进一步的论述。

综上所述,王船山大公的公正内涵从"大""公"的公正发展到"理"的

① 《读通鉴论》,《船山全书》(第十册),岳麓书社2011年版,第776页。
② 《四书训义》,《船山全书》(第八册),岳麓书社2011年版,第218页。

公正,建构了公正内涵的形而上学,"理"的公正说明公正是"当理"的公正,公正符合天下公理,符合天下至理。因为理是公正的,所以公正即是理的架构下的公正。船山的公正内涵延续了朱子的公正内涵,公正当理。船山的公正内涵以理为形而上学,说明了理完美无残缺,既考虑到天下众人,又考虑到情与理的结合,达到宇宙大正、天下大美、社会安泰、人心舒畅,理符合易道,是天下的大端。船山的"理以公正"内涵统合了宇宙天下、人情物理、人生社会的规律,完成了公正内涵的形而上学的建构。船山"理以公正"内涵建构的完成真正实现了公正是公理的公正,公正的源头在公理,因为有了公理,所以天下要公正。

## 第二节　合宜的公正

王船山公正范畴的内涵完成了"大公"的公正思想建构,接着向"合宜"的公正内涵上推进,即是说公正是合乎事理、宜于事理、和顺事理的公正,其宗旨是和顺的公正。合宜的公正是大公的公正的逻辑延伸,大公的公正是哲学形而上者的公正内涵,合宜的公正则是形而下者的公正内涵,事理合宜,和顺公正,切入社会现实之中。董仲舒就强调"宜"与"正"的相合,"一统乎天子,而加忧于天下之忧也,务除天下所患。而欲以上通五帝,下极三王,以通百王之道,而随天之终始,博得失之效,而考命象之为,极理以尽情性之宜,则天容遂矣。"①董仲舒认为"正"需要上下合宜、天人合宜、性情合宜,合宜才能"正"。合宜的公正以和顺公正为宗旨,主要从三个方面展开:和以公正、顺以公正、平以公正。和的公正之所以是合宜的公正,是因为"和"符合大同至善的"善",天下有大同的追求,善是公正之源;顺的公正之所以是合宜的,是因为"顺"符合天下共同的"业",天下要有发展的事业和基业;平的公正之所以是合宜的,是因为"平"符合个人的"利",天下人人都有生存的欲望和基本的利益以求得生存。合宜的公正既有公正的社会价值理想,又有公正的社会事业,还有公正的个人生存利益,将国家与社会相结合,将社会与个人相结合,实现理想公正、国家公正、社会公正、个人公正。

### 一、和 以 公 正

王船山所说的"合宜的公正"内涵首先是"和以公正",即是说合宜体现为"和",公正是和顺的。"和"即是指和谐,段玉裁《说文解字注》解:"和,

① 苏舆著,钟哲点校:《符瑞第十六》卷六,《春秋繁露义证》,中华书局1992年版,第158页。

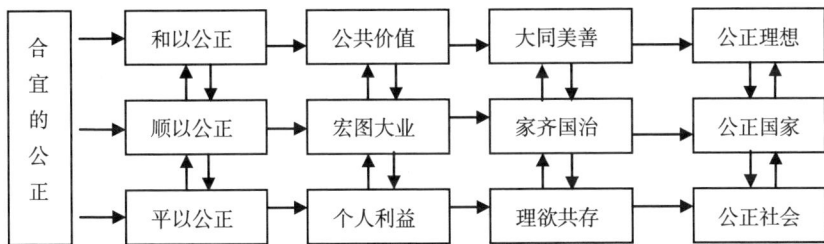

合宜公正内涵逻辑关系图示

相应也,从口。"①和即相应、顺应的意思,有顺理、顺事的意思。孔子说:"君子和而不同,小人同而不和。"朱熹章句:"和者,无乖戾之心。"②意思是合于情理、不别扭、不矛盾、不抵触,就是"和"。董仲舒将"和"解释为"正","和者,天之正也,阴阳之平也,其气最良,物之所生也,诚择其和者,以为大得天地之奉也。天地之道,虽有不和者,必归之于和,而所为有功;虽有不中者,必止之于中,而所为不失。"③和是和谐而公正。《国语·郑语》说:"和实生物,同则不继。以他平他谓之和,故能丰长而物归之;若以同裨同,尽乃弃矣。故先王以土与金木水火杂,以成百物。"④这是说明"和"的功能是"生",即生发、发展,"和"能创新发展。张立文教授解释"和":"是诸多性质不同或对立的要素、事物所构成的和合体,即统一体","是相互差异、对立的东西互济互补,以达到平衡、均平、和谐"。⑤"和"之所以是公正的,是因为考虑到其他事物的存在和发展。船山所说的"和以公正"内涵正是基于对其他对立、矛盾的事物的存在予以承认、认可并给予生存、发展的空间,因为对立物也要有生存和发展的空间,而不是消灭对方,允许共同存在就体现了公正,因此"和"是公正之和,和以公正。

王船山的"和"凸显了公正理念,万物和谐公正。"太和,和之至也。道者,天地人物之通理,即所谓太极也。阴阳异撰,而因其絪缊于太虚之中,合同而不相悖害,浑沦无间,和之至矣。未有形气之先,本无不和,既有形气之后,其和不失,故曰太和。"⑥宇宙的状态就是太和,万事万物共生不相伤害,

① 段玉裁:《说文解字注》,上海古籍出版社1988年版,第57页。
② 朱熹:《论语集注》,《四书章句集注》,中华书局1983年版,第147页。
③ 苏舆著,钟哲点校:《循天之道第七十七》卷十六,《春秋繁露义证》,中华书局1992年版,第446—447页。
④ 来可泓:《国语·郑语》,《国语直解》,复旦大学出版社2000年版,第746页。
⑤ 张立文:《和合学概论——21世纪文化战略的构想》,首都师范大学出版社1996年版,第465页。
⑥ 《张子正蒙注》,《船山全书》(第十二册),岳麓书社2011年版,第15页。

并行而不相悖立,和谐而公正。"万物所以育之理,则和是也。"①和就是共同发展。船山论述了"善",将"善"与"和"联系起来:"人物有性,天地非有性。阴阳之相继也善,其未相继也不可谓之善。"②相继即是和,善是相继以和而形成的美善,阴阳相和而达到美善。"相继者善,善而后习知其善,以善而言道,不可也。道之用,不僭、不吝,以不偏而相调。故其用之所生,无僭、无吝以无偏,而调之有适然之妙。妙相衍而不穷,相安而各得,于事善也,于物善也。"③和则不偏,和则不自私,和则不过犹不及,因此和以成就美善。正因为和的全面性、调适性、共生性、同存性、大同性,说明"和"是公正无私的,不是偏私的,因而公正。"'和'者,以和顺于人心之谓也。"④这里的人心是指天下大众的共同之心,共同之心就是共同生存、共同发展之心。

　　正是基于"和"的理念,王船山认为和能够实现公正,和不偏私,和以广大,和以达理,和以周全,共生共荣,天下大同,实现共同的理想,则是公正。和以公正说是价值理念上的公正,目标是追求天下大同的理想,理想是大义,范围广大,正如尹氏注释"君子和而不同,小人同而不和"说:"君子尚义,故有不同。小人尚利,安得而和?"⑤和有周全的内涵,孔子说:"君子周而不比,小人比而不周。"周是普遍周全的意思。比是偏党、偏私的意思。朱熹对此章句说:"皆与人亲厚之意,但周公而比私耳。君子小人所为不同,如阴阳昼夜,每每相反。然究其所以分,则在公私之际,毫厘之差耳。故圣人于周比、和同、骄泰之属,常对举而互言之,欲学者察乎两间,而审其取舍之几也。"⑥将朱子的"周"与"公"意思与船山的周全之"和"相联系,就可知船山之和是公正之和。

　　王船山"和"的公正内涵实际上指的是合宜的公正,即是说"和"达到公正,这种公正是适合的公正、适宜的公正,合宜即是要达到相符合、相适宜。合宜是公正的状态。《礼记》云:"若夫坐于尸,立如齐。礼从宜,使从俗。"船山对之章句云:"上言学者去私循礼以为行礼之本,则自强于礼,而不挟己自是以拂乎人情,其于容貌之庄,权宜之中,亦举而措之而已。"⑦《礼记》的"从宜"和"从俗"即是合宜,实际是"和",船山说去私循礼实际上是指公

---

① 《读四书大全说》,《船山全书》(第六册),岳麓书社 2011 年版,第 476 页。
② 《周易外传》,《船山全书》(第一册),岳麓书社 2011 年版,第 1006 页。
③ 《周易外传》,《船山全书》(第一册),岳麓书社 2011 年版,第 1006 页。
④ 《读四书大全说》,《船山全书》(第六册),岳麓书社 2011 年版,第 592 页。
⑤ 朱熹:《论语集注》,《四书章句集注》,中华书局 1983 年版,第 147 页。
⑥ 朱熹:《论语集注》,《四书章句集注》,中华书局 1983 年版,第 57 页。
⑦ 《礼记章句》,《船山全书》(第四册),岳麓书社 2011 年版,第 14 页。

正,去私循礼是权衡后而达到合宜的公正。"和"是要适合,要适应,而不是相违背,在《礼记》中有此意:"儒有居处齐难,其坐起恭敬,言必先信,行必中正,道涂不争险易之利,冬夏不争阴阳之和。"船山章句说:"'不争险易之利',不趋险以求径捷也。'不争阴阳之和',不违犯寒暑以致疢疾也。"①公正是行动上的公正,适合规律即是公正,规律是阴阳法则,阴阳法则是公正的,人要去适应、去权衡,"和"本身就是阴阳法则的调和运用,和以公正;不合、不相适宜则谈不上公正。"世其位者习其道,法所便也;习其道者任其事,理所宜也。法备于三王,道着于孔子,人得而习之。贤而秀者,皆可以奖之以君子之位而长民。圣人之心,于今为烈。选举不慎,而贼民之吏代作,天地不能任咎,而况圣人! 未可为郡县咎也。若夫国祚之不长,为一姓言也,非公义也。秦之所以获罪于万世者,私己而已矣。斥秦之私,而欲私其子孙以长存,又岂天下之大公哉?"②船山认为理之所宜,法之所备,都是说"合宜"性质的理法。人之所以习惯用理法行事,是因为理法对民众来说也基本是合宜的,先王圣人和后世君子使百姓安心是因为理法具有合宜的性质,大公无私、大仁大义、不偏于一姓,公正合理。由此可见,船山所说的公正是合宜的公正,与时空相适合。船山还从反面说到不合宜则是不公正的,因为不合宜,有私心恶意,违背理法。船山说:"善言天者验于人,未闻善言人者之验于天也。宜于事之谓理,顺于物之谓化。理化,天也;事物,人也;无以知天,于事物知之尔。知事物者,心也;心者,性之灵,天之则也。汉儒言治理之得失,一取验于七政五行之灾祥顺逆,合者偶合也,不合者,挟私意以相附会,而邪妄违天,无所不至矣。"③船山认为之所以不合宜,是因为违背常理,既不合天,又不合人,更不宜事,违背天地的法则,违背人道,不合乎天地人三才之道,有私心杂念,所以不公正。船山说刑罚对于接受刑罚的人公正无私,因为罪有应得,也是合宜的公正。"罪者,因其恶而为之等也,而恶与罪抑有异焉。故先王之制刑,恶与罪有不相值者,其恶甚不可以当辜,其未甚不可以曲宥,酌之理,参之分,垂诸万世而可守,非悁悁疾恶,遂可置大法以快人情也。"④这里罚与罪相对等,刑罚适合,体现合宜的公正。船山对合宜的公正一再明辨为适合、适宜的公正,说明公正是有原则的,既讲和谐,又讲原则;既讲共存,又是公办,前者是理想,后者是方法,二者统一,不讲原则则不能共存,只讲共存违背原则则不能实现共存。正是因为"和"的

① 《礼记章句》,《船山全书》(第四册),岳麓书社 2011 年版,第 1459 页。
② 《读通鉴论》,《船山全书》(第十册),岳麓书社 2011 年版,第 68 页。
③ 《读通鉴论》,《船山全书》(第十册),岳麓书社 2011 年版,第 280—281 页。
④ 《读通鉴论》,《船山全书》(第十册),岳麓书社 2011 年版,第 813 页。

原则性与合宜性，船山认为"和"的公正是有限制性的公正，即盛德大义。《礼记》云："有子曰：'礼之用，和为贵。先王之道斯为美，小大由之。有所不行，知和而和，不以礼节之，亦不可行也。'"船山章句说："要以《中庸》之所谓和，乃本然德体之天则，此之谓和，乃妙用推行之善道，固不可强合为一。况即《集注》所云从容不迫者，自非可有意以之为贵而用之。使功未至而机未熟，则有意贵和者，正堕'知和而和'之病。如其必自然得和而后可为贵，则于和之上，又加一自然，而岂不赘欤？矧自然从容不迫者，乃动容周旋中礼，盛德已至之圣符，非可与天下共率由之，更不必言'为贵''为美'，而抑以不节为虑。有子本以言王道，而不以言天德。徒为深入之言，则所在皆成龃龉，此不能强徇《集注》而废饶、许也。"①船山认为"和"固然可贵，但不是勉强地实现大同合一，和的原则是德性法则，天德是"和"的至上原则，违背天德本性不能强推致和。从容不迫是和，但从容不迫必须符合礼的限制，将礼深入到人的本心，以王道行事，方才从容不迫。这正如孔子所说的"吾十有五而志于学，三十而立，四十而不惑，五十而知天命，六十而耳顺，七十而从心所欲，不逾矩"，朱熹章句说："天命，即天道之流行而赋予物者，乃事物所以当然之故也。"②掌握了原则、法则才能从容不迫，才能实现"和"，达到"贵"和"美"的效果。

王船山的"合宜公正"是"和"，但更是适合、适宜的意思，即适合天下百姓、适合天下人心就是公正。天下人心是共同的心，是公心，不是私心，因此是大公无私之心。适合不是强制，是内心信服，公正是相宜的公正，类似于志同道合，是信任关系。船山说："同门曰朋，同志曰友。同门、同志，而后信以先施也。朋友既然，老少可知。不可与安者，亦不得而强安之；不可与信者，亦不得而强信之；不可与怀者，亦不得而强怀之。特圣人胸中，不预畜一不安、不信、不怀之心，以待此等，则已廓然大公矣。"又说："安一老者亦安也，安天下之老者亦安也。怀一少者亦怀也，怀天下之少者亦怀也。而朋友之多寡，尤其不可强焉者也。时之所值不同，位之得为有别，势之所可伸者亦有其差等。圣人本兼小大、多少而为言，而其不可施吾安、信、怀者，正如天地之化有所不能生成而非私耳。"③让天下百姓安心、让天下百姓信任、让天下百姓向往，就是合宜的公正，如果强迫则是不公正的私心，合宜的公正是"和"，不是强迫，船山说是"化"，即是说和而化，达到融合、融入，因此公

① 《读四书大全说》，《船山全书》（第六册），岳麓书社 2011 年版，第 595 页。
② 朱熹：《论语·为政》，《四书章句集注》，中华书局 1983 年版，第 54 页。
③ 《读四书大全说》，《船山全书》（第六册），岳麓书社 2011 年版，第 662 页。

正不可勉强化为一体,依照不同的层次进行安排,考虑周全。实际上船山的合宜公正还是以"和"为中心,"和"是至上理念,即多元共存,和而不同,不勉强划一。"安、信、怀者,施之以德也,非但无损于彼之谓也。如天地之有明必聚于日月,五性之灵必授于人,而禽兽草木不与焉。即此可想圣人气象与造化同其撰处。若云尽天下之人,非安即信,非信即怀,泛泛然求诸物而先丧其己,为墨而已矣,为佛而已矣。善观圣人气象者,勿徒为荒远而失实矣。"①意思是在大的价值方向上共融共存,兼容并包,多元和合,即是公平公正,不是以此伤彼,以物丧人。合宜的公正在价值观上是共存共融,在方法上讲究礼的公正原则。"夫议道以垂大法、正大经者,固未可一概而论也。"②船山认为不能千篇一律和一概而论,必须因人而异,因地制宜,适合人、地、时、事,"和以公正"是合宜的公正。和以公正与卢梭的社会契约共同体思想有些相似,卢梭说:"我们每个人都以其自身及全部的力量共同置于公意的最高指导之下,并且我们在共同体中接纳每一个成员作为全体之不可分割的一部分。"③"和"使每一社会成员都能共存、共荣、合宜。

综上所述,王船山的公正内涵有合宜的公正,合宜的公正首先是"和以公正"。"和"即是和谐并存,共生共荣,不消灭对方,共同发展。"和"是价值理想上的公正,目标是实现天下公正、美善,体现为大同理想下的公正。但"和"以公正不是一味地追求苟合,和以公正的原则是合宜的公正,即公正要做到适宜、适合,是从容不迫,不勉强行事,"和"在"合宜"的原则下才能实现公正美善。船山认为公正美善的实现既要包容共生,还要不违背基本的天道原则和大仁大义。船山之所以提出和以公正,是因为他看到天下苍生生活凄苦,当政者制定法度必须考虑百姓的实际情况,不能顾此失彼,不可只顾统治者的单方利益。

## 二、顺 以 公 正

王船山合宜的公正内涵在"和以公正"的基础上继续向前推进,发展为"顺以公正",意思是公正是顺畅的公正,没有忤逆和乖戾,同心同流。顺以公正源于和顺,即不以对立的方法限制他人,从而实现公正。顺以公正是按照人的本性和共同的事业处理事务,实现公正,目的是家齐、国治和天下平。因此,顺以公正是哲学思维和宏观方法上的致思归纳,依据人性处事即是

---

① 《读四书大全说》,《船山全书》(第六册),岳麓书社 2011 年版,第 663 页。
② 《宋论》,《船山全书》(第十一册),岳麓书社 2011 年版,第 260 页。
③ 卢梭:《社会契约论》,何兆武译,商务印书馆 2003 年版,第 20 页。

"顺",依据社会人人的宏图大业处事即是"顺","顺"考虑了人基本的生存需要和社会整体的道心,必然达到公正。

王船山的"顺以公正"是指和顺于天下共同的人心,承认天下人心存在的合理性。"以大义服天下者,以诚而已矣,未闻其以术也;奉义为术而义始贼。义者,心之制也,非天下之名也。心所勿安而忍为之,以标其名,天下乃以义为拂人之心而不和顺于理。"①共同人心即是道心,共同之心是人同此心、心同此理,顺应共同人心则是大义之心。大义即是理,顺应天下人心即是和顺于理。和顺人心则能达到天下公正,百姓归顺。船山提到的"顺"是哲学层次上的"道"而不是"术",即是说和顺于理,而不是和顺一时之术。大义就是哲学上的"道",顺着大义行事,天下人都会信服、归顺。船山说:"人君垂家法以贻子孙,顺天理而人情自顺,大义自正。"②大义即是天理,顺着天理行事,人情自然达到公正,大义也会实现。船山顺人心以实现公正的观点与朱熹的思想一致,朱熹说:"健是禀得那阳之气,顺是禀得那阴之气,五常是禀得五行之理。人物皆禀得健顺五常之性。且如狗子,会咬人底,便是禀得那健底性;不咬人底,是禀得那顺底性。又如草木,直底硬底,是禀得刚底;软底弱底,是禀得那顺底。"③朱熹说的"顺"实际上是指"柔"性,顺应着某一物事前行,视对象的存在具有合理性,承认对象的合理诉求,当然是柔顺;船山的"顺以公正"基本是承认对象的合理性,顺应对象的合理性行事。天下人心有其合理的人情和诉求,顺应百姓之心即体现了公正,也能实现公正。

王船山认为和顺而公正,不是和顺于一事一物,而是和顺于人性。"臣之于君,可贵、可贱、可生、可杀,而不可辱。刑赏者,天之所以命人主也,贵贱生死,君即逆而吾固顺乎天。至于辱,则君自处于非礼,君不可以为君;臣不知愧而顺承之,臣不可以为臣也。故有盘水加剑,闻命自弛,而不可捽。抑臣之异于子,天之秩也。人性之顺者不可逆,健者不可屈也。"④刑赏是法度,但法度不能完全实现公正,公正必须顺应人性行事,不可颠倒。船山认为君王不能逆天、逆礼行事,不能剥夺百姓基本的生存权利,因此顺应人性行事是公正的内涵。

王船山认为顺以公正有两方面的指向:一是指和顺于人性;二是指和顺于道义。顺道才能实现天下公正,因为儒家道统是以天下众人为根本主体,

---

① 《读通鉴论》,《船山全书》(第十册),岳麓书社2011年版,第84页。
② 《读通鉴论》,《船山全书》(第十册),岳麓书社2011年版,第251页。
③ 黎靖德编:《朱子语类》,中华书局1986年版,第375页。
④ 《读通鉴论》,《船山全书》(第十册),岳麓书社2011年版,第107页。

考虑天下共同的人心所向,考虑天下的大业。"情之所发,才之所利,皆于理有当焉。而特有所止以戒其流,则才情皆以广道之用。止才情之流者,性之贞也。故先王之情深矣,其才大矣,以通天下之志、成天下之务,而一顺乎道。"①才情当理即是顺道,顺道而行,实现天下宏图大业,即能国泰民安、天下太平。"素履无咎,居心无伪,而抑于大节不失焉,则行之也,和顺而无矫物之情,笃实而不期功名之立,动之以天而物弗能违矣。"②和顺于大道、和顺于人性,则不会因物而乱情,不因为外物诱惑而变迁天下大志,公正即能实现。船山说:"善言天者验于人,未闻善言人者之验于天也。宜于事之谓理,顺于物之谓化。理化,天也;事物,人也;无以知天,于事物知之尔。知事物者,心也;心者,性之灵、天之则也。汉儒言治理之得失,一取验于七政五行之灾祥顺逆,合者偶合也,不合者,挟私意以相附会,而邪妄违天,无所不至矣。"③船山的"顺以公正"实际上是合宜公正的内容之一,顺人、顺道、顺化,都是以适合、适宜为原则,不强迫行事,不牵强附会,目的是达到周全无偏,公正无邪。船山的"顺以公正"是哲学意义上的和顺,不因一人、一地、一时、一事而产生偏执,动因不是偶然之机,而是考虑整体周全的需要,方方面面权衡,顺应天下共同的人心,顺应天下宏图伟业。船山的"顺以公正"实际上是期望当政者的政治行为应当从长远上计议谋划,以诚信和礼义赢得民心,给民众基本的生存权利,让民众得到基本的生存条件,休养生息,实现社会发展,达到天下公正。他说:"子曰:'自古皆有死,民无信不立。'信者,礼之干也;礼者,信之资也。有一日之生,立一日之国,唯此大礼之序、大乐之和、不容息而已。死者何以必葬?伤者何以必恤?此敬爱之心不容昧焉耳。敬焉而序有必顺,爱焉而和有必浃,动之于无形声之微,而发起其庄肃乐易之情,则民知非苟于得生者之可以生,苟于得利者之可以利,相恤相亲,不相背弃,而后生养以遂。故晏子曰:'唯礼可以已乱。'然则立国之始,所以顺民之气而劝之休养者,非礼乐何以哉?譬之树然,生养休息者,枝叶之荣也;有序而和者,根本之润也。今使种树者曰:待枝叶之荣而后培其本根。岂有能荣枝叶之一日哉?"④船山认为顺民之气即是给民众基本的生存权利,休养生息才能繁荣发展,国家要想安定,政治目标上必须给民众以诚信和礼义。顺应民心才能实现天下和睦,最根本的是给民众以基本的生存权利,不能生存必然天下混乱。实际上,船山公正内涵是建立在最基本的公

---

① 《读通鉴论》,《船山全书》(第十册),岳麓书社2011年版,第149—150页。
② 《读通鉴论》,《船山全书》(第十册),岳麓书社2011年版,第220页。
③ 《读通鉴论》,《船山全书》(第十册),岳麓书社2011年版,第280—281页。
④ 《读通鉴论》,《船山全书》(第十册),岳麓书社2011年版,第86—87页。

正原则基础上,即基本的生存保障,这是对宋明理学提出的"存天理,灭人欲"的超越,"灭人欲"的思想明显不公正,因为人基本的生存欲望被剥夺,则谈不上公正,船山的顺以公正思想是对宋明理学的超越。"子曰'人之生也直',固言人也。言人以直道载天所生我之德,而顺事之无违也;言天德之流行变化以使各正其性命者,非直道而不能载,如江海之不能实漏卮、春风之不能发枯干也,如慈父之不能育悖子、高粱之不能饱病夫也。故人必直道以授命,而后天产之以阳德、地产之以阴德,受之而不逆也;而后天下之至险可以易知,天下之至阻可以简行,强不凌弱,智不贼愚,仁可寿,义可贵,凶莫之婴,而吉非妄获也。"①船山的"顺以公正"强调了"顺应",强不凌弱,智不贼愚,都是以顺待人,顺人事而行,即是公正。这里的顺人而行是指人有合理的诉求和合理的生存欲求,顺应合理的欲求即是公正的体现,而不能只说"存天理、灭人欲",存理灭欲如果被统治者利用则不能实现公正。

王船山的顺以公正思想实际上是想将人情与天道达到统一,二者兼容兼顾,相统一而不失偏向,则自然实现公正。一是顺应天下人心之情;二是顺应天理道心之公,即是公正。"自火化熟食以来,人情所至,则天道开焉。故导其美利,防其险诈,诚先王合天顺人之大用,而为意深远,非徒具其文而无其实,以见后之行礼者,苟修文具而又或逾越也,则不能承天之祜,而天下国家无由而正矣。"②行事有人情干扰时,则以天道进行调适,合天顺人,实现公平公正,既有大名大义,又有现实实际,既秉承了天道,又兼顾了人情,二者统一,实现国家公正,天下太平。对天道和人情的调适则是以礼来调节,"礼"顺应了天道和人情,实现二者的畅通,"大顺而后礼非虚行,以承天道、治人情而不匮也"③。礼能实现天下大顺,之所以天下能大顺,是因为通过了礼用的调节。"敦仁而行之以顺,则天下无不顺矣。大顺斯大同矣,三代之英所以与大道之公而合德也。"④大顺需要以仁义为核心价值观,施行大顺理念,天下公正,实现大同。船山的顺以公正思想还是以三代先王的公正观作为参照,其思维径路是返本而开新,传承而创新。

王船山提出公正思想的目的是要实现天下至善,公正才能天下至善。张载说:"盖得正则得所止,得所止则可以弘而至于大。"船山注:"所止者,至善也;事物所以然之实,成乎当然之则者也。以健顺之大常为五常之大

①　《读四书大全说》,《船山全书》(第六册),岳麓书社 2011 年版,第 685 页。
②　《礼记章句》,《船山全书》(第四册),岳麓书社 2011 年版,第 548 页。
③　《礼记章句》,《船山全书》(第四册),岳麓书社 2011 年版,第 574 页。
④　《礼记章句》,《船山全书》(第四册),岳麓书社 2011 年版,第 574 页。

经,扩之则万事万物皆效法焉,而全于大矣。"①公正是社会追求的目标,做到家国同治,公正是天下伟业,实现天下太平。天下大顺则是天下太平,这是人心所向,天下大顺实现的途径主要包括施德、见功、兴礼,天下大顺的指向对象是黎民百姓,对黎民百姓公正是实现至善的途径。"王者褒崇先代,隆其后裔,使修事守,待以宾客,岂曰授我以天下而报其私乎?德足以君天下,功足以安黎民,统一六宇,治安百年,复有贤子孙相继以饰治,兴礼乐,敷教化,存人道,远禽狄,大造于天人者不可忘,则与天下尊之,而合乎人心之大顺。"②君王见功立业,天下才能大顺;公正无私,才能顺应天下人心。

综上所述,"顺以公正"的公正内涵是指合宜的公正,合宜的公正包含顺以公正,即是说"顺"是合宜的。"顺"之所以有合宜的内涵,是因为"顺"适合共同的人心,适合人心的共同向往,并且这种人心是天下人人共有之心,人同此心,心同此理,是共心;这种心是合理的人欲,是正当的生存愿望,是合理的权利和诉求,是适宜的。顺应合理的人心并没有对上层社会有所损伤,不是益此伤彼,因此这适合社会大道,既是天理,又是人情,二者兼顾,达到天下太平至善,实现宏图伟业,天下公正。

## 三、平 以 公 正

王船山的公正范畴内涵在合宜公正的架构下由"和以公正""顺以公正"发展到"平以公正",即公正的内涵也是均平的公正。均平的公正是为了解决财富不均、物产不齐的问题。"平以公正"指向的是个人物质生活利益的调节、调适,力求达到个人利益的均衡、适宜。船山的公正范畴之所以以"平以公正"进行限定,是因为朱子理学的"存天理,灭人欲"思想限制了人的基本生存欲求,如果这被统治阶级利用,则对百姓不公正。船山着手在学术理论上解决这一问题,解构"存理灭欲"的思想观点,目的是实现理欲共存,社会公正。船山首先解释了什么是"均"和"平",认为"均"是指通过限制达到公正,"平"是指通过絜矩让人得到应得之物。船山说:"限也者,均也;均也者,公也。天子无大公之德以立于人上,独灭裂小民而使之公,是仁义中正为帝王桎梏天下之具,而躬行藏恕为迂远之过计矣。况乎赋役繁,有司酷,里胥横,后世愿朴之农民,得田而如重祸之加乎身,则强豪之十取其五而奴隶耕者,农民且甘心焉。所谓'上失其道,民散久矣'者也。轻其役,薄其赋,惩有司之贪,宽司农之考,民不畏有田,而强豪无挟以相并,则不待

①　《张子正蒙注》,《船山全书》(第十二册),岳麓书社 2011 年版,第 156 页。
②　《读通鉴论》,《船山全书》(第十册),岳麓书社 2011 年版,第 854 页。

限而兼并自有所止。"①船山认为"均"即是限制,就是不使贫富差距太悬殊,不是一方特别富有而另一方特别贫弱,"均"的内涵体现了公正的思想。当权者物质生活特别奢侈,而黎民百姓积贫积弱,则不是公正。船山针对当权者征收高赋税和强迫百姓多徭役而导致天下不公正,提出了"均天下"的思想。船山认为,"均"的内涵是"公"。船山又解释了"平"的内涵,平天下则是使天下物齐。船山说:"夫心之同然者,其理同也,则其情亦同也。一国之理,通以一心,天下之情独不可以一心通之耶? 夫愚氓之私愿固不可曲徇,而万民之同情则不容以不达。故平天下者,使人各得其应得之理,而无有不均者也。于是而君子治国之道在矣,即平天下之道在矣。物之不齐而各有应得者,犹之矩也。君子察乎理而审乎情,以各与所应得者,此心之絜度也。是以君子有絜矩之道,而国可治,天下亦可平矣。"②船山说"平"即是使物质平齐,让人得到其应得的部分,"平"实际上也指的是"均",船山说平天下则无有不均,平天下则天下公正而太平,因为平天下则去掉了过度膨胀的私欲。船山所说的"心之同然"则是天下共同之心,平天下则是实现得到应得之物的天下共心,共心则是平衡他我的心,就是将人欲控制在合理的范围之内,应得部分只是在平衡他我之后没有过度的私欲而得到的应得部分。船山说:"若说权度者物之所取平者也,吾心之至平者谓之权度,则夫平者固无实体,特因无不平而谓之平耳。"③船山的意思是说通过权衡和揣度,实现心理调节,最终得到适宜、适度的物质欲求,得到应得之物即是公正的。

　　综合起来,王船山均平的公正内涵指的是对物质财富的限制和对物质生活的平齐,均平的公正是指人得到其应得的物质生活,这种公正是对社会整体的权衡和揣度,没有过度膨胀的私心和私欲。应得之物说明是基本的生存需要的物质条件。船山最后将均平的公正上升为"理",天下共心即是理,心之同然即是理,均平天下即是天理。

　　朱熹对均平也进行了阐释,但其思想主要是指平心,使心情平和,在自我内心上达到一种自治的心理状态,并没有涉及平天下的公正内涵。朱熹对话:"平天下,谓均平也。'所恶于上,毋以使下;所恶于下,毋以事上。'此与中庸所谓'所求乎臣,以事君未能'者同意。但中庸是言其所好者,此言其所恶者也。"问:"前后左右何指?"曰:"譬如交代官相似。前官之待我者

① 《读通鉴论》,《船山全书》(第十册),岳麓书社 2011 年版,第 194 页。
② 《四书训义》,《船山全书》(第七册),岳麓书社 2011 年版,第 88 页。
③ 《读四书大全说》,《船山全书》(第六册),岳麓书社 2011 年版,第 1065 页。

既不善,吾毋以前官所以待我者待后官也。左右,如东邻西邻。以邻国为
壑,是所恶于左而以交于右也。俗语所谓'将心比心',如此,则各得其平
矣。"问:"章句中所谓'絜矩之道,是使之各得尽其心而无不平也',如何?"
曰:"此是推本'上老老而民兴孝,上长长而民兴弟,上恤孤而民不倍'。须
是留他地位,使人各得自尽其孝弟不倍之心。如'八十者其家不从政;废疾
非人不养者,一子不从政',是使其各得自尽也。又如生聚蓄息,无令父子
兄弟离散之类。"①朱熹将平天下解释成均平天下,其宗旨是"将心比心",
类似于船山的"心所同然",朱熹的"平天下"即是推己及人,运用的是忠恕
之道,尽己之心而成人之事,做自己应尽的事务。实际上朱熹没有涉及平天
下的社会公正问题,更多的是从内圣的思路去解决"均平"问题,即是说朱
熹的均平天下途径是"心"的平和。船山则从社会公正的思路上去解决社
会公正问题,进入社会现实,不仅从心性上解决,还从社会物质生活分配上
提出均齐,实现天下公正。以此而论,船山的公正内涵具有经世致用的性
质,朱熹的均平天下还处于心性之学的讨论上,并没有深入社会现实之中。
朱熹的均平天下思想注重伦理上的大义,视均平为伦理规范。"问:'论上
下四旁,长短广狭,彼此如一,而无不方。在矩,则可以如此。在人则有天子
诸侯大夫士庶人之分,何以使之均平?'曰:'非是言上下之分欲使之均平。
盖事亲事长,当使之均平,上下皆得行。上之人得事其亲,下之人也得以事
其亲;上之人得长其长,下之人也得以事其长。'"②从这些讨论可以看出,朱
熹认为"均平"只是实现心情的安平,尽自己的本分,最终人人心有所安,达
到天下太平,与船山的均平公正思想大异其趣。

　　王船山对公正范畴内涵的阐释联系了社会实际,财富均平公正是重要
的内涵,不仅仅指财富均平上的公正,还指权势力量的均平,对当权者和百
姓的权利进行均平、调适,权势强大的和弱小的适当进行均平,以期实现公
正。船山说:"治天下以道,未闻以法也。道也者,导之也,上导之而下遵以
为路也。封建之天下,天子仅有其千里之畿,且县内之卿士大夫分以为禄田
也;诸侯仅有其国也,且大夫士分以为禄田也;大夫仅有其采邑,且家臣还食
其中也;士仅有代耕之禄也,则农民亦有其百亩也;皆相若也。天子不独富,
农民不独贫,相仿相差而各守其畴。其富者必其贵者也,且非能自富,而受
之天子、受之先祖者也。上以各足之道导天下,而天下安之。降及于秦,封
建废而富贵擅于一人。其擅之也,以智力屈天下也。智力屈天下而擅天下,

---

①　黎靖德编:《朱子语类》,中华书局1986年版,第362—363页。

②　黎靖德编:《朱子语类》,中华书局1986年版,第364页。

智力屈一郡而擅一郡,智力屈一乡而擅一乡,莫之教而心自生、习自成;乃欲芟夷天下之智力,均之于柔愚,而独自擅于九州之上,虽日杀戮而只以益怨,强豪且诡激以胁愚柔之小民而使困于田。于是限之而可行也,则天下可徒以一切之法治,而王莽之化速于尧、舜矣。"①当权者不可以以法压人,不可以用一个法律统治天下,民众有自己的实际情况,不可强迫民众遵守不适合的法制。船山认为均平天下不是限制天下,而是使天下有合宜的法治,并非千篇一律。天下仅仅有一种法律,必然是对公正的损伤。为了实现天下公正,不是纯粹用法均平天下,而是以道均平天下,即是用船山所说的理来均平天下,即"心所同然"之理。船山的"平以公正"思想重点是指用道达到均平,法治不能最终实现均平公正,他甚至认为法治是对均平公正的损伤。"要而论之,天下之大,田赋之多,人民之众,固不可以一切之法治之也。有王者起,酌腹里边方、山泽肥瘠、民人众寡、风俗淳顽,因其故俗之便,使民自陈之、邑之贤士大夫酌之,良有司裁之,公卿决之,天子制之,可以行之数百年而不敝。而不可合南北、齐山泽、均刚柔、一利钝,一概强天下以同而自谓均平。盖一切之法者,大利于此,则大害于彼者也。如之何其可行也!"②船山认为法治上的公正只是在小范围内的调节而达到公正,小范围的纠纷可以适度使用法治达到公正,在大范围和多领域情况下不可普遍使用一个法律达到天下均平。法的使用效果有所得必有所失,不能达到真正的公正:"法无有不得者也,亦无有不失者也。先王不恃其法,而恃其知人安民之精意;若法,则因时而参之。礼乐刑政,均四海、齐万民、通百为者,以一成纯而互相裁制。举其百,废其一,而百者皆病;废其百,举其一,而一可行乎?浮慕前人之一得,夹粲之于时政之中,而自矜复古,何其窒也!"③法制有其适用的范围,法制有很多弊端,因此均平公正不能纯粹用法达到,必须以道达到公正。

　　王船山的平以公正是均平的公正,目的是均平天下。平以公正也是合宜的公正,因为天下财富不均,物有不齐,均平公正使财富得以调节,物质适当平齐,均平的公正是让天下人人得到其应得的部分,应得部分是合理的私欲和权利,心之所同然,属于公正的利益。船山的"平以公正"思想类似于约翰·罗尔斯所说的正义思想原则,罗尔斯认为正义的原则有两个:"第一个原则:每个人对与其他人所拥有的最广泛的基本自由体系兼容的类似自

---

① 《读通鉴论》,《船山全书》(第十册),岳麓书社 2011 年版,第 193—194 页。
② 《读通鉴论》,《船山全书》(第十册),岳麓书社 2011 年版,第 608 页。
③ 《读通鉴论》,《船山全书》(第十册),岳麓书社 2011 年版,第 797 页。

由体系都应有一种平等的权利。第二个原则:社会的和经济的不平等应这样安排,使它们①被合理地期望适合于每一个的利益;并且②依系于地位和职务向所有人开放。"①罗尔斯认为人人享有平等的权利,人人享有平等的机会,即使地位和职务有所不同,但是机会是均等的,实现形式上的公平,在机会上应该得到,则是公正。船山认为"平以公正"是对财富、物欲的调节达到合宜,给天下每一个人创造一个均等的机会,至少实现物质条件上的均平。二者不同的是罗尔斯的正义论更注重权利上的均平,而船山则注重财富上的均平,原因是船山思想产生于古代社会,不同于罗尔斯正义思想来源于当代社会。总之,王船山的平以公正是合宜的公正,指向人人应得的利益,"平以公正"实现了理欲共存和社会公正。

综上所述,王船山合宜的公正内涵从"和""顺"的公正发展到"平"的公正,建构了公正的调适性内涵,"和"的公正说明公正是"和谐"的公正,"顺"的公正说明公正要顺应天下人心,"平"的公正说明公正是均齐天下之物而人人得其应得部分,"和""顺""平"的三维公正内涵符合天下公理。"和以公正"的目的是天下大同,实现公正理想;"顺以公正"的目的是家齐国治,实现国家公正;"平以公正"的目的是理欲共存,实现社会公正。

## 第三节　伦序的公正

王船山公正范畴的内涵从大公的公正、合宜的公正继续向前推进,进入伦序的公正。即是说,公正是秩序中的公正,做到有秩有序和有伦有理就是公正。大公的公正是本质上的公正,合宜的公正是调节机制上的公正,伦序的公正则是形式上的公正。从内容公正、机制公正到形式公正,船山公正范畴的内涵走过了内圣外王的逻辑过程。船山公正范畴的伦序公正内涵主要体现为公正是有伦有序的,主要从三个方面展开:序以公正、位以公正和差以公正,意思是说秩序上有公正、位置上有公正、差别上有公正。序有尊卑使人尽其伦形成为人公正,没有适当的伦序不可达到公正;位有内外使人尽其能形成立业公正,没有站在适当的位置和合理地使用位置,不可达到公正;才有差分使人尽其才形成用才公正,没有合理地使用和任用人才,则才不得其用,不能为社会发挥效能,不能实现公正。伦序公正内涵的逻辑关系具体图示如下图:

<hr/>

① 约翰·罗尔斯:《正义论》,何怀宏等译,中国社会科学出版社1988年版,第60—61页。

```
┌─────┐    ┌──────┐    ┌──────┐    ┌──────┐    ┌──────┐
│ 伦  │ →  │序以公正│ →  │序有尊卑│ →  │人尽其伦│ →  │为人公正│
│ 序  │    └──────┘    └──────┘    └──────┘    └──────┘
│ 的  │        ↕          ↕          ↕          ↕
│ 公  │ →  │位以公正│ →  │位有内外│ →  │人尽其职│ →  │立业公正│
│ 正  │    └──────┘    └──────┘    └──────┘    └──────┘
│     │        ↕          ↕          ↕          ↕
└─────┘ →  │差以公正│ →  │才有差分│ →  │人尽其才│ →  │用才公正│
            └──────┘    └──────┘    └──────┘    └──────┘
```

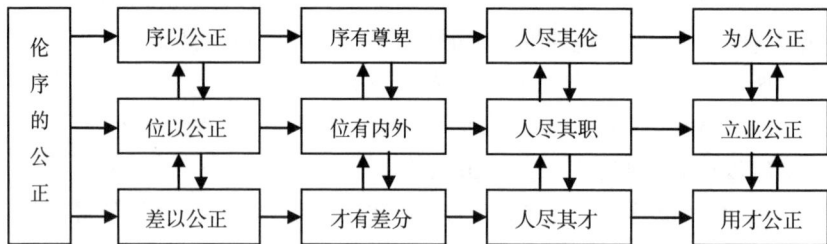

伦序公正内涵逻辑关系图示

从图示可以看出,伦序公正是哲学形而上学上的大公的公正思想的衍生,过程是从大道原则上的公正进入现实次序上规范的公正,是在社会伦理上对公正道德进行规范上的公正建构,伦序公正是王船山将公正范畴内涵由元层次向规范层次上的发展。

## 一、序 以 公 正

王船山公正范畴的内涵在伦序公正的架构上首先凸显了秩序公正。秩序公正是可以解决系统元素排列上的公正问题,系统元素按一定的秩序排列,实现优化组合,可以实现公正,因此秩序是公正的形式因素,是公正必备的内涵。从伦理学上说,社会建构有秩序的规范可以实现社会的公平公正,船山的"序以公正"即是要提出社会的有序规范问题,解析公正内涵的秩序规范要素。船山认为作为有文化的人类社会不同于蛮夷和盗贼所在的社会,社会按照伦理秩序形成人类社会命运共同体,实现了社会井然有序,达到社会公正。"夫礼之教,至矣大矣,天地之所自位也,鬼神之所自绥也,仁义之以为体,孝弟之以为用者也;五伦之所经纬,人禽之所分辨,治乱之所司,贤不肖之所裁者也;舍此而道无所丽矣。故夷狄蔑之,盗贼恶之,佛、老弃之,其绝可惧也。"①礼教伦理本来源于天地的秩序,人类效法天地秩序而形成仁义孝悌礼教,这正是人文化成的天下社会。南朝梁代文论家刘勰说:"人文之元,肇自太极,幽赞神明,《易》象惟先。"②人文来源于太极,是天地本有之序,人有伦理秩序,天下得以平安。《周易·象》说:"刚柔交错,天文也。文明以止,人文也。观乎天文,以察时变;观乎人文,以化成天下。"③人文是人类先进的礼乐教化,使社会井然有序。社会井然有序,为公正提供了

---

① 《读通鉴论》,《船山全书》(第十册),岳麓书社2011年版,第635页。
② 范文澜:《原道第一》,《文心雕龙注》,人民文学出版社1958年版,第2页。
③ 阮元:《周易·贲》,《周易正义》,《十三经注疏》,中华书局1980年版,第37页。

个初步的可能。因为秩序井然，在形式上建构了公正的可能，如果再从内容上建构公正的机理，公正就得以实现。船山传承了先秦的人际伦理思想，认为礼的秩序使社会有序而公正。船山说："子曰：'自古皆有死，民无信不立。'信者，礼之干也；礼者，信之资也。有一日之生，立一日之国，唯此大礼之序、大乐之和、不容息而已。死者何以必葬？伤者何以必恤？此敬爱之心不容昧焉耳。敬焉而序有必顺，爱焉而和有必浃，动之于无形声之微，而发起其庄肃乐易之情，则民知非苟于得生者之可以生，苟于得利者之可以利，相恤相亲，不相背弃，而后生养以遂。故晏子曰：'唯礼可以已乱。'然则立国之始，所以顺民之气而劝之休养者，非礼乐何以哉？譬之树然，生养休息者，枝叶之荣也；有序而和者，根本之润也。今使种树者曰：待枝叶之荣而后培其本根。岂有能荣枝叶之一日哉？"①船山认为"礼"使天下、国家得以正常运行，天下得以和睦共处，百姓得以生存发展，有形式上的公正。国家有序和社会有序，天下才能和顺，实现和顺的根本是良好的伦理秩序，只有公正才有良好的伦理秩序。船山在这里提出的礼是指"信"。依照船山的思维而言，他非常推崇礼教伦理，天下有礼有序，民众得以安生，实现了公正。为何有序即是公正呢？船山认为有秩序体现了"仁"，有秩序体现了"公"，君民虽有尊卑，但君爱民，民尊君，君爱臣，臣忠君，井然有序。他说："以在下之义而言之，则寇贼之扰为小，而篡弑之逆为大；以在上之仁而言之，则一姓之兴亡，私也，而生民之生死，公也。故明王之莅臣民也，定尊卑之秩，敦忠礼之教，不失君臣之义，而未尝斤斤然畏专擅以削将相之权。"②君民有尊卑之序，君臣有上下之序，正是这种秩序的建构使君民、君臣之义体现出来，有上对下，也有下对上，各有义务，各有责任，对等互达，达到公平公正。船山论述了社会伦理秩序，认为正是这些伦理秩序使社会实现了公正。他说："传曰：'为人君而不知《春秋》之义，前有谗而不见，后有贼而不知。'《春秋》之义何义也？适庶明，长幼序，尊卑别，刑赏定，重农抑末，进贤远奸，贵义贱利，端本清源，自治而物正之义也。知此，则谗贼不足以逞，而违此者之为谗贼，不待摘发而如观火。舍是，乃求之告讦以知之，告谗告贼，而不知告者之为谗贼也，宜其迷惑失守，延谗贼于肘腋，而以自危亡也。"③船山认为《春秋》之义就是社会伦理秩序之义，社会人际伦理有尊卑、长幼、义利，由于遵守伦理秩序，使社会实现大义，达到公正公平。没有遵守《春秋》大义，

---

① 《读通鉴论》，《船山全书》（第十册），岳麓书社 2011 年版，第 86—87 页。
② 《读通鉴论》，《船山全书》（第十册），岳麓书社 2011 年版，第 668 页。
③ 《读通鉴论》，《船山全书》（第十册），岳麓书社 2011 年版，第 768 页。

则社会混乱,国家危亡。船山论及上古之世时由于缺乏伦理秩序,周公就建构伦理秩序,使社会和睦,达到公正。船山说:"上古之世,男女之别未正,昭穆之序未审,故周公严之于此而辨之精。后世男女正而恩礼暌,兄弟之离,类起于室家之猜怨,则使相为服以奖友睦之谊,亦各因其时而已。礼曰:'时为大。'百王相承,所损益可知也。圣人许时王以损益,则贞观之改周制,可无疑已。"①意思是说由于时代发展,礼义伦理向前推进,建立有序的公正是社会必然的进程,没有伦理秩序,社会不可能实现公正。船山说:"诗云:'辞之辑矣,民之洽矣。辞之怿矣,民之莫矣。'辑云者,合集事理之始终,序次应违之本末,无有偏伸,无有偏屈,详析而得其要归也。如是,则物无不以类辨,事无不以绪成,而智愚贤不肖之情,皆沁入而相感,故曰民之洽也。怿云者,推于其心之所以然,极于其事之所必至,宛转以赴其曲,开朗以启其迷,虽锢蔽之已深,而善人其中则自悦,虽危言以相戒,而令其易改则自从。如是,则君与臣不相抗,智与愚不相拒,意消气静,乐受以无疑,故曰民之莫也。如是者,无他道焉,辞不以意兴,意不以气激,尽其心以达人之心,诚而已矣。故易曰:'修辞立其诚。'"②船山提出"修辞立其诚",实质是说以辞章表达社会伦理次序的建构,辞章确立了社会秩序的制度。社会有伦理次序和规范规则,通过言辞、辞章表达心意,让社会人人知道礼乐伦理、知晓事理本末、解开内心迷雾,实现天下和平,体现了公正。船山认为世界有其本身的规律秩序,社会有其本身的伦理秩序,公正是对世界社会本身秩序的遵从,违反秩序即不可能实现公正。船山说:"臣之于君,可贵、可贱、可生、可杀,而不可辱。刑赏者,天之所以命人主也,贵贱生死,君即逆而吾固顺乎天。至于辱,则君自处于非礼,君不可以为君;臣不知愧而顺承之,臣不可以为臣也。故有盘水加剑,闻命自弛,而不可捽。抑臣之异于子,天之秩也。人性之顺者不可逆,健者不可屈也。"③君臣自有君臣的秩序伦理,人性自有人性的规律,必须顺应其固有的规律秩序,才能实现公正。在船山看来,天与人都有其自身的秩序,顺天顺人才能称得上公正。船山的序以公正思想实质上是对顺以公正思想的进一步拓展,因为有"顺以公正"的前提,才有"序以公正"的逻辑进程,达到规范的公正。

王船山的"序以公正"内涵秉承了古圣先贤天的秩序和人的伦理的思想,人伦来源于天的秩序。《周易》说:"夫大人者,与天地合其德,与日月合

---

① 《读通鉴论》,《船山全书》(第十册),岳麓书社 2011 年版,第 774 页。
② 《读通鉴论》,《船山全书》(第十册),岳麓书社 2011 年版,第 916 页。
③ 《读通鉴论》,《船山全书》(第十册),岳麓书社 2011 年版,第 107 页。

其明,与四时合其序,与鬼神合其吉凶,先天而天弗违,后天而奉天时。"①人与天的秩序一致则不会不公正。孟子说:"人之有道也,饱食、暖衣、逸居而无教,则近于禽兽。圣人有忧之,使契为司徒,教以人伦:父子有亲,君臣有义,夫妇有别,长幼有序,朋友有信。"②孟子说人伦有秩序则不同于禽兽和蛮夷,人伦秩序实现了公正,如果没有公正则是动物的本性。荀子则将天地、人伦作了总结,说明天地人的共同道理是有存在的秩序,有了秩序,才有公正可言。他说:"天地者,生之始也;礼义者,治之始也;君子者,礼义之始也。为之,贯之,积重之,致好之者,君子之始也。故天地生君子,君子理天地。君子者,天地之参也,万物之摠也,民之父母也。无君子则天地不理,礼义无统,上无君师,下无父子,夫是之谓至乱。君臣、父子、兄弟、夫妇,始则终,终则始,与天地同理,与万世同久,夫是之谓大本。"③天地同理即是因为有秩序的存在,人也同理,社会因为秩序而公正,没有秩序就会互相侵犯,天下大乱,就没有公正。朱熹也说到秩序的公正:"非是言上下之分欲使之均平。盖事亲事长,当使之均平,上下皆得行。上之人得事其亲,下之人也得以事其亲;上之人得长其长,下之人也得以事其长。"④朱熹认为尊老爱幼,上下有分,以人伦为序,才能有均平公正可言。船山的公正思想则超出了纯粹的伦理秩序的限制,将等级秩序伦理向公正秩序伦理上发展,公正不在于秩序本身的等级性,而在于秩序建构要有合理性,公正的实现需要有合理的秩序。船山说:"官之得人与不得,不系乎秩之崇卑也。唐之刺史,汉之太守也,守郡而兼刺察之任,其权重矣。任重秩尊,而使卑秩者临其上以制之,则爵轻;爵轻则不足以立事,而规避以免责。刺史怀规避之心,则下吏侮之,豪民胁之,而刑政不修。新进之士,识不足以持大体,而乐毛击以诧风裁;贤者任私意而亏国计民生深远之永图,不肖者贪权利而无持纲挈领匡扶之至意,秩卑者望奚重哉?徒奖浮薄以灰牧守之心。"⑤船山认为秩序有尊卑,公正的秩序不在于尊卑,但公正实现后则有尊卑,官员行政以德,以道为己任,尽职尽责,行政过程之中则体现出尊卑秩序。贤人没有私心,则对百姓有尊,对自己有卑,尊卑有序。船山的秩序公正思想既是对古圣先贤人伦秩序思想的超越,也是向公正秩序上进行了发展。《礼记》云:"故政者君之所以藏身也。是故夫政必本于天,殽以降命。"船山章句说:"'本'者,本其道。

---

① 阮元:《上经·乾》,《周易正义》,《十三经注疏》,中华书局1980年版,第17页。

② 朱熹:《孟子·滕文公上》,《四书章句集注》,中华书局1983年版,第259页。

③ 王先谦:《荀子·王制》,《荀子集解》,中华书局1988年版,第163页。

④ 黎靖德编:《大学三》卷十六,《朱子语类》,中华书局1986年版,第364页。

⑤ 《读通鉴论》,《船山全书》(第十册),岳麓书社2011年版,第826页。

'殽'者,效其法。'降命'者,播而旁及于鬼神之等,因以定人神之秩叙也。
承上文而言礼所以治政安君,故政之所自立,必原于礼之所自生。礼本于
天,殽于地,列于鬼神,莫不有自然之理,而高卑奠位,秩叙章焉。得其理以
顺其序,则鬼神以之傧,制度以之考,仁义以之别矣。"①秩序是道、法和礼三
者的结合,国家行政尊天从礼,有天理秩序,有制度修订,有仁义甄别,因理
成序,自然公平公正。

　　总之,王船山的"序以公正"思想是其公正范畴内涵中伦序公正内涵的
组成部分,社会有秩序的规范建构可以实现社会的公正公平。船山的"序
以公正"提出了社会通过有序的规范才能解决不公正的问题,秩序是形式
公正的必备条件,为公正实现提供了可能。"序以公正"内涵不在于秩序的
本身,而在于公正的内涵是通过有序的秩序实现的,为其"位以公正"奠定
了思想基础。

## 二、位以公正

　　王船山的公正范畴内涵在"序以公正"的逻辑上进入"位以公正","位
以公正"是说身在其位必须谋划公正之事,遵守所在职位上的职责而达到
公正,做自己职责范围内的事即是公正内涵的体现,做了超越自身位置上的
事情即是不公正。船山说的"位以公正"有两层含义:一是道义之位上行使
公正之义;二是在职责岗位上尽职尽责,不超越权力而行使公正之义。董仲
舒认为"位"是公正的重要方面,"是故春秋之道,以元之深正天之端,以天
之端正王之政,以王之政正诸侯之即位,以诸侯之即位正竟(境)内之治,五
者俱正而化大行。"②董仲舒的意思是正确使用"位"才能公正,在其位则要
有道义的责任和职务职能的责任。船山的公正范畴内涵与董仲舒的思想具
有一致性。

　　首先,王船山公正范畴的"位以公正"内涵指的是在道义上仁义为价值
观的正位。人生在世,本身在道义上处于正位,即是公正的最高宗旨,儒家
认为在价值观上站在仁义大道上必然公正无私。船山显然是传承了儒家道
统,以道义正位为宗旨,实现价值观位置上的公正。船山说:"子曰:'不在
其位,不谋其政。'夫士苟有当世之略,一言而可弭无穷之祸,虽非在位,庶
几见用而天下蒙其休,何为其秘之哉?而孰知其固不可也。言之不切,而人

---

① 《礼记章句》,《船山全书》(第四册),岳麓书社 2011 年版,第 553—554 页。
② 苏舆著,钟哲兰校:《二端第十五》卷六,《春秋繁露义证》,中华书局 1992 年版,第 155—
　　156 页。

习以为迂远之谈而不听;言之切而见用矣,天下测其所以然,而且以其智力与上相扞格;如其不用也,则适以启奸邪而导之以极其凶忒矣。"①船山的意思是人不在其位不能为国家发挥其应有的效力,士虽有谋略才华,但若没有得到重用,不在其位,还是不能和发挥其谋略才华为天下尽力,不能实现社会公正,国家的人才得不到重用,国家不可能实现公正。士虽有才华,但谋略与当政者相抵触,当政者不重用,则会任用小人,天下不可能公正。因此,船山认为天下公正的实现需要在各个位置上有适当的人才发挥作用才能实现天下公正。船山的意思是在道义上以仁义为价值观才是公正的正位,而不是为一己之私任用小人,"位"就是道义上的天下正位。船山所说的"不在其位,不谋其政"指的是不在天下大道之位上,政事也不可能实现公正。船山对此的解释完全超越了朱熹的纯粹伦理本位解释。朱熹在解释"不在其位,不谋其政",时说:"此各有分限。田野之人,不得谋朝廷之政。身在此间,只得守此。如县尉,岂可谋他主簿事! 才不守分限,便是犯他疆界。"问:"如县尉,可与他县中事否?"曰:"尉,佐官也。既以佐名官,有繁难,只得伴他谋,但不可侵他事权。"②朱熹显然将伦理秩序作为本位,在其位才能谋其政,不在其位不得谋其政,秩序伦理不容超越,这显然与道义责任相违背。船山则认为道义本位才是正位,道义是人首要选择的位置,不在其道义本位,政事也不能成功,超越了朱子伦理秩序本位的解释,道义责任本位超越了官位。

王船山认为价值观上的正位才是实现公正的关键,"位"指的是价值观上的正位。船山解释孟子的"居天下之广居,立天下之正位,行天下之大道"时说:"乃若大丈夫之名称其实者,子未之闻也。其居则天下之广居也,涵四海万民于一心,使各遂其所,仁无不覆也。所立则天下之正位,定民彝物则之常经,而允执其中,礼无不协也。所行天下之大道,酌进退辞之攸宜,而率礼不越,义无不审也。得志,则仁以息民,礼以善俗,义以载物,民之生以厚而德以正,共由之矣。不得志,则无欲而静,无妄而庄,无思而直,独行之而道终不枉。"③孟子提倡价值观上的天下正位是以道义为本位,道义是第一位的选择,以大道行遍天下;船山与孟子的思想是一致的,认为天下正位即是以道心仁义为正位的位置,不偏离道义,天下正位即是道义公正。

其次,王船山公正范畴的"位以公正"内涵也指在职位上行使正位职

---

① 《读通鉴论》,《船山全书》(第十册),岳麓书社2011年版,第431页。
② 黎靖德编:《朱子语类》,中华书局1986年版,第942页。
③ 《四书训义》,《船山全书》(第八册),岳麓书社2011年版,第360页。

责。每个人在岗位上尽职尽责,做好自己的本职工作就是一种公正。罗素说:"人人都做自己的工作而不要做一个多管闲事的人:当商人、辅助者和卫国者各做自己的工作而不干涉别的阶级的工作时,整个城邦就是正义的。"①尽职尽责,守位即是正义,也是公正。船山认为职责岗位上尽职尽责,没有越权行为而行政公正,就是位以公正,超越职位之外的行为不是道义,而是为了一己之私,当然不公正。孔子讲:"不在其位,不谋其政"主要是说明不能有越权行为,因为越权行为容易导致不公正的事情发生,越权行为则偏离了仁义大道,实现私利。船山赞成孔子的观点,认为在其位必须尽职尽责。船山说:"昔者天下尝有道矣,君臣上下各相安,即各自得也。于其时,则礼之制,乐之等,征伐之柄,皆自天子出也。天子之德足以建中和之极而行命讨之正,履其位,行其事,天下莫敢违也,顺道也,是以久安长治,而三代相仍,未之改也。乃天子失道,而天下相习于无道矣。礼乐有其文而不恤其实,征伐习其事而不因其理,国有异制,家有赐乐,喜则私相命,怒则擅相攻,自诸侯出,无道之势遂成乎逆,而天下之乱始矣。惟其然也,而又岂可久哉! 一时之乘势而兴者,才智足以改法,权力足以制人,于是而延及十世。"②船山认为天子之位有两层职责:一是地位身处高位,统管国家大方向;二是德性站在正位,引导国家价值观。天子之职是在这两个方面尽职尽责,一是履行天子管理国家社稷的职能,使百姓生活有所依靠和国家安定;二是国家倡导以德为先的仁义价值观,使国家长治久安。天子之位就是公正之位,人民生活安定和国家长治久安达到了公正的效果。天子在其位谋其政,则国家治理公正。

王船山之所以提出"位"对公正的重要性,是因为"位"具有重要职能:一是"位"的职务职能;二是"位"的道德职能。职务职能可以成就事情而提高办事效率,道德职能可以把握人心方向而引导精神文化发展,二者相结合可以实现长治久安。职务职能不能越权,道德职能把握仁义。船山认为人有其位,身有其位,仪有其位,各行其位,天下才能公平公正。"性以礼为体,生以形为体,有定体而用无不宜,其理一也。耳目官骸必备而各有常位,仪文度数必备而各有常制,设非其所,则形不成而君子矜之,礼不成而君子恶之。备而皆当,唯其称也。"③人性和身体的存在都有其道理,器官都有其常位,仪文都有其常制,行使适当,把位正确,天下公正。

① 罗素:《西方哲学史》上卷,何兆武、李约瑟译,商务印书馆1976年版,第153页。
② 《四书训义》,《船山全书》(第七册),岳麓书社2011年版,第880页。
③ 《礼记章句》,《船山全书》(第四册),岳麓书社2011年版,第596页。

王船山认为"位"之所以公正,是因为"位"是常道、大道的规定,是道统的规定,都是正位的公正,"位"体现了"义"的规定。"不可拂者,大经也;不可违者,常道也。男正位乎外,女正位乎内,既嫁从夫,夫死从子,妇道之正也。虽有庸主,犹贤哲妇。功不求苟成,事不求姑可,包鱼虽美,义不及宾。此义一差,千途皆谬,可不慎与!"①大经、常道不可违背,原因是这些经过了历史道统的锤炼,天下井然有序,男外女内,天下正位,功事成败,以义为准。船山认为"位"与"义"相关,"位"体现了"义",在其位行其义,有义则是公正的体现,因为"义"是对"仁"的实施。王船山说:"博爱之谓仁,行而宜之之谓义;由是而之焉之谓道,足乎己无待于外之谓德。仁与义为定名,道与德为虚位。"②在其位行其义,有其能行其义,有其能必到其位,目的是能够行义。子路说:"不仕无义。长幼之节,不可废也;君臣之义,如之何其废之? 欲洁其身,而乱大伦。君子之仕也,行其义也。道之不行,已知之矣。"③仕是为了了义,因为士有其能力,行使相应的职能,这些都是因为"位"的存在而实现公正。

王船山将"位"与"义"相联系,认为"位"不失"义"。张载《正蒙》说:"不得已,当为而为之,虽杀人,皆义也;有心为之,虽善皆意也。正己而物正,大人也。"船山注说:"不得已者,理所必行,乘乎时位,已之则失义也。有心为者,立意以求助也。大人正己而已,居大正以临物,皆为己也。得万物理气之大同,感物必通矣。"④理的施用流行在时位之中,理的施行依据时空位置而实现公正,相因时位但不能失义,位不失义就是公正。身在其位必行其义,身居高位必行其大义,国家才能公正。《礼记》云:"君子曰德,德成而教尊,教尊而官正,官正而国治,君之谓也。"船山章句:"君德成于豫教之日,则及其嗣居大位,知德之为贵而尊尚教理,以覃敷于下,造就贤材,斯官莫不正而国以治也。"⑤身有要职,居有高位,必须尊德遵理,才能把国家治理公正。

王船山既论述了"位"不失"义",又说到"位"与"道"相关联,"位"体现"道"的真义,在其位必行其道,大公无私是"位"与"道"的合一。船山说:"世其位者习其道,法所便也;习其道者任其事,理所宜也。法备于三王,道

---

① 《宋论》,《船山全书》(第十一册),岳麓书社 2011 年版,第 107 页。

② 韩愈著,屈守元、常思春主编:《原道》,《韩愈全集校注》,四川大学出版社 1996 年版,第 2662 页。

③ 朱熹:《论语·微子》,《四书章句集注》,中华书局 1983 年版,第 185 页。

④ 《张子正蒙注》,《船山全书》(第十二册),岳麓书社 2011 年版,第 166 页。

⑤ 《礼记章句》,《船山全书》(第四册),岳麓书社 2011 年版,第 517 页。

着于孔子,人得而习之。贤而秀者,皆可以奖之以君子之位而长民。圣人之心,于今为烈。选举不慎,而贼民之吏代作,天地不能任咎,而况圣人！未可为郡县咎也。若夫国祚之不长,为一姓言也,非公义也。秦之所以获罪于万世者,私己而已矣。斥秦之私,而欲私其子孙以长存,又岂天下之大公哉？"①船山认为"位"以载"道","位"以体现"道"的真义。"位"的沿袭是人们对"道"的传承,人们习惯于道,实现了教化。在其位必行其道,贤者、秀者、君子都有其德性本位,以道行事,以德化民,实现天下公正无私。身居高位不行其道,行己之私,天下不能公正。船山一再说明位置对公正的重要性:"礼本于天,殽于地,列于鬼神,莫不有自然之理,而高卑奠位,秩叙章焉。得其理以顺其序,则鬼神以之傧,制度以之考,仁义以之别矣。"②地位有高下、品德有差别,都有各自的"位",各司其责,各行其能,天下公平公正。船山在公正内涵上强调"序以公正","序"说明"位",有序才能公正,伦理秩序是公正原则,因此他提出"伦"是"位"的基础。孟子曰:"规矩,方员之至也;圣人,人伦之至也。"船山训义说:"是规矩者,方员一定之极,必以是为准而不可不用也。则夫人之有伦,遂谓唯人之随时而创,因俗而流,可以群处而自为尊卑乎？失其伦之理,则其伦亦灭矣。唯古之圣人,有是伦则必有是理以处之,有是理则必有是心以行之,而后尊卑各得其所,以奠其位而不倾。"③船山对孟子的人伦有序思想进行发挥,认为伦序是公正的基础,而人伦确定了各自的"位",人伦有序思想对"位"的思想进行了理论奠基,即是说"伦"是"位"的准则,不是自行确定尊卑的标准,尊卑必须有其理,理决定尊卑之位,这样天下才能实现公正。

　　总之,王船山的"位以公正"思想是其公正范畴内涵中"伦序公正"的组成部分,认为社会中的人人各有其位置,以位置的规范进行建构,天下公正,一是德性之位,二是岗位之位,二者都各司其职责,就可以实现社会的公平公正。王船山的"位以公正"提出了社会对位置的规范建构才能解决不公正的问题,其"位以公正"内涵不在于位置的本身,而在于公正的内涵是通过位置秩序得以体现,其"位以公正"的公正内涵为其"差以公正"奠定了理论基础。

## 三、差 以 公 正

　　王船山的公正范畴内涵在"位以公正"的逻辑下进入"差以公正"。"差

---

① 《读通鉴论》,《船山全书》(第十册),岳麓书社 2011 年版,第 68 页。
② 《礼记章句》,《船山全书》(第四册),岳麓书社 2011 年版,第 553—554 页。
③ 《四书训义》,《船山全书》(第八册),岳麓书社 2011 年版,第 419 页。

以公正"是说通过各自分殊的不同而行事,达到一定程度的公正,以差分、差等实现公正。差等公正即是遵守一定的等级秩序,建构一种有伦序的规则而达到公正。中国古代社会基本认同差等的秩序,在差等秩序之下达到一种和谐,尽量实现公正,但这种公正不是绝对的均一公正,而差别意义上的公正,绝对均一不可能公正,反而有害于公正本身。正是由于在差等秩序下建构了规则和原则使社会得以和谐,也使公正在一定的范围内得以体现,实现社会安定。在这里,船山所说的差等公正即是有限的公正,不可能是绝对意义上的公正,不是抽象的公正,而是倡导当时现实的公正。

其一,王船山的差等秩序下的公正思想是古圣先贤规定的人伦秩序原则。"盖因尊尊、亲亲而推其礼之所秩,义之所宜,以立大宗之法,然后上治下治之义,虽在百世,皆疏通而曲尽,则人之所以为人者,道毕修矣。"①尊尊、亲亲,是一种行为,行为本身就是一种差别对待,这种行为看起来不是公正的行为,但船山认为这种亲亲有等的行为对待符合大义,在形式上是一种公正的行为,因为亲亲是仁义,仁义是天下之义,对天下之人都亲,因为尊老爱幼、尊君爱民,天下互敬互爱,仁义实现。船山的意思是亲亲有等的原则对社会是合宜的,合宜的则是公正的。实际上船山的思想源于孔孟,孔孟将尊尊、亲亲的原则视为天地本原,无论是人性和物性都是尊尊、亲亲原则。孔子说"君君,臣臣,父父,子子"②,孟子说"亲亲,仁也;敬长,义也。无他,达之天下也"③,都是因为天地的原则才亲亲有等。朱熹解释说:"且人物之生,必各本于父母而无二,乃自然之理,若天使之然也。故其爱由此立,而推以及人,自有差等。"④天地之理、自然之理,都有亲亲有等,爱有差等,因此古代圣贤认为亲亲有等是公平公正的。船山对古圣的思想进行了传承,公正通过亲亲差等来体现。

其二,王船山的差等秩序下的公正思想是指人各有其才和各有其习性。认为才能不同,以差等秩序任用不同级别的人才,可以相应地对社会作出不同贡献,是公正的秩序。同样的习性不同,对社会的贡献也不一样,差分对待,公平公正。"秀者必士,朴者必农,儇而悍者必兵,天与之才,习成其性,不可移也,此之谓天秩,此之谓人官。帝王之所以分理人物,而各安其所者,此而已矣。"⑤船山的意思是"才"与"习"不同,从事的业务也不同,只能区

①　《礼记章句》,《船山全书》(第四册),岳麓书社 2011 年版,第 828 页。
②　朱熹:《论语·颜渊》,《四书章句集注》,中华书局 1983 年版,第 136 页。
③　朱熹:《孟子·尽心上》,《四书章句集注》,中华书局 1983 年版,第 353 页。
④　朱熹:《孟子集注》,《四书章句集注》,中华书局 1983 年版,第 262 页。
⑤　《读通鉴论》,《船山全书》(第十册),岳麓书社 2011 年版,第 855 页。

别对待,分理人物,士农工兵,各得其安,是公正的分工。因才而论、因习而成,具体问题具体对待,这是合理的公正原则。船山认为差等原则是合理的公正,原因在于世界自然规则也是差等的规则,差等是天地的秩序:"古之建官以治事治民,固也;而君子野人,天秩之以其才,叙之以其类,率野人以养君子,帖然奉之而不靳,岂人为哉? 王者以公天下为心,以扶进人才于君子之涂为道。故一事而分任之,十姓百家而即立之长以牧之,农人力耕而食之无媿,君不孤贵而养之必周;乃使一艺、一经、一能、一力者,皆与于君子之列,而相奖以廉耻。虽有蓂稗,不尽田而芟刈,使扶良苗以长,但勿令夺苗之滋可矣。"①有君子则必有小人,有良苗必则有蓂稗,互相牵制和滋养,天的秩序是公正的,人类社会的差等和差分也是公正的秩序。对待人才必须区别对待,"士之应科而来者,贤愚杂而人数冗,故授之所司,以汰其不经不达之冒昧;而天子亲定其甲乙,则以崇文重爵,敬天秩,奖人才,而示不敢轻"②。对人才的尊重不同于众人,这本身是一种公正的行为,因为人才可以为天下承担重任,人才可以为天下效力,因此对人才的区别对待本身就是公正的。

其三,王船山提出差等秩序下的公正思想是因为绝对的公正不可能实现。船山认为千篇一律的公正不可能是公正的,没有绝对的均平,没有绝对的一刀切的公正,绝对的公正是抽象的公正,不是现实的公正。"要而论之,天下之大,田赋之多,人民之众,固不可以一切之法治之也。有王者起,酌腹里边方、山泽肥瘠、民人众寡、风俗淳顽,因其故俗之便,使民自陈之,邑之贤士大夫酌之,良有司裁之,公卿决之,天子制之,可以行之数百年而不敝。而不可合南北、齐山泽、均刚柔、一利钝,一概强天下以同而自谓均平。盖一切之法者,大利于此,则大害于彼者也。如之何其可行也!"③船山说天地范围广大,不能千篇一律,公正必须有差等和差分,有所区别,法治制度必须有所区别,有差等对待,否则违背公平正义。天下不可能一概而论均平,绝对的均平必然利此损彼,差等的公正是现实的公正和合宜的公正。"君子所贵乎道者,鄙倍、暴慢、淫昵之不作,虽因亲疏贵贱贤不肖而异施,亦何辟之有哉? 如是,方是修身。若但云平情如衡,则苟所当致其亲爱者,虽极用其亲之爱之之心,如舜之于象,亦未为辟,岂酌彼损此,漫无差等,抑所有馀以就不足之得为齐哉? 唯然,故身不修而欲齐其家,必不可也。"④没有差

① 《读通鉴论》,《船山全书》(第十册),岳麓书社 2011 年版,第 427 页。
② 《读通鉴论》,《船山全书》(第十册),岳麓书社 2011 年版,第 809 页。
③ 《读通鉴论》,《船山全书》(第十册),岳麓书社 2011 年版,第 608 页。
④ 《读四书大全说》,《船山全书》(第六册),岳麓书社 2011 年版,第 430 页。

等的公正不可能实现天下齐平,差等区分是家齐国治的方法途径,达到现实的公正,是具体的公正。

其四,王船山提出差等公正的目的是实现天下安定。天下安定是治理的最终目标,具体问题具体分析、具体对待,不可勉强为之,不可千篇一律,公正必须考虑周全,不能生硬强迫实行。船山说:"不可与安者,亦不得而强安之;不可与信者,亦不得而强信之;不可与怀者,亦不得而强怀之。特圣人胸中,不预畜一不安、不信、不怀之心,以待此等,则已廓然大公矣。安一老者亦安也,安天下之老者亦安也。怀一少者亦怀也,怀天下之少者亦也。而朋友之多寡,尤其不可强焉者也。时之所值不同,位之得为有别,势之所可伸者亦有其差等。圣人本兼小大、多少而为言,而其不可施吾安、信、怀者,正如天地之化有所不能生成而非私耳。"①不可强安、强信、强怀,区别对待,公正有差别,区分对待,考虑天下的大小范围、多少数目,这才是真正的行为公正。"细为分之,则非但身之与国,不可以一律相求,即身之于家,家之于国,亦有厚薄之差。曾子固不以己之孝责曾元,而天子使吏治象之国,亦不概施夫异姓不黜之诸侯也。故曰理一而分殊。然原其分殊,而理未尝不一,要以帅人而后望人之从,其道同也。故在家无怨者,在邦亦无怨也。"②家与国都有厚薄的差别,天下分殊,不能千篇一律,差别对待也是现实的公正。

其五,王船山差等公正观的哲学理论来源是理一分殊。朱子讲理一分殊,船山也讲理一分殊,船山认为分殊是公正的关键,理是大公至正,但公正原则有所区别。理是"公"的,这是大的道德原则,分殊则是具体的规则。大的原则比较宏大,细分规则则比较具体,差等对待,才能实现公正。"齐家之教,要于老老、长长、恤孤,而可推此以教国矣。乃国之于家,人地既殊,理势自别,则情不相侔,道须别建。虽其心理之同,固可类通,而终不能如家之人,可以尽知其美恶以因势而利导之。乃君子因其理之一,而求之于大公之矩,既有以得其致远而无差者,则不患夫分之悬殊,而困于美恶之不知,使教有所不行也。"③理一即是公正的宏观原则,理是大公之理,而矩是具体的规矩,因此想寻求大公之矩不可能实现。如何得到"齐家"的大公之矩呢?船山认为只能理一分殊,在仁义公正的前提下,分殊、差等、区别,可以实现公正。船山说:"一国之人,为臣为民,其分之相临,情之相比,事之相兴,则

---

① 《读四书大全说》,《船山全书》(第六册),岳麓书社 2011 年版,第 662 页。
② 《读四书大全说》,《船山全书》(第六册),岳麓书社 2011 年版,第 436 页。
③ 《读四书大全说》,《船山全书》(第六册),岳麓书社 2011 年版,第 437—438 页。

上下、左右、前后尽之矣。为立之道焉,取此六者情之所必至、理之所应得者,以矩絜之、使之均齐方正,厚薄必出于一,轻重各如其等,则人得以消其怨尤,以成孝弟慈之化,而国乃治矣。其授之以可以尽孝弟慈之具,则朱子所谓'仰足事,俯足育'者,固其一端;而为之品节位置,使人皆可共率由夫君子之教者,则必东阳所谓'规矩制度'者,而后为治道之全也。"①人须分级分等,对待有厚有薄、有轻有重,只要执守理一的大原则,分殊有别,则是公正。

王船山"差以公正"的公正范畴着重阐明公正内涵不是绝对的公正,而是相对的公正。王船山认为现实的公正是差等的公正,是具体的公正,不是抽象的公正,应该说船山主张的差等公正观是比较合宜和现实的,因为现实具体,呈现在时势之中,公正因人而异,因时而变。公正的道德原则是大公至正,但具体的实施规则则是不可千篇一律的。船山差等的公正内涵是对古圣先贤"尊尊、亲亲"的人伦秩序的传承,既是仁义爱民,又是爱有差等,实现公正。学术界对古圣先贤的爱有差等的人伦秩序有大量的批判,究其原因是学者们只追求一种抽象的公正,没有对古圣先贤的公平正义进行具体的实质性地分析,犯了断章取义的毛病。王海明教授说:"我国自大禹开创家天下的专制政体以来,不但一直是家天下的专制制度,而且几乎所有思想家竟然无不是专制主义论者。"②显然王教授的观点没有考虑到古代思想家们的更深刻论述,陷入了断章取义的窠臼,陷入了西方学术思想的抽象化的怪圈,这些学者深受西方学术思想的影响,没有深入中国古代思想学术之中一探究竟。事实上王船山的思想具有"人本主义"的性质,而不是专制主义论者,这将在后面展开论述。

综上所述,王船山公正范畴的伦序公正内涵主要体现了公正是秩序中的公正,主要从序以公正、位以公正和差以公正三个方面展开,分别说明了秩序上有公正、位置上有公正、差别上有公正,序有尊卑使人尽其人伦关系形成为人的公正,位有内外高下使人尽其责任形成业务上的公正,才有差分使人尽其才形成人才使用上的公正。伦序公正是哲学形而上学上的大公公正的衍生,是在社会伦理上进行的伦理规范公正的建构,是王船山公正范畴进入规范层次上的公正。

---

① 《读四书大全说》,《船山全书》(第六册),岳麓书社 2011 年版,第 438 页。
② 王海明:《公正与人道》,商务印书馆 2010 年版,第 1 页。

# 第二章　天道公正论

　　王船山的公正范畴内涵需要通过公正思想的展开来体现,公正思想的逻辑通过公正思想的理论依据、公正道德的内容实质和公正道德的美德评价三个方面展开。船山思想具有经世致用的性质,因此其公正思想自然而然地贯穿于哲学、政治、经济和教育思想之中,公正的内涵通过哲学、政治、经济和教育的思想来展现。依据中国哲学的天地人三才结构,船山公正思想首先从天道公正论的哲学依据开始,进入公正工夫论。依据伦理学的元伦理学、规范伦理学和美德伦理学三大板块,对船山公正思想的解析也需要从这三大板块进行说明。从元伦理学的角度看,船山公正思想包括天道公正论和人道公正论,即公正思想的来源是天道"应该"思想和人道"应该"思想的推演和建构。天道"应该"思想源自天道元善,人道"应该"思想源自人道价值。船山公正思想的展开首先从天道公正论开始,天道公正是元善的公正,即公正是为了至善,天道元善而有公正。公正之善的建构依据天道开启,天道是公正之善的依据,公正的形而上学依据源自天道公正。船山的天道公正论的宗旨是天道大公至正,正是由于天道大公至正,才有人道公正的确立、自我公正的修成、礼治公正的调适、政治公正的构建和制度公正的修订,也就是说船山公正论的建构首先源自道德形而上学的天道根源。船山天道公正论的展开主要从乾道公正论、天理公正论和天地和善论三个方面完成,其逻辑架构如图示:

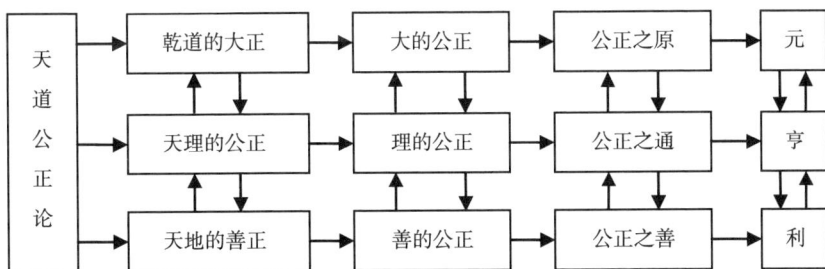

```
┌─────┐   ┌──────────┐   ┌──────────┐   ┌──────────┐   ┌─────┐
│ 天  │→ │ 乾道的大正 │→ │ 大的公正  │→ │ 公正之原  │→ │ 元  │
│ 道  │   └──────────┘   └──────────┘   └──────────┘   └─────┘
│ 公  │   ┌──────────┐   ┌──────────┐   ┌──────────┐   ┌─────┐
│ 正  │→ │ 天理的公正 │→ │ 理的公正  │→ │ 公正之通  │→ │ 亨  │
│ 论  │   └──────────┘   └──────────┘   └──────────┘   └─────┘
│     │   ┌──────────┐   ┌──────────┐   ┌──────────┐   ┌─────┐
│     │→ │ 天地的善正 │→ │ 善的公正  │→ │ 公正之善  │→ │ 利  │
└─────┘   └──────────┘   └──────────┘   └──────────┘   └─────┘
```

**天道公正内容界说逻辑图示**

　　从图示可以看出,王船山的天道公正论是其公正思想的首要哲学依据,即公正思想的形而上学依据,天道是中国哲学的首要和根本之道,世界都以天道为宗。以天道为宗建构公正的道德形而上学原理,为天下形成公正伦理提供了依据,正如康德说:"权力、财富、荣誉甚至健康以及通常的福利和舒适满足,这些通常称为幸福的东西,如若没有一个善的意志去匡正它们对心灵以及其行为诸原则的影响,以使其与善的意志之目的普遍相合,那么它们就会引发自负甚至骄横。"①善即公正的道德形而上学基础,有了善的道德形而上学建构,使公正道德有据可依。董仲舒以天道公正建构天下公正思想,他说:"臣谨案《春秋》之文,求王道之端,得之于正。正次王,王次春。春者,天之所为也;正者,王之所为也。其意曰,上承天之所为,而下以正其所为,正王道之端云尔。然则王者欲有所为,宜求其端于天。天道之大者在阴阳。"②王道公正来源于天道公正。船山天道公正论主要从乾道公正论上展开,分为大的公正、理的公正和善的公正三层次进行逻辑推进,大的公正是"原"的层次,理的公正是"通"的层次,善的公正是"善"的层次,三个层次分别是元、亨、利三个方面,即是说乾道大正解决的是本原和元善的问题,天理公正解决的事理和会通的问题,天地和正解决的是善和相利的问题。为何乾道是公正呢?船山解释"乾:元亨利贞"说:"'元',首也;取象于人首,为六阳之会也。天下之有,其始未有也,而从无肇有,兴起舒畅之气,为其初几。形未成,化未著,神志先舒以启运,而健莫不胜,形化皆其所昭彻,统群有而无遗,故又曰'大'也。"③船山认为"元"就是"大","大"是公正的应有内涵。"'亨',古与烹、享通。烹饪之事,气彻而成熟;荐享之礼,情达而交合;故以为'通'义焉。《乾》以纯阳至中至刚之德,彻群阴而诣合之,无往不遂,阴不能为碍也。"④船山认为"亨"就是"通",理通而成事,通达至和是公正的内涵。"'利'者,功之遂、事之益也。《乾》纯用其舒气,遍万物而无所吝者,无所不宜,物皆于此取益焉。物莫不益于所自始,《乾》利之也。"⑤船山认为"利"就是"善",相利而成事,让天下百姓相利是公正的应有内涵。船山认为"元"统群而无遗,"亨"无往而无碍,"利"遍物而无吝,因此乾道是公正的。"'贞',正也。天下唯不正则不能自守;正斯固矣,故又曰正而固也。纯阳之德,变化万有而无所偏私,因物以成物,因事以成事,无诡随,亦无屈挠,正而固矣。"⑥由于乾道的元、亨、利是公正的正,因此

①　康德:《道德形而上学基础》,孙少伟译,中国社会科学出版社 2009 年版,第 1 页。
②　董仲舒:《春秋繁露·天人三策》,岳麓书社 1997 年版,第 306 页。
③　《周易内传》,《船山全书》(第一册),岳麓书社 2011 年版,第 43—44 页。
④　《周易内传》,《船山全书》(第一册),岳麓书社 2011 年版,第 44 页。
⑤　《周易内传》,《船山全书》(第一册),岳麓书社 2011 年版,第 44 页。
⑥　《周易内传》,《船山全书》(第一册),岳麓书社 2011 年版,第 44 页。

"贞"即是"正"。船山的公正论在天道公正论的基础上展开,天下社会的公正源自天道的大公至正。

## 第一节　乾道大公至正

王船山的天道公正论首先从乾道大公至正思想上展开。天道最初是乾道,"乾"是世界的初始。《周易·乾》卦说:"《乾》:元,亨,利,贞。"①《文言》解释说:"'元'者,善之长也;'亨'者,嘉之会也;'利'者,义之和也;'贞'者,事之干也。君子体仁,足以长人;嘉会,足以合礼;利物,足以和义;贞固,足以干事。君子行此四德者,故曰'乾:元、亨、利、贞。'"②乾是元,即是初始。乾道公正在船山那里表述为大公至正,大公至正是"天则",大公至正则是公正,因为大公至正也是大公无私之意。船山的乾道公正思想主要从哲学形而上学的层次论述公正的元善问题,因为天道公正,所以天下必须公正,人因天而生,人道顺应天道。船山乾道公正论从乾道至正、乾道至宜和乾道至顺三个方面展开,其逻辑架构如下面图示:

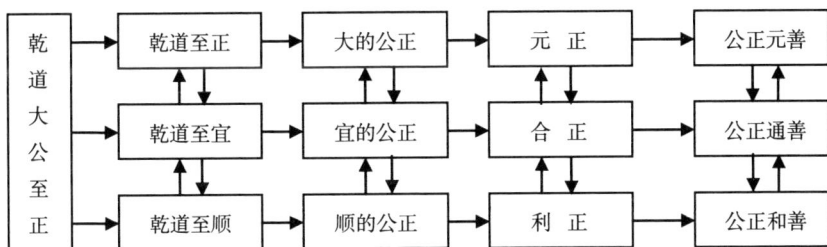

**乾道大公至正逻辑架构图示**

从图示可以看出,王船山的乾道公正论展示了乾道的"大""宜""顺"三个方面,即是说乾道的公正包括:大的公正,属于元的公正;宜的公正,属于合的公正;顺的公正,属于利的公正。船山论述乾道的大、宜、顺是要说明公正思想源自乾道之元,大的公正是元善论,宜的公正是通善论,利的公正是和善论,通过元、亨、利的过程实现公正。

## 一、乾　道　至　正

王船山天道公正论首先阐明天道之德是乾德,天道乾德无所不能,正因

①　阮元:《周易·上经·乾》,《周易正义》,《十三经注疏》,中华书局1980年版,第13页。
②　阮元:《周易·上经·乾》,《周易正义》,《十三经注疏》,中华书局1980年版,第15页。

为乾德的全面性,因此乾道能够达到至正和公正:"乾,气之舒也。阴气之结,为气为魄,恒凝而有质。阳气之行于形质之中外者,为气为神,恒舒而毕通,推荡乎阴而善其变化,无大不届,无小不入,其用和煦而靡不胜,故又曰'健'也。此卦六画皆阳,性情功效皆舒畅而纯乎健。其于筮也,过揲三十有六,四其九,而函三之全体,尽见诸发用,无所倦吝,故谓《乾》。"①船山认为乾具有大全的功能,既能致广大,又能尽精微,涵盖了全体,因此称为"健";具有广大、周全的作用,因此乾德无所不胜。乾德既然周全而广大,而天道即是乾道,是世界的总根源,天道能够公正,是"正"的,天下必然因效仿天道而公正。船山说:"乾本有此四德,而功即于此效焉。以其资万物之始,则物之性情皆受其条理,而无不可通;唯元故亨,而亨者大矣。以其美利利天下,而要与以分之所宜,故其利者皆其正;而唯其正万物之性命,正万事之纪纲,则抑以正利也。其在占者,为善始而大通、所利皆贞而贞无不利之象,德、福同原而不爽,非小人所得而与焉。就德而言之为四;就功而言之,亨唯其元,而贞斯利,理无异也。此卦即在人事,亦莫非天德,不可言利于正。天道之纯,圣德之成,自利而自正,无不正而不利之防。若夫人之所为,利于正而不利于不正,则不待筮而固然,未有不正而可许之以作利者也。"②船山论述说乾有四德即元、亨、利、贞,乾德对万事万物都能相资相用,万物因为乾德而有条理和相互贯通,因为乾德有元、亨而成就了事物,使事物发扬光大,因为有乾德有利、贞而天下成就美善,天下获利发展,乾德使天下公正,各得其所,各得其宜,乾德使万物各得其命,确立万物的法则,一切归向于"正"。总而言之,乾道是一切事物的总根源,是社会规范的总参照,乾道使世界万物、人类社会得以顺畅,乾道周全,运行广大,公正无私。船山说:"乾以纯健不息之德,御气化而行乎四时百物,各循其轨道,则虽变化无方,皆以乾道为大正,而品物之性命,各成其物则,不相悖害,而强弱相保,求与相合,以协于太和,是乃贞之所以利,利之无非贞也。"③乾德无所不正,正是所谓"乾道变化,各正性命",乾道是万物的轨道和参照,乾道是公正的,万物也要公正,乾道元、亨、利、贞,万物也参照乾道有利、贞,不相悖害。

　　乾为何能够称为"元"呢?元即是一切事物的根本、来源或者参照。乾是一切事物的参照和根本,因此可以称为"元"。王船山阐释了"元":"物皆

①　《周易内传》,《船山全书》(第一册),岳麓书社 2011 年版,第 43 页。
②　《周易内传》,《船山全书》(第一册),岳麓书社 2011 年版,第 44—45 页。
③　《周易内传》,《船山全书》(第一册),岳麓书社 2011 年版,第 52—53 页。

有本,事皆有始,所谓'元'也。《易》之言元者多矣,唯纯乾之为元,以太和清刚之气,动而不息,无大不届,无小不察,入乎地中,出乎地上,发起生化之理,肇乎形,成乎性,以兴起有为而见乎德;则凡物之本、事之始,皆此以倡先而起用,故其大莫与伦也。木、火、水、金,川融、山结,灵、蠢、动、植,皆天至健之气以为资而肇始。乃至人所成能,信、义、智、勇、礼、乐、刑、政,以成典物者,皆纯乾之德;命人为性,自然不睹不闻之中,发为恻怛不容已之几,以造群动而见德,亦莫非此元为之资。在天谓之元,在人谓之仁。天无心,不可谓之仁;人继天,不可谓之元;其实一也。"①船山说明了几层意思:一是根本的和所以始的是"元",乾是根本和万物开始的源头,因此乾是元;二是乾是太和之气,广大精微,无形有察,无所不能,周全而广大;三是万物和人都以乾为发用,物因此得以开始,人因此得以成就美德;四是人的内在"仁"源自"乾"的"元"。从船山的这几层意思可以看出,"乾"称为"元"当之无愧,人的伦理道德的产生都以乾德为参照,乾德大公至正,人类社会也要公正无私。正是基于乾的元善性质和功能,王船山建构社会公正论必然以乾道公正论为基础。因为乾道元善,所以天下才有公正之善。

王船山始终将人道之理的根源归结于天之理,说明天道是人道的根本,人道来源于天道,人道变化根源于天道规律。无论是国家治理、社会变革,都是因为人道要顺应天道。船山说:"夫望治者,各以其情欲而思沿革;言治者,各以其意见而议废兴。虞、夏、殷、周之法,屡易而皆可师,惟创制者之取舍,而孔子何以云可知也?夫知之者,非以情,以理也;非以意,以势也。理势者,夫人之所知也。理有屈伸以顺乎天,势有重轻以顺乎人,则非有德者不与。仁莫切于笃其类,义莫大于扶其纪。笃其类者,必公天下而无疑;扶其纪者,必利天下而不吝。君天下之理得,而后可公于人;君天下之势定,而后可利于物。"②船山在这里阐明了"理"是国家治理的理论依据,国家最高的根本大法就是理,而不是情,理是人对天道的归纳和总结,理述说了世界的客观变化规律,世界变化都是因为理,因此理有屈伸,理的屈伸是因为天道。有德之人顺应天道,顺应天道得到天理,故有仁义,因此乾道是君子有理的依据,君子之所以能够公正是因为君子顺应乾道,得到乾道的公正道理。"夫王者合天下以为一家,揭猜疑以求民之莫而行士之志,法愈疏,闲愈正,不可欺者,一王之法,天理之公,人心之良也,而恃区区之标制乎?

---

① 《周易内传》,《船山全书》(第一册),岳麓书社 2011 年版,第 50—51 页。
② 《尚书引义》,《船山全书》(第二册),岳麓书社 2011 年版,第 396 页。

三代之隆也,士各仕于其国,而民益亲。"①船山一再强调天理是公正的,天理是广大的。正因为天理广大,所以天道周全,周全就能够公正,乾德是公正无私的,人秉承天性而有良知。士因为有天道乾德,在社会上行事必然公正。

王船山认为从"元"发展最后达到"贞",过程比较曲折,但结果是"贞",即达到公正,即是说乾道最终要发展为公正的"贞",乾德是公正之德。"易曰:'天下之动,贞胜者也。'贞胜者,胜以贞也。天下有大贞三:诸夏内而夷狄外也,君子进而小人退也,男位乎外而女位乎内也。各以其类为辨,而相为治,则居正以治彼之不正,而贞胜矣。若其所治者贞,而所以治者非贞也,资于不正,以求物正;萧望之之于恭、显,刘琨之于聪、勒,陈蕃之于宦寺,不胜而祸不旋踵;小胜而大不胜,终以灾及其身,祸延于国。故君子与其不贞而胜也,宁不胜而固保其贞。"②船山通过对《易》的阐释,说明天下因为公正、正义而胜利,反之邪恶则不可取得胜利。"贞"是"元"发展的逻辑结果,"贞"源于乾道之"元",因此能够胜利,秉承乾道之公正,最后必然取得胜利。因此取得胜利必须以公正为原则,以不公正取得利益最终还是带来灾祸,因此君子宁愿不要不公正的利益。"'贞',正也。天下唯不正则不能自守;正斯固矣,故又曰正而固也。纯阳之德,变化万有而无所偏私,因物以成物,因事以成事,无诡随,亦无屈挠,正而固矣。"③船山认为需要以公正原则来治国,公正给国家带来福分。船山说:"积纯阳之德,合一无间,无私之至,不息之诚,则所性之几发于不容已者,于人之所当知者而先知之,于人之所当觉者而先觉之,通其志,成其务,以建元后父母之极,乾之元亨也。因而施之于天下,知无不明,处无不当,教养劝威,保合于中节之和,而天下皆蒙其利,不失其正,万国之咸宁,乾之利贞也。"④乾德大公无私,参照乾德行事,成就大业,国家安宁,天下公正,这都是因为乾道公正而带来天下公正的结果,因此"乾"是"元",天下公正是"利"的"贞",即是说乾道公正,天下公正,国家安宁。

王船山将乾道的元、亨、利、贞和人道的仁、义、礼、信结合起来,因为有乾道的元,发展为亨、利、贞,所以有人道的仁,发展为义、礼、信。船山阐释元、亨、利、贞的《文言》时说:"元、亨、利、贞者,乾之德,天之道也。君子则为仁、义、礼、信,人道也。理通而功用自殊,通其理则人道合天矣。'善之

---

① 《读通鉴论》,《船山全书》(第十册),岳麓书社 2011 年版,第 324 页。
② 《宋论》,《船山全书》(第十一册),岳麓书社 2011 年版,第 182—183 页。
③ 《周易内传》,《船山全书》(第一册),岳麓书社 2011 年版,第 44 页。
④ 《周易内传》,《船山全书》(第一册),岳麓书社 2011 年版,第 54 页。

长'者,物生而后成性存焉,则万物之精英皆其初始纯备之气,发于不容已也。'嘉之会'者,四时百物,互相济以成其美,不害不悖,寒暑相为酬酢,灵蠢相为事使,无不通也。'义之和'者,生物各有其义而得其宜,物情各和顺于适然之数,故利也。'事'谓生物之事。'事之干'者,成终成始,各正性命,如枝叶附干之不迁也。此皆以天道言也。"①乾之德即是天之道,天道元、亨、利、贞,人道通达天道而合于天理,则是人道合于天道,人道的仁、义、礼、信与天道的元、亨、利、贞相对应,元、亨、利、贞和仁、义、礼、信都有大公至正的内涵。元是初始精英之气,仁是人的良知;亨是对元的通达发展,义是对仁的实施;利是万物各得其宜,礼是人与人关系的调适合宜;贞是事物的成功至正,信是人的成功和稳固发展。船山说:"仁、义、礼、信,推行于万事万物,无不大亨而利正,然皆德之散见者,《中庸》所谓'小德'也。所以行此四德,仁无不体,礼无不合,义无不和,信无不固,则存乎自强不息之乾,以扩私去利,研精致密,统于清刚太和之心理,《中庸》所谓'大德'也。四德尽万善,而所以行之者一也,乾也。故曰'乾元亨利贞',唯乾而后大亨至正以无不利也。"②仁、义、礼、信是由于元、亨、利、贞,既大公至正,还卓有成效。因此乾是元,大公无私,使人道也公正无私,船山的乾道公正使公正的形而上学建立起来。

王船山始终把"乾"作为万物的初始根源,是万物行动的根本和参照,认为"乾"本身即是"正"的,使万物各得其正:"乾之始万物者,各以其应得之正,动静生杀,咸恻隐初兴、达情通志之一几所函之条理,随物而益之,使物各安其本然之性情以自利;非待既始之余,求通求利,而唯恐不正,以有所择而后利。此其所以为大也。"③船山认为万物各得其正的原因是"乾"的初始发动,"乾"的"正"而发动,物各得其所是万物应得其正,应得之正即是公正的内涵,尽管乾的初始发动也会带来动静生杀,但最后还是各得其正,即是善。"应当""应得"即是"善","乾"是"元",各得其应得之正即是"善",王船山的天道公正论在这里完成了乾道元善论的建构,元善归结于乾道的周全广大,乾道广大,大公而至正。船山说:"乾之为德,一心神用,入乎万有之中,运行不息,纯粹者皆其精,是以作大始而美利咸亨,物无不正。在人为性,在德为仁,以一心而周万理,无所懈,则无所滞。君子体之,自强不息,积精以启道义之门,无一念利欲之间,而天德王道于斯备矣。"④

---

①　《周易内传》,《船山全书》(第一册),岳麓书社 2011 年版,第 59 页。
②　《周易内传》,《船山全书》(第一册),岳麓书社 2011 年版,第 59 页。
③　《周易内传》,《船山全书》(第一册),岳麓书社 2011 年版,第 69 页。
④　《周易内传》,《船山全书》(第一册),岳麓书社 2011 年版,第 69—70 页。

乾德有初始发用的功能,有利于物发展的功能,周全万理,大公无私,以乾德为准则治理天下,则是王道政治,公正而无私。

综上所述,王船山天道公正论首先从乾道至正形而上学上展开,认为乾道大公至正。船山阐明天道即是乾道,乾道具有乾德,"乾"是"元",乾德发展为元、亨、利、贞,天道乾德无所不能,周全万物、大公无私,正因为乾德的广大而周全,所以乾道具有大公至正的德性;人道源于天道,人道体贴天道的乾德而合于天理,人依照天理而具有良知,行使仁、义、礼、信之德。由于乾德公正,人道也必须公正才能最终取得胜利。船山的天道公正论从乾道元善论开始建构了人道公正思想形而上学,乾道公正论是人道公正的形而上学基础。

## 二、乾 道 至 宜

乾道公正思想开启了船山天道公正论的大门,他以此为基础提出了乾道公正是合宜、至宜的公正,乾道运用达到合宜的公正。"宜"在《说文解字》中释为"安":"宜,所安也。从宀之下、一之上。"①段玉裁注:"《周南》:'宜其家室。'《传》曰:'宜以有室家,无逾时者。'一犹地也。"②意思是说"宜"则有所安,有家才能安,家在地上,人有家室才能安稳,没有超越时空而达到合适才能安稳,适合各自的度数和时数。朱熹释:"宜者,分别事理,各有所宜也。"③乾道合宜就是指乾道能给人安稳的处所,安稳的处所是人应得的处所,得到应得之所就是公正,合宜是公正的内涵。程颐解释"裁成天地之道,辅相天地之宜"曰:"天地之道,不能自成,须圣人裁成辅相之。如岁有四时,圣人春则教民播种,秋则教民收获,是裁成也,教民锄耘灌溉,是辅相也。"④程颐说宜即是人合天地之道,合于乾道。船山接着要论证乾道如何给人应得的安稳处而说明天道是公正的。

王船山认为乾道是万物初始的根源和发生的根本,乾道大公至正,使万事万物各得其宜。船山对《易》的"乾道变化,各正性命"解释道:"草木、虫鱼、鸟兽,以至于人,灵顽动植不一;乃其为物也,枝叶华实、柯干根荄之微,鳞介羽毛、爪齿官窍、骨脉筋髓、府藏荣卫之细,相函相辅,相就相避,相输相受,纤悉精匀,玲珑通彻,以居其性,凝其命,宣其气,藏其精,导其利,违其害,成其能,效其功,极至于目不可得而辨,手不可得而揣者,经理精微,各如

---

① 许慎:《说文解字》,中华书局1963年版,第151页。

② 段玉裁:《说文解字注》,上海古籍出版社1988年版,第340页。

③ 朱熹:《中庸章句》,《四书章句集注》,中华书局1983年版,第28页。

④ 程颢、程颐:《河南程氏遗书》卷第二十二,《二程集》,中华书局1981年版,第280页。

其分,而无不利者无不贞焉。天之聪明,各于斯昭著;人之聪明,皆秉此以效法,而终莫能及也。各如其分,则皆得其正。"①乾道变化使万事万物各得其分、各得其正,乾道昭著,万物效法乾道以生成、发展、成功,人效法乾道以明于天理,各得其利而避害,公正无私,各得其应得之所,各得其应得之安。船山认为乾道公正是各得其宜的公正,因为各有所安,各有所得,因物变化,各成其能,恰如其分,因此乾道公正能达到合宜的公正,没有逾越事物本身的度数和时数。

王船山所说的万物各得其宜、各得其分的思想与朱熹的万物各得其所的思想是一致的。船山认为乾道使万物各得其宜,朱熹也认为天理使万物各得其所,二者思想宗旨基本一致。朱熹说:"万物皆有此理,理皆同出一原。但所居之位不同,则其理之用不一。如为君须仁,为臣须敬,为子须孝,为父须慈。物物各具此理,而物物各异其用,然莫非一理之流行也。圣人所以'穷理尽性而至于命',凡世间所有之物,莫不穷极其理,所以处置得物物各得其所,无一事一物不得其宜。除是无此物,方无此理;既有此物,圣人无有不尽其理者。所谓'惟至诚赞天地之化育,则可与天地参者也。'"②朱子说万物各得其所、各得其宜,因为万物都有此理,天理是根源;船山说万物各得其分,各得其正,因为乾道公正至宜,乾道是根本。船山与朱子的不同在于朱子以理为先,船山则以乾道为先,对公正的本原表达相异,但一致而百虑。

正是基于乾道使万物各得其宜、各得其分、各有其能,王船山认为乾道是公正原则的形而上学基础,并且公正是万物各得其应得的公正,没有任何逾越非分的不合理的界限。船山说:"自然天理应得之处,性命各正者,无不可使遂仰事俯育之情,君子之道,斯以与天地同流,知明处当,而人情皆协者也。此之为道,在齐家已然,而以推之天下,亦无不宜。特以在家则情近易迷,而治好恶也以知;在国则情殊难一,而齐好恶也以矩。故家政在教而别无政,国教在政而政皆教,斯理一分殊之准也。"③万物的性命各得其正即是应得之正,人与天地同流,各得其正,无所不宜,因此乾道公正是合宜的公正,即是说乾道使万物和人各得其正。正因为乾道公正至宜,人道因此公正而无私。

王船山的乾道公正至宜思想也是指"合"的公正,乾道与人、万物相统

---

① 《周易内传》,《船山全书》(第一册),岳麓书社 2011 年版,第 53 页。

② 黎靖德编:《朱子语类》,中华书局 1986 年版,第 398 页。

③ 《读四书大全说》,《船山全书》(第六册),岳麓书社 2011 年版,第 440 页。

合。船山所说的"合"是指乾道既广大又周全,充分探赜了物和人的秉性与质性,乾道对人和物的发用、昭著是相合的,因此乾道对事、物、人的发用达到公平公正。船山说:"若无以为义之本,则待一事方思一事之义,即令得合,亦袭取尔。义在事,则谓之宜;方其未有事,则亦未有所宜。而天德之义存于吾心者,则敬是已。故曰'行吾敬',敬行则宜矣。"①乾道能使事物的发展达到适宜,周全万物和人,尽显天理,义理相合,事理合宜,达到公正。"到廓然大公处,却在己在人,更不须立町畦,自贻胸中渣滓。上审天命,下察人心,天理所宜,无嫌可避。"②人之所以能够廓然大公,是因为天理对人的发用达到合宜,公正是天道的发用达到适宜。船山认为圣人之所以成为圣人,是因为圣人体贴了天理乾道的广大和精微,事半功倍,无所不宜。船山说:"三子之得为圣,是他人欲净尽,天理流行,故造其极而无所杂。乃其以人欲之净行天理之所流,则虽恷莹澈条达,而一从乎天理流行之顺直者一迳鹜直做去,则固于天理之大无外而小无间者,不能以广大精微之性学凝之。盖人欲之净,天资之为功半于人事,而要不可谓无人力。若天理之广大精微,皆备而咸宜,则固无天资之可恃,而全资之人事矣。"③船山的意思是乾道天理皆完备合宜,人的行为就是依据乾道天理的流行,尽力使事物合乎天理的流行,达到合宜,实现公正。船山在此说明了乾道公正的合宜性质。天道是人道的依据,人道与天道相合,才能公正,因为天道公正而使人合宜。"自火化熟食以来,人情所至,则天道开焉。故导其美利,防其险诈,诚先王合天顺人之大用,而为意深远,非徒具其文而无其实,以见后之行礼者,苟修文具而又或逾越也,则不能承天之祜,而天下国家无由而正矣。"④人情合于天道,圣人合于天道而睿智,天下国家才能得到治理,达到公平公正。"反大经则正,达天德则深,循大常则远。"⑤大经即是天德乾道,也就是儒家所说的道统,经常遵循乾道,则能发展长远。

乾道至宜的公正思想在古圣先贤看来就是易道,易道广大周全。《周易》说:"《易》与天地准,故能弥纶天地之道。"王船山解释说:"易之象数,天地之法象也。乾坤统其全,卦爻尽其变,其体与天地合也。"⑥认为易道也是乾坤之道,易道对人道也具有发用、昭著的作用,是合宜的道。船山说:

①　《读四书大全说》,《船山全书》(第六册),岳麓书社 2011 年版,第 833 页。
②　《读四书大全说》,《船山全书》(第六册),岳麓书社 2011 年版,第 999 页。
③　《读四书大全说》,《船山全书》(第六册),岳麓书社 2011 年版,第 1044—1045 页。
④　《礼记章句》,《船山全书》(第四册),岳麓书社 2011 年版,第 548 页。
⑤　《张子正蒙注》,《船山全书》(第十二册),岳麓书社 2011 年版,第 250 页。
⑥　《周易内传》,《船山全书》(第一册),岳麓书社 2011 年版,第 519 页。

"理一也,而修己治人,进退行藏,礼乐刑政,蹈常处变,情各异用,事各异趋,物各异处。学易者斟酌所宜,以善用其志气,则虽天地之大,而用之也专,杂卦之驳,而取之也备,此精义之学也。违其所宜用,则虽乾坤之大德,且成乎大过,况其余乎! 因卦之宜,而各专所拟议,道之所以弘也。"①易道合乎人道,以易道修己治人,各得其宜。学易则通达易道,体贴易道达到适宜,以易道处世治国,合宜而公正。船山解释元、亨、利、贞时说:"'体仁'者,天之始物,以清刚至和之气,无私而不容已,人以此为生之理而不昧于心,君子克去己私,扩充其恻隐,以体此生理于不容已,故为万民之所托命,而足以为之君长。'嘉会'者,君子节喜怒哀乐而得其和,以与万物之情相得,而文以美备合礼,事皆中节,无过不及也。'利物'者,君子去一己之私利,审事之宜而裁制之以益于物,故虽刚断而非损物以自益,则义行而情自和也。'贞固'者,体天之正而持之固,心有主而事无不成,所谓信以成之也。此以君子之达天德者言也。"②元、亨、利、贞能够使万物各得其宜,使人各得其安,使人和物各得其应得的部分,清刚和气,人得良知,文美合礼,各得其情,裁物得利,各得其益,体天之固,各得其信。"元"能"体仁","亨"能"嘉会","利"能"利物","贞"可"贞固"。乾道能够实现元、亨、利、贞,易道也能实现元、亨、利、贞,人道则仁、义、礼、信,公平公正,各得其宜,公正无私。船山认为元、亨、利、贞的逻辑进程最终是公正无私,审视事物达到合宜,达到公正。

乾道也是天道,天道本来无性,天道发用于人、物,人、物则有性,因此天道无私、无己。王船山说:"天无己也,天亦无性也。性,在形中者,而天无形也。即此时行物生者,斯为天道不息,而非有生死之间断,则大公而无彼此之区宇也,是无己也。故但有命而非有性,命则无适,而性有疆矣。"③天道广大,无边无际,无形无性,大公无私。因此,乾道至宜而是公正的。"但其无息而不穷于施,有其理则毕出以生成者,即此为在人所尽之己,而己之无不尽。其于物之性情,可以养其欲给其求,向于善远于恶,无不各得,而无一物之或强,即此为在人所推之己,而己之无不推。所以不可以忠恕言圣言天,而亦可于圣人与天见忠恕也。"④尽管天道无己无私,但其运行不息,使物各得其情、各得其所,趋善远恶,正是"天地之大德曰生",生生不息,天道运行不息正能说明天道大公无私。乾道发用而大公无私,使万物各得其宜,

① 《周易内传》,《船山全书》(第一册),岳麓书社 2011 年版,第 55 页。
② 《周易内传》,《船山全书》(第一册),岳麓书社 2011 年版,第 59 页。
③ 《读四书大全说》,《船山全书》(第六册),岳麓书社 2011 年版,第 639 页。
④ 《读四书大全说》,《船山全书》(第六册),岳麓书社 2011 年版,第 639—640 页。

人各得其所,这就是天道的元善之性,船山的天道公正论通过天道至善思想
建构起来。船山说:"盈天下只是个中,更无东西南北。盈目前只是个中,
更无前后左右。河图中宫十、五,已括尽一、六,二、七,三、八,四、九在内。
帝王用之,大而大宜,小而小宜,精而精宜,粗而粗宜;贤者亦做不到,不肖者
亦做不到;知者亦知不彻,愚者亦知不彻;参天地,质鬼神,继前王,俟后圣,
恰恰好好,天理纯至,而无毫发之间缺,使私意私欲得以相参用事而不足于
大公至正之天则。故曰'皇极',曰'至善',胥此中也。不及者自画于半涂,
而过者岂能越之! 非圣人之独为其难,以理本应尔,更无过、不及旁开之辙
迹也。"①这里,船山表达了三层意思:一是天地、社会在方向上都是中,就是
说都是世界的中心,无所谓各方各向;二是圣贤运用天道,大小精粗都合宜,
因为圣贤明白天地大道;三是圣贤大公无私,因为圣贤通晓天道法则;四是
中是指合宜,也就是天道元善、至善。天道是元善的,人道通达天道也应有
本善之性,天道公正无私,人也应有公正的道德规则。

　　总之,王船山天道公正论由乾道大公至正思想上发展到乾道公正合宜
的思想,推动了天道公正论的发展和建构。船山阐明乾道是公正的,是合宜
的公正,乾是元,大公无私,使人和物各得其所、各得其宜、各得其正。乾道
无所不能,周知万物、大公无私。乾道依据事物和人的本身性质发挥功效,
成就人与物的适宜,是各安其性、各得其所、各得其应得,公平公正,没有偏
私。由于乾道公正合宜,人道也必须合于乾道公正的德性达到至善之性。
船山的天道公正论以乾道元善论建构了人道公正思想,乾道公正是人道公
正的形而上学基础。

## 三、乾 道 至 顺

　　王船山的乾道大公至正思想由乾道至正思想发展到乾道至宜思想,继
续推演进入乾道至顺的思想内容。乾道至顺即是说乾道广大周全,至于物
上无所不顺,至于人身无所不顺,公正无私。"顺"是乾道之德,人顺天而
化,实现公平公正。《系辞》说:"天之所助者顺也,人之所助者信也。履信
思乎顺,又以尚贤也,是以'自天佑之,吉无不利'也。"船山释曰:"'顺'者
顺乎理。'信',循物无违也","天助之,则理得而事宜,吉无不利矣"。② 天
道至顺,使事物得其宜,公正无私。"顺"即是指成就事情,与事情进展达到
合宜。古圣先贤一直以来都强调顺应天道,《易》说:"夫大人者,与天地合

---

① 《读四书大全说》,《船山全书》(第六册),岳麓书社 2011 年版,第 892 页。
② 《周易内传》,《船山全书》(第一册),岳麓书社 2011 年版,第 565 页。

其德,与日月合其明,与四时合其序,与鬼神合其吉凶,先天而天弗违,后天而奉天时。"①孔颖达疏:"天地以顺动,故日月不过,而四时不忒。圣人以顺动,则刑罚清而民服,豫之时义大矣哉!"②大人的特性是善于顺应天道,顺应天地之德,顺应日月之明,顺应四时之序,顺应鬼神吉凶,天道本身具有"顺"的特征,天地顺而动,没有私自运行和逆行。董仲舒曰:"元者,始也,言本正也。道,王道也。王者,人之始也。王正则元气和顺、风雨时、景星见、黄龙下。王不正则上变天,贼气并见。"③王道合于天道元正,王道正,则天下和顺。船山认为天道本身就是"顺","举凡天化物情,运行而不挠者,皆阳气上舒;其运焉而即动,嘘焉而即灵,无所不效以成能者,皆阴性之固然。乾纯乎阳,坤纯乎阴,健顺之至矣。健顺至,而险阻无不可知矣。危而难于行者曰'险',滞而不通者曰'阻'。阳气上舒,极天下之殊情异质,而皆有以动之,则出入于'险',而周知其故。阴壹于顺,则虽凝为重浊,有所窒碍,而或翕或辟,承天时行,以不滞于阻,而自知其通。"④船山认为天道本身就是健顺之道,阴阳运行而顺达,成就事情,达成功效,因此顺应天道没有险阻,实现通达,健顺相济实现公正。"顺"也指成就了事情,阴阳相济使事情得以成功,以乾道看,这实现了公正。因此,"顺"不是一物之顺、一事之顺,而是一世界之顺,一天下之顺,广大和周全之顺,公正不限于偏执,天下之周全,天道阴阳的调济使世界顺畅。

　　王船山的乾道至顺思想归依于公正思想的哲学形而上学建构。《周易》说:"昔者圣人之作《易》也,将以顺性命之理。是以立天之道曰阴与阳,立地之道曰柔与刚,立人之道曰仁与义。兼三才而两之,故《易》六画而成卦。"⑤"顺"是易道、乾道的形而上学基础。阴阳互动、刚柔相济、仁义相成,使世界顺畅公正。"顺"是乾道和易道的法则,依此法则人处事才有所参照。人尽管有主体性,但终究以天为大,以天为依靠,人始终在天地之中生存发展,顺天休命,天具有"顺"的质性,人也须顺应天道而顺人顺事,最终是顺天。船山说:"天之化裁人,终古而不测其妙;人之裁成天,终古而不代其工。天降之衷,人修之道:在天有阴阳,在人有仁义;在天有五辰,在人有五官;形异质离,不可强而合焉。所谓肖子者,安能父步亦步,父趋亦趋哉?父与子异形离质,而所继者惟志。天与人异形离质,而所继者惟道也。

---

① 阮元:《上经·乾》,《周易正义》,《十三经注疏》,中华书局1980年版,第17页。
② 阮元:《周易·上经·豫》,《周易正义》,《十三经注疏》,中华书局1980年版,第31页。
③ 苏舆著,钟哲点校:《王道》卷四,《春秋繁露义证》,中华书局1992年版,第100—101页。
④ 《周易内传》,《船山全书》(第一册),岳麓书社2011年版,第614页。
⑤ 《说卦》,《周易正义》,《十三经注疏》,中华书局1980年版,第93—94页。

天之聪明则无极矣,天之明威则无常矣。从其无极而步趋之,是夸父之逐
日,徒劳而速毙也。从其无常而步趋之,是刻舷之求剑,憪不知其已移
也。"①船山将天道、乾道视为人、万物的形而上学根源,人是乾道、天道的化
生之物,天道有"妙""工""明""威",人只有依顺于天道、乾道才能存在和
发展。因为天有顺畅达到公正的特性,人就要有仁义公正。天有安顺的特
性,人也要效天而安民。《礼记》说:《曲礼》曰:"毋不敬,俨若思,安定辞,安
民哉!"船山对此章句:"循事察理,必得其安,而后定之以为辞说,言而信诸
心也。此三者未及于安民之事,而以此自治而临人,则天下之理得而情亦可
通矣。于以安民,奚难哉!'民'者,人之尽辞。此言君子行礼反躬自尽之
学。"②天道有"安","安"即是"顺",天能安民,君子治人也要以"安"为要
义,达到公正。"安"在《说文解字》指"静"③的意思,有两层含义:一是生存
安定,有基本的物质生活保障;二是心灵安定,有基本的精神愉悦和慰藉。
这两个方面得到保障,民众才能实现安定,实现基本的公正。天道安民,在
形而上学上具有理论公正的性质。《礼记》云:"故政者君之所以藏身也。
是故夫政必本于天,殽以降命。"船山章句:"'本'者,本其道。'殽'者,效
其法。'降命'者,播而旁及于鬼神之等,因以定人神之秩叙也。承上文而
言礼所以治政安君,故政之所自立,必原于礼之所自生。礼本于天,殽于地,
列于鬼神,莫不有自然之理,而高卑奠位,秩叙章焉。得其理以顺其序,则鬼
神以之傧,制度以之考,仁义以之别矣。"④国家政治的依据是天道之顺:一
是顺天道"顺"的本性;二是顺天道"顺"的本质;三是顺天道"顺"的秩序。
礼本来是来源于天道而形成的人的秩序,人受命于天而治国安民,礼是承载
天道"顺"的特点而在人类社会得到的响应,人承天之顺而有礼,天顺则人
顺,天公正则人也要公正。

王船山认为道法的总根源是天:"法先王者以道,法其法,有拂道者矣;
法其名,并非其法矣。道者因天,法者因人,名者因物。道者生于心,法者生
于事,名者生于言。言者,南北殊地,古今殊时,质文殊尚:各以其言言道、言
法,道法苟同,言虽殊,其归一也。"⑤先王之道来源于天,因道而制定法规,
归根结底道法是顺应乾道而生成的,"归一"就是指归根于天。

王船山公正思想在形而上学的基础上建构了天道公正的本体论,公正

① 《尚书引义》,《船山全书》(第二册),岳麓书社 2011 年版,第 270 页。
② 《礼记章句》,《船山全书》(第四册),岳麓书社 2011 年版,第 12 页。
③ 许慎:《说文解字》,中华书局 1963 年版,第 150 页。
④ 《礼记章句》,《船山全书》(第四册),岳麓书社 2011 年版,第 553—554 页。
⑤ 《读通鉴论》,《船山全书》(第十册),岳麓书社 2011 年版,第 667 页。

来源于大道顺畅的性质,人效法于天道而不违背"顺"的本性。船山认为易道既是乾道也是天道,易道内涵也有指"不易":"可以行之千年而不易,人也,即天也,天视自我民视者也。民有流俗之淫与偷而相沿者矣,人也,非天也,其相沿也,不可卒革,然而未有能千年而不易者也。天不可知,知之以理,流俗相沿,心至于乱,拂于理则违于天,必革之而后安,即数革之,而非以立异也。若夫无必然之理,非治乱之司,人之所习而安焉,则民视即天视矣,虽圣人弗与易矣。"①船山的意思是天道千年不易,指的是大的方面、广大的方面不会变化,但人道经常有变化,人道变化是因为顺应天道而相沿相革。天道顺应民心,总的宗旨不会更改,但是为了顺应民心,具体的措施会适时变化,即是说天道形而上学的原则不变,人顺应天道的措施会适时变化,公正的宗旨不变,但公正的具体措施会适时而变,变是为了"顺"而变,不变的大道原则是为了公正,变的具体措施也是为公正。

王船山所说的"顺"既是天之"顺",即天的本性就是"顺",又是人之"顺",即人顺应了天之"顺",顺天之所顺是指顺势、顺理。船山说:"极重之势,其末必轻,轻则反之也易,此势之必然者也。顺必然之势者,理也;理之自然者,天也。君子顺乎理而善因乎天;人固不可与天争,久矣。天未然而争之,其害易见;天将然而犹与之争,其害难知。争天以求盈,虽理之所可,而必过乎其数。过乎理之数,则又处于极重之势而渐以向轻。君子审乎重以向轻者之必渐以消也,为天下乐循之以不言而辨,不动而成,使天下各得其所,嶷然以永定而不可复乱。夫天之将然矣,而犹作气以愤兴,若旦夕之不容待,何为者邪?古之人知此也,故生民涂炭之极,察其数之将消,居贞以俟,徐起而顺众志以图成。汤之革夏,武、周之胜殷,率此道也。况其非革命改制之时乎!"②船山在这里表达了"居贞"的道理,"居贞"就是把持公正。公正是天道之理和大势,人顺应天道的理与势是必然的选择,不顺应天道的理与势必然遭受祸害。"居贞"即是顺应天道理势,为民请命,公正无邪,使天下的人、物各得其所,和得应得,达到基本公正。古代先王能够"居贞",顺应天道理势,故能顺时而变,实现公平公正。

总之,王船山的乾道至顺思想是乾道大公至正思想的重要内容,乾道至顺思想说明乾道本身具有"顺"的特质,乾道的"顺"体现为乾道广大周全,至于物上无不顺畅,至于人上无不顺成,公正无私。"顺"的公正是"利"的公正,利物和利人,顺是乾道之德,天顺人而动,实现公平公正。乾道的

---

① 《读通鉴论》,《船山全书》(第十册),岳麓书社 2011 年版,第 697 页。
② 《宋论》,《船山全书》(第十一册),岳麓书社 2011 年版,第 177—178 页。

"顺"使物得以生成,使人得以成事,使天下得以安定,使民得以心服。既然天有"顺"的特质,人也应顺应天道,顺势和顺理,大公无私。

综上所述,王船山的乾道大公至正思想包括乾道至正、乾道至宜、乾道至顺三个部分,分别说明了乾道的三个方面:大的公正,属于元的公正,乾道元正;宜的公正,属于合的公正,乾道合正;顺的公正,属于利的公正,顺物顺人。船山论述乾道的大、宜、顺是要说明公正思想源自乾道之元,本原公正无私,大的公正是元善论,宜的公正是通善论,利的公正是和善论,至此乾道元善的形而上学公正论建构起来。

## 第二节　天理大道公正

乾道大公至正论是以乾道为中心建构的公正理论,重点在于乾初始发用上的元善功能建构。为了建构完整公正思想的道德形而上学,王船山也在天理公正论上进行形而上学理论的构思。乾是万物始基,"乾"有"道",人掌握了乾道即是得其理。乾道公正,天理则也是公正的。船山说:"顺必然之势者,理也;理之自然者,天也。君子顺乎理而善因乎天。"①意思是说理是人得到天的势而成的理,理是乾道的固然之势,人掌握了乾道之势即是理在心中。船山的天理公正论主要以天理大道公正为宗旨,即是说天道以大道为公,公平公正。天理大道公正主要从天理至诚、天理至公和天理至和三个方面展开。具体图示如下:

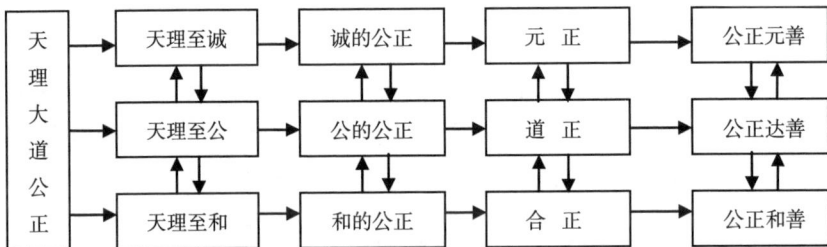

**天理大道公正逻辑架构图示**

王船山的天理公正论展示了天理的诚、公、和三个方面,即是说天理的公正包括:"诚"的公正,属于元的公正;"公"的公正,属于道的公正;"和"的公正,属于合的公正。船山论述天理的"诚""公""和"三本性是要说明公正思想源自天理之元善,"诚"的公正是元善论,"公"的公正是道善论,

---

① 《宋论》,《船山全书》(第十一册),岳麓书社2011年版,第177页。

"和"的公正是和善论。诚是本原的本性,由本原的"诚"而生发为"公""和"的性质。"公"由"诚"派生,因"诚"而"公","和"由"公"而成,因"公"致"和"。"诚"是元的本性,"公"是质的本性,"和"是合的本性。

## 一、天 理 至 诚

王船山以"诚"论述天理,认为天理具有"诚"的本性,诚即是公正。船山传承了孟子和朱熹的关于天道诚和天理诚的观点,认为天理的"诚"是公正无私的。天理因为有"诚"本性,所以公正无私。"诚"的内涵是指本性真实的性质,没有欺骗和私心,人道则体贴天理之"诚"而达到公正。船山以天理诚的思想建构了人道诚的公正论。

"诚"范畴一直是古圣先贤言说达意的重要范畴,《周易》的《文言》中说"闲邪存其诚""修辞立其诚"①,"诚"是指客观实际,没有偏离。《说文解字》说:"诚,信也。从言成声。"②意思是说内外合一、言行合一,与实际相合,可称为"诚"。对"诚"范畴进行天理化的要数孟子最为精致,"是故诚者,天之道也;思诚者,人之道也"。朱熹集注:"诚者,理之在我者皆实而无伪,天道之本然也;思诚者,欲此理之在我者皆实而无伪,人道之当然也。"③"诚"本来就是天的本有之性。《中庸》说:"诚者,天之道也。"朱熹注释说:"诚者,真实无妄之谓,天理之本然也。"④朱熹的意思与孟子观点相一致,天道真实无欺就是"诚",所以诚是天道。《中庸》说:"诚者自成也,而道自道也。"朱熹注释说:"言诚者物之所以自成,而道者人之所当自行也。诚以心言,本也;道以理言,用也。"⑤诚是天道,有诚即是天理。朱熹说:"诚者,真实无妄之谓。阴阳合散,无非实者。"⑥从先秦子学到宋明理学,"诚"被视为真实无欺和公正无邪的意思。南宋陈淳注释"诚":"天理流行,自古及今,无一毫之妄。暑往则寒来,日往则月来,春生了便夏长,秋杀了便冬藏,元亨利贞,始终循环,万古常如此,皆是真实道理为之主宰。"⑦清代戴震注释"诚":"诚,实也。"⑧理学家们对诚的体贴基本一致,都是以天理真实为宗旨。

---

①　阮元:《周易·上经·乾》,《周易正义》,《十三经注疏》,中华书局1980年版,第15页。
②　许慎:《说文解字》,中华书局1963年版,第52页。
③　朱熹:《孟子·离娄上》,《四书章句集注》,中华书局1983年版,第282页。
④　朱熹:《中庸章句》,《四书章句集注》,中华书局1983年版,第31页。
⑤　朱熹:《中庸章句》,《四书章句集注》,中华书局1983年版,第33—34页。
⑥　朱熹:《中庸章句》,《四书章句集注》,中华书局1983年版,第25页。
⑦　陈淳:《诚》,《北溪字义》,中华书局1983年版,第33页。
⑧　戴震:《诚》,《孟子字义疏证》,中华书局1961年版,第50页。

　　王船山继承了先秦儒家孟子"诚"和朱子理学"诚"的观点,认为"诚"是天理的本性,是真实无妄的意思。正因为"诚"的真实无妄,天理则大公无私。他对朱熹《孟子集注》的"诚"进行训义说:"天人同于一原,而物我合于一心者,其惟诚乎! 实有是物,则实有处是物之事;实有此事,则实有成此事之理;实有此理,则实有明此理行此理之心。知有所不至则不诚;行有所不尽则不诚;以私意参之,但致其偏而失其全则不诚;以私欲间之,虽得其迹而非其真则不诚。凡此皆弃其性之所固有,人乃背天,而亦无以感而通乎物矣。"①船山认为天人同出一原之"诚",有"诚"则公正无私,没有私意则不会偏离,"诚"是天理固有本性,以诚行事,则能使通达成事,感而遂通万物。人的本性来源于天,天有诚的本性,人也应遵守天理诚性,才能实现通达,公正无私才能取得成功,天理之诚即是公正无私,以诚行事则可以成功。以诚实现通达、成功就是船山所说的"贞胜":"易曰:'天下之动,贞胜者也。'贞胜者,胜以贞也。天下有大贞三:诸夏内而夷狄外也,君子进而小人退也,男位乎外而女位乎内也。各以其类为辨,而相为治,则居正以治彼之不正,而贞胜矣。若其所治者贞,而所以治者非贞也,资于不正,以求物正;萧望之于恭、显,刘琨之于聪、勒,陈蕃之于宦寺,不胜而祸不旋踵;小胜而大不胜,终以灾及其身,祸延于国。故君子与其不贞而胜也,宁不胜而固保其贞。"②"贞"即是"正","诚"即是"真","真"即是无伪,大公无私,以诚行事,感而遂通,实现成功。因此,"贞胜"即是"诚胜","贞"是乾道的发展,"诚"是天道、天理的本性,都达到成功,原因是"贞"和"诚"都是"正",公正无私。船山说:"乃诚身则抑有道矣。夫一于善、无不善之谓诚,以实心行实理之谓善。顾必知善之所在而辨之极明、察之极当,然后无不善者以杂之,即无不诚者以间之也。如择之未精而不明乎善,则得其迹而非真,得其偏而不全,而实理有所亏,不诚乎身矣。是故学问思辨之事起而有功,亦要以诚吾身而已矣。由此观之,君子之全学归于一诚之克尽,而天下之心理皆于一诚而各得,则即是而可知其故矣。"③船山明确了"诚"是天理,诚是善的总根源,天理之诚是周全无偏、真实无妄的,人只有体贴天理之诚,才能达到善,无诚则不可能达到善,愿望也不可能实现。船山在此将"诚"与"善"结合起来,"诚"是真实无偏,是公正的开始,善是公正的目标,因为要至善所以要公正,公正之善与公正之诚实现统一,公正元善论通过"诚"思想补充

　　① 《四书训义》,《船山全书》(第八册),岳麓书社 2011 年版,第 447 页。
　　② 《宋论》,《船山全书》(第十一册),岳麓书社 2011 年版,第 182—183 页。
　　③ 《四书训义》,《船山全书》(第八册),岳麓书社 2011 年版,第 448—449 页。

得以丰富。

"诚"是真实无伪的意思，说明"诚"不假私，是"直"，《礼记》云："疑事毋质，直而勿有。"船山章句："'质'，证也。事之然否曲直未明见而信诸心，毋质证以为固然。其直者虽可自信，抑勿挟而有之以与人竞。能此，则私意不行而天理见矣。"①"直"是指没有私意，直而无私，类似于诚实无伪，公正无私则是天理的本性。船山说："人之有是实理于身而不容有丝毫之或昧者，何也？唯天以健顺五常、一真无妄之理笃生于人，而成之为性，此即天之所以为天，而行其命人之道者也。乃人既受此道以有生，则形开神发，而此理必著之几，即成乎耳目心思之用。于是以之择善而即有其知，以之固执而即有其能，而以尽乎诚之之事，此人之所以能然，而即为当然之路，人之道也。然则天人同此一诚，而天下其有能违乎？"②船山认为天人同出于"诚"，天人一原，在本原上没有丝毫偏私。船山所说的"不容有丝毫或昧"即是"明德"，天理有"明德"，人则有真实无妄之性，人秉承天之"明德"之性而虚灵不昧，天理至诚，人虚灵不昧。"明德"之性就是"诚"，人秉承天理，公正无私。船山对"明明德"进行释义说："其以外观于事物，内尽其修能，将以何为也？盖以明明德也。人之所得于天者德也，而其虚而无欲，灵而通理，有恒而不昧者则明德也，但形气累之，物欲蔽之，而或致失其本明。大学之道，则所以复吾性具知之理，以晓然于善而远于恶，而勿使有所累、有所蔽也。"③天人同出于"诚"，虚灵不昧，天理至诚，人有明德。因为天理自诚而明，人则恢复诚善的本性。船山的"天人一原""天人同诚"思想为天道公正论的建构奠定了关键的思想基础。

王船山的天理至诚理论是其天理大道公正的哲学基础，天理有诚性，人则有明德，天理至诚，人则虚灵不昧，人秉承天理的诚而实现无私无欲，通达天理，必然实现公正无私。天理至诚思想在天理大道公正思想中解决的是元善论的问题，公正思想的本原是"诚"，属于公正思想的元伦理学建构。

## 二、天 理 至 公

王船山天理至诚的思想阐明了诚的真实无妄、大公无私，说明天理具有"公"的质性，"诚"内涵向"公"的方向递进是必然的思维逻辑。"公"是无私的意思，"诚"的真实无欺之意与"公"的无私之意相近，由"诚"到"公"的

① 《礼记章句》，《船山全书》（第四册），岳麓书社2011年版，第14页。
② 《四书训义》，《船山全书》（第八册），岳麓书社2011年版，第449页。
③ 《四书训义》，《船山全书》（第七册），岳麓书社2011年版，第44页。

思维发展是必然逻辑。许慎《说文解字》说:"公,平分也。"①《白虎通义》说:"公者,通也。正无私之意也。"②天理至诚,充分考虑了万事万物和人的客观需求,择善而从,周遍万物,这是天下共理和公理。朱熹说:"道者,古今共由之理,如父之慈,子之孝,君仁,臣忠,是一个公共底道理。德,便是得此道于身,则为君必仁,为臣必忠之类,皆是自有得于己,方解恁地。尧所以修此道而成尧之德,舜所以修此道而成舜之德,自天地以先,羲黄以降,都即是这一个道理,亘古今未常有异,只是代代有一个人出来做主。"③天下公理就是天理,天理即是天之德,天理周全万物,天下共生共存。子夏问:"三王之德,参于天地,敢问:何如斯可谓参于天地矣?"孔子说:"奉三无私以劳天下。"子夏问:"敢问何谓三无私?"孔子说:"天无私覆,地无私载,日月无私照。奉斯三者以劳天下,此之谓三无私。"④天地有"诚",人参考天地的诚即是"公",公正无私源自天理之"诚"。朱熹说:"公不可谓之仁,但公而无私便是仁。"还说:"谓私欲去后,仁之体见,则可;谓私欲去后便为仁,则不可。譬如日月之光,云雾蔽之,固是不见。若谓云雾去,则便指为日月,亦不可。如水亦然。沙石杂之,固非水之本然。然沙石去后,自有所谓水者,不可便谓无沙无石为水也。"⑤"诚"即是"善","善"又是"仁","仁"的体现即是"公"。船山说:"故特患诚之不至耳。若其由勉然之择执,而知之无不明,守之无不固,行之无不尽,则人皆受此理于天而心不容昧,由亲、民、君、友而遍乎天下,不感动以生其相孚相信之心而因以变化者,未之有也。如其择之不精,执之不一,私意参之,私欲蔽之,则虽托仁义之迹,以求人情之应,而不以实心感者不足以触发乎天下之心,不以实理施者不可以类通乎天下之理,未有能动者也。至哉诚乎!人以此合天,而我以此化物。"⑥船山认为人如果对天理之诚没有体贴到位便有私意和私欲,如果能够明德至诚则是公正,通过"诚"而周遍天下,择善而从,公正无私。人诚与天诚相合,则类通天下,德化天下。这里王船山凸显了诚达公正的思想。陈淳注释人道诚:"就人论,则只是这道理流行付予人,自然发见出来底。"⑦人道诚是对天道诚的自然流行和运用。

---

① 许慎:《说文解字》,中华书局 1963 年版,第 28 页。
② 陈立著,吴则虞校:《白虎通义·爵》,《白虎通义疏证》,中华书局 1994 年版,第 7 页。
③ 黎靖德编:《朱子语类》,中华书局 1986 年版,第 231 页。
④ 阮元:《礼记·孔子闲居》,《礼记正义》,《十三经注疏》,中华书局 1980 年版,第 1617 页。
⑤ 黎靖德编:《朱子语类》,中华书局 1986 年版,第 117 页。
⑥ 《四书训义》,《船山全书》(第八册),岳麓书社 2011 年版,第 449 页。
⑦ 陈淳:《诚》,《北溪字义》,中华书局 1983 年版,第 33 页。

王船山认为以天下为公则是善,通过天下为达到公正。孟子曰:"子路,人告之以有过则喜。禹闻善言则拜。大舜有大焉,善与人同。舍己从人,乐取于人以为善。"朱熹解释:"善与人同,公天下之善而不为私也。"船山对此训义:"有过则喜于告,无过则无不自是之见,善有穷也;闻善而拜,未闻则且用己之善,善未公也。故皆能以物之善善己,而善终于己。舜于此其见善也广矣,其用善也弘矣,大无以加矣,盖善与人同者也。舜知善者,天下之公是也。"①以天下为公是诚,诚源自天理之诚,"公天下"不是私,是善,善是天下公正,善是人同此心、心同此理,大舜秉承天理诚,以善待天下,善与人同流,大公无私。船山将诚、公、善三者结合起来。说到底,"公"是"诚"是本性,秉承"诚"即可"公",船山深知此理。《礼记》说:"故人者,其天地之德,阴阳之交,鬼神之会,五行之秀气也。"船山章句:"仁义者,阴阳刚柔之理以起化者也,人道于是而立,以别于万物之生,是'天地之德'也。""神来而伸,于人息之,鬼屈而往,人之所消,则鬼神之往来于两间,人居其中,而为之际会。五行之气,用生万物,物莫不资之以生,人则皆具得其最神者。郑氏曰:'木神仁,火神礼,土神信,金神义,水神智',皆其气之秀者也。""人之有情皆性所发生之机,而性之所受则天地、阴阳、鬼神、五行之灵所降于形而充之以为用者,是人情天道从其原而言之,合一不间,而治人之情即以承天之道,固不得歧本末而二矣。"②人情以天道为依,人秉承天理、天道,仁义源自天理,人得天地灵秀之气而有仁义,治理人情依据天德,治理人情即是人的公正之事。船山传承了古圣先贤关于人是天地灵秀之气的观点,人既然是灵秀的化身,人必然有公正之气。

王船山认为公正是对人情的调适和调节,天理之公可以调节人情,实现公正。船山说:"盖学之未至者,天理之所著,自在天理上见功,不能在己私上得力。怒,情也,又情之不平者也。过则又不待言矣。情者,己也。情之不平者,尤己之不能大公者也。"③以人情去适应天理,而不是让天理去适应人情,在天理上见功夫则能得到公正,公正是对自我私欲的纠正,因此天理是大公至正。

王船山认为理是对道的体贴和遵守,有德之人必然守道达理:"夫道之与术,其大辨严矣。道者,得失之衡也;术者,祸福之测也。理者,道之所守也;数者,术之所窥也。《大易》即数以穷理,而得失审;小术托理以起数,而

---

①　《四书训义》,《船山全书》(第八册),岳麓书社 2011 年版,第 227 页。

②　《礼记章句》,《船山全书》(第四册),岳麓书社 2011 年版,第 561 页。

③　《读四书大全说》,《船山全书》(第六册),岳麓书社 2011 年版,第 669 页。

祸福淫。审于得失者,喻义之君子;淫于祝福者,喻利之小人。"①君子之所以是君子,是因为君子遵道而穷理,关注大道之理,不关注小计谋,因为天理至公,遵守大道必然成功,耍弄小计谋和违背天理必然失败。

王船山最终还是将天理"至公"作为天理的质性,天理之所以能"至公",是因为天理使万物各得其所,各得其所的性质说明天理使万物得其应得之所,得其应得之分,这体现为公正。船山说:"故至诚无息者,即万物各得之所;万物各得之所,即圣人自得之所。理唯公,故不待推;欲到大公处,亦不待推;而所与给万物之欲者,仍圣人所固有之情。"②万物各得其所是因为天理大公,天理大公则能给万物应得之欲,圣人通达天理,圣人之欲则是天理之欲,圣人之情也是天理之情,这一切都是因为天理至诚无息。因为有"诚"所以有"公",天理使万物各得公正。个人如果能体贴到天理公正,推己及人,则尽了天理:"盖以己察人之过者,是非之心,天理之正也。即奉此大公无私之天理以自治,则私己之心,净尽无余,亦可见矣。"③尽天理则尽了是非之心,天理公正,以天理把握是非,则去私至正。

实际上,在王船山那里何谓天理?船山的意思是天理无非是一种天下共有之心,即公心,也就是道心。人同此心,心同此理,天下所有人共同的心理即是共同的心性,共同的心性不是个人的一己之私,而是公正之心。船山认为共同的道心即是性相近。船山说:"性之善者,命之善也,命无不善也。命善故性善,则因命之善以言性之善可也。若夫性,则随质以分凝矣。一本万殊,而万殊不可复归于一。易曰'继之者善也',言命也;命者,天人之相继者也。'成之者性也',言质也;既成乎质,而性斯凝也。质中之命谓之性,亦不容以言命者言性也。故惟'性相近也'之言,为大公而至正也。"④船山的意思是《系辞》"一阴一阳之谓道,继之者善也,成之者性也"和孔子所说"性相近"中的"性"实质上都是指天理本公和天理本善,这是对人的公共道心的一种归纳,即是说人要平衡他我,照顾彼此的利益,不过犹不及,平衡欲望,不要有过分的私欲,大公至正,这就是天理。无论是天理之诚、公、正,实质上都是共同的道心,即公共之心。

王船山的"天理至公"思想也是其天理大道公正论的哲学基础,天理有诚性,有诚性则让人得其应得,参照天地法则,各得其所,平衡物我。人秉承天理的诚而实现无私无欲,通达天理,必然实现公正无私。"天理至公"思

---

① 《宋论》,《船山全书》(第十一册),岳麓书社 2011 年版,第 301 页。
② 《读四书大全说》,《船山全书》(第六册),岳麓书社 2011 年版,第 640 页。
③ 《读四书大全说》,《船山全书》(第六册),岳麓书社 2011 年版,第 671 页。
④ 《读四书大全说》,《船山全书》(第六册),岳麓书社 2011 年版,第 864 页。

想在天理人道公正思想中解决的是质性问题,即是说天理本质上是周全公正的,既然天理本公达善,人也应效仿天理至公道理实现公正。公正思想的本质是"公",属于公正思想的元伦理学建构。

### 三、天　理　至　和

王船山天理至公的思维继续向前推进,进入天理至和的内容,因"诚"至"公",因"公"至"和",层层推进。天理元善是"诚",天理达善是"公",实现公正之义则是"和"。"义无不和"是儒家的思想宗旨,船山公正思想运用了这一宗旨。"博爱之谓仁,行而宜之之谓义,由是而之焉之谓道,足乎己无待于外之谓德。仁与义为定名,道与德为虚位。"①"义"是对"仁"的施行,义的施行要达到"和"。天理也具有"和"的性质,"和"以实现公正。船山说:"以圣人之德拟之,自诚而明者,察事物之所宜,一几甫动,终始不爽,自稚迄老,随时各当,变而不失其正,益万物而物不知,与天之并育并行,成两间之大用,而无非太和之天钧所运者,同一利贞也。"②船山的意思是表面看起来万物运行不爽快,但是物无不当,各得其正,这是由于天道太和的缘故,"和"则"利""贞",无"和"不能相利,天理至和,则相利和相生,公平公正。和以至当,各得其所,相容相利,共同发展。只求偏私则不和,利己则损彼,不可能达到公正,天理之和是公正的总原则。船山说:"仁、义、礼、信,推行于万事万物,无不大亨而利正,然皆德之散见者,《中庸》所谓'小德'也。所以行此四德,仁无不体,礼无不合,义无不和,信无不固,则存乎自强不息之乾,以扩私去利,研精致密,统于清刚太和之心理,《中庸》所谓'大德'也。四德尽万善,而所以行之者一也,乾也。故曰'乾元亨利贞',唯乾而后大亨至正以无不利也。"③船山认为乾道能元、亨、利、贞,大公至正,其原因之一就是有义有和而致,"和"才能互相得利,"和"才能兼容相利,扩私去利,让天下人都能得到其应得之利,公正公平。乾道有大德,体悟天理乾道大德,和以相利,均衡发展。大亨至正则是和以相利,公正发展。因此,"义无不和"是公正的实施原则,天理至公需要天理至和,"和"以至于"公"。船山说:"《易》因天道以治人事,学之以定其所守,而有事于筮,则占其时位之所宜,以慎于得失,而不忘忧虞,则进退动静一依于理,而'自天佑之,吉无不利'矣。天者,理而已矣,得理则得天矣。比干虽死,自不与飞

---

① 韩愈著,屈守元、常思春主编:《原道》,《韩愈全集校注》,四川大学出版社1996年版,第2662页。
② 《周易内传》,《船山全书》(第一册),岳麓书社2011年版,第53页。
③ 《周易内传》,《船山全书》(第一册),岳麓书社2011年版,第59页。

廉、恶来同戮;夷齐虽饿,自不与顽民同迁:皆天所佑而无不利也。利者,义之和也。"①天理是指人体悟、得到了天之道理而在观念中形成的天理,天理兼容相利,义无不和,彼此利益互相照顾,则是和而得利。义无不和,吉无不利,都是天理的性质,以天理行事,必然达到目标,以和行事必然成功,"和"是调节性的公正原则,"和"是天理。"盈天下只是个中,更无东西南北。盈目前只是个中,更无前后左右。河图中宫十、五,已括尽一、六、二、七、三、八、四、九在内。帝王用之,大而大宜,小而小宜,精而精宜,粗而粗宜;贤者亦做不到,不肖者亦做不到;知者亦知不彻,愚者亦知不彻;参天地,质鬼神,继前王,俟后圣,恰恰好好,天理纯至,而无毫发之间缺,使私意私欲得以相参用事而不足于大公至正之天则。故曰'皇极',曰'至善',胥此中也。不及者自画于半涂,而过者岂能越之! 非圣人之独为其难,以理本应尔,更无过、不及旁开之辙迹也。"②船山所说的"中"即是"和","和"不是偏执和偏向,"和"没有绝对界限,大也可大,小也可小,关键是适合、适宜。帝王、贤者、圣人都不可做到绝对的均一齐平;天理纯正,但现实也不可能没有一点残缺,公正只能做到"中","中""和"而达到公正。船山在这里说到公正的边界没有绝对性和确定性,说明公正也是相对的,是现实的公正,不是抽象的公正。过于强调公正的绝对性必然导致不公正,过犹不及都不是公正的本义,因此以"和"至正才能实现公正。

　　天理之"和"为何能达到公正? 原因是天理用"和"而使万物不相悖害,周全万物,万物共存共生,公正公平。《中庸》说:"中也者,天下之大本也;和也者,天下之达道也。致中和,天地位焉,万物育焉。"朱熹章句:"大本者,天命之性,天下之理皆由此出,道之体也。达道者,循性之谓,天下古今之所共由,道之用也。自戒惧而约之,以至于至静之中无少偏适不然,则极其和而万物育矣。盖天地万物,本吾一体,吾之心正,则天地之心亦正矣;吾之气顺,则天地之气亦顺矣,故其效验至于如此。"③"中"与"和"即是使万物得其应有之位,得其应得之利。船山对朱熹《中庸章句》进行训义:"'中也者,天下之大本也。'天下之事理苟非至性之所固有,则随感以迁,非其过也,即其不及也。惟性有当然之则,故可以生天下之动,而作其一定不易之经,是礼乐刑政之原也,而性之为功亦大矣。'和也者,天下之达道也。'天下之应感苟非至情之所本安,则非物所宜,同而相与流也,异而相与忤也。

---

①　《周易内传》,《船山全书》(第一册),岳麓书社 2011 年版,第 516 页。

②　《读四书大全说》,《船山全书》(第六册),岳麓书社 2011 年版,第 892 页。

③　朱熹:《中庸》,《四书章句集注》,中华书局 1983 年版,第 18 页。

惟性情有人顺之美,故可以利天下之用,而成乎无往不适之宜,是人伦物理之归也,而性之为功于情者亦盛矣。"①船山认为天下事物、事理都有其本原的原因,人生、社会、政治都以此为依据,这就是天命所赋予的本性,本性源自天理,天理使万物致中致和,合适得当。天理使万物达和,不过犹不及,大顺大美,万物相利并行而不相害,和以相利。船山所说的"当然之则"就是天理,天理使万物"致中和",天理有"中和"的功能。正因为"中和",事物才相互得利而发展,相利相生则体现了公正的原则,因为有"中和"则没有偏私,互惠互利。船山说:"吾之心正,而天地之心可得而正也。以之秩百神而神受职,以之燮阴阳、奠水土而阴阳不忒、水土咸平焉,天地位矣。何也? 吾之性本受之于天,则天地亦此理也,而功化岂有异乎? 吾之气顺,而万物之气可得而顺也。以之养民而泽遍远迩,以之蕃草木、驯鸟兽而仁及草木、恩施禽兽焉,万物育矣。何也? 吾之情本因天地生物之情而以成物之性,则万物有是情也,吾性原有是情也,而功化岂有憾乎? 然则吾性之大中即天地之正理,故尽其情而德建乎天地;吾情之至和为万物之托命,故慎其情而德行乎万物。"②船山说天理致中和而至正,人情也致中和而至正。人情物理源自天理。为何人心公正则天地之心公正呢? 这是依人建极的需要。因为人心期求公正,就能建构天理公正的思想,类似于张载的"为天地立心"学说。人性的根源在天理,则人情依据天理之公正而调节人情。天理大中至正,则人性也大中至正,人性大中至正则人情的调适依据人性。中和之理本自天理而推行至万物。因此"中和"本自天理,天理中和而万物、人情都趋向公正。船山为了建构人道公正思想,以人立天,依人建极,以人思天,然后再以天立人,完成理论的循环。"道行于乾坤之全,而其用必以人为依。不依乎人者,人不得而用之,则耳目所穷,功效亦废,其道可知而不必知。圣人之所以依人而建极也。"③船山建构天理公正思想目的是建构人道公正的思想。依此而论,为了达到社会公正的目标,王船山继承了古圣先贤的天理"中"思想,以天理"中和"建构人道"中和",推行社会公正。

王船山的天理至和思想也是其天理大道公正思想的哲学基础,天理致中和,"和"则使人、万物得其应得之利,天地有和,则相利相生,不相悖害,各得其所,平衡物我,相容相利。物不独生,人不独成,秉承天理的和而实现扩利去私,通达天理,必然实现公正无私。天理至和思想在天理大道公正思

① 《四书训义》,《船山全书》(第七册),岳麓书社 2011 年版,第 108 页。
② 《四书训义》,《船山全书》(第七册),岳麓书社 2011 年版,第 108—109 页。
③ 《周易外传》,《船山全书》(第一册),岳麓书社 2011 年版,第 850 页。

想中解决的是"合"的问题,即是说天理是周全公正的,并不是一味地排他性质,达到公正。公正思想的原则是"和",属于公正思想的和善伦理学。

## 第三节　天道大善至正

王船山天道公正思想通过乾道大公至正、天理大道至正进入更高的天地大善至正的层次,即是说由天道大公、天道大理进入天地大善的层次,其逻辑思维是公、理、善三梯次上升递进,由初始内容进入实质的阶段。天道公正思想的建构目标是建构本原上的善,即"应当"和"应该"的善,"应该"的善建构完成,公正的元伦理学思想就完成了"善"的总原则。船山的天道公正论以善的最终建构为总目标,天道善是公正的总根源,因为有了天道善,公正就成了"应当"和"应该"之理,由于善的应当性就要催生人道公正。船山天道公正论由天道大公、天理至正向天地大善上的迈进,使善的建构得以完成。船山天地大善至正思想从天地纯善至正、天地美善至正和天地和善至正三个方面展开。具体的逻辑展示如图示:

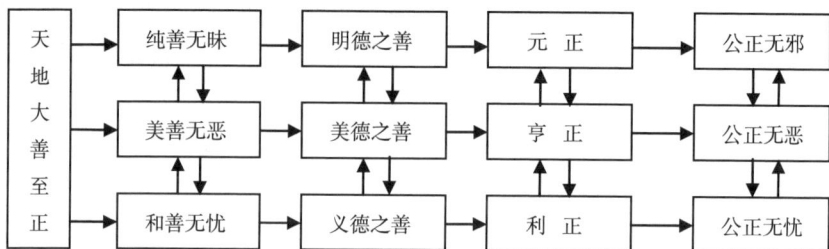

天地大善至正逻辑架构图示

王船山的天地大善公正论展示了天地的纯、美、和三个善的思想,即是说天地大善的公正包括:纯的公正,属于元的公正;美的公正,属于发展的公正;和的公正,属于合的公正。船山论述天地的纯善、美善、和善三个善是要说明公正思想源自天地之元善,纯的公正是"元"善论,美的公正是"亨"善论,"和"的公正是"利"善论。纯善是原初的本善,由原初的"纯善"而生发"美善"和"和善"。"美善"由"纯善"派生,因"纯善"而"美善",因"美善"而"和善"。"美善"是通的本性,"和善"是调适合宜的本性。

## 一、纯善无昧

王船山公正思想的建构需要元善思想推动公正的发生,元善是本原之善,本原之善推动社会公正之善的发生,即是说公正从何而来、为何需要公止,原因在于大地本善之性、本原之德,而使公正得以催生。《说文解字》说:"善,吉也。从言从羊,此与义、美同意。"①羊是温顺的动物,其特点是柔顺与软弱,因此善的意思是吉祥柔顺,不与其他事物发生冲突,"善"的内涵有"好""顺""美"的意义,表示事物之所当然之理。船山提出了天道纯善思想,目的是解决公正的善原问题。船山解释"一阴一阳之谓道,继之者善也,成之者性也"说:"道统天地人物,善、性则专就人而言也。一阴一阳之谓道,天地之自为体,人与万物之所受命,莫不然也。而在天者即为理,不必其分剂之宜;在物者乘大化之偶然,而不能遇分剂之适得;则合一阴一阳之美以首出万物而灵焉者,人也。'继'者,天人相接续之际,命之流行于人者也。其合也有伦,其分也有理,仁智不可为之名,而实其所自生。在阳而为象为气者,足以通天下之志而无不知,在阴而为形为精者,足以成天下之务而无不能,斯其纯善而无恶者。孟子曰:'人无有不善',就其继者而言也。"②船山说天道本性纯善无恶,人因天而生,继承天地本性,在人性上也是本善之性。本善和本德在古圣先贤那里都是"明德",明德纯善,因为明德纯善,社会依据明德建构公正社会。"明德"在《大学》中得以明确表述:"大学之道,在明明德,在亲民,在止于至善。"③船山对"明德"内涵的核心解释是"天德"和本性,明德是圣明之德性,即是说"明德"是天之德和本原之性。"其以外观于事物,内尽其修能,将以何为也?盖以明明德也。人之所得于天者德也,而其虚而无欲,灵而通理,有恒而不昧者则明德也,但形气累之,物欲蔽之,而或致失其本明。大学之道,则所以复吾性具知之理,以晓然于善而远于恶,而勿使有所累、有所蔽也。"④明德来源于天地本性,人得到天的本性即是"德",天德的本性是无欲的,符合众理,人得到天德即是清楚明白,即是虚灵不昧,因此称为"明德"。船山认为明德是人所得到的天的本性,这种本性本来是完全至善的,但由于现实物质欲望和社会名利的干扰,在人身上有可能体现为恶,人有可能失去其本来之明。但明德本身是完全至善的,即是说每个人的天性是至善的,后天的邪恶并不能否认本性之善。"盖德之明,民之新,善也。而德之明必全乎性之善,民之新必底于化之成,明新合一而极乎内圣外王之理者,则至善也。"⑤至善即达到天地本善之性。"明德"之所以是"明",在于性之本善,大学之道就在于让受教育者

① 许慎:《说文解字》,中华书局1963年版,第58页。
② 《周易内传》,《船山全书》(第一册),岳麓书社2011年版,第526页。
③ 朱熹:《大学》,《四书章句集注》,中华书局1983年版,第3页。
④ 《四书训义》,《船山全书》(第七册),岳麓书社2011年版,第44页。
⑤ 《四书训义》,《船山全书》(第七册),岳麓书社2011年版,第44页。

明白人的本性是纯粹善的，即是"明明德"，这类似于康德所说的"纯粹理性"和"善良意志"。《大学》中的"明德"和康德的"纯粹理性"都具有普遍性意义，因为其本身都是至善的。康德说："我们终究被赋予了理性，作为实践能力，亦即作为一种能够给予意志以影响的能力，所以它的真正使命，并不是去产生完成其他意图的工具，而是去产生在其自身就是善良的意志。"①康德的"理性"本身指的是善良的本性，能够产生善良意志。康德说："善良意志，并不因它所促成的事物而善，并不因它期望的事物而善，也不因它善于达到预定的目标而善，而仅是由于意愿而善，它是自在的善。"②善良意志是自在的善，即本性为善，不受外界和后天影响。因此"明德"和"纯粹理性"有异曲同工之妙，船山对"明德"的训义完全符合这一思路，目的是恢复人的本善之性。为了达到这种善性，则要学习进步，格物致知，即是"新民"，明明德而新民的目标是"止于至善"，善即是明德灵光。

王船山对"明德"一词的"明"字作了重点解释。"明明德"有两个"明"字，"明德"之"明"当然说的是后一个"明"字，此一"明"是形容词，而不是前一个动词之"明"，意思是明亮和清纯、不昧和本善。船山说："乃其明德之学，无一理之不求明，无一念之不求审，无一事之不求当。"③意思是明德本身是明亮、审正和精当的。明德的这种性质是天的本性所致，这从《中庸》中可以得知，"天命之谓性，率性之谓道，修道之谓教"。④ 天命所赋予人本身的即是本性，本性在人身上体现则是天德，天德本身即明德。孟子说："人之所不学而能者，其良能也；所不虑而知者，其良知也。"⑤良知、良能就是明德，是人的本原之性。王阳明说："明德者，天命之性，灵昭不昧，而万理之所从出也。人之于其父也，而莫不知孝焉；于其兄也，而莫不知弟焉；于凡事物之感，莫不有自然之明焉；是其灵昭之在人心，亘万古而无不同，无或昧者也，是故谓之明德。"⑥明德就是天命本性，特征是灵昭不昧，王船山与孟子、王阳明的观点基本相同。船山曰："《康诰》曰：'克明德'。《大甲》曰：'顾误天之明命。'《帝典》曰：'克明峻德。'皆自明也。"⑦意思是说"明德"是天命所赋予，是天之明命，我受天所赋的明命，即是峻德，因此明德即

---

① 康德：《道德形而上学原理》，苗力田译，上海人民出版社 2002 年版，第 11 页。
② 康德：《道德形而上学原理》，苗力田译，上海人民出版社 2002 年版，第 9 页。
③ 《四书训义》，《船山全书》（第七册），岳麓书社 2011 年版，第 44 页。
④ 朱熹：《中庸》，《四书章句集注》，中华书局 1983 年版，第 17 页。
⑤ 朱熹：《孟子》，《四书章句集注》，中华书局 1983 年版，第 353 页。
⑥ 王阳明：《文录四》，《王阳明全集》，上海古籍出版社 1992 年版，第 250—251 页。
⑦ 朱熹：《大学》，《四书章句集注》，中华书局 1983 年版，第 4 页。

是大道善德,是本善之性。船山说:"缘'德'上着一'明'字,所以朱子直指为心,但此所谓心,包含极大,托体最先,与'正心'心字固别。性是二气五行妙合凝结以生底物事,此则合得停匀,结得清爽,终留不失,使人别于物之蒙昧者也。"①意思是说明德之"明"是清爽和灵昭,没有不精当的成分。船山认为"明德"范畴的内涵主要是天德和本善之性,这种本善之性是人心所固有,是天命所赋,是至善的,不管后天是否有恶,内心是明德而至善的,本性即是明德,明德是善,是本体,"'明德'只是体上明"②,意思是明德是本体,因为本体昭明,所以在致用时容易达到至善,这说明"明德"具有普遍意义。船山对"明德"作天德和本善之性的解释,其目的是让人恢复本善之性,因为船山所生活的时代是社会动荡、官场腐败、现实丑恶,原有社会道德在风雨中飘摇,他以"天下兴亡,匹夫有责"的责任感号召人们恢复本性良知,认清自身的"明德"之心,以达到新民至善。

朱熹对"明德"作了注释:"明德者,人之所得乎天,而虚灵不昧,以具众理而应万事者也。但为气禀所拘,人欲所蔽,则有时而昏;然其本体之明,则有未尝息者。故学者当因其所发而遂明之,以复其初也。"③船山对"虚灵不昧"作了解释,"朱子'心属火'之说,单举一脏,与肝脾肺肾分治者,其亦泥矣。此处说心,则五脏五官,四肢百骸,一切'虚灵不昧'底都在里面。'虚'者,本未有私欲之谓也。'灵'者,曲折洞达而咸善也。'不昧'有初终、表里二义:初之所得,终不昧之;于表有得,里亦不昧。只此三义,'明'字之旨已尽,切不可以光训'明'。"④船山对朱子的心做了更进一步的发展,重点在表里如一,而不只在表上。

总之,王船山的天地明德至善本性是纯善之性,是一切善的总根源,由于天地本性是天地的明德,人继承天地本善、纯善之性就有明德,人依据明德就可以达到公正。天地纯善明德思想为社会建构公正秩序提供了可能性,船山传承了古圣先贤的天地纯善明德思想,这为其公正思想奠定元善思想理论基础。

## 二、美 善 无 恶

王船山天道纯善思想建构完成后向天道美善思想上发展。天道纯善,具有明德的本原之性,说明天道本身具有"纯"和"元"的特性,天道纯善论

---

① 《读四书大全说》,《船山全书》(第六册),岳麓书社 2011 年版,第 396—397 页。
② 《读四书大全说》,《船山全书》(第六册),岳麓书社 2011 年版,第 398 页。
③ 朱熹:《大学》,《四书章句集注》,中华书局 1983 年版,第 3 页。
④ 《读四书大全说》,《船山全书》(第六册),岳麓书社 2011 年版,第 397 页。

无疑是元理论的范围。"善"和"纯"的性质来源于"诚",天道诚善无恶,诚善是天道本性。诚善往前发展则是美善,达到美的境地。船山继承了天道美善的观点,以美善论述公正思想。

孔子说:"君子成人之美,不成人之恶。"①成人之美即是说让人往良性方向上发展,达到吉祥和顺;成人之恶则是让人达到不顺和凶险。成人之美必须做到真实无妄,否则不可能成就美事。《论语》说:"曾子曰:'鸟之将死,其鸣也哀;人之将死,其言也善。'"朱熹章句:"鸟畏死,故鸣哀。人穷反本,故言善。"②事物走向终结或者达到极致就回归天道本原"善"性,说明天道本性是诚善和美善的,朱熹说善是"反本",说明善是本原之性,"善"是"元"。船山对《四书》的这段话进行训义:

> 曾子之学,以诚身为大者也。事物皆有至当之理,内而修己,外而治物,俱不可遗。而舍己以求详于物,则大本不立,而所治者末矣。故物有自治之理,可任人以为功,而求之于身为正己率物之本,则有不容稍逾者。君子奉此以终身焉,所为先立乎大以卓然不易者。③

王船山认为公正之源在于大本,大本就是"诚",遵从大道之诚,则可以实现身正物正,公正的源头在于天道大本的"诚",本立则理顺,本立则末治。大本就是"善",天道本善,以本善为源头开启人的事业,则治物治己,无所不顺,事半功倍,天下公正。船山认为"诚"是"大",能周全万物和化育人类社会,"大"即是"善"。"善"不仅仅指对一事一物,而是天下之物和天下之人。"善"指向"美",有"善"才能实现"美",公正才能"美"。船山继续训义:"夫鸟之将死也,则其鸣也,哀而已,知爱其生而不知所以生也。若人之将死也,其言不容不善也。居平之所语者,事物皆道,而不嫌于博引。至于此,而内顾止此身也,身止此道,与存亡也。择乎君子之道而得其所贵,则庶其善乎! 天下无物而非道,则无事而不以非道也。乃君子酌乎有其善,而无不善,舍此而求善于物,则虽备美而不善者先在吾身,故以此为贵焉。"④船山对朱熹的"反本"至善理论进行"美"视角上的诠释,善是道,善是美,事物到达终止或者极致则返回到事物本身道理。鸟爱其生命,人归其本善,都是事物本善和本美,只有在存亡之际才能回归至事物的本原。船山的意思是

---

① 朱熹:《论语·颜渊》,《四书章句集注》,中华书局1983年版,第137页。
② 朱熹:《论语·泰伯》,《四书章句集注》,中华书局1983年版,第103页。
③ 《四书训义》,《船山全书》(第七册),岳麓书社2011年版,第532页。
④ 《四书训义》,《船山全书》(第七册),岳麓书社2011年版,第532页。

天道本身是美善的,天下的人和物求善求美是事物本原之道,既然有事物本原的美善,公正必然是美善的方面,美善是公正的本原,因为美善的"元"而实现公正道德。

美善即是至善,真正的美善是与天地自然合一。孔子问曾点的志向:"何伤乎?亦各言其志也。"曾点说:"莫春者,春服既成。冠者五六人,童子六七人,浴乎沂,风乎舞雩,咏而归。"孔子感叹说:"吾与点也!"朱熹解释说:"曾点之学,盖有以见夫人欲尽处,天理流行,随处充满,无少欠阙。故其动静之际,从容如此。而其言志,则又不过即其所居之位,乐其日用之常,初无舍己为人之意。而其胸次悠然,直与天地万物上下同流,各得其所之妙,隐然自见于言外。"①孔子之所以赞成曾点的志向,是因为曾点的志向与天地自然同流一致,又将其融入人的日常生活之中,曾点的志向受到天地自然景致的陶冶,具有超越的特性,达到至美至善,既在日常之中,又超凡脱俗,具有"浩然之气"的特征,具有特立独行的味道,因此美善是天道自然的本性。正如南朝梁代文论家刘勰说"人文之元,肇自太极,幽赞神明,《易》象惟先",②美善在于天道本原和本元,元是太极、易道。

王船山对孔子、曾点和朱熹的观点进行训义:"圣人之心,以万物之心为心,而无立功名于万物以自见其才能之意。故其出也,德施无穷,而常有歉然不足之情;其未尝出也,规量远大,而无急于见才之志。"③船山认为孔子首先关注大道之善,即大道源于天地,曾点的志向在天地之中,与天地同流,孔子其次关注曾点的语言表达方式,曾点比较谦虚,在他人表述之后再表达,符合礼让之节,这两个方面符合孔子的心情,故孔子赞成曾点的主张。船山继续训义:"于是触夫子天地同情万物各得之心,而觉因时自足之中,有条有理,以受万有而有余者在是也,乃喟然叹曰,吾与点也!"④意思是说孔子认为曾点的观点表达了万物各得其所、天下各得美善的志向,因此他赞成曾点的观点。船山的训义体现了与天地同流的美善思想,美善是天地的本性,与天地同流,才能成物成事。天地既然美善,人的道德也要跟随天地美善的本性达到公正。

朱熹认为"善"就是"好",也就是"吉"和"顺":"至善,犹今人言极好。凡曰善者,固是好。然方是好事,未是极好处。必到极处,便是道理十分尽头,无一毫不尽,故曰至善。至善是极好处。""直是要到那极至处而后止。

---

① 朱熹:《论语·先进》,《四书章句集注》,中华书局1983年版,第130页。
② 范文澜:《原道第一》,《文心雕龙注》,人民文学出版社1958年版,第2页。
③ 《四书训义》,《船山全书》(第七册),岳麓书社2011年版,第672—673页。
④ 《四书训义》,《船山全书》(第七册),岳麓书社2011年版,第676页。

故曰:'君子无所不用其极'也。"①"极到好处"则是至善之美,但"美"必须符合"善",也就是说"善"必须在道理之中,没有道理不能视作"善",至善则穷尽了道理,达到了道理的极致。朱熹说:"天下之理,其善者必可欲,其恶者必可恶","凡所谓善,皆实有之,如恶恶臭,如好好色,是则可谓信人矣。张子曰:'志仁无恶之谓善,诚善于身之谓信'"。② 意思是说"善"是公理,凡是善待天下之人都有共同的认同,人同此心,心同此理,人人都向往好的方面,向往美善。朱熹说:"'可欲之谓善。'人之所同爱而目为好人者,谓之善人。盖善者人所同欲,恶者人所同恶。其为人也,有可欲而无可恶,则可谓之善人也。横渠曰:'志仁无恶之谓善,诚善于身之谓信。'"③凡"善"都是天下人的共同本心,共心就是天理,天道美善。船山对此训义说:"学者学圣之功远大无穷,而致之有本。其无穷也,故虽圣人而不辍其精义入神之功;其有本也,故极作圣之至,但因乎人心之各得,即为天理之自然。人心之各得者善也,其不然则恶也。"④"本"即是"善",圣人的目标是天下人人各得其善,各得其美。朱熹说"善"注重人心所欲的本心,船山说"善"则注重天下人各得其所,得其应得的趋向。船山说:"可欲则谓之善也。人同此心,心同此理也,不拂乎天下之情,必其不违乎天下之性,而即可以善天下之动。人欲之,彼即能之,实有其可欲者在也。此盖性之相近,往往与天理而相合者也。"⑤船山认为"可欲"不是一人之欲,是天下人共同之欲,也就是天下人人应得之欲,没有超越应得之分和非分之想,这样的欲望实现才是"善"。

天下人各得其善,有善必有其美。美是指得到了"善"而又符合天道,实现了全方位的统一。从朱熹与弟子的对话,可以看出美是天与人、人与物的全面统一。问:"'充实之谓美',充实云者,始信有是善而已。今乃充而实之,非美乎?易曰'美在其中,而畅于四肢',此之谓也。'充实而有光辉'云者,和顺积于中,英华发于外,故此有所形见,彼有所观睹,非大乎?孟子曰'大人正己而物正',此之谓也。横渠谓'充内形外之谓美,塞乎天地之间,则有光辉之意'。不知此说然乎?"曰:"横渠之言非是。"又问:"'大而化之之谓圣,圣而不可知之谓神',非是圣上别有一般神人,但圣人有不可知处,便是神也。又以上竿弄瓶,习化其高为喻,则其说亦既明矣。但大而

---

①　黎靖德编:《朱子语类》,中华书局 1986 年版,第 267—268 页。
②　朱熹:《孟子集注》,《四书章句集注》,中华书局 1983 年版,第 370 页。
③　黎靖德编:《朱子语类》,中华书局 1986 年版,第 1468 页。
④　《四书训义》,《船山全书》(第八册),岳麓书社 2011 年版,第 936 页。
⑤　《四书训义》,《船山全书》(第八册),岳麓书社 2011 年版,第 937 页。

化之之圣,此句各有一说,未知其意同否? 伊川曰:'大而化之,只是理与己一。其未化者,如人操尺度量物,用之尚不免有差。至于化,则己便是尺度,尺度便是己。'横渠云:'大能成性谓之圣。'近又闻先生云:'化其大之迹谓圣。'窃尝玩味三者之言,恐是一意,不知是否?"曰:"然。"①美善是对善的推行,达到实在的善,实现了全方位的统一,非常相合,则称为"充实",相合统一具有美的效果则称为"美",因此美善是先善后美。就公正来说,天下公正,人人都秉承公正,社会都有公正之心,并且公正得到实现,全面相合就是美善。船山说:"善之量大,自微小而积之,以彻乎万事万物,而皆有其必合之则,则在于充;善之体微,自显著而求之,以极乎不睹不闻,而皆有其无妄之真,则在于实。"②船山认为善的实现在于"实",善的推行到位了,则是美。

王船山认为美善是天道法则,公正之源在于天道美善,有了美善的本原,天下就可以实现公正的美德。但归根结底,善是根本,善的本原是乾道始发,朱熹说:"乾者,纯阳之卦,阳气之始也,始无不善。圣人之心纯乎天理,一念之发,无非至善,故曰'乾,圣人之分也,可欲之善属焉'。坤者,纯阴之卦,阴气之终,所以成始者也。贤人学而后复其初,欲有诸己,必积习而后至,故曰'坤,贤人之分也,有诸己之信属焉'。"③圣人追求至善无非是因为乾道的元善所致。

总之,王船山的美善无恶思想开启了公正的美德之元,善是美的总根源,由于天地本性有善性,而人继承了天地之善,使人人各得其应得之善,实现公正。因为有善的天道根源,善而无恶,人推行善达到与现实相合,则有美,相合而充实即是美。天地美善无恶思想为社会建构公正秩序提供了规则,船山传承了古圣先贤的天地至善思想,为其公正思想奠定达善思想的理论基础。

## 三、和 善 无 忧

天地元善论为王船山公正思想奠定了形而上学的理论基础,天地至善是美善的善,美善无恶,美善思维继续向前推进则是和善无忧。天地的美善处于至极层次,天地在极处如何向下推演、生发以便在现实中运用呢? 在古圣先贤那里,天地至善必须达到"和","和"以致用才能实现人道达善。因

---

① 黎靖德编:《朱子语类》,中华书局 1986 年版,第 1469—1470 页。
② 《四书训义》,《船山全书》(第八册),岳麓书社 2011 年版,第 937 页。
③ 黎靖德编:《朱子语类》,中华书局 1986 年版,第 1470 页。

此"和善"是"纯善""美善"的下一逻辑进程,即是说纯善、美善的实现必须有和善的中间过渡环节,需要和善的调适才能实现美善。船山在这一方面对古圣先贤的思想进行继承,主张阴阳二气的相和调节达到和善致用而相利。

在王船山看来,"和"本身就是天道原则,因为天地和善达到天下至善。《礼记》云:"有子曰:'礼之用,和为贵。先王之道斯为美,小大由之。有所不行,知和而和,不以礼节之,亦不可行也。'"船山对此章句说:"要以《中庸》之所谓和,乃本然德体之天则,此之谓和,乃妙用推行之善道,固不可强合为一。况即《集注》所云从容不迫者,自非可有意以之为贵而用之。使功未至而机未熟,则有意贵和者,正堕'知和而和'之病。如其必自然得和而后可为贵,则于和之上,又加一自然,而岂不赘欤? 刿自然从容不迫者,乃动容周旋中礼,盛德已至之圣符,非可与天下共率由之,更不必言'为贵'、'为美',而抑以不节为虑。有子本以言王道,而不以言天德。徒为深入之言,则所在皆成龃龉,此不能强徇《集注》而废饶、许也。"①船山认为"和"是天道"本然"的法则,"和"是"善道",因此和善必然是天道原则。既然天道和善,人道不可强迫推行,在"和"的原则上达到"善",实现"和善"。船山在此的目的是论述人道"和为贵",以"和"达"用",但他认为"和"是天道善的原则,人道的"和""用"来源于天道"和善"。和善为何有"贵"的价值呢? 因为"和"的"善"是自然之道,其道从容不迫,其道盛德至圣,其道自然中礼,这些都是天道的"善",因此是天道和善。

"和善"是什么? 王船山认为"和善"是阴阳二气的调适和调节,以达到相利和相生。前面论述到船山所说的"义之和","'义之和'者,生物各有其义而得其宜,物情各和顺于适然之数,故利也。"②"义"的本义是"和",和以相利而成功。"天者,理而已矣,得理则得天矣。比干虽死,自不与飞廉、恶来同戮;夷齐虽饿,自不与顽民同迁:皆天所佑而无不利也。利者,义之和也。"③"利"是天道,"和"以相利。古圣先贤说的和以相利在天道上是说阴阳二气相和以相利,船山说:"一阴一阳之道,流行于两间、充周于万物者如此。故吉凶悔吝无所择,而仁皆存,用皆行焉。在圣人之有忧者,皆其可乐之天、可安之土。唯《易》全体此道以为教,故圣人于《易》,可以释其忧,以偕百姓而同归于道,由此而盛德著,大业兴。一阴一阳之道为《易》之蕴,而

---

① 《读四书大全说》,《船山全书》(第六册),岳麓书社2011年版,第595页。
② 《周易内传》,《船山全书》(第一册),岳麓书社2011年版,第59页。
③ 《周易内传》,《船山全书》(第一册),岳麓书社2011年版,第516页。

具于人性之中也如此，诚至极而无可尚矣。"①船山认为《易》之道是大道，圣人以《易》之道行事，解除了天下忧愁。《易》最根本的是阴阳之道，阴阳二气贯穿于人性，继承阴阳之道则达到和善。船山的阴阳二气相和以相利的思想来源于《易》和张载的思想。《系辞》说："一阴一阳之谓道，继之者善也，成之者性也。"②张载说："惟君子为能与时消息，顺性命、躬天德而诚行之也。精义时措，故能保合太和，健利且贞，孟子所谓终始条理，集大成于圣智者与！易曰：'大明终始，六位时成，时乘六龙以御天。乾道变化，各正性命。保合太和，乃利贞'，其此之谓乎！"③张载认为阴阳相和是太和，太和运行向好方向上发展，利而贞。船山对《张子正蒙》作注："太和所谓道，阴阳具而无倚也。"④阴阳相和是太和之道，"天地之性，太和缊缊之神，健顺合而无倚者也。即此气质之性，如其受命之则而不过，勿放其心以徇小体之攻取，而仁义之良能自不可掩。"⑤因为有阴阳相和，人则有和善之性，有和善之性则有仁义，有仁义则有天下公正。"尽其性而业大者，唯道之富有；一阴一阳，其储至足，而行无所择也。尽其性而德盛者，唯道之日新；一阴一阳，变化之妙，无所典要，而随时以致其美善也。在道为富有，见于业则大。在道为日新，居为德则盛。此申上文而推德业之盛大，莫非《易》之理，成于人之性中者为之也。"⑥有阴阳相和，则德业俱兴，德业俱兴是因为阴阳二气的妙用，真正的富有是对阴阳妙用之道的运用，善用阴阳之道则有盛德和大业，盛德和大业俱在，则达到美善。船山的阴阳相和以相利主要以《易》道的"太和"思想为基础，易有阴阳，太和利贞。

　　阴阳相和以相利，最终目的是达到安身。一是圣人安心，《易》道阴阳为其解决忧虑，利用阴阳之道治理天下；二是百姓安身，有阴阳二气调和，则平衡物我，遵守天下公正之道。阴阳二气相和调适，圣人无忧，百姓心安，和善至正，天下达到美善。船山注释"精义入神，以致用也。利用安身，以崇德也"说："'精义'者，察伦明物，而审其至善之理，以合于吾心固有之制，非但徇义之迹而略其微也。'入神'者，义之已精，不但因事物以择善，益求之所以然之化理，而不测之变化皆悉其故，则不显之藏昭彻于静存，而与天载之体用相参也。'利用'者，观物之变而知之明、处之当，则天下之物，顺逆

①　《周易内传》，《船山全书》（第一册），岳麓书社 2011 年版，第 528 页。
②　阮元：《周易·系辞上》，《周易正义》，《十三经注疏》，中华书局 1980 年版，第 78 页。
③　张载：《横渠易说·上经·乾》，《张载集》，中华书局 1978 年版，第 70 页。
④　《张子正蒙注》，《船山全书》（第十二册），岳麓书社 2011 年版，第 114 页。
⑤　《张子正蒙注》，《船山全书》（第十二册），岳麓书社 2011 年版，第 128 页。
⑥　《周易内传》，《船山全书》（第一册），岳麓书社 2011 年版，第 529 页。

美恶,皆唯吾所自用而无有不利。'安身'者,随遇之不一,而受其正、尽其道,则素位以行而不忧不惑,无土而不安。"①船山认为乾道变化而达到易道的精义入神和利用安身,人掌握了天道阴阳变化之妙用,则心有所安,既利自身,又利天下,不忧不惑。天下相安既是指身安,又是指心安,说明天下大公至正,天下和善。船山说:"盖学之未至者,天理之所著,自在天理上见功,不能在己私上得力。怒,情也,又情之不平者也。过则又不待言矣。情者,己也。情之不平者,尤己之不能大公者也。"②心情不能平静必然导致天下没有大公至正,其原因是对天理的把握和运用没有达到精义入神和利用安身的地步,没有达到天下和善。因此,船山提出在天理上下工夫,即是说以天理之和善之性见之于天下人情物理,体贴天道阴阳之理。船山所说:"'道'即立天、立地、立人之道。'德'者,道之功能也。'义'者,随事之宜也。道德之实,阴阳健顺之本体也。"③天道有健顺,也就是阴阳相和,事情成功就是达到"义之和",道德实质上就是阴阳调适、调和,阴阳相和、刚柔相和、仁义相和,天下健顺公正。

王船山认为阴阳二气相和至善,这种至善就是公正。张载说到"善人",认为善人无恶,有大顺,"乐正子不致其学,足以为善人信人,志于仁,无恶而已"。船山注:"学,所以扩其中正之用而弘之者也;学虽未弘而志于仁,抑可以无恶者,盖夫人心,善则欲,恶则恶,情之所然,即二气之和,大顺而不可逆者。恻然有动之心,发生于太和之气,故苟有诸己,人必欲之,合天下之公欲,不违二气之正,乖戾之所以化也。"④善人掌握了太和之气,调和阴阳,和善无恶,大公至正。人之所以称为善人,是因为人没有违背阴阳和气,实现大顺,大顺则是天下大善。"道统天地人物,善、性则专就人而言也。一阴阳之谓道,天地之自为体,人与万物之所受命,莫不然也。而在天者即为理,不必其分剂之宜;在物者乘大化之偶然,而不能遇分剂之适得;则合一阴一阳之美以首出万物而灵焉者,人也。'继'者,天人相接续之际,命之流行于人者也。其合也有伦,其分也有理,仁智不可为之名,而实其所自生。在阳而为象为气者,足以通天下之志而无不知,在阴而为形为精者,足以成天下之务而无不能,斯其纯善而无恶者。"⑤船山认为合阴阳之道就是善,阴阳二气相济就是"和",人继承天道阴阳相和之气就是性,性与阴阳二

---

① 《周易内传》,《船山全书》(第一册),岳麓书社 2011 年版,第 591—592 页。

② 《读四书大全说》,《船山全书》(第六册),岳麓书社 2011 年版,第 669 页。

③ 《周易内传》,《船山全书》(第一册),岳麓书社 2011 年版,第 621 页。

④ 《张子正蒙注》,《船山全书》(第十二册),岳麓书社 2011 年版,第 157 页。

⑤ 《周易内传》,《船山全书》(第一册),岳麓书社 2011 年版,第 526 页。

气合一则是善,天埋就是阴阳之理,天理和善,事无不成,人无不善,相和至美,通达天下之志,成就天下之务。阴阳二气相和是天下运行的理想图景。正因为阴阳相和,天下至善,天下必然公平公正。至此,船山的天道和善公正论的形而上学理论建构完毕。

总之,天道和善无忧思想是王船山天道大善至正思想的最后环节,由天道纯善无昧、天道美善无恶推进而成。天道和善无忧说明天道阴阳二气相和相生,圣人以此而治理天下没有忧愁,和善是天道法则,阴阳二气相和才能相利,二气相互调适才能成事利物。因为阴阳相和,天下实现利用安身,天下实现大公至正和大善无恶,天下至和才能至美;因为阴阳相和,天下才能美善。船山的天道和善无忧思想的建构完成使其天道公正思想的形而上学理论得以建构完毕。

# 第三章　人道公正论

从中国哲学的角度看,王船山公正思想包括天道公正论和人道公正论,即公正思想的理论依据是天道和人道的公正,是天道"应该"思想和人道"应该"思想的推导和建构。船山完成了天道公正论思想的建构,接着进入人道公正思想的建构。天道的"应该"源自天道元善,人道"应该"源自人道价值,即人道的人的特质。天道公正论是公正思想的形而上学基础,人道公正论则是公正的价值观取向,人道公正论的思想根源是天道公正论。中国古代讲究天人一体,天人不可异用。张载说:"天人异用,不足以言诚;天人异知,不足以尽明。所谓诚明者,性与天道不见乎小大之别也。义命合一存乎理,仁智合一存乎圣,动静合一存乎神,阴阳合一存乎道,性与天道合一存乎诚。天所以长久不已之道,乃所谓诚。仁人孝子所以事天诚身,不过不已于仁孝而已。故君子诚之为贵。"[1]天人相因、天人相知、义命合一、阴阳合一,人以天为基本的参照,而实现诚。正因为君子以诚为贵,所以天道公正思想必然度越、外化为人道公正思想,船山公正思想的发展以天道公正思想为逻辑,向前推演。

王船山人道公正思想的主旨是仁道公正,即是说儒家仁道带来了人道的大公至正。船山的人道公正思想的建构主要从三个方面展开:道统公正、道心公正和道义公正。道统公正说明儒家道统是公正的,道统源自天道仁义。道心公正说明儒家道心是公正的,道心即是人同此心、心同此理的共同之心,大公无私,虚灵不昧。道义公正说明儒家大义是公正的,义和天下,宜于事理,和合天下之利。

从图示可以看出王船山人道公正思想以"仁"范畴为核心,"仁"是人道的中心,公正在人类社会的展开是仁道的发用。儒家道统即是以仁为中心的道统观。由于以"仁"为道统,带来了社会公平公正;由于以"仁"为中心,形成了天下公有的道心;由于以"仁"为价值之元,在社会上推行"仁"才能说有"义",形成了大义公正。根据乾道的元、亨、利、贞的逻辑进程,道统的公正是人道公正之"元",道心的公正是人道公正之"亨",道义的公正是人道公正之"利",这三个方面的统一则是人道公正之"贞"。

---

①　张载:《正蒙·诚明篇》,《张载集》,中华书局 1978 年版,第 20—21 页。

| 人道公正论 | 道统的公正 | 统的公正 | 公正之仁 | 元 |
|---|---|---|---|---|
| | 道心的公正 | 心的公正 | 公正之心 | 亨 |
| | 道义的公正 | 义的公正 | 公正之义 | 利 |

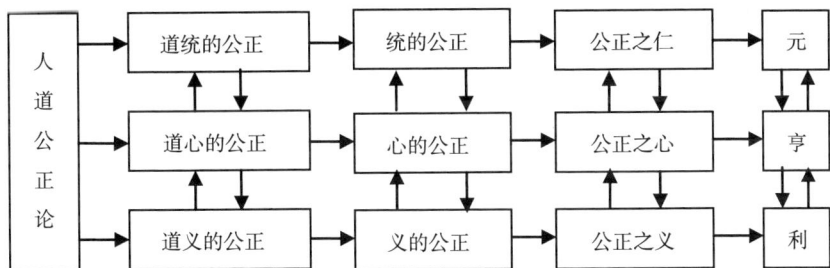

**人道公正内容界说逻辑图示**

# 第一节　道统的公正

　　王船山人道公正思想的主旨是仁道公正,仁道的公正是人道公正的原则。船山人道公正思想首先从道统的公正论上展开,意思是说儒家道统本身就是公正的,正因为道统公平公正,才有天下国家的公平公正。道统之所以是公正的,源自历史的积淀而形成的持久的价值选择,也就是说,传统的价值观积淀对公正道德进行了选择,公正具有历史的长远价值,公正是传承下来的价值选择。船山以前的历史已有几千年,价值观在导向上一直以公正为社会价值取向,这已经衍生成一种传统和道统,公正成为人道的必然选择。船山在人道公正论上传承了儒家道统的公正观,进一步确立人道公正的"应该"体系。船山的道统公正论从道统至正、仁道至正和善道至正三个方面进行:

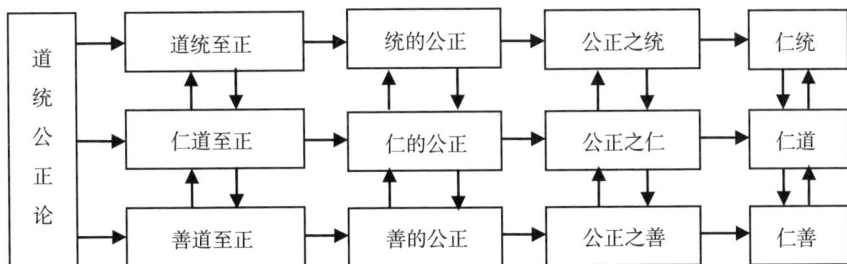

| 道统公正论 | 道统至正 | 统的公正 | 公正之统 | 仁统 |
|---|---|---|---|---|
| | 仁道至正 | 仁的公正 | 公正之仁 | 仁道 |
| | 善道至正 | 善的公正 | 公正之善 | 仁善 |

**道统公正内容界说逻辑图示**

　　从图示可以看出王船山道统公正思想以"仁"范畴为核心,道统是仁,仁道是仁,善道也是仁。儒家一直以仁为道统,道统是公正的,原因是历史道统以仁义为道,公平公正,仁道本身也是公正的,善道本身也是公正的。仁是儒家人学的本体,道统公正即仁的公正。船山的人道公正论以仁为核心,说明人道之仁是元善的,公正道德是由于仁道而进行"应该"的建构,因为元善有仁的主旨,因此人道必须公正。仁本身就有公正之义,因为仁心的需要,必须天下人人得其应得部分,而不是有所偏向;偏向则会有多得或者少得之别,导致天下不公正。

## 一、道 统 至 正

王船山人道公正论首先从道统至正上展开,思想宗旨是儒家道统以"仁"为统,"仁"本身是公正的"仁",有"仁"的人必然具有公正道德。儒家道统以"仁"为统,此道统即是从古代先王和圣人一直传承下来的儒者之统。《礼记》说:"大道之行也,与三代之英,丘未之逮也,而有志焉。大道之行也,天下为公。选贤与能,讲信修睦,故人不独亲其亲,不独子其子,使老有所终,壮有所用,幼有所长,矜寡孤独废疾者,皆有所养。男有分,女有归。货恶其弃于地也,不必藏于己;力恶其不出于身也,不必为己。是故谋闭而不兴,盗窃乱贼而不作,故外户而不闭,是谓大同。"①"大道之行"所说的"大道"即是儒家道统传承下来的大道,以天下仁义为道统的大道,此大道实行公正公平,力求达到天下大同。天下为公的思想就是公正的思想,"公"就是无私,无私就是公正,这是三代以来传承的道统,道统的公正表现在去恶求善,济公去私,天下平安,公平公正。船山章句说:"敦仁而行之以顺,则天下无不顺矣。大顺斯大同矣,三代之英所以与大道之公而合德也。"②三代之英即是指尧、舜、禹,三代传承下来的是仁政,以仁为统,是大道公正之统。

王船山认为道统是公正之统,道统在传承的过程中就是贯穿了公正的宗旨。道统之说起源于孔子,《中庸》云:"仲尼祖述尧舜,宪章文武。"朱熹章句:"祖述者,远宗其道。宪章者,近守其法。"③尧舜之道是天下为公的大道,孔子传承了尧舜大道,提倡文武兼治,具有公正的内涵。船山对此训义说:"夫仲尼,至诚者也,从容中道之圣人也。以今而思其道,则何如哉?其奉为道之大宗,而推极其精一执中之至理,则祖述尧舜矣。其守为礼之大法,而修明其创制显庸之精意,则宪章文武矣。"④船山认为三代英王尧、舜、禹以仁为道统,而孔子继承了三代英王仁的道统,仁的道统体现了公正思

① 阮元:《礼记·礼运》,《十三经注疏》,中华书局1980年版,第1413—1414页。
② 《礼记章句》,《船山全书》(第四册),岳麓书社2011年版,第574页。
③ 朱熹:《中庸》,《四书章句集注》,中华书局1983年版,第37页。
④ 《四书训义》,《船山全书》(第七册),岳麓书社2011年版,第222页。

想,禹、汤、文、武、成土、周公被称为圣明"六君子"①,原因在于他们都以仁为道统。道统一直在传承,孔子将仁的道统又传给子思,子思又传给孟子,"孟子道性善,言必称尧舜"。朱熹对此章句曰:"人与尧舜初无少异,但众人汩于私欲而失之,尧舜则无私欲之蔽,而能充其性尔。"②船山对孟子及朱熹的章句进行训义:"孟子之学,以性善为宗。惟知夫人无异性,性无异理,则可以信圣人之德,人人可学而至;而推此理以治天下,则帝王之治,无人不可逮,无时无地而不可行。""孟子之以明绝学于邪说横行之世,而欲兴王道于无道之天下"③。孟子的性善论与朱子的无私论都对仁的道统思想进行了诠释,船山则从王道上解释儒家道统,说明道统是合宜的传统,具有公正的宗旨。船山说明了孔孟至朱子都传承仁的道统思想,"仁"的道统论就是大公无私的王道之统。孟子进一步推行仁的道统思想,他说:"以力假仁者霸,霸必有大国;以德行仁者王,王不待大。汤以七十里,文王以百里。以力服人者,非心服也,力不赡也;以德服人者,中心悦而诚服也,如七十子之服孔子也。《诗》云:'自西自东,自南自北,无思不服。'此之谓也。"④船山训义说:"霸者之以内息其民,而外为分灾救患之术者,仁也。而所恃者,则为其兵威之足以胜人,而假此以动天下也,其必有其土地而后有其人民,有其人民而后兵可强、威可盛也。"又说:"若夫王者之仁,保一国以保天下,其心不忍伤物也,其事则顺其心而出之也。于是而不贪功利之情,为天下所共信。"⑤船山在此认为孟子仁的道统论即是具有公正内涵的道统论。陆九渊对孟子的道统观说进行了总结:"夫子以仁发明斯道,其言浑无罅缝。孟子十字打开,更无隐遁。"⑥陆九渊认为孟子所说的道统实质是仁统。朱熹在《中庸》中正式提出"道统"一词,他说:"中庸何为而作也? 子思子忧道学之失其传而作也。盖自上古圣神继天立极,而道统之传有自来矣。其见于经,则'允执厥中'者,尧之所以授舜也;'人心惟危,道心惟微,惟精惟一,允执厥中'者,舜之所以授禹也。"⑦朱熹总结了先秦三代以来的道统传承,道统即是三代以来的仁统,即天下为公之道统。船山基本认同古代儒家自三代至孔孟以来的道统思想,认为儒家道统即是三代以来传承的公正道统,正统

---

① 参见阮元:《礼记·礼运》,《礼记正义》,《十三经注疏》,中华书局1980年版,第1414页。
② 朱熹:《孟子·滕文公上》,《四书章句集注》,中华书局1983年版,第251页。
③ 《四书训义》,《船山全书》(第八册),岳麓书社2011年版,第295页。
④ 朱熹:《孟子·公孙丑上》,《四书章句集注》,中华书局1983年版,第235页。
⑤ 《四书训义》,《船山全书》(第八册),岳麓书社2011年版,第203—204页。
⑥ 陆九渊:《语录上》卷三十五,《陆九渊集》,中华书局1980年版,第398页。
⑦ 朱熹:《中庸章句序》,《四书章句集注》,中华书局1983年版,第14页。

即道统。他说:"天下之生,一治一乱。当其治,无不正者以相干,而何有于正? 当其乱,既不正矣,而又孰为正? 有离,有绝,固无统也,而又何正不正邪? 以天下论者,必循天下之公,天下非夷狄盗逆之所可尸,而抑非一姓之私也。"①船山认为儒家道统才是正统,正统的核心内容是大公至正、"循天下之公",而不是循一己之私和损公肥私,公正的范围是天下,而不仅仅是一己、一姓的范围。正统的维持和传承是在与邪恶进行斗争和对邪恶进行干预的过程中不断得到纠正和回归的,因此道统必然回归于公正之统。

真正的道统是什么呢? 王船山认为道统是"圣人之教",即古代圣人传承的道统,圣人之教即是人伦之教,是率性、修道之教。《中庸》云:"天命之谓性,率性之谓道,修道之谓教。"②率性修道即是圣人之教,率性是指依据人本善的性质教化行事。孟子说:"人之有道也,饱食、暖衣、逸居而无教,则近于禽兽。圣人有忧之,使契为司徒,教以人伦:父子有亲,君臣有义,夫妇有别,长幼有序,朋友有信。"③船山对此训义:"以为人则有人之道矣,人之所以为人,中国之所以为中国也。若徒耕而饱食也,粟可以易布褐而暖衣也,可以逸居而无求矣,因而生其勤则不忧、朴则不劳之心,自用其力而自育,而不因其天性之固有以勉之于修为,则其去禽兽也不远。乃使契为司徒,以掌邦政而明其教焉。所教者,人与人为伦之大经,而道法备矣。"④圣人之教是人伦之教,是人道之教,不同于禽兽之教,是善道仁义之教。船山认为圣人教民达到人伦,具有道法原则,道与法是公正的规范原则:"礼以文之,乐以乐之,备物采、盛文章以达之,皆用物力而不嫌于奢,捐衣食而不忧其匮,无一不经营于舜与契之衷。而尧犹以为此人禽之界,恐民以勤勤于衣食之故,而难劝进于善,乃申命司徒……"⑤圣人之教就是善道之教,使其偏离禽兽之恶。船山提出圣人之教是"道统":"天下所极重而不可窃者二:天子之位也,是谓治统;圣人之教也,是谓道统。治统之乱,小人窃之,盗贼窃之,夷狄窃之,不可以永世而全身;其幸而数传者,则必有日月失轨、五星逆行、冬雷夏雪、山崩地坼、雹飞水溢、草木为妖、禽虫为蠥之异,天地不能保其清宁,人民不能全其寿命,以应之不爽。道统之窃,沐猴而冠,教猱而升木,尸名以徼利,为夷狄盗贼之羽翼,以文致之为圣贤,而恣为妖妄,方且施

①　《读通鉴论》,《船山全书》(第十册),岳麓书社2011年版,第1177页。
②　朱熹:《中庸》,《四书章句集注》,中华书局1983年版,第17页。
③　朱熹:《孟子·滕文公上》,《四书章句集注》,中华书局1983年版,第259页。
④　《四书训义》,《船山全书》(第八册),岳麓书社2011年版,第335—336页。
⑤　《四书训义》,《船山全书》(第八册),岳麓书社2011年版,第336页。

施然谓守先王之道以化成天卜;而受罚于天,不旋踵而亡。"①船山认为道统就是圣人所教,即尧、舜、禹三代以来所倡导的仁统,也是以天命所赋人的本善之性为基础的善德道统,此道统即是先王的"天下为公"的仁道,王道之统主张以王道化成天下。船山认为王道的道统能够长期持久,原因是公平公正,得到民心,有民众拥护;如果违背王道之统则不是正统和道统,其治理也不会久远,原因是其违背了"天下为公"的宗旨,以私欲治天下,天下公平正义得不到保障,统治迅速灭亡。说到底,船山的道统是以古代"仁"为核心的王道之统,道统之仁有公正的核心内涵,有仁则有善,有善则能实现公平公正。

　　王船山的道统观以古圣王道为依据,这为其公正观的发展找到了理论依据,船山以古圣思想为依据建构了仁善为道统的公正观。孟子曰:"伯夷,非其君不事,非其友不友。不立于恶人之朝,不与恶人言。"船山训义说:"以伯夷言之,义所不正,道所不合,则见为非我君也而不事;志所不同,德所不合,则见为非我友也而不友。若君而恶矣,不但不仕也,虽欲一造其朝而必不住;人而恶矣,不但不友也,虽欲一与之言而必不应。"②船山认为人以"正"行事,以"正"为仕,善而不恶,即是公正,体现了公正道德。孟子说:"居天下之广居,立天下之正位,行天下之大道。"船山训义说:"乃若大丈夫之名称其实者,子未之闻也。其居则天下之广居也,涵四海万民于一心,使各遂其所,仁无不覆也。所立则天下之正位,定民彝物则之常经,而允执其中,礼无不协也。所行天下之大道,酌进退辞之攸宜,而率礼不越,义无不审也。得志,则仁以息民,礼以善俗,义以载物,民之生以厚而德以正,共由之矣。不得志,则无欲而静,无妄而庄,无思而直,独行之而道终不枉。"③船山认为坚持道统就是正位而行,以仁为核心,义无不合,礼无不当,公正无私。因此,儒家道统观实质上也是价值取向上的公正观,公正的价值选择来源于儒家道统。船山将道统与公正结合起来,"不疚于天,则天无不佑;不愧于人,则人皆可驭。正义以行乎坦道,而居天下之广居;无所偏党,而赏罚可以致慎而无所徇;得失之几,在此而不在彼,明矣。不然,舍亲贤,行诱饵,贱名器,以徇游士贪夫之竞躁,固项羽之所不屑为者也。"④正义而行的儒家道统,无偏私、慎赏罚,这都是公正的规则,道统使人道公正。

　　王船山认为道统在于对道的坚持和坚守:"儒者之统,与帝王之统并行

　　①　《读通鉴论》,《船山全书》(第十册),岳麓书社 2011 年版,第 479 页。
　　②　《四书训义》,《船山全书》(第八册),岳麓书社 2011 年版,第 231 页。
　　③　《四书训义》,《船山全书》(第八册),岳麓书社 2011 年版,第 360 页。
　　④　《读通鉴论》,《船山全书》(第十册),岳麓书社 2011 年版,第 78 页。

于天下,而互为兴替。其合也,天下以道而治,道以天子而明;及其衰,而帝王之统绝,儒者犹保其道以孤行而无所待,以人存道,而道可不亡。"①道统在于人对道的坚持,帝王坚持道统,天下永固,人坚持道统,道不可亡。"是故儒者之统,孤行而无待者也;天下自无统,而儒者有统。道存乎人,而人不可以多得,有心者所重悲也。虽然,斯道互天垂而地而不可亡者也,勿忧也。"②坚持道统,天下无忧,不坚持道统则天下灭亡。但是道统所指向的是人的价值观,宗旨在于把握大的方面,而不是指具体的细节,道统坚持仁义至善,但具体措施必须合宜,才能公正。船山说:"法先王者以道,法其法,有拂道者矣;法其名,并非其法矣。道者因天,法者因人,名者因物。道者生于心,法者生于事,名者生于言。言者,南北殊地,古今殊时,质文殊尚:各以其言言道、言法,道法苟同,言虽殊,其归一也。"③道统归于一,指向一个大的宗旨。但法不一定相同,法是具体的措施,具体的措施可以各异,不同的法符合道统才能达到公正。孔子曰:"殷因于夏礼,所损益,可知也;周因于殷礼,所损益,可知也。其或继周者,虽百世,可知也。"船山对此训义:"有万世不可易之常道焉。上明之,下行之,则治;不然则乱。乱极则有开一代之治者出焉,必复前王之所修明者,而以反人心于大正,而可承大统而为一世。其道必因,其所因之道曰礼。三纲之相统也,五常之相安也。人之所以为人也,所必因也。有所以善其因,而为一代之典章焉。前人创制,本极乎无敝。流及后世,上不能救之于早,下日益趋于弊矣。因之而成乎极乱,极乱而人心相习于安。若复因前人之法治之,则不可挽而归于中。于是而治定功成之主出焉,必矫前代之偏,以自立风尚而为一世。裁前代之所已有余者而节去之,曰损;补前代之所不及防者而加密焉,曰益。有忠质文之递兴也,五德三统之相禅也,君子之所以异于野人,诸侯之所以奉若天子也,所损益也。"④船山的意思是关于道统的大宗旨不可变,即以仁为统,以善为统,治理天下以此为统则天下得到治理,纠正天下的混乱以此为统而天下治理则转危为安。常道不可变,指的是大的宗旨即道统不可变,但具体的治理法则可因时、因地、因事而变化。拨乱反正需要以道统为宗旨,因为道统大公至正,矫正混乱就必须以道统为宗、以法为措施,道统没有变而法则须有所变化。船山认为坚持道统能够久远,"酌之以道,规之以远,持之以贞,而善调元气以使无伤,固有道焉。天下有道,道在天下,则身从天下以从道。天

① 《读通鉴论》,《船山全书》(第十册),岳麓书社 2011 年版,第 568 页。
② 《读通鉴论》,《船山全书》(第十册),岳麓书社 2011 年版,第 569 页。
③ 《读通鉴论》,《船山全书》(第十册),岳麓书社 2011 年版,第 667 页。
④ 《四书训义》,《船山全书》(第七册),岳麓书社 2011 年版,第 314 页。

下无道,道在其身,则以道爱身,而即为天下爱道。以道爱身者,喜怒不轻动于心,语默不轻加于物,而进退之不轻,尤其必慎者也。”①坚守道统才能实现公正,“持道以贞”就是指坚守道统可以实现公正,坚持道统也要适时调整元气,是说因时制宜。“言有纲,道有宗;纲宗者,大正者也。故善言道者,言其宗而万殊得;善言治者,言其纲而万目张。循之而可以尽致,推之而可以知通,传之天下后世而莫能擿其瑕璺。然而抑必有其立诚者,而后不仅以善言著也。且抑必听言者之知循知推,而见之行事者确也。抑亦必其势不迫,而可以徐引其绪;事不疑,而可以弗患其迷也。如是,则今日言之,今日行之,而效捷于影响。乃天下之尚言也,不如是以言者多矣。疏庸之士,剽窃正论,亦得相冒以自附于君子之言;宗不足以为万殊之宗,纲不足为万目之纲,寻之不得其首,究之不得其尾,泛然而广列之,若可以施行,而莫知其所措。天下有乐道之者,而要为鞶帨之华,亦奚用此喋喋者为哉?”②船山在这里论述了道统是大公至正的,是人道的根本宗旨。人道公正有道统依据,因为有道统,天下国家可以长久远大。道统一直有公正的内涵,道统自三代传承下来,使天下得以治理,长远发展,可谓道统不绝。人文历史和国家治理说明道统是公正观的依据,道统是人道公正的依据。道统是纲、是宗、是善,有道统之宗才有万殊的法则和措施,道统万目。依据道统,天下亨通,历史长久。船山认为三代以来的儒家道统观是正统论,不是歪道邪说,必须坚持。歪道邪说不是正论的原因是大的宗旨不正确,宗旨不正则不可能实现“道统万目”,宗旨不正则措施没有次序,天下不公正。

总之,王船山坚持道统至正的公正观。船山人道公正论首先从道统公正上展开,以道统公正说明坚持道统能够实现公正。由于儒家道统是三代以来传承下来的仁统和善统,天下为公,大公至正,经过人文历史的发展和天下治理历史的检验,说明道统观是现实可行的,人道以儒家道统为依据,天下可以治理,人伦关系得到顺理,天下亨通长久,公平公正。船山的人道公正论从道统论上展开,说明船山学术以返回经学经典为路径,做到返本与开新的统一。船山人道公正思想开启了船山人道公正论的人文建构,公正是人文化成的有机构成部分。

## 二、仁道至正

王船山在人道公正论上主张以坚守儒家道统观以达到公正,培养公正

---

① 《宋论》,《船山全书》(第十一册),岳麓书社 2011 年版,第 190 页。

② 《宋论》,《船山全书》(第十一册),岳麓书社 2011 年版,第 220 页。

的道德,道统实质上是儒家的仁义之统,仁是道统的中心,坚持以仁道统领的人道公正方向。宋明理学家都主张通过仁道达到公正,仁道就是无私的公正之道。船山也继承了宋明理学家的仁道公正思想,主张以仁统正。

儒家的仁就有正的义蕴。孔子论述仁,认为仁是人的核心本质,是人内在之美。孔子曰:"里仁为美。择不处仁,焉得知?""不仁者不可以久处约,不可以长处乐。仁者安仁,知者利仁"。"唯仁者能好人,能恶人"。朱熹对孔子之言进行章句:"里有仁厚之俗为美。择里而不居于是焉,则失其是非之本心,而不得为知矣。""不仁之人,失其本心,久约必滥,久乐必淫。惟仁者则安其仁而无适不然,知者则利于仁而不易所守,盖虽深浅之不同,然皆非外物所能夺矣。""盖无私心,然后好恶当于理,程子所谓'得其公正'是也。"①朱熹章句的意思是仁是人的本心,仁有是非之心,仁是无私之心,仁是公正之心,有仁则不被外物所惑,必然公正。朱熹已经将仁心归结为公正之心,仁道即是公正之道。董仲舒将仁与正结合起来:"是故春秋为仁义法,仁之法在爱人,不在爱我。义之法在正我,不在正人。我不自正,虽能正人,弗予为义。人不被其爱,虽厚自爱,不予为仁。"②仁的内涵体现为正,即公正。船山对以上孔子的"仁"言和朱熹的"仁"的章句进行训义:"人之所以能不失其本心者,赖有是非之不昧而已。是非明,则择于物者必审,而处其身者必善,于凡动静居处之间,皆可验焉。而即择居处之里言之:今以凡人习俗之易移也,于是而里有仁不仁之别。若其所居之里而有仁厚之风,相睦也而不相争,相劝以善也而不相党以恶,则身得安焉,子弟效焉,岂不美乎!"③船山认为仁是人的本心,是是非之心,仁者好善而无恶,相处和睦而不争名好利,仁具有公正的意向和意蕴,仁心可以发展为至善至美的境界。船山继续训义:"仁者,其心本与理合也,而存之养之,又已极于密焉。于是心之方静,无非天理之凝也;心之方动,无非天理之发也。见吾心为居仁之宅,则见天下皆行仁之境,随所用而皆仁,无不安也。"④船山所说的仁心与天理相合,说明仁是公正的,因为天理大公至正。船山将仁的内涵向公正上面发展,这与《左传》思想有一致的地方。《左传》说:"恤民为德,正直为正,正曲为直,参和为仁。"⑤程颢曰:"仁道难名,惟公近之,非以公便为仁。"⑥

---

① 朱熹:《论语·里仁》,《四书章句集注》,中华书局1983年版,第69页。
② 苏舆著,钟哲点校:《仁义法》卷八,《春秋繁露义证》,中华书局1992年版,第250—251页。
③ 《四书训义》,《船山全书》(第七册),岳麓书社2011年版,第357页。
④ 《四书训义》,《船山全书》(第七册),岳麓书社2011年版,第359页。
⑤ 《左传·襄公七年》,《十三经注疏》,中华书局1980年版,第1938页。
⑥ 《河南程氏遗书》卷第三,《二程集》,中华书局1981年版,第63页。

意思是仁与公的内涵靠近。仁有正直、公正之深义,因为仁有公正引申义,因此天下推行仁才会达到安定。

王船山接着说明了在天下推行仁道,才能走向公正之道。船山解释了孟子的仁道思想,孟子曰:"三代之得天下也以仁,其失天下也以不仁。国之所以废兴存亡者亦然。天子不仁,不保四海;诸侯不仁,不保社稷;卿大夫不仁,不保宗庙;士庶人不仁,不保四体。今恶死亡而乐不仁,是由恶醉而强酒。"船山训义:"仁也者,人之生理也,含之为不忍人之心,则发之必有大顺乎人之事。而苟失此心以逆乎理而违夫人之心,则生理不存,亦将何以自保乎?"①从本体而言,船山认为仁是人的生理本性,人天生有不忍人之心,人天生有仁,不忍人之心则是公正之心,即不偏于私心和邪恶,以仁道行事则不违背天理,即是公正。

王船山对仁道公正内涵的揭示还体现在阴阳相济的思想,阴阳相济而达到公正,即是说仁本来就是阴阳相济形成的,相济才能成仁;只阴不阳或者只阳不阴都是不仁的,阴阳不相济导致私欲横行,天下不公正。他说:"仁者,爱之理也,而其发于情也易以动,故在下位而易动于利,在上位而易于欲。君子之仁,廓然曙于情之贞淫,而虚以顺万物之理,与义相扶,而还以相济。故仁,阴德也,而其用阳。若遇物而即发其不忍之情,则与嚅呢呴沫者相取,而万物之死生有所不恤。阴德易以阴用,而用以阴,乃仁之贼,此高宗之仁也。"②仁道之仁的本质是柔性的,属于阴,但其用则是刚性的,属于阳,正如"仁者必有勇,勇者不必有仁"③。船山用阴阳互动、阴阳相济的观点诠释仁,说明了仁的公正内涵。阴阳相济就是公私相济,义利相和,达到"通"的性质,公平公正。这在谭嗣同的《仁学》中得到证明:"仁以通为第一义。以太也,电也,心力也,皆指出所以通之具","通之象为平等","无对待,然后平等"。④ 仁最后通向公正。

王船山认为仁能向"贞"的方向发展,而"贞"就是"正",具有公正之义。《易》说:"天地之大德曰生。圣人之大宝曰位。何以守位曰仁。何以聚人曰财。理财正辞,禁民为非曰义。"船山对此诠释说:"大要以明重三画而六之,阴阳、柔刚、仁义,合二以立极之理,著爻之所效也。'天地之大德曰生',统阴阳柔刚而言之。万物之生,天之阴阳具而嘘吸以通,地之柔刚具而融结以成;阴以敛之而使固,阳以发之而使灵,刚以干之而使立,柔以濡

① 《四书训义》,《船山全书》(第八册),岳麓书社 2011 年版,第 422 页。
② 《读通鉴论》,《船山全书》(第十册),岳麓书社 2011 年版,第 779 页。
③ 朱熹:《论语·宪问》,《四书章句集注》,中华书局 1983 年版,第 149 页。
④ 谭嗣同:《界说》,《仁学》,华夏出版社 2002 年版,第 6—7 页。

之而使动。天地之为德,即立天立地之本德,于其生见之矣。位也,财也,仁也,义也,圣人之立人极不偏废者也,所以裁成辅相乎天地,而贞天下之动者也。"①船山认为仁是天地之德,仁的位置在于义,而义就是"和",仁没有偏私,没有偏私则是人的至高境界和本心。船山认为,仁是人的极致,即人极。人的仁来源于天地之仁,发展成"贞",即"正",有公正的内涵。"君道止于仁,唯为民父母,而后可为元后,仁所以守位也。仁者,位中所有之德也。义者,取舍而已。非义而取,则上有匿情,虽责民以善而辞不昌,民乃不服。财散民聚,而令下如流水矣。义者,于财而著者也。仁义之藏生于人心一阴一阳之成性,而此于守位聚人言之者,自其效天下之动以利用者言也。仁义并行,而后圣人之尽人道者,配天地之德以善天下之动,则六位以尽三才,其效益著明矣。"②船山所说的君主之道就是仁道,是对民众施行的仁道,仁道则是仁与义并行,阴阳相和、刚柔相济,财散民聚。君道实质上是公正之道,有仁道则有公正。君道的形成在于对《易》的三才六位思想的体贴和运用。

王船山认为仁道使天下风清气正,公平公正,国泰民安,仁道至正。孔子曰:"恭而无礼则劳,慎而无礼则葸,勇而无礼则乱,直而无礼则绞。君子笃于亲,则民兴于仁;故旧不遗,则民不偷。"船山对此训义:"唯夫君子者笃于亲矣,则不期民之仁,而民自兴于仁矣。于故旧能不遗矣,则不禁民之偷,而民自不偷矣。在君子之笃亲,但以其一本之志,不忍不推于宗族;其不遗故旧也,但以其平生之好,不忍遽忘于一日。因是而有富贵与共、过失有原之典,要以自尽其心耳。乃不期然而然者,君子有亲,而民自有亲,虽不能如君子之加厚,而相劝以敦其爱者,若非此而不荣也;君子有故旧,而民亦有执友,虽不能如君子之周恤,而自勉以竭其忠者,若非此而不安也。苟如是,则族党之中,不竞于利,不骛于争,礼让之风成而干戈之气静。古君子之以平治天下,率此而已矣。"③船山认为君子之道就是弘扬仁道之道,就是在民众中宣扬仁义公正的价值观,使社会公平公正。仁道的施行使民众不偷不抢,富贵共享,和睦相处,不争利欲,公正公平。君子任重道远,时时以仁道为重任,推行仁道的价值观,实现天下公正。"故凡为君子者,不可不知本务,而治教政刑之皆末也。"④船山认为君子以本为重任,即以仁为己任,有了仁道的价值理念,则治教政刑都能顺理成章。船山的君子观强调以仁为本,正是《论语》中曾子的思想:"士不可以不弘毅,任重而道远。仁以为己任,不亦

---

① 《周易内传》,《船山全书》(第一册),岳麓书社 2011 年版,第 579 页。
② 《周易内传》,《船山全书》(第一册),岳麓书社 2011 年版,第 579—580 页。
③ 《四书训义》,《船山全书》(第七册),岳麓书社 2011 年版,第 528—529 页。
④ 《四书训义》,《船山全书》(第七册),岳麓书社 2011 年版,第 529 页。

重乎? 死而后已,不亦远乎?"①船山的君子仁思想与曾子的士仁思想基本一致。船山说:"圣贤学问,明明有仁,明明须不违,明明可至,显则在视、听、言、动之间,而藏之有万物皆备之实。'三月不违',不违此也;'日月至焉',至于此也。"②圣贤的学问就是仁道的学问。

总之,王船山坚持仁道至正的公正观。船山人道公正论在仁道至正思想上展开,是将道统公正论向仁道公正论的发展,说明坚持仁道能够实现公正。仁道至正是儒家思想的传统,仁本身是指爱人,即爱天下之人,由于仁没有私心,使人得其公正的道德,实现天下为公,大公至正。仁道之所以能够公正,是因为仁来源于天道阴阳相和、刚柔相济,通过义实现天下至和,符合天理。天理大公至正,因为仁也是公正的,所以人有仁则有公正的道德。仁道大公至正,推行仁道,天下可以治理,君主治理天下就是仁道治理。君子的重任就是推行仁道,以仁为本,公平公正。船山的人道公正论从仁道公正论上展开是对道统至正思想的发展,说明其学术回归儒家经典,做到了返本与开新的统一。

## 三、善 道 至 正

王船山在人道公正论上主张以道统公正观达到天下公正,实质上也是指儒家的善道之统,推行善道达到公正,其人道公正思想进入善道至正思想上。《礼记》说:"大道之行也,天下为公,选贤与能,讲信修睦。"船山对此章句体现了善道的道统,他说:"'天下为公',谓五帝官天下,不授其子。'选',择。'与',授也。谓择贤能而禅之。'讲信'者,讲说期约而自践之,不待盟誓。'修睦'者,修明和睦之教而人自亲,不待兵刑也。凡此皆人道之固然,尧、舜因之以行天下。与贤而百姓安之,讲信修睦而天下固无疑叛,则礼意自达,无假修为矣。"③船山对古圣先贤的道统观进行了善道思想方向上的诠释。善道既是以和善友好的态势安居天下的大道,又是以善良品格征服天下的政道,船山的道统观显然兼有这两方面的思想。船山说:"礼以文之,乐以乐之,备物采、盛文章以达之,皆用物力而不嫌于奢,捐衣食而不忧其匮,无一不经营于舜与契之衷。而尧犹以为此人禽之界,恐民以勤勤于衣食之故,而难劝进于善,乃申命司徒……"④以礼乐文章对民众进行劝善,使民众在人伦上区别于禽兽,这实质上是指善道,船山对孟子的道统观

---

①　朱熹:《论语·泰伯》,《四书章句集注》,中华书局 1983 年版,第 104 页。
②　《读四书大全说》,《船山全书》(第六册),岳麓书社 2011 年版,第 676 页。
③　《礼记章句》,《船山全书》(第四册),岳麓书社 2011 年版,第 537 页。
④　《四书训义》,《船山全书》(第八册),岳麓书社 2011 年版,第 336 页。

进行了善道思想上的诠释。

古圣先贤追求善道,以善道对待天下,形成儒家的道统观,期求天下公平公正。《周易》说:"风雷益,君子以见善则迁,有过则改。"①船山注释:"改过迁善,以速而益","益者,学以益性之正"。② 善道一直古代经典之思想传统。《尚书》说:"天视自我民视,天听自我民听。"③船山引义:"言之无疵者,用之一时而业以崇,进之百世而道以建,大公于天下,而上下、前后、左右,皆一矩絜之而得其平;征天于民,用民以天,夫然后大公以协于均平,而持衡者慎也。"④船山认为善道是百代流传下来的道统,以民为本,以民为统,天下大公至正,善道就是公正之统。

古圣先贤的道统以"道"为中心,"道"就是人性本善之道,即"天命之谓性,率性之谓道,修道之谓教"⑤。道为何是善的?因为天命所赋予人的是善性,人性本善,心同理同,以此为行动即是道。基于此,道统论所聚焦的一直是与人为善和与民为善的观点,忧道和谋道都以善道为中心。孔子说:"君子谋道不谋食。耕也,馁在其中矣;学也,禄在其中矣。君子忧道不忧贫。"朱熹章句说:"耕所以谋食,而未必得食。学所以谋道,而禄在其中。然其学也,忧不得乎道而已;非为忧贫之故,而欲为是以得禄也。"尹和靖说:"君子治其本而不恤其末,岂以在外者为忧乐哉?"⑥船山训义说:"是故君子念千圣之统绪在我,世教之贞邪在我,伦不易明,物不易察,而我何以为君子?终日忧之,而必谋之,终日谋之,而有余忧。养君子者,君相之责;虑饥寒者,小人之心。处乐不荣,固穷不辱,而吾自成乎其为君子。"⑦船山是说君子之道以善道为中心,避免邪恶,这是圣贤传承下来的道统,君子之道成为了儒家的道统,正如孔子说:"笃信好学,守死善道。"⑧儒学被称为"君子之学",余英时就说:"儒学事实上便是'君子之学'。"⑨可见船山将君子之道归纳为儒家的道统,这种道统实质是善道之统,使天下趋向仁道,实现公平公正。

"道"是人的终身追求,因为君子以仁道为己任,终身追求善道。孔子

---

① 阮元:《周易·下经·益》,《周易正义》,《十三经注疏》,中华书局1980年版,第53页。
② 《周易内传》,《船山全书》(第一册),岳麓书社2011年版,第350页。
③ 阮元:《尚书·周书·泰誓》,《尚书正义》,《十三经注疏》,中华书局1980年版,第181页。
④ 《尚书引义》,《船山全书》(第二册),岳麓书社2011年版,第327页。
⑤ 朱熹:《中庸》,《四书章句集注》,中华书局1983年版,第17页。
⑥ 朱熹:《论语·卫灵公》,《四书章句集注》,中华书局1983年版,第166页。
⑦ 《四书训义》,《船山全书》(第七册),岳麓书社2011年版,第860页。
⑧ 朱熹:《论语·泰伯》,《四书章句集注》,中华书局1983年版,第106页。
⑨ 余英时:《现代儒学的回顾与展望》,三联书店2004年版,第271页。

说:"朝闻道,夕死可矣。"朱熹注说:"道者,事物当然之理。苟得闻之,则生顺死安,无复遗恨矣。朝夕,所以甚言其时之近。"程颢注说:"言人不可以不知道,苟得闻道,虽死可也。"又说:"皆实理也,人知而信者为难。死生亦大矣! 非诚有所得,岂以夕死为可乎?"王船山训义说:"夫天地法象之所昭示,人伦物理之所显著,古圣先贤之所明所行,原乎一本而散乎万殊,皆可闻也,而皆不易闻也。可闻而不闻,则不闻者耻矣。不易闻而能闻之,则天下无复有不闻者矣。如是而可以不闻乎? 可以听其或闻或不闻而姑已乎? 诚欲闻也,则必自誓以必闻曰:朝闻道,夕死可矣!"①船山的意思是说,道是人的终身追求,是人的价值观和荣辱观,是最高的价值取向,道实际上是天下的大道,具体来说是仁道和善道,而不是物欲之道。孔子曰:"士志于道,而耻恶衣恶食者,未足与议也。"②船山训义说:"夫恶衣恶食,任有道者安之耳。即其未能安也,亦嗜欲之未忘,犹人情之常,可以道而徐正之也。"③道是天下公正之道,而不是物欲私利之道。

王船山认为道指的是正道,善道则是公正之道。张载说:"大其心能体天下之物。"④船山注:"大其心,非故扩之使游于荒远也;天下之物相感而可通者,吾心皆有其理,惟意欲蔽之则小尔。"⑤因为大道能够登高致远,人道体贴大道需要大心,不为物欲所累,大心体贴公正之道。船山所说的道是公正善道,能够周遍天下。张载说:"以我视物则我大,以道体物我则道大。故君子之大也大于道,大于我者容不免狂而已。"⑥船山注释说:"物与我皆气之所聚,理之所行,受命于一阴一阳之道,而道为其体;不但夫妇、鸢鱼为道之所昭著,而我之心思耳目,何莫非道之所凝承,而为道效其用者乎! 唯体道者能以道体物我,则大以道而不以我。"⑦船山认为"道"来源于阴阳相济的善道,人体贴善道,以道为准,而不是以我为准,他是说道公正无私,而"我"的偏执则容易导致狭小,陷入物欲偏私。因此船山所说的道是公正的善道。

王船山将道诠释为公正的善道,公正是善道的宗旨。《礼记》说:"君子乐得其道,小人乐得其欲。以道制欲,则乐而不乱;以欲忘道,则惑而不乐。

---

① 《四书训义》,《船山全书》(第七册),岳麓书社2011年版,第369页。
② 朱熹:《论语·里仁》,《四书章句集注》,中华书局1983年版,第71页。
③ 《四书训义》,《船山全书》(第七册),岳麓书社2011年版,第370页。
④ 张载:《正蒙·大心篇》,《张载集》,中华书局1978年版,第24页。
⑤ 《张子正蒙注》,《船山全书》(第十二册),岳麓书社2011年版,第143页。
⑥ 张载:《正蒙·大心篇》,《张载集》,中华书局1978年版,第26页。
⑦ 《张子正蒙注》,《船山全书》(第十二册),岳麓书社2011年版,第151—152页。

是故君子反情以和其志,广乐以成其教,乐行而民乡方,可以观德矣。"①船山章句:"君子乐乎正,故以雅乐为乐,小人乐乎淫,故以奸声为乐,盖习尚渐渍而情为之移也。然小人之乐,沈湎迷惑,失其本心之顺,欣极必厌,而奚乐哉!"②君子之道以公正为乐,小人奸邪,终日追求物欲偏私,没有快乐;君子以道为乐,小人以淫为乐;君子达善,小人无乐。

王船山还将道诠释为善而无恶之道。孔子说:"三人行,必有我师焉:择其善者而从之,其不善者而改之。"③船山训义:"人而有志于善,则亦何患乎其无所观感乎!自我言之,天理之得失,如是其昭著也;人心之变动,如是其无穷也;皆斯道无隐之藏,而可为吾益者也。"又说:"夫一言一动之间,有贞邪焉;相形相较之中,有是非焉。天理未忘于人,则有欲善而善者矣,有不知为善而天机之自动者善矣。我则择而从之,择而易知也,从而易能也。"④向善无恶,向美的方向发展,就是船山所说的善道。向好的方向上成就事情,就是善。曾子曰:"鸟之将死,其鸣也哀;人之将死,其言也善。"朱熹章句:"鸟畏死,故鸣哀。人穷反本,故言善。"⑤船山对此进行训义:"夫鸟之将死也,则其鸣也,哀而已,知爱其生而不知所以生也。若人之将死也,其言不容不善也。居平之所语者,事物皆道,而不嫌于博引。至于此,而内顾止此身也,身止此道,与存亡也。择乎君子之道而得其所贵,则庶其善乎!天下无物而非道,则无事而不以非道也。乃君子酌乎有其善,而无不善,舍此而求善于物,则虽备美而不善者先在吾身,故以此为贵焉。"⑥船山认为向"美""好"的方向上发展,这是善道的宗旨,即是成就美善而不成就凶恶,成人之美而不成人之恶,他对道统的追求以此为宗旨,建构公正思想。《礼记》云:"道德仁义,非礼不成,教训正俗,非礼不备。"船山章句:"在理曰'道',在心曰'德'。'仁'者,爱之体。'义'者,心之制。礼以显其用,而道德仁义乃成乎事矣。设科以督正之曰'教'。启释其所未通曰'训'。教训斯民以正其俗者,以为善去恶为大纲,而非示之以礼,则不能随事而授之秩叙,以备乎善也。"⑦船山将道归结为善道,仁义道德、政教礼刑都是为了善,一切都是为了至善,实现公正公平。

---

① 阮元:《礼记·乐记》,《礼记正义》,《十三经注疏》,中华书局 1980 年版,第 1536 页。
② 《礼记章句》,《船山全书》(第四册),岳麓书社 2011 年版,第 927 页。
③ 朱熹:《论语·述而》,《四书章句集注》,中华书局 1983 年版,第 98 页。
④ 《四书训义》,《船山全书》(第七册),岳麓书社 2011 年版,第 503 页。
⑤ 朱熹:《论语·泰伯》,《四书章句集注》,中华书局 1983 年版,第 103 页。
⑥ 《四书训义》,《船山全书》(第七册),岳麓书社 2011 年版,第 532 页。
⑦ 《礼记章句》,《船山全书》(第四册),岳麓书社 2011 年版,第 16 页。

总之,王船山的道统观也坚持善道全正的公正观。船山的人道公正论在善道至正思想上展开,将道统公正向大道至正上发展,说明善道能够实现公正。善道至正是儒家追求的道统,仁道以天下为公,大公至正,善道也以天下大公至正为宗旨。善道之所以能够公正,是因为善道成人之美而不成人之恶,注重以道来思考天下问题,以大道成就人本身,不会陷入物欲之私和自我偏执,符合天理,大公至正。善道是公正之道,因为善道源自天命之本善之性。善道大公至正,推行善道,天下可以治理,君子之学以天下善道为宗旨。君子的重任就是推行善道,实现天下公平公正。船山的人道公正论从善道公正论上展开是对道统至正思想的发展,说明船山的学术回归儒家经典,既返本,又开新。

# 第二节　道心的公正

王船山的人道公正思想经过道统公正论的建构,确立了仁善道统在公正道德和公正伦理思想中的主导地位。人道公正思想除了道统公正思想外,还有道心公正思想,从而使公正的元伦理思想逐渐丰富起来,公正的"应该"体系慢慢建构起来。道统的公正是历史的传承,道心的公正则是人本心的显现,都是人道公正的核心思想,从道统向道心思想的发展,彰显了公正道德的建构逻辑完成了从历史传统向内在实质转换的过程。

道心的公正是人道公正思想的关键部分,其思想包括人心跟从道心,道心确立人道,实现天下公正。为何道心能够确立人道呢? 因为人同此心,心同此理,天下人心都认同共同的道理,心同理同,道心确立起来,道心就是公正之心。道心公正论主要从以诚至正、以性至正和以心至正三个方面展开。道心公正论源自天道,诚心、道心、人性都与天道相关,但经过天道向人道过渡,人道有诚心、心性,向着公正发展,公正的"应该"体系在人道范畴上确立。人道公正的具体逻辑图示如下:

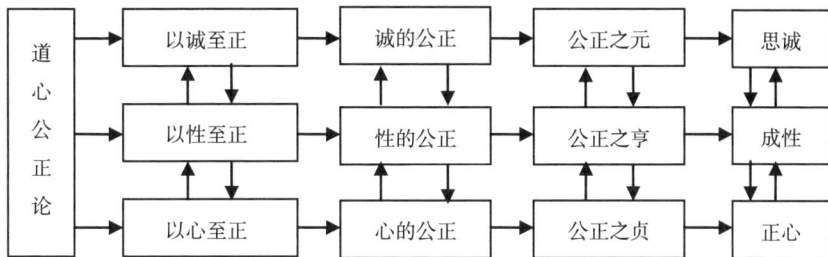

道心公正内容界说逻辑图示

　　从图示可以看出,王船山道心公正思想以诚、性、心三范畴为核心,道心体现了诚心、心性,通过道心的惟精惟一追求,实现思诚、成性、正心,以道心引导人道,实现天下公正。道心本身就是公正之心,因为有"诚""性"而有道心,"诚"和"性"本身就是公正的。"诚"是道心中的"元",由此而发用为公正道德,"性"是道心中的"亨",由此而养成了公正道德,"心"是道心中的"贞",由此而成就了公正道德,船山人道公正论通过道心至正完成了心性层面的公正思想建构。

## 一、以诚至正

　　王船山的道心公正论首先从以诚至正上展开,即是说心源自天道之诚,天道之诚产生了人道之诚,有天道诚的本原状态,才有人道诚的本心。诚既是天道,又是人道。有天道诚的公正、至正,必然有人道诚的公平、公正。人道公正的"应该"来源于天道诚的本原,因此人道诚是天下公正的"应该"体系,是公正道德的来源。

　　王船山论述了天道至诚思想,认为人首先要知道、明白天道本性,知天才能知人,明白天道诚才能去实现人道诚,这正是天人不相异的思想发挥。人的智慧来源于对天的认识,天人合一思想使人了解天、把握天,寻找面对天的方法,智慧就产生了,提升人的生存能力。船山说:"君子以所贵于智者,自知也、知人也、知天也,至于知天而难矣。然而非知天则不足以知人,非知人则不足以自知。'天聪明,自我民聪明;天明威,自我民明威';即民之聪明明威而见天之违顺,则秉天以治人,人之可从可违者审矣。故曰非知天则不足以知人。所事者君也,吾义之所不得不事也;所交者友也,吾道之不得不交也。不得不事、不得不交者,性也;事君交友,所以审用吾情以顺吾性,而身之得失系焉。故曰非知人不足以自知。由此言之,极至于天,而岂难知哉!"①船山认为知天才能知人,天道是人道的根据,秉承天道,人道行动处事才能实现成功,人的言行举止,人际伦理关系都依据天道而建立,人的性情都依天道而发送,顺天以治人,由天道达到人道,人应该尽量明白天道,不可出现自我偏执。"若云由吾性之德有礼,而情之德乃有和,则《中庸》之所谓和者,又情之根夫仁义礼智具足之性以生,而不专倚于礼。且在性之所谓仁义礼智者,有其本而已,继乎天之元亨利贞而得名者也,在率性之前而不在修道之后。今曰'先王之道,斯为美,小大由之',则固指教而言

---

① 《读通鉴论》,《船山全书》(第十册),岳麓书社 2011 年版,第 540 页。

矣。如之何绛纷胶轕,而以此和为性情之德耶?"①船山说人的仁、义、礼、智道德都根源于天道的元、亨、利、贞,有天道的天理才有人道的道德。人秉承天命所赋才有人的德性。由此引申,天道公正有诚,人道也应效仿天道公正实现人道公正有诚。"夫性情之德,则尽人有之。而君子致之者,其功在省察、存养,而乃以经纬乎天地。"②人德以天地之道为基础,人所做的就是依天道推行人道,修养德性。"若人欲未消,无诚意之功;天理未明,无致知之力。"③人首先要明白天道,才能展现人道的公正。

王船山依天顺人的思想为人道诚的确立奠定了思想基础。船山继承古圣先贤的人道至诚思想,认为人道至诚可以达到人道公正、天下公平,人道以诚心实现公正。孟子说:"是故诚者,天之道也;思诚者,人之道也。"朱熹集注:"诚者,理之在我者皆实而无伪,天道之本然也;思诚者,欲此理之在我者皆实而无伪,人道之当然也。"④朱熹认为天道真实无妄,公正公平,人道也要真实无伪,公平公正。船山对孟子和朱熹的人道诚思想进行训义:"故特患诚之不至耳。若其由勉然之择执,而知之无不明,守之无不固,行之无不尽,则人皆受此理于天而心不容昧,由亲、民、君、友而遍乎天下,不感动以生其相孚相信之心而因以变化者,未之有也。如其择之不精,执之不一,私意参之,私欲蔽之,则虽托仁义之迹,以求人情之应,而不以实心感者不足以触发乎天下之心,不以实理施者不可以类通乎天下之理,未有能动者也。至哉诚乎!人以此合天,而我以此化物。"⑤船山认为人道依据天道诚而达到人道诚,知无不明,守无不固,行无不尽,以诚对待亲、民、君、友,则没有偏私固执和私欲扩张,以诚心合于天道,以诚心感化万物,则不自我偏执,天下大公至正,公平公正。人道至诚是与天道诚相合,与天道诚相合则是人道尽诚之性。《中庸》说:"唯天下至诚,为能尽其性;能尽其性,则能尽人之性;能尽人之性,则能尽物之性;能尽物之性,则可以赞天地之化育;可以赞天地之化育,则可以与天地参矣。"朱子注释说:"天下至诚,谓圣人之德之实,天下莫能加也。尽其性者,德无不实,故无人欲之私,而天命之在我者,察之由之,巨细精粗,无毫发之不尽也。人物之性,亦我之性,但以所赋形气不同而有异耳。能尽之者,谓知之无不明而处之无不当也。"⑥朱熹认为天

①　《读四书大全说》,《船山全书》(第六册),岳麓书社 2011 年版,第 593 页。
②　《读四书大全说》,《船山全书》(第六册),岳麓书社 2011 年版,第 593 页。
③　《读四书大全说》,《船山全书》(第六册),岳麓书社 2011 年版,第 682 页。
④　朱熹:《孟子·离娄上》,《四书章句集注》,中华书局 1983 年版,第 282 页。
⑤　《四书训义》,《船山全书》(第八册),岳麓书社 2011 年版,第 449 页。
⑥　朱熹:《中庸》,《四书章句集注》,中华书局 1983 年版,第 32—33 页。

道有诚,人道尽德,德无不实。船山训义说:"至诚之与天同其德者,有即功化而见者焉,则请就其功化而言之。夫人物各载一真无妄之理而为性,而特其不能至也;君子固执一真之理以诚身,而犹未能即至也。"又说:"而天下至诚,于性之所存者无不信诸己矣,性之所发者无不充其量矣,为能尽其性也。"①船山是说人与天同德,都是至诚无妄,但都不完全达到至诚,必须尽其所能达到诚的道理。但是人有个体差异,气质有所不同,如何使人道至诚而实现公正呢? 船山继续训义说:"夫能尽其性,而吾性中之功用岂有穷哉! 夫人亦各有其性矣,智愚贤不肖以其气质而殊,而其性之知能不能以自效。有知之明者,而后不掩其善而导其不善;有处之当者,而后可裁其过而补其不及。唯至诚能尽其性,则以我之大全,辨人之偏,乃以极夫人气质之所可受,而使各致其知能,则能尽人之性矣。"②船山认为人道尽诚之性没有穷尽,为了达到至诚之性,尽量与天道诚相近和相合,各尽其能,以善引导不善,裁过补差,以大全纠正偏私,实现尽性的公正。张载说:"义命合一存乎理,仁智合一存乎圣,动静合一存乎神,阴阳合一存乎道,性与天道合一存乎诚。天所以长久不已之道,乃所谓诚。仁人孝子所以事天诚身,不过不已于仁孝而已。故君子诚之为贵。"③船山注曰:"诚者,神之实体,气之实用,在天为道,命于人为性,知其合之谓明,体其合之谓诚。"④人道与天道的诚相结合则是人道诚。人道诚如何实现? 船山认为既知又行则是诚,"实知之,实行之,必欲得其心所不忍不安,终身之慕,终食之无违,信之笃也"⑤。意思是说人与天道诚合一,信笃无违,就是人道诚。人道如何至诚?"有不诚,则乍勇于为而必息矣;至诚则自不容已。而欲致其诚者,惟在于操存而勿使间断,已百已千,勉强之熟而自无不诚矣。"⑥船山认为人道至诚没有终止,没有间断,终身以诚相守护。

人道诚是什么样的道德责任呢? 王船山认为人道之诚就是尽职尽责地捍卫天下大义,以诚心得到天下信任,以诚维护天下大义。为了大义,必须以诚面对,生命在诚心面前屈居次要地位。船山说:"夫君子之道,成则利天下,不成而不自失。其谏也,用则居其位,不用则去之。又不然,则延颈以受暴君之刃而已,无可谲也。其定乱也,可为则为,直词正色以卫社稷,不

①　《四书训义》,《船山全书》(第七册),岳麓书社 2011 年版,第 189 页。
②　《四书训义》,《船山全书》(第七册),岳麓书社 2011 年版,第 189—190 页。
③　张载:《正蒙·诚明篇》,《张载集》,中华书局 1978 年版,第 20 页。
④　《张子正蒙注》,《船山全书》(第十二册),岳麓书社 2011 年版,第 114 页。
⑤　《张子正蒙注》,《船山全书》(第十二册),岳麓书社 2011 年版,第 115 页。
⑥　《张子正蒙注》,《船山全书》(第十二册),岳麓书社 2011 年版,第 115 页。

济,则以身殉而已。死者,义也;死不死,命也;有命自天,而俟之以义,人之所助,天之所佑。故曰:'履信思乎顺,自天佑之,吉无不利。'大易岂不可与权者哉?秉信非以全身,而身或以保;非以图功,而功或以成。"①船山认为君子之道就是实现人道诚,为了大义必须以诚作为人道,为了社稷必须以诚为天下之道。实现人道诚可以牺牲生命,不惜牺牲生命是为了得到诚信,但结果还可以保全身体。实现诚心要为天下尽责任。船山说:"夫大臣者,衷之以心,裁之以道,持之以权,邦之荣怀与其机阱系焉者也。不得已而有言,言出而小人无所施其唇舌,乃可定众论之归,而扶危定倾于未兆。"②让天下转危为安则是诚心的体现,诚心不计较个人的得失、安危,大臣为诚心扶持国家社稷,不在乎个人得失。"故大臣之以身任国事也,必熟识天下之情形,接纳边臣之心腹,与四方有肺腑之交,密计潜输,尽获其肝胆,乃可以招携服远,或抚或剿而罔不如意。"③国家大事必须以诚心面对,诚心治国,诚心治理边疆,责任是首要的。

王船山为了论述"以诚至正"的公正论,还说到"直"与诚的关系。他认为"直"是诚的性质,诚就是直面相向,直面天下大义,为天下大义尽职尽责。因此,诚是大义公正的举动。船山认为人道诚必须"直"。船山说:"盖道,虚迹也;德,实得也。故仁、义、礼、智曰四德,知、仁、勇曰三德。而若诚,若直,则虚行乎诸德者。故《中庸》言'诚者天道,诚之者人道'。而言直也,必曰'直道',而不可曰直德。直为虚,德为实。虚不可为实。必执虚迹以为实得,则不复问所直者为何事,而孤立一直,据之以为德,是共不证父攘羊者鲜矣。"④还说:"德也者,所以行夫道也。道也者,所以载夫德也。仁也者,所以行其直也。直也者,所以载夫仁也。仁为德,则天以为德,命以为德,性以为德,而情亦以为德。直为道,则在天而天道直也,直道以示人,天之事也;在人而人道直也,遵直道以自生,人之事也。"⑤船山认为"直"就是人道之事,没有直道则不能尽人道之事,直道行事则体现了仁义礼智四德。天道直,直而不妄,直而不伪,具有公正的道德;人道依据天道直行,则有仁义礼智的道德。既然天道诚而直,人道则诚而直,直接面向仁义礼智的道德。从这里可以看出人道是直面仁义礼智的道德,说明直就是对人道诚的执行,直而公正。诚既然需要"直"的方式,则人道诚必须有直面是非之心,

①　《读通鉴论》,《船山全书》(第十册),岳麓书社2011年版,第525页。
②　《读通鉴论》,《船山全书》(第十册),岳麓书社2011年版,第962页。
③　《读通鉴论》,《船山全书》(第十册),岳麓书社2011年版,第964页。
④　《读四书大全说》,《船山全书》(第六册),岳麓书社2011年版,第685页。
⑤　《读四书大全说》,《船山全书》(第六册),岳麓书社2011年版,第685页。

"无是非之心非人也,非人则禽也"①。既然直接以诚面对仁义礼智四德,人要有是非之心,公正道德体现在是非判断的心中。

总之,王船山的道心公正观从"诚心至正"开始,坚持"以诚至正"达到人道公正。船山人道公正论在"以诚至正"上展开,在人道诚的"应该"体系上确立公正道德,说明人道诚能够实现公正。"以诚至正"是儒家思想的传统,诚道真实无妄,公正无私,人道通过诚实现天下公正。人道诚之所以能够实现公正,是因为人道诚直面仁义礼智四德,为天下尽职尽责,不计较自己的生命和个人安危,"以诚至正"成为一种德性,注重以诚心思考天下问题,以诚心成就人本身,不会陷入物欲之私和自我偏执,符合天理,大公至正。诚道是公正之道,因为诚道源自天命善性。诚道大公至正,推行诚道,天下可以得到治理,君子之学以诚获得天下信任,实现天下公平公正。船山的人道公正论从"以诚至正"上展开是对道心公正思想的发展。

## 二、以 性 至 正

王船山的道心公正论在"以诚至正"思想上展开后,接着提出"以性至正"的思想,即是说人秉承天地之性,获得人本善之性,人性即本善之性,通过人性在人道上确立公正的道德。人性确立社会公正的思想建构了天下公正的"应该"体系,人性的善质建构了天下公正的道德体系。关于人性论,有天命本善之性的学说和人性本恶的学说,自孟子以来儒家主流思想以人性本善为主要观点,因为人性本善,所以人在社会上要有公正道德。尽管有荀子等少数儒家认为人性本恶,但人心向善的思想还是儒家的主导价值体系,因为人心向善,所以天下之人需要有公正道德。船山基本上以人性本善的学说建构人道公正的思想体系,孟子说:"人性之善也,犹水之就下也。人无有不善,水无有不下。"②船山训义:"天生人而命以性,人秉性而别于物以为人。人则有孩提之爱焉,顺而达之以为仁;有稍长之敬焉,顺而达之以为义;有人之耳目,则有人之聪明;有人之心思,则有人之睿智。若夫贸贸无择以为不善者,性所本无。均是人,则均有是善,而无不善之性也。"③船山继承了孟子的人性本善学说,认为人天生就有善性,只要是人就有善性,善是人的本原。"人性之顺趋于善也,引之而即通,达之而莫御,犹水之就下也,是可以知性之本体矣。"④船山认为人性本善,正因为人有本善之性,所

①　《读通鉴论》,《船山全书》(第十册),岳麓书社 2011 年版,第 541 页。
②　朱熹:《孟子·告子上》,《四书章句集注》,中华书局 1983 年版,第 325 页。
③　《四书训义》,《船山全书》(第八册),岳麓书社 2011 年版,第 680 页。
④　《四书训义》,《船山全书》(第八册),岳麓书社 2011 年版,第 680 页。

以人即容易达到仁义,若没有善的选择,人不能成其为人本身。

孔子提出人性相近的思想,"性相近也,习相远也"。朱熹章句:"然以其初而言,则皆不甚相远也。但习于善则善,习于恶则恶,于是始相远耳。"①孔子说:"亲于其身为不善者,君子不入也。"②孔子的人性相近初步包含了人性开始有善的性质和倾向,朱熹认为开始是善,但后来则随着社会的发展和影响则有可能偏离善,出来恶的倾向。船山对此训义:"知天人之际者,可以知性;察善恶之几者,在辨其习。性之于人至矣哉!而习之于人亦切矣哉!均是生也,均是气也,均是人之生也,均是气之理也,二气之良能,五行之精秀,理行乎气而为形,气载夫理而为心,夫不相近乎哉!尧、舜不废食色之常,桀、跖亦窃仁义之似;近焉,而何以成乎远也?则习也。一人之迷其性而倡矣,众人之忘其迷而和矣,能尽其性者鲜,不知其性者众,驯而习之,则利于善,狎而习之,则安于恶,于是而远矣。中材无独立之志,利欲有百出之涂,远矣。而可返之以同于善也,则又性也。"③船山认为人性本身具有相近性,人的本性是善性,尽管行为有善恶的差异,但从人性的极致上看,还是以善为根本。无论表现出是善或者是恶,但从其人性产生之初还是善的,只是由于后天的习气可能导致行为性质有恶的偏离,但人性从根本上说是善的,如果经过驯化,则又返回到到人性的善道上。为何人性本身是善的?船山认为人得到五行之精、二气之良而使人性具有善性,人性本善是天理,从理上说,人性没有不善,天理本善至正。

王船山的观点类似于朱子的人性本善观点,性即是天理,天理没有不善。朱熹说:"性即理也。当然之理,无有不善者。故孟子之言性,指性之本而言。然必有所依而立,故气质之禀不能无浅深厚薄之别。孔子曰'性相近也',兼气质而言。"④朱子的意思是人性从理上讲应该是善的,无论如何人性最后还是善的,船山所说的人性极致上是善的观点,正是朱子的观点。但问题是人性在现实中表现有恶的倾向,孟子提出人性本善,荀子则提出人性本恶,观点相去甚远,针对儒家这两种人性的观点,宋明理学提出天地之性和气质之性的解决方案,认为天地之性本善,气质之性可能有恶。朱熹和门人对话说:董卿问气质之性。曰:"天命之性,非气质则无所寓。然人之气禀有清浊偏正之殊,故天命之正,亦有浅深厚薄之异,要亦不可不谓之性。旧见病翁云:'伊川言气质之性,正犹佛书所谓水中盐味,色里胶

①　朱熹:《论语·阳货》,《四书章句集注》,中华书局1983年版,第175—176页。
②　朱熹:《论语集注》,《四书章句集注》,中华书局1983年版,第177页。
③　《四书训义》,《船山全书》(第七册),岳麓书社2011年版,第901—902页。
④　黎靖德编:《性理一》卷四,《朱子语类》,中华书局1986年版,第67—68页。

清。'"又问:"孟子言性,与伊川如何?"曰:"不同。孟子是剔出而言性之本,伊川是兼气质而言,要之不可离也,所以程子云:'论性不论气,不备;论气不论性,不明。'而某于太极解亦云:'所谓太极者,不离乎阴阳而为言,亦不杂乎阴阳而为言。'"①朱熹认为人有天地之性和气质之性,二者是天道阴阳所致,天地之性是善的和正的,气质之性则有偏浊的可能性,但都是人性,天地之性和气质之性同在的思维是对人性的全面表达,船山显然接受了天地之性和气质之性的善恶观点。他论述"性"的"至"和"习"的"切"就是这一观点的反映。朱熹说:"性只是理。气质之性,亦只是这里出。若不从这里出,有甚归着。如云'人心惟危,道心惟微',道心固是心,人心亦心也。横渠言:'心统性情。'"②尽管从理上说人性本善,但人有道心和人心的差异,道心是心,人心亦是心,但如何解决人心的不公正问题,张载提出"心统性情"调衡了人心的不公正和偏私的问题。尽管气质之性有恶的可能性,但天地之性的善性还是要寄托在气质之性上才有个落脚处,最后需要心统性情,回归人性本善上。朱熹说:"论天地之性,则专指理言;论气质之性,则以理与气杂而言之。未有此气,已有此性。气有不存,而性却常在。虽其方在气中,然气自是气,性自是性,亦不相夹杂。至论其遍体于物,无处不在,则又不论气之精粗,莫不有是理。"③天地之性是理,气质之性是气,没有气,则理还存在,因此理是极致的本性,是本善之性,即天地之性。但是性的存在需要气,性存在于气中,理气相辅相成,"性非气质,则无所寄;气非天性,则无所成"④。这是说天地之性存在于气质之性中,气质之性通过天地之性本善的引导上向前发展。船山的人性观显然与朱子的观点一致,也分人性为天地之性和气质之性,天地之性为善,气质之性有恶的可能。但是船山与朱子的人性观又有不同,船山认为人性有极致之善,无论表现为善还是为恶,其极至都是归一于善,习性相远,但习性经过驯化和社会的相互融合,最终又返回到人性的极致上去,注重动态的发展和归纳,而朱子将人性分为善恶两级,直接分善分恶,注重静的天理。船山的观点更接近张载的气质之性返回到天地之性的观点。张载说:"形而后有气质之性,善反之则天地之性存焉。故气质之性,君子有弗性者焉。"⑤张载认为气质之性是一种表现形式,气质之性必然要返回到天地之性上,君子则善于返回到天地之性上。船

---

① 黎靖德编:《性理一》卷四,《朱子语类》,中华书局1986年版,第67页。
② 黎靖德编:《性理一》卷四,《朱子语类》,中华书局1986年版,第67页。
③ 黎靖德编:《性理一》卷四,《朱子语类》,中华书局1986年版,第67页。
④ 黎靖德编:《性理一》卷四,《朱子语类》,中华书局1986年版,第67页。
⑤ 张载:《正蒙·诚明》,《张载集》,中华书局1978年版,第23页。

山注说:"天地之性,太和絪缊之神,健顺合而无倚者也。即此气质之性,如其受命之则而不过,勿放其心以徇小体之攻取,而仁义之良能自不可掩,盖仁义礼智之丧于己者,类为声色臭味之所夺,不则其安佚而惰于成能者也。制之有节,不以从道而奚从乎! 天地之性原存而未去,气质之性亦初不相悖害,屈伸之间,理欲分驰,君子察此而已。"①船山认为天地之性是太和、健顺的精华,是人的良能和仁义;气质之性则有偏私和狭隘的可能,易于丧失仁义。君子善于把握天地之性、人心之良,将气质之性返回到天地之性上去,关键是君子能制衡气质之性。正因为有天地之性的主导作用,气质之性则向天地之性回归,实现人道公正,人性回归到本善之性上,公正的伦理则顺理成章。船山明显地将人性的极致作为人道公正的源头,人心良能的仁义是公正的,因此天下公正的道德观念必然能够树立。船山说:"子曰:'唯上智与下愚不移。'然则中材之可移者多矣。无所慕而好善,无所惩而恶不善,中心安仁者,天下之一人也。出而欲仕,仕而欲速,非能择恶而远之,抑非必择善而忌之也。人主不能正于上,大臣不能持于下,授奸邪以奔走天下之柄,使陷于恶,无抑内愧于心乎?"②既然人性本善,天下人人都须择善去恶,择仁去私欲。君主择仁善实现上下公平公正,在本心上实现扬善去恶,无愧于道的纯正。道心是公正的,人性是公正的,人就应该择善去恶,大公至正,使天下公平公正。船山说:"善言天者验于人,未闻善言人者之验于天也。宜于事之谓理,顺于物之谓化。理化,天也;事物,人也;无以知天,于事物知之尔。知事物者,心也;心者,性之灵、天之则也。汉儒言治理之得失,一取验于七政五行之灾祥顺逆,合者偶合也,不合者,挟私意以相附会,而邪妄违天,无所不至矣。"③真正的道心与人性本善之心相合,道心与本善之理相合,没有私心和奸邪,公平公正。

　　总之,王船山的道心公正论从"以性至正"思想上展开,坚持以本善之性达到人道公正。因为人性秉承天道而至善,以本善之性造就道心的大公至正。船山将公正在人道本性的"应该"体系上确立,说明人道的本性能够实现公正。"以性至正"是儒家思想的传统,性无不善,公正无私,人道以本善之性实现天下公正。人道本性之所以能够实现公正,是因为人道本性的善带来仁义礼智四德,为天下达善达仁,从气质之性返回到本善的天地之性,注重以善性思考天下,以善成就人本身,不会陷入物欲之私和自我之偏,

---

①　《张子正蒙注》,《船山全书》(第十二册),岳麓书社 2011 年版,第 128 页。
②　《读通鉴论》,《船山全书》(第十册),岳麓书社 2011 年版,第 275 页。
③　《读通鉴论》,《船山全书》(第十册),岳麓书社 2011 年版,第 280—281 页。

符合天理之善,大公至正。人性本善是公正之道的性理根源,因为人性本身来自天命善性。人性大公至正,推行善道,天下可以得到治理,君子之学在于返回天地本善之性,实现天下公平公正。船山的人道公正论从"以性至正"上展开是对道心公正思想的发展。

## 三、以 心 至 正

王船山建构了"以性至正"的人道公正论,道心的公正是核心思想,即是说人道之所以能够有公正道德源自道心是大公至正的。船山最终要以道心来统率人心,以道心之良能引导人心向善的方向发展,趋善而去恶。船山的人道公正论进入"以心至正"思想上。

道心是公正之心,前面说过,人同此心,心同此理,这为道心的存在提供了社会心理基础。《尚书》有十六字真言:"人心惟危,道心惟微,惟精惟一,允执厥中。"①朱熹解释说:"人心则危而易陷,道心则微而难著。"②道心是公正无私的心,人心有可能偏私,具有危险性,但君子和圣人能以人心通向道心,故能转危为安。朱子认为天理是道心,人欲是人心,人的德性以道心为基础,君子和圣人能以道心统摄人心,以天理调衡人欲。因此,君子和圣人能够以道心主导人心,是有大德的人,有大德者必能受命于天下。孔子说:"见利思义,见危授命,久要不忘平生之言,亦可以为成人矣。"③孔子的意思是人要成为人,需要成为一个有道心的人,而不是成为一个私欲昌盛的人。船山基本继承了先辈的道心至善的思想,认为道心是善正的。对《尚书》十六字真言进行引义:"若夫人之有道心也,则'继之者善',继于一阴一阳者也。一阴一阳,则实有柔、刚、健、顺之质。柔、刚、健、顺,斯心为仁、义、礼、智者也。当其感,用以行而体隐;当其寂,体固立而用隐。用者用其体,故用之行,体隐而实有体。体者体可用,故体之立,用隐而实有用。显诸仁,显者著而仁微;藏诸用,用者著而藏微。微虽微,而终古如斯,非瞥然乘机之有,一念缘起之无。故曰始显继藏,天命流行,物与无妄也。"④船山说道心来自天道阴阳二气,天道有刚柔健顺的法则,人有仁义礼智的道心。道心若隐若现,但道心是人的本体,人心之用则显著藏微,都因为道心而起,道心是本体,公正无私,物与不妄。船山的意思是说道心是天命所赋,因而是公正无妄的心。但是说道心无妄,不是说道心就显现周全,而是说道心在总体

① 阮元:《尚书·大禹谟》,《尚书正义》,《十三经注疏》,中华书局 1980 年版,第 136 页。

② 黎靖德编:《朱子语类》,中华书局 1986 年版,第 2009 页。

③ 朱熹:《论语·宪问》,《四书章句集注》,中华书局 1983 年版,第 151 页。

④ 《尚书引义》,《船山全书》(第二册),岳麓书社 2011 年版,第 264 页。

上、最终结果上公正无妄,道心的显现总是不露声色。船山说:"夫舜之所谓'道心'者:适于一而不更有者也,'惟精惟一',仅执其固然而非能适于有,弗精弗一,或蔽其本有而可适于无者也;未发有其中,已发有其和,有其固有;而未发无不中,已发无不和,无其所无者也。固有焉,故非即人心而即道心;仅有其有,而或适于无,故曰微也。"①船山认为道心是最终的归结,因此是一;道心平时显现若有若无,一会儿是人心,一会儿是道心,平时显露很微弱,有时又有些把握不是很确定,因此道心表现出来很微妙。但道心确实是固有的,最终的呈现是一,道心最终体现为"和"。但是道心虽说是仁义公正的,毕竟在社会中有人心,人心趋于不公不正,如何实现二者之"和"呢?船山认为以"心统性情"达到"和"。"心,统性情者也。但言心而皆统性情,则人心亦统性,道心亦统情矣。人心统性,气质之性其都,而天命之性其原矣。原于天命,故危而不亡;都于气质,故危而不安。道心统情,天命之性其显,而气质之性其藏矣。显于天命,继之者善也,惟聪明圣知达天德者知之。藏于气质,成之者性也,舍则失之者,弗思耳矣。无思而失,达天德而始知,介然仅觉之小人,去其几希之庶民,所不得而见也。故曰微也。人心括于情,而情未有非其性者,故曰人心统性。道心藏于性,性抑必有其情也,故曰道心统情。性不可闻,而情可验也。"②心有道心和人心,道心是天地之性,是本原,人心是气质之性,是展现。人心展现不灭是因为有天地之性的本原。人聪明睿智达到天德是因为道心的主导作用,如果失去天德则是因为没有道心起主导作用,没有以道心制衡人心。因此,以道心统摄人心,以道心统摄性情,则天下大公至正。圣人以道心为心,心统性情,大公至正,小人以人心为心,人心统性,去公为私,不公正,道心是公正之心。

王船山认为道心是公正之心,是天下之心。他说:"圣人之心以天下为心,则所思者皆天下之理。民无以厚生,圣人思欲裕其财者无不悉矣;民无以正德,圣人思以纳于善者无不周矣;而犹恐其未能推之远迩而咸宜、推之古今而不匮也,因思所以继之焉,使可大也,使可久也,则不忍人之心,无不达之于政也。"③船山说圣人之心以天下为心,圣人以道心为心,即是天下之心,天下之心是公正之心,当政者应该以天下为心。他说:"夫王者合天下以为一家,揭猜疑以求民之莫而行士之志,法愈疏,闲愈正,不可欺者,一王之法,天理之公,人心之良也,而恃区区之标制也乎?三代之隆

① 《尚书引义》,《船山全书》(第二册),岳麓书社 2011 年版,第 261 页。
② 《尚书引义》,《船山全书》(第二册),岳麓书社 2011 年版,第 261—262 页。
③ 《四书训义》,《船山全书》(第八册),岳麓书社 2011 年版,第 413 页。

也,士各仕于其国,而民益亲。"①天下之心是公心,公平公正,天下亲亲和睦。

　　王船山认为心是公正的根本,言由心发,心不正则害事,天下混乱,因此道心是公正的关键,以道心矫正天下言行。"言生乎心者也,成乎言而还生其心。由心而生言,心之不贞,发于言而渐泄矣,其害浅;由言而成事,由事而心益以移,则言为贞邪之始几,而必成乎事,必荡其心,其害深;故曰'生于其心,害于其政'。卒然言之,以为可为而为之,未有不害于政者也。故君子之正天下,恒使之有所敬忌而不敢言。"②天下公正首先从心开始公正,以道心匡扶人心。言不正缘于心不正,但正言也可以适当达到正心的效果。"故圣人欲正人心,而亟正者人之言。心含之,口不能言,则害止于心;心含之,口遂言之,则害著于外;心未必信之,口遂言之,则还以增益其未至之恶,而心与事猖狂而无所讫止。言之有怍,而心有所忌,事有所止,则事虽不顺,鬼神且谅其不敢不忍之犹存,而尚或佑之。心叛于理,言叛于心,可言则言,以摇动天下于蔑彝论、逞志欲之大恶,然后恶满于天下,而天之殛之也不爽。"③言乱也会使天下人心得以动摇,出现道心不能主导天下的情况,因此不能以言乱心。

　　王船山所说的道心是天下之心,天下之心最终是仁心,推行仁义之心使天下公正。"仁之为德,此心不容己之几也,此身所与生之理也,以此身心与天下相酬酢,而以合乎人心之同然者也。故为仁者以心治身,以身应天下,必存不过之则以自惬其心而惬天下之心,实有其功焉。故颜渊问仁,问其所以求诸心者也。"④心之所同然者即是道心,即是天下共同的心,仁心即是天下之心和道心。船山认为"克己复礼"即是以礼恢复道心,达到仁心。他说:"子曰:以要言之,其惟克己复礼,斯为仁乎! 人之未能仁也,以己为我性情之固然,有不可强抑者;至于礼,则谓为因事而设,损吾情而节之,益吾情而文之,非吾心之本有也。夫天生人而统一于生生之理,形骸判而各有其意,各有其欲,不相通则交相悖害,非生理也。而执之曰己,其自蔽而伤物者多矣。克自制其一往之情,则克自廓其一隅之见。而抑非仅托于虚也,于事见礼焉,于物见礼焉,率由之,驯习之,则于吾心见礼焉。有所宜节,过情而不安;有所宜文,不及情而不快。凡发于身而加于物者,皆求遂其性情之本具者,无非礼也,皆以复吾心生而恶可已之实也。此则心无不适,而身效

　　① 《读通鉴论》,《船山全书》(第十册),岳麓书社 2011 年版,第 324 页。
　　② 《读通鉴论》,《船山全书》(第十册),岳麓书社 2011 年版,第 729 页。
　　③ 《读通鉴论》,《船山全书》(第十册),岳麓书社 2011 年版,第 730 页。
　　④ 《四书训义》,《船山全书》(第七册),岳麓书社 2011 年版,第 681 页。

其安;身尢不安,而物得其顺:为仁矣。诚使一日而能然焉,撤其私意以通万物之志,屏其私欲以顺品类之情;以吾心之节为群动之大正,以吾心之文为庶事之美利,而天下各获其心之所安,有不共与以仁者乎? 由此言之,一人之心,天下人之心也;而天下人之心,皆自吾心会通以行其典礼。克者己,一念之不自任者克之也;复者己,一念之不自昧者复之也。归者,归于己心,与万物昭对,大公无私之体也。诚由己也,而岂遂求之天下,逆计其为顺为逆之情,以求慊乎吾心哉? 夫为仁者,于此为之而已矣。"①船山认为人有主体性,为仁由己,克己复礼,达到仁心,仁心即是天下之心,以天下之心达到物我会通、人我会通,天下归仁,公正公平,实现大公无私。仁心公正,以道统心,心统性情,礼乐教化,回归道心。道心原于道,道心是最终归一之心,"法先王者以道,法其法,有拂道者矣;法其名,并非其法矣。道者因天,法者因人,名者因物。道者生于心,法者生于事,名者生于言。言者,南北殊地,古今殊时,质文殊尚:各以其言言道、言法,道法苟同,言虽殊,其归一也。"②以道为根本,以道行法,法有异同,但因为道是一,最终以道治天下,法随道因时而异。心随道,则有道心。"君子之道,有必不为,无必为。小人之道,有必为,无必不为。执此以察其所守,观其所行,而君子小人之大辨昭矣。必不为者,断之自我,求诸己者也。虽或诱之,而为之者必其不能自固而躬冒其为焉。不然,荧我者虽众,弗能驱我于丛棘之中也。必为者,强物从我,求诸人者也。为之虽我,而天下无独成之事,必物之从而后所以成,非假权势以迫人之应,则锐于欲为,势沮而中止,未有可必于成也。以此思之,居心之邪正,制行之得失,及物之利害,其枢机在求人求己之间,而君子小人相背以驰,明矣。"③船山认为以道心制衡天下成就君子之名,以自我对待天下则是小人之心,身居仁心,大公无私,公平公正,身居人心,强物从我,责怪他人,偏私有欲,没有公正道德,天下不公正。

总之,王船山的道心公正论从"以心至正"思想上展开,坚持以道心达到人道的公正。因为道心秉承天道至善之道,以本善之性造就道心的大公至正。船山将公正思想在道心大公的"应该"体系上确立,说明通过人道的道心能够构建公正道德。"以心至正"即是说以道心达到公正,这是儒家思想的传统,道心公正,大公无私,实现天下公正。道心之所以能够实现公正,是因为道心即是仁心,是天下之心,物我会通,人我会通,心统性情,注重以

---

① 《四书训义》,《船山全书》(第七册),岳麓书社 2011 年版,第 681—682 页。
② 《读通鉴论》,《船山全书》(第十册),岳麓书社 2011 年版,第 667 页。
③ 《宋论》,《船山全书》(第十一册),岳麓书社 2011 年版,第 154—155 页。

道心思考天下问题,以道心成就人本身,不会陷入物欲之私和自我之偏,符合天理之善,大公至正,实现公正。道心是公正之道的社会心理根源,因为心所同然,道心公正。道心公正,推行道心,天下可以得到治理。圣人、君子能够以道心统摄人心,实现天下公正。至此,船山的道心公正论建构完成。

## 第三节　道义的公正

王船山人道公正思想的主旨是仁道公正,仁道公正论即是要建构人道公正思想的原则。船山人道公正思想从道统的公正论、道心的公正论上展开,逐渐进入道义的公正论上来。道义的公正论是人道公正的重要组成部分,意思是儒家思想以道为中心,其道是义道,以义为统,道义是公正的要义,正因为道义公平公正,才有天下国家的公平公正。道义的公正是人道公正的关键部分,道统的公正源自历史的积淀和证明,道心的公正源自本心的发动和民众的心理,道义的公正则是道在现实社会中的"和合",将仁道与现实相结合,实现"利之和"。船山说:"利者,义之和也。"①天下义和则体现了公正。道义公正是将"道"与"义"相结合,道的运用则是义之和。船山道义公正论是道统公正论、道心公正论的必然逻辑,道统和道心与现实相相结合必然是"义"。韩愈说:"博爱之谓仁,行而宜之之谓义。"②船山道义公正论进一步确立了人道公正的"应该"体系,意思是说由于道义的公正,从而建构天下公正道德是"应该"的。船山的道义公正论从天下大义公正、天下顺义公正和天下宜义公正三个方面展开。

从图示可以看出,王船山道义公正思想以大、顺、宜三要义为核心,道义体现了大义、顺义、宜义三义思想,通过"三义"构建公正道德。大义是道之刚,即是说因为大义的公正要义,公正道德义不容辞;顺义是道之柔,即是说因为顺从的公正要义,公正道德适当顺从;宜义是道之宜,即是说因为适合的公正要义,公正道德实现利和,天下宜义公正是刚柔的结合,引导人道公正实现利和,实现天下公正公平。儒家道义要求天下公正,通过大、顺、宜三义的过渡而完成。船山人道公正论通过道义的公正思想完成了人道公正思想的建构。

---

① 《周易内传》,《船山全书》(第一册),岳麓书社 2011 年版,第 516 页。
② 韩愈著,屈守元、常思春主编:《原道》,《韩愈全集校注》,四川大学出版社 1996 年版,第 2662 页。

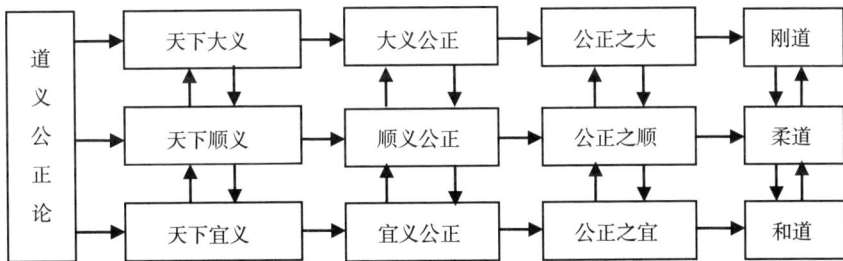

道义公正内容界说逻辑图示

# 一、天　下　大　义

王船山道义公正论首先从天下大义论上开始,主旨是人道大义,而人道大义的要义是公正的,以天下大义推动公正的发生,大义的公正说明天下要以公正为规范,义不容辞。大义要求道德公正,没有回旋和妥协的余地,天下大义公正是刚性的。前面讲过船山的公正观首先指的是大而全的公正,没有"大"不可能实现公正。船山说:"圣人之道:有大义,有微言。故有宋诸先生推极于天,而实之以性,核之心得,严以躬修,非故取其显者而微之、卑者而高之也。"①圣人追求大义至上,大义是人的道德宗旨和原则。因此,公正的要义是大义,让天下都实现公正。大义有两个方面的含义:一是指以大的原则和宗旨为义;二是指以覆盖到天下所有的范围为义。公正的原则必须是大道至上,让天下都享有公平公正的实惠,这个大的原则宗旨就是仁,同时公正指向的范围是天下所有人,让天下人人都得到公正原则带来的福祉,恩惠的指向不会疏漏每一个人。船山的大义公正观就有这两个方面的含义。船山说:"礼所以运天下而使之各得其宜,而其所自运行者,为二气五行三才之德所发挥以见诸事业,故洋溢周流于人情事理之间而莫不顺也。盖唯礼有所自运,故可以运天下而无不行焉。本之大,故用之广,其理一也。故张子曰:'《礼运》云者,语其达也;《礼器》云者,语其成也。达与成,体与用。合体与用,大人之事备矣。'"②船山所说"本之大"就是指根本的原则广大,指的是考虑到深远的意义和方向,因此大义的宗旨所包含的道理广大深远,钩深致远,运用起来也将天地人全包括进去,统一起来形成阴阳相济、天下和合、致用广大。因此天下大义包含了深远的道理,天下归一,公平公正。大义包含了阴阳、天地人、体用,以此为义则成就大人之事,因此

---

① 《读通鉴论》,《船山全书》(第十册),岳麓书社 2011 年版,第 696 页。
② 《礼记章句》,《船山全书》(第四册),岳麓书社 2011 年版,第 535 页。

是大义,大义的覆盖范围广大致远,具有大而全的公正原则。《礼记》说:
"大道之行也,天下为公,选贤与能,讲信修睦。"船山对此章句:"'天下为
公',谓五帝官天下,不授其子。'选',择。'与',授也。谓择贤能而禅之。
'讲信'者,讲说期约而自践之,不待盟誓。'修睦'者,修明和睦之教而人自
亲,不待兵刑也。凡此皆人道之固然,尧、舜因之以行于天下。与贤而百姓
安之,讲信修睦而天下固无疑叛,则礼意自达,无假修为矣。"①"大道之行、
天下为公"就是大义,这里的原则一是指大的原则和宗旨以大道公正为准;
二是指公正原则覆盖到天下所有人的范围,没有疏漏。船山认为大道讲究
公正,公正要惠及到天下所有人,特别是黎民百姓。因此大义公正体现为
"大",既是深度层次的范围,又是广度层次的范围。深度所指的是人文时
间价值观的取向,广度所指的是人文空间价值观的取向。船山说:"有一人
之正义,有一时之大义,有古今之通义;轻重之衡,公私之辨,三者不可不察。
以一人之义,视一时之大义,而一人之义私矣;以一时之义,视古今之通义,
而一时之义私矣;公者重,私者轻矣,权衡之所自定也。三者有时而合,合则
互千古、通天下、而协于一人之正,则以一人之义裁之,而古今天下不能越。
有时而不能交全也,则不可以一时废千古,不可以一人废天下。执其一义以
求伸,而非万世不易之公理,是非愈严,而义愈病。"②船山说大义不是一人
之义,不是一时之义,而是古今之通义。即是说大义具有深层次和宽层次的
价值取向:古今相通、天下和合和公私权衡;大义是公正的大义:全面的大
义,所有人的大义;大义是人文的汇通:人文古今历史观相通,人文天下观相
合。大义之所以是公正的,是因为考虑了历史的汇通和长远的发展,历史跨
度比较长,同时还因为考虑了天下所有人的利益,具有公共利益性质的贯
通。船山大义思想在公正原则上具有纵向历史性和横向全面性的考量,是
具有公正性的人文时空选择。"伸天下之大义,而执言者非其人,适以堕
义,而义遂不可复伸。"③大义之所以是公正的,是因为本质上是公正的,不
因人而废义。"大义不可易,显道不可诬,苟且因仍,无能改者,不容终隐于
人心,而不幸发自德薄望轻之口,又或以纤曲邪妄之说附会之,遂以不伸于
天下,君子之所重叹也。"④大义之所以是公正的,是因为以大道行遍天下,
没有顾忌少数人的偏私和邪妄。"夫言必以义,行必以礼,所与者必正,乃
君子立身之道,初未尝计效后日,望德于他人;而即欲求勉于悔吝,亦必于道

①　《礼记章句》,《船山全书》(第四册),岳麓书社2011年版,第537页。
②　《读通鉴论》,《船山全书》(第十册),岳麓书社2011年版,第535页。
③　《读通鉴论》,《船山全书》(第十册),岳麓书社2011年版,第800页。
④　《读通鉴论》,《船山全书》(第十册),岳麓书社2011年版,第853页。

而不相远,庶几可以寡过。不然,矜慷慨之气,修卑柔之节,侈广交之名,谓可以游于末俗而无咎,亦终不可得。甚哉,道之不可违,而人特未尝取身世之始终而熟念之也!"①船山之所以认为大义是公正的,是因为大义以大道为原则,言行以大义作为准则,以大义纠正言行,因此行动才会公正。大义来源于大道,以大义行事,即使有一时之偏,从长远上看也会处于公正的轴线上。船山说:"任法,则人主安而天下困;任道,则天下逸而人主劳。无一切之术以自恣睢,虽非求治之主,不能高居洸瀁于万民之上,固矣。"②大义以大道作为准则而公正无私,以大义行事,天下百姓得到安定,如果以法而不以道行事,则偏离大义,天下百姓劳顿而不公正。

大义的内容是什么呢? 大义实际上行使仁,使仁的价值得到具体的施行。《周易》说:"直其正也,方其义也。君子敬以直内,义以方外,敬义立而德不孤。'直方大,不习无不利',则不疑其所行也。"船山注释说:"存之于体者曰'正',制之于事者曰'义'。'内'以持己言,'外'以应物言。主敬则心不妄动而自无曲挠,行义则守正不迁而事各有制;天下皆敬而服之,德不孤而行之无疑矣,所以不习而无不利也。六二居中得正,敬德也;顺而不违天之则,义行也;故为坤道之盛,而君子立德之本也。"③义是对正当价值观的执行,首先以正当的价值观为优先,实质是对核心价值体系的实施。就儒家而言,义是对仁的执行,有仁才有义。天有仁道,义是对天道仁的执行。因此,大义不违背天道法则,敬德而公正,天道公正无私。

大义是对仁的执行,并且执行力度坚决,这就是勇,大义具有勇的特性,有大义则必有大勇,因此大义是刚性的原则。船山说:"义以生勇,勇以生义,无勇者不可与立业,犹无义者不可与语勇也。"④大义执行仁道的价值观,义不容辞,具有阳刚的特点,正如孔子所说的知、仁、勇三德,孔子说:"有德者必有言,有言者不必有德。仁者必有勇,勇者不必有仁。"朱熹注释说:"有德者,和顺积中,英华发外。能言者,或便佞口给而已。仁者,心无私累,见义必为。勇者,或血气之强而已。"⑤大义是对仁的执行,义以生勇,因为公正无私而有大勇。

王船山认为君子之道以大义为重,公正无私。"古之建官以治事治民,固也;而君子野人,天秩之以其才,叙之以其类,率野人以养君子,帖然奉之

① 《四书训义》,《船山全书》(第七册),岳麓书社 2011 年版,第 270 页。
② 《读通鉴论》,《船山全书》(第十册),岳麓书社 2011 年版,第 72 页。
③ 《周易内传》,《船山全书》(第一册),岳麓书社 2011 年版,第 86—87 页。
④ 《读通鉴论》,《船山全书》(第十册),岳麓书社 2011 年版,第 666 页。
⑤ 朱熹:《论语·宪问》,《四书章句集注》,中华书局 1983 年版,第 149 页。

而不勒,岂人为哉? 王者以公天下为心,以扶进人才于君子之涂为道。故一事一艺、一经、一能、一力者,皆与于君子之列,而相奖以廉耻。虽有莨稗,不尽田而芟刈,使扶良苗以长,但勿令夺苗之滋可矣。"①君子不同于小人,君子之道以天下大公为中心,其才和质都是良性的,其道广大,有大义天下的价值取向,有廉耻之心,公正无私。但船山并没有否定小人的作用,小人可以养君子,君子和小人以辩证的法则而存在。但小人毕竟是小人,其自私性质源自巧拙。船山说:"小人之巧拙自以类分,拙者安拙而以自困,巧者炫巧而以贼人。拙者,农圃也,自困而害未及人者也。然夫子未尝轻以小人斥人,而特斥樊迟,恶之甚、辨之严矣。汉等力田于孝弟以取士,而礼教凌迟,故曰三代以下无盛治。夫以农圃乱君子,而弊且如此,况商贾乎? 商贾者,于小人之类巧,而蔑人之性、贼人之生为已亟者也。乃其气恒与夷狄而相取,其质恒与夷狄而相得,故夷狄兴而商贾贵。"②船山认为小人没有大义之心,弄巧成拙,偏离大道,没有公正可言。尽管小人的存在具有合理性,但从人伦道德上看,小人道德品性比较差,从天下大义公正上看不可取。如何对君子、小人作出评判? 以大义和公理进行评判和裁定,"然而易亦未尝绝小人而不正告之也,通其义,裁之以理,使小人亦知惧焉。夫小人之为不善,行且为天下忧,故不为小人谋,而为天下忧,惩小人之妄而使之戢,则祸乱不作,故大义所垂以遏小人之恶者,亦昭著而不隐。"③大义裁定小人,通过大义遏制小人的行径,以大义公正观使小人有所戒惧,通过大义引导小人向仁善的方向发展,达到公正。船山说:"以利为恩者,则利而无不可为。故子之能孝者,必其不以亲之田庐为恩者也;臣之能忠者,必其不以君之爵禄为恩者也;友之能信者,必其不以友之车裘为恩者也。怀利以孝于亲、忠于君、信于友,利尽而去之若驰,利在他人,则弃君亲、背然诺,不旋踵矣,此必然之券也。故慈父不以利畜其子,明君不以利饵其臣,贞士不以利结其友。"④船山认为大义公正的引导方式是以大义引导,不以利益引导。公正的获得在于大义引导天下,而不是以私利引导天下。在大义的引导下,天下人伦有序,社会公正,天下讲信和睦,公平公正。正因为大义是公正的导向,以大义行遍天下,以大义安定天下,君子以大义为重。君子、士人弘扬大义,仁以为己任,君子出仕为义,君子出仕的目的是大义。"君子之道,仕者其义也,隐者其常也,知仕则知隐矣。故君子之仕,其道非一,而要皆以可于心者为可

---

① 《读通鉴论》,《船山全书》(第十册),岳麓书社 2011 年版,第 427 页。

② 《读通鉴论》,《船山全书》(第十册),岳麓书社 2011 年版,第 502—503 页。

③ 《读通鉴论》,《船山全书》(第十册),岳麓书社 2011 年版,第 571—572 页。

④ 《读通鉴论》,《船山全书》(第十册),岳麓书社 2011 年版,第 785—786 页。

于道,则一也。天下待以定,民待以安,君待以正,道诚在己,时不可违,此其不可不仕者也。"①君子有大义之心,以道心为心,公平公正。

王船山的天下大义公正观是道义公正观的基础,天下大义是从大的方面推行公正,从"大义至正"上展开说明公正需要大而全的方法才能实现公正,坚持以大义达到人道的公正。因为大义既考虑深层的价值公正,目标长远,又考虑广度的范围公正,目标广大。大义公正的原因是对仁道的实施和执行,仁道是对天下施仁,以大道为准,大义是对天下施仁,因此公正。船山将公正在大义公正的"应该"体系上确立,说明通过人道的大义能够实现公正。以天下大义至正即是以道义至正,这是儒家思想的原则,大义公正,大公无私,实现天下公正。大义之所以能够实现公正,是因为大义即是仁心,是天下之义。大义具有刚性的特质,有义而生勇,执行仁道义不容辞,因此大公无私。推行大义,天下可以安定,君子、士人出仕是为了天下大义。

## 二、天 下 顺 义

王船山的道义公正论在大义公正思想基础上进入顺义公正的思想内容。顺义就是指以天下的大义为原则执行天下百姓公平公正的大义。大义解决的是价值观是什么的问题,顺义则是解决价值观怎么样的问题,即是说顺着民众大义施行仁政和善政。顺义即是将个人的幸福放在他人的幸福和共同的幸福之中,顺从天下人应得的幸福。霍布斯说:"在公有制度下,道德来自于物而非来自于人:我们为别人服务,反过来变成为我们自己服务;只有在共同幸福中才能得到自己个人的最大幸福。"②这是说需要将个人之义建立在天下大义的基础上才能得到真正的幸福,同样地,真正的公正是共同幸福下的公正。因此天下顺义凸显了两个内容:一是执行天下仁的大义;二是顺应天下民心的大势。义就是天下人心所向,民心所归。船山说:"其居则天下之广居也,涵四海万民于一心,使各遂其所,仁无不覆也。所立则天下之正位,定民彝物则之常经,而允执其中,礼无不协也。所行天下之大道,酌进退辞之攸宜,而率礼不越,义无不审也。得志,则仁以息民,礼以善俗,义以载物,民之生以厚而德以正,共由之矣。不得志,则无欲而静,无妄而庄,无思而直,独行之而道终不枉。"③居仁行义,施行天下大义,顺应民心所向就是顺义,义就是民众之义,以民为义,顺应人心为义。船山说:"以大

---

① 《宋论》,《船山全书》(第十一册),岳麓书社2011年版,第317页。
② 泰·德萨米:《公有法典》,黄建华、姜亚洲译,商务印书馆1982年版,扉页。
③ 《四书训义》,《船山全书》(第八册),岳麓书社2011年版,第360页。

义服天下者,以诚而已矣,未闻其以术也;奉义为术而义始贼。义者,心之制也,非天下之名也。心所勿安而忍为之,以标其名,天下乃以义为拂人之心而不和顺于理。"①义是高尚的,顺义则是顺应人心和顺应天理。

以民为义,顺应民众的需求,则是天下大义。孟子曰:"得道者多助,失道者寡助。寡助之至,亲戚畔之;多助之至,天下顺之。以天下之所顺,攻亲戚之所畔;故君子有不战,战必胜矣。"②孟子说得道多助,道就是以民众之心为道,即是要考虑百姓的共同利益。船山对此训义说:"乃所以不恃彼而恃此者,将何以致之哉? 道而已矣。民有民之道,恒产与恒心相因而有;君有君之道,善政与善教渐进而深;好战乐杀者不得,而型仁讲让者得之也。得之焉,则人切元后父母之戴,而助之者多;失之焉,则人有怨咨离叛之心,而助之者寡。"③民众之义指的是有基本的物质保障和基本的精神支撑,也就是善政和善教,以仁待民,待民以义。"以顺人心之势,成其不嗜杀之心,不战而敌自服,自古然矣。或其党邪丑正之有徒,不度德量力,而与我战乎,众势合而勇自增,桓桓赳赳之气不可当也,其胜必矣。"④顺应民心就是天下的大义。

顺义既是顺应民众之义,又是顺应天下基本的义理,即公平公正之义。孟子曰:"非礼之礼,非义之义,大人弗为。"朱熹章句:"察理不精,故有二者之蔽。大人则随事而顺理,因时而处宜。"⑤意思是说义是指人伦道德之节,顺义就是言行符合人伦规范。船山对此训义:"学者之所终身奉以制行者,礼也,义也。乃不考正于大人之所为与所弗为,则自谓秉礼,而适以乖乎品节之经;自谓好义,而适以悖乎事理之宜;则非礼之礼,非义之义是矣。"⑥非义就是不顺从礼义,违背人伦之节,非义则不符合"理"。"义也者,因人心不容昧之实,而定为准则,于是而取与严焉,进退死生必决焉。乃矜于其气者,不揆其所当然之故而斤斤然执为可否,考之于此心此理之宜,则固有相悖者,即私利不行,而益乖戾也;其义也,正其非义矣。"⑦顺义就是顺应社会常理,大公无私,谴责邪恶。

王船山说到的"天下为公""讲信修睦"的内涵,实质上就是顺应天下大

① 《读通鉴论》,《船山全书》(第十册),岳麓书社 2011 年版,第 84 页。
② 朱熹:《孟子·公孙丑下》,《四书章句集注》,中华书局 1983 年版,第 241 页。
③ 《四书训义》,《船山全书》(第八册),岳麓书社 2011 年版,第 236 页。
④ 《四书训义》,《船山全书》(第八册),岳麓书社 2011 年版,第 236 页。
⑤ 朱熹:《孟子·离娄下》,《四书章句集注》,中华书局 1983 年版,第 291 页。
⑥ 《四书训义》,《船山全书》(第八册),岳麓书社 2011 年版,第 496 页。
⑦ 《四书训义》,《船山全书》(第八册),岳麓书社 2011 年版,第 496 页。

义,这是因为天下为公指的是顺应民众之义。他说:"'天下为公',谓五帝官天下,不授其子。'选',择。'与',授也。谓择贤能而禅之。'讲信'者,讲说期约而自践之,不待盟誓。'修睦'者,修明和睦之教而人自亲,不待兵刑也。凡此皆人道之固然,尧、舜因之以行天下。与贤而百姓安之,讲信修睦而天下固无疑叛,则礼意自达,无假修为矣。"①天下为公、讲信修睦为的是百姓安定,说明大义就是顺义,顺从天下百姓之义。船山的顺义思想继承了古圣先贤以民为义的思想,将以民为义上升为天理和大道。他说:"三代圣人所以必谨于礼,非徒恃为拨乱反治之权,实以天道人情、中和化育之德皆于礼显之,故与死生之故、鬼神之情状合其体撰,所以措之无不宜,施之无不正,虽当大道既隐之世而天理不亡于人者,藉此也。夫既合撰天地而为生死与俱之理,则自有生民以来,洋溢充满于两间而为生人之纪,大同之世未之有减,而三代亦莫之增也。则三代之英与大道之行,又岂容轩轾于其间哉?"②三代之英推行天下为公的大义,将天道与人情合一,追求天下大同,大道成为天下公理,公平公正。顺义也是指顺从仁道,"敦仁而行之以顺,则天下无不顺矣。大顺斯大同矣,三代之英所以与大道之公而合德也。"③实行仁的价值导向,顺从仁的观念,天下大顺,因为顺从天下大义而天下大顺。

顺义是顺从天下大义和民众大义的合一,既考虑历史长远,又考虑当下民情。"善用天下者,恒畜有余以待天下,而国有余威,民有余情,府有余财,兵有余力,叛者有余畏,顺者有余安。不善用之,小警而大震之,以天下之力,争一隅之胜负,虽其胜也,以天下而仅胜一隅,非武也;疲天下而摇之,民怨其上,非情也;民狃于兵而玩兵,非所以安之也。"④天下大义有国家的发展,民众大义有民众的实情,顺应二者的结合就是顺义。

顺义能够实现公正,顺义本身就是顺从公正之义,船山说:"居重驭轻,先内后外,三代之法也。诸侯各君其国,势且伉乎天子,故县内之选,优于五服,天子得人以治内,而莫敢不正,端本之道也。郡县之天下,以四海为家,奚有于远近哉?"⑤顺从天下大义,没有远近内外之别,四海为家,公平公正才能得到天下民心,顺义是顺从公正之义。

顺道就是顺义,道是义的根源,道是天下大道,顺天下大道就是顺应天

①　《礼记章句》,《船山全书》(第四册),岳麓书社 2011 年版,第 537 页。
②　《礼记章句》,《船山全书》(第四册),岳麓书社 2011 年版,第 541 页。
③　《礼记章句》,《船山全书》(第四册),岳麓书社 2011 年版,第 574 页。
④　《读通鉴论》,《船山全书》(第十册),岳麓书社 2011 年版,第 304 页。
⑤　《读通鉴论》,《船山全书》(第十册),岳麓书社 2011 年版,第 792 页。

下大义。孔子曰："天下有道,则礼乐征伐自天子出;天下无道,则礼乐征伐自诸侯出。自诸侯出,盖十世希不失矣;自大夫出,五世希不失矣;陪臣执国命,三世希不失矣。天下有道,则政不在大夫;天下有道,则庶人不议。"①天子把握大道,一切归于公正,符合天下大义,天子顺从民众大义,公正无私,百姓没有怨言,百姓就没有私议。船山对此训义说:"道顺,则天下蒙其福,而在己之德业以永;道逆,则天下受其咎,而在己之福泽亦不长。顾顺之已久,而不觉逆以生;乃逆之已穷,而岂无顺之日哉!"②还说:"昔者天下尝有道矣,君臣上下各相安,即各自得也。于其时,则礼之制、乐之等,征伐之柄,皆自天子出也。天子之德足以建中和之极而行命讨之正,履其位,行其事,天下莫敢违也,顺道也,是以久安长治,而三代相仍,未之改也。乃天子失道,而天下相习于无道矣。礼乐有其文而不恤其实,征伐习其事而不因其理,国有异制,家有赐乐,喜则私相命,怒则擅相攻,自诸侯出,无道之势遂成乎逆,而天下之乱始矣。惟其然也,而又岂可久哉! 一时之乘势而兴者,才智足以改法,权力足以制人,于是而延及十世。"③顺应天下大道就是顺应天下大义,民众安居乐业,君臣相辅相安,国家长治久安,天下公平公正;反之,不顺应天下大义,不顺应民众大义,私欲奸邪昌盛,天下大乱。因此,人道公正的实现必须顺应天下大义,公平公正。

　　总之,王船山的天下顺义公正观是大义公正观的发展,天下顺义是从柔性的方面推行公正,即以顺从而推行仁道,从"顺义至正"上展开说明公正需要"顺从"才能实现公正,坚持以顺从大义达到人道的公正。因为顺义既指顺从仁的价值,又指顺从民众人心,考虑长远,公平公正。顺义之所以是公正的,是因为对仁道的顺从和执行,顺从仁道必然以大道为准,因此公正。船山将公正在顺义公正的"应该"体系上推进,说明通过人道的顺义能够实现公正。天下顺义至正即是道义至正,这是儒家思想的原则,顺义即是公正,大公无私,实现天下公正。顺义之所以能够实现公正,是因为顺义就是顺应民心,是天下大义。顺义具有柔性,顺而生义,因此大公无私。顺应大义,天下安定。

## 三、天 下 宜 义

　　王船山的道义公正论以大义公正、顺义公正思想为基础发展到宜义公

---

① 朱熹:《论语・季氏》,《四书章句集注》,中华书局 1983 年版,第 171 页。
② 《四书训义》,《船山全书》(第七册),岳麓书社 2011 年版,第 879 页。
③ 《四书训义》,《船山全书》(第七册),岳麓书社 2011 年版,第 880 页。

正的思想内容。宜义就是指以天下的大义宗旨为基础,将大义与人的利欲相结合,达到适宜相合的程度,既不失去公正原则,又不剥夺民众的合理利欲,做到义与人的相交与衔接,实现和以相利。义的宗旨是宜,《说文解字》释"宜":"宜,所安也。从宀之下、一之上。"①段玉裁注:"《周南》:'宜其家室。'《传》曰:'宜以有室家,无逾时者。'一犹地也。"②意思是宜就是安,即是义有所安、心有所安、家有所安,达到和利,正如《中庸》"万物并育而不相害,道并行而不相悖"③的思想旨趣和庄子"天地与我并生,而万物与我为一"④的齐物精神。因此,"宜"是"和",即物我之和,人我之和,义利之和。宜义公正即是说大义与事物相结合,执行大义,做到相宜,实现公正。

宜义是为了将大义原则与人的个体相结合,实现变通。《系辞》说:"神农氏没,黄帝、尧、舜氏作,通其变,使民不倦,神而化之,使民宜之。《易》穷则变,变则通,通则久。是以自天佑之,吉无不利。黄帝、尧、舜垂衣裳而天下治,盖取诸乾坤。"⑤因为天道与人道毕竟是两界,二者有一定的区别,以天道参与个人,人难适应,因此天道大义与人道相结合必须有实施的合宜环节。船山对《系辞》的"民宜"解释说:"兼言三圣者,上古之世,人道初开,法制未立,三圣相因,乃以全体乾坤之道而创制立法,以奠人极,参天地而远于禽狄。所以治天下者,无非健顺之至理,而衣裳尤其大者也。'不倦'者,乾之健行。'宜民'者坤之顺德。'通其变'者,卦体阴阳,互为参伍,而乾无不行于其间,法其健以奖民而兴于行,民乃去其嘘嘘于于之怠气而不倦。'神而化之'者,阴主形,阳主神,阴性凝滞而承天时行,以天之神,化地之形,坤之所以行地而无疆,法其顺以使民因嗜欲之情而率由乎道,以化其质,民乃安于日用饮食,而帝则自顺,无不宜也。"⑥船山认为宜义来源于乾坤相和、健顺之理,健顺即是宜义。由于乾坤健顺之理,人道也参考天地相和、健顺之理而"宜民"。天地顺德行道,使民众遵守大义,去私化欲,天下得以治理,公平公正。三代之所以是王道政治,是因为三王以乾坤之道、健顺之理治理天下,使民无不相宜,既推行了大义,又使民众生存获利。

王船山的宜义公正思想继承了朱子关于义的思想,朱熹认为"义"就是"宜"。有子曰:"信近于义,言可复也;恭近于礼,远耻辱也;因不失其亲,亦

---

① 许慎:《说文解字》,中华书局1963年版,第151页。

② 段玉裁:《说文解字注》,上海古籍出版社1988年版,第340页。

③ 朱熹:《中庸》,《四书章句集注》,中华书局1983年版,第37页。

④ 郭庆藩:《齐物论第二》内篇,《庄子集释》,中华书局1961年版,第79页。

⑤ 阮元:《周易·系辞下》,《周易正义》,《十三经注疏》,中华书局1980年版,第86页。

⑥ 《周易内传》,《船山全书》(第一册),岳麓书社2011年版,第582页。

可宗也。"朱熹章句："'义'者,事之宜也。"①有子认为"信"是对"诚"的遵守和践行,将大道宗旨付诸于现实,"信"符合"义"的宗旨,朱熹认为"义"是在事上的适宜、合宜。船山对此训义："夫之秉道以应物,岂但求利用于当世哉！用体其全者为立德之实,而游其途者亦可以为寡过之术,则胡不取身世得失之所由而熟念之也?"②船山的意思是秉承大道宗旨,用大全的辩证观确定得失和立德,不以偏概全,无过无不及。"今夫人之必与人有所期许也,有所晋接也,有所纳交而相与为成也,亦必然之势矣。乃与人相期许而不能践其言,有所晋接而不能远其辱,有所纳交而终失所恃,则唯其所期许者,非义之所当许耳。欲复其言,而义有不可,苟顾失义,而言不能复,则亦曷于期许之日,而早审乎义之是非,而不至与义相背乎？则后此之欲复其言,虽时势或艰,而亦可勉行而无悔也,言可复也。"③船山认为"义"体现在人人关系的相接、相交和相许,但义不是只注重其一而不注重其全,必须考虑到人我之宜、言义之宜、物我之宜,我不失义、义不失义,因此义必须与事相接、相交,达到合宜,而不是片面的偏执。"夫言必以义,行必以礼,所与者必正,乃君子立身之道,初未尝计效于后日,望德于他人；而即欲求免于悔吝,亦必于道而不相远,庶几可以寡过。"④意思是说公正就是大义的原则与利欲相结合,实现双方的相宜,义不离道,事不离义,公正即是合宜,无过无不及。

宜义首先以大义为根本,其宜义实质是对大义仁道的实施达到和合、合宜,既不偏离,又不固执,执两用中。朱熹说："仁者,心之德、爱之理。义者,心之制、事之宜也。"⑤认为义是对仁的实施而达到合宜。道义实现公正,必须落实到现实之中,与现实相合宜。因此,天下大义公正必须使大义在实施的过程中充分考虑到现实各方利益的权衡与结合,做到相宜而公正。大义的实施达到公正必须制宜,制宜就是以全面、长远的思维考虑天下大事,不图一时之快而出现独断。船山说："经国之远图,存乎通识。通识者,通乎事之所由始,弊之所由生,害之所由去,利之所由成,可以广恩,可以制宜,可以止奸,可以裕国,而咸无不允。于是乎而有独断。有通识而成其独断,一旦毅然行之,大骇乎流俗,而庸主具臣规目前之损益者,则固莫测其

---

① 朱熹：《论语·学而》,《四书章句集注》,中华书局 1983 年版,第 52 页。
② 《四书训义》,《船山全书》(第七册),岳麓书社 2011 年版,第 269 页。
③ 《四书训义》,《船山全书》(第七册),岳麓书社 2011 年版,第 269 页。
④ 《四书训义》,《船山全书》(第七册),岳麓书社 2011 年版,第 270 页。
⑤ 朱熹：《孟子集注》,《四书章句集注》,中华书局 1983 年版,第 201 页。

为,而见为重有损。"①宜义从深层上来讲,必须深谋远虑,不能仅仅依靠通识,以通识进行判断容易出现独断,因此大义制宜,不能独断。

大义天下,义宜于事,事合于义,说明宜义不徇偏私,公平公正。宜义的原则是对天下大义的遵守和执行,而不是只考虑单一方面的利益,而是天下共存共生。王船山批判了政治上的一己、一姓之私的政治治理思维,认为这样的政治没有做到事之宜,不合乎天下大义。船山说:"世其位者习其道,法所便也;习其道者任其事,理所宜也。法备于三王,道着于孔子,人得而习之。贤而秀者,皆可以奖之以君子之位而长民。圣人之心,于今为烈。选举不慎,而贼民之吏代作,天地不能任咎,而况圣人! 未可为郡县咎也。若夫国祚之不长,为一姓言也,非公义也。秦之所以获罪于万世者,私己而已矣。斥秦之私,而欲私其子孙以长存,又岂天下之大公哉?"②船山认为事之宜即是理所宜,说明事情合宜是理所应该。有才能和贤能的人应该处于合宜的位置,担当天下重任,这符合天下大义。国家政治不能让一姓得其私利,道义公正不是成就一己之私,公正是合宜的公正,是大义与事情的相合。

天下宜义以酌理、参考为主要途径,既讲大义原则又酌情参考,目的是从长远考虑天下事情。"罪者,因其恶而为之等也,而恶与罪抑有异焉。故先王之制刑,恶与罪有不相值者,其恶甚不可以当辜,其未甚不可以曲宥,酌之理,参之分,垂诸万世而可守,非悁悁疾恶,遂可置大法以快人情也。"③首先,宜义不损伤大义原则,是非分明,善恶有别,不是一味地追求无原则的"和",该奖就奖,该罚就罚,义不容情。其次,义的执行必须合于事,宜于事,善不当罚,恶不当辜,酌于事理,区别人情。船山认为宜义是"和",但"和"是有原则的"和",做到相利相和。有子曰:"礼之用,和为贵。先王之道斯为美,小大由之。有所不行,知和而和,不以礼节之,亦不可行也。"④船山解释说:"所以然者,以有子说'礼之用,和为贵',言'为贵',则非以其体言,而亦不即以用言也。'用'只当'行'字说,故可云'贵'。若'和'竟是用,则不须拣出说'贵'矣。'用'者,用之于天下也。故曰'先王之道',曰'小大由之',全在以礼施之于人而人用之上立论。此'用'字不与'体'字对。'贵'者,即所谓道之美而大小之所共由也。'和'者,以和顺于人心之谓也。用之中有和,而和非用礼者也。有子盖曰:礼之行于天下而使人由之以应夫事者,唯和顺于夫人之心而无所矫强之为贵;唯其然,斯先王之以礼

①　《读通鉴论》,《船山全书》(第十册),岳麓书社 2011 年版,第 836 页。
②　《读通鉴论》,《船山全书》(第十册),岳麓书社 2011 年版,第 68 页。
③　《读四书大全说》,《船山全书》(第六册),岳麓书社 2011 年版,第 592 页。
④　朱熹:《论语·学而》,《四书章句集注》,中华书局 1983 年版,第 51 页。

为小大共由之道者,以纯粹而无滞也。"①船山对"和"的解释,其中心思想是说"和"在于"和顺人心",人心是天下人心,其用以"和"是说以"礼"将天下大义与天下人心相结合,以大道合于人心,通过礼的运用将天下大义与人心实现合一,做到合宜公正,而不是一味地求"和"。"道"是"和"的原则,"礼"是"和"的途径,通过礼用致和,达到和善和美。宜义公正。

"和"在途径上做到合宜,需要有条有理,见机行事,循序渐进。"国家之政,见为利而亟兴之,则奸因以售;见为害而亟除之,则众竞于嚣。故大臣之道,徐以相事会之宜,静以需众志之定,恒若有所俟而不遽,乃以熟尝其条理,而建不可拔之基。志有所愤,不敢怒张也;学有所得,不敢姑试也。受政之初,人望未归;得君之始,上情未获;则抑养以冲和,持以审固,泊乎若无所营,渊乎若不可测,而后斟酌饱满,以为社稷生民谢无疆之恤。"②国家治理有大义原则,即国家根基不可拔去,这是原则,原则不可更改。但大义的实施却不是雷霆万钧,而是"和"而"宜",斟酌审视,见机行事,和以制宜。

总之,王船山的"天下宜义"公正观是大义、顺义公正观的发展,天下宜义是从"和"的方面推行公正,即以天人、人我、物我、义利相和达到合宜公正,宜义是乾坤健顺之道,二者相和而相宜,相宜才能实现公正,宜义是在大义原则上与事相合,以酌理、参分为主要途径,循序渐进,合情合理,实现人道的公正。宜义以大义仁道为先,考虑长远,公平公正。宜义之所以是公正的,是因为对各方面进行了综合,不独断,因此达到公正。宜义公正论是公正思想"应该"体系上的推进,说明通过人道宜义过程能够实现公正。天下宜义至正即是道义至正,这是儒家思想的原则,宜义大公无私,实现天下公正。宜义之所以能够实现公正,是因为宜义合符民心,与民合宜,符合天下大义。宜义具有"和"性,和而生义,因此大公无私,天下能够安定。

---

① 《读四书大全说》,《船山全书》(第六册),岳麓书社 2011 年版,第 592 页。
② 《宋论》,《船山全书》(第十册),岳麓书社 2011 年版,第 69 页。

# 第四章　心治公正论

王船山的公正思想在哲学理论依据理论建构完成之后,自然要向公正工夫论方向上发展。船山公正形而上学元论包括天道公正论和人道公正论两个方面,实现了天与人两方面的公正思想"应该"体系的建立。但是公正思想毕竟是现实社会道德伦理的建构,除了"应该"之"元"体系的建立,还必须建构社会道德规范体系,即是说需要建构"应该"的公正如何实现的体系,于是船山公正的规范体系着手从"应该"体系进入"怎样"公正的逻辑体系,公正思想的规范伦理学架构就进入了船山公正思想的具体实施内容,公正的道德形而上学就进入公正的道德工夫论。船山公正思想内容主要是从规范体系上建构如何实现社会公正的问题,公正工夫论包括心治公正论、礼治公正论、治民公正论和治制公正论,其逻辑分别是从公正道德的自律和他律两个方面、政治和制度两条路径、人文和政治双向视阈进行探赜,其规范和工夫公正思想即是这些逻辑的推演和建构。从本章开始将依次对船山的规范公正论和工夫公正论进行阐述。

王船山的规范公正论首先从自律公正规范论上展开,自律即是自我规范,即以自我道德约束实现公正的规范。船山的自律公正论是心治公正论,其主旨是絜矩的公正,即是说以絜矩之道进行公正道德的规范。絜矩之道是自我慎独戒惧之道,自我给自我设定道德约束的架构和规范规则。船山自治公正论主要从诚意至正、正心至正、絜矩至正三个方面对公正道德进行规范体系建构。

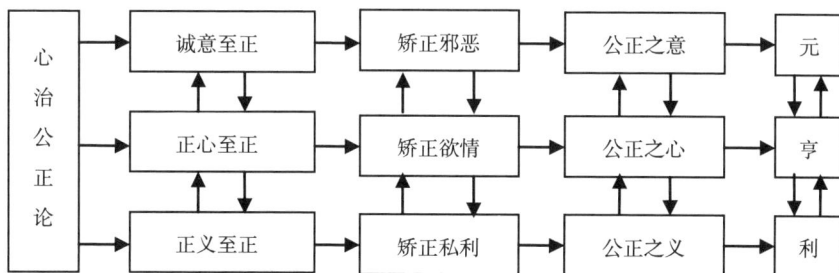

心治公正内容界说逻辑图示

从图示可以看出,船山自治公正思想的展开主要从正意、正心、正义三个方面展开,从"意""心"到"义"三范畴,实现由浅入深,由小到大,由感性到理性,由自然、意义到价值三界面的逻辑推进,最终从个人自发走向社会自觉,实现社会公正道德的规范。自治公正论的目标都是从自我内心道德建立开始,矫正内心道德的不良倾向,将邪恶、欲情、私利通过自我规范约束调适到一定的程度和控制在可控的范围之内,最终在个人层面实现一定程度的公正。在自治公正论中,根据元、亨、利、贞的发展逻辑,其思维发展顺序是:先自我正意,"意"是始发,因此是"元";接着修身正心,"心"是发展,因此是"亨";最后絜矩正义,"义"是和利,因此是"利"。

## 第一节　诚意矫正邪恶

王船山心治公正论是自我规范的公正思想,是心治的工夫,首先从诚意至正思想上展开,其目标是通过诚意的触发达到公正道德的规范,以矫正邪恶观念,即是说道德在"意"的初发阶段即向善的方向发展,"意"在始发阶段就在方向上没有偏向,达到公正无私。诚意即是指"意"向"善"的方向发展,使公正道德成为可能。诚意完全是从内心的深处进行规范,心之始发为"意","意"有善恶,通过诚意实现道德公正。诚意至正思想实现自我道德公正主要从主诚存信、主道存仁和主直存敬三条路径实现。

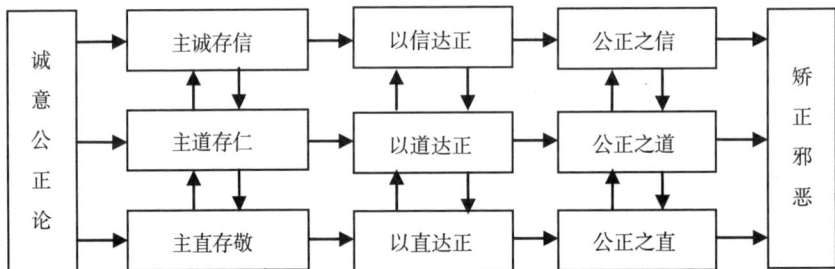

**诚意公正论内容界说逻辑图示**

从图示可以看出,王船山正意公正论展开的途径主要是诚信、道仁和直敬三方面,通过这些途径的实施规范达到仁、道、直,最终实现矫正邪恶、达到诚善的意图。矫正邪恶、达到诚善就是对公正的坚持,自我规范实现道德的公正。诚信是"意"在发动时本心所处的实际状态,真实无妄而意正,实现诚意达善;道仁是"意"发动时有道仁的觉悟,以仁道为意,实现公德达善;直敬是以敬意达善,因为对道德之善有敬意,直面善德,即可实现道德公正。正意是指自我规范向着诚善的天道靠近,实现人道诚善和人道公正的价值取向。

## 一、主诚存信达正

诚意的规范是自治公正的重要规范方式,王船山自律公正论首先从诚意规范上展开,意思是说做到意诚就可以有道德公正的可能。诚意即是"意"以忠信为主导,忠信即是诚实,诚实而无妄,就可以达到公正道德。为何忠信是诚意呢? 因为"意"的发动有善恶,忠信则是"意"以"善"为主导,方向不偏,具有公正的方向性。"信"的内涵是"诚"。《白虎通义》云:"五性者何? 仁义礼智信也。仁者,不忍也,施生爱人也。义者,宜也,断决得中也。礼者,履也,履道成文也。智者,知也。独见前闻,不惑于事,见微著也。信者,诚也,专一不移也。故人生而应八卦之体,得五气以为常,仁义礼智信也。"①人的五性是仁、义、礼、智、信,"信"即是"诚",意思是忠诚专一无欺,而"诚"是真实无妄的意思。"诚"既是天道诚,又是人道诚,由于天道诚是真实无妄的,那么由天道诚达到人道诚,以诚行事则具有公正的道德。因此"信"是"诚",说明"信"可以实现道德公正,因为"信"来源于真实。程颐说:"天地储精,得五行之秀者为人。其本也真而静;其未发也,五性具焉,曰仁义礼智信。"②仁、义、礼、智、信五性具有真的性质,因此"信"也是"真",通过"信"可以达到道德公正。

孔子说:"君子不重则不威,学则不固。主忠信。"朱熹章句:"人不忠信,则事皆无实,为恶则易,为善则难,故学者必以是为主焉。"③君子要有厚重之德,言而有信,这样才有威信,有威信是由于诚实公正所致,诚实公正则为善去恶。王船山对此训义:"乃君子所学者,皆以见之言行,被之民物者也,而道散于万事,各有其理而或不相贯通,必有主焉。道可变,而所主者不变。贞之己,加之民,应之于事,皆此主以为众善之统宗,则必求之于吾心焉。心有其可尽,而有所不尽,则虽为其事,而无以成一事之始终;心有其至实,而或不以实,则虽可见功,而非为功于身世之实效。故君子于所学所行者,极用其心,以穷理而求合于理;必因其诚,以循物而无违于物。无所往而不本此心之德,以御万行之殊差,此尤君子立本之大要,必以忠信为主也,所为本之心以制事也。"④船山主张以诚求事,心主忠信,这是行事的主导意向。以诚求事,合理公正,获得信誉,因为自我有公正无私之德,才会对民众

①　陈立著,吴则虞校:《性情》卷八,《白虎通疏证》,中华书局1994年版,第381—382页。
②　朱熹、吕祖谦:《近思录》,上海古籍出版社2000年版,第36页。
③　朱熹:《论语·学而》,《四书章句集注》,中华书局1983年版,第50页。
④　《四书训义》,《船山全书》(第七册),岳麓书社2011年版,第260页。

公正无私，必然得信于民。因此，忠信来源于诚，因诚而得信，诚信是一种道德自律，达到道德公正。汉代扬雄说："重言，重行，重貌，重好。言重则有法，行重则有德，貌重则有威，好重则有观。"①意思是忠信见之于言行，言行见德性，德性厚重则是因为以诚得信。汉代陆贾说："是以君子之为治也，块然若无事，寂然若无声。"②以诚得信寂然无声，"不言而信，不怒而威，岂待坚甲利兵、深牢刻令、朝夕切切而后行哉？"③陆贾重视诚而得信，说明诚信是公正的道德规范，显然船山与汉代思想家的观点具有一致性。

王船山认为人道诚就是信，以诚达信，公平公正。张载说："天不言而四时行，圣人神道设教而天下服。"又说："天不言而信，神不怒而威；诚故信，无私故威。"④船山注："观之象曰'神道设教'，非假鬼神以诬民也，不言而诚尽于己，与天之行四时者顺理而自然感动，天下服矣。天以化为德，圣人以德为化，惟太和在中，充实诚笃而已。""万物各肖其类之谓信"⑤，"圣人得理之全，无所偏则无所用其私，刑赏皆如其理而随应之，故天下自服"⑥。船山认为由天道诚达到人道诚，可以实现信任，因为诚而无私，"信"则公正。

以诚能得信是一种自我规范的自律结果，那么如何达到以诚得信呢？王船山认为通过诚意达到信，实现公正。《大学》说："欲正其心者，先诚其意；欲诚其意者，先致其知。"朱熹注释说："诚，实也。意者，心之所发也。实其心之所发，欲其一于善而无自欺也。致，推极也。"⑦朱熹将"诚"释义为真实，真实无妄则是公正，他将"意"释义为心的发动，心发动有善恶，诚意则是一心向善而无欺。船山训义："吾立身之始，有为身之主者心也。当物之未感，身之未应，而执持吾志，使一守其正而不随情感以迷，则所以修身之理，立之有素矣。乃心，素定者也，而心与物感之始，念忽以兴，则意是也。静而不失其正，动而或生其妄，则妄之已成，而心亦随之以邪矣。古之欲正其心者，必先于动意有为之几，皆诚于善，而无一念之不善夺其本心焉。乃意者忽发者也，而意所未发之始，几可素审，则知是已。发而乍欲其善，豫未有以知其不善，则著之不明，而意亦惑于所从出矣。古之欲诚其意者，必先

---

① 陆贾著，汪荣宝撰，陈仲夫点校：《法言义疏》，中华书局 1987 年版，第 96 页。

② 陆贾著，王利器注：《新语校注》，中华书局 1986 年版，第 118 页。

③ 陆贾著，王利器注：《新语校注》，中华书局 1986 年版，第 118 页。

④ 张载：《正蒙·天道篇》，《张载集》，中华书局 1978 年版，第 14 页。

⑤ 《张子正蒙注》，《船山全书》（第十二册），岳麓书社 2011 年版，第 67 页。

⑥ 《张子正蒙注》，《船山全书》（第十二册），岳麓书社 2011 年版，第 68 页。

⑦ 朱熹：《大学》，《四书章句集注》，中华书局 1983 年版，第 3—4 页。

丁善恶可知之理力致其辨,而无一埋之不明,引意以妄焉。"①船山的意思是"意"的发动有善有恶,为了保证意的发动指向"善",必须初始之时就向善,这就需要致知的途径。致知即是明理,明白诚善的道理,其意的发动就是诚,就是"信"。王阳明说:"《大学》工夫即是明明德;明明德只是个诚意;诚意的工夫只是格物致知。若以诚意为主,去用格物致知的工夫,即工夫始有下落,即为善去恶无非是诚意的事。"②王阳明说"明明德"即是诚意,意思是说先明白明德是"诚",即可实现"意"的发动向"善"。王阳明说:"大抵《中庸》工夫只是诚身,诚身之极便是至诚;《大学》工夫只是诚意,诚意之极便是至善。"③因为明白了"诚"是什么,"意"的发动自然向"善"。"如说格物是诚意的工夫,明善是诚身的工夫,穷理是尽性的工夫,道问学是尊德性的工夫,博文是约礼的工夫,惟精是惟一的工夫:诸如此类,始皆落落难合,其后思之既久,不觉手舞足蹈。"④王阳明认为诚意来源于"明善"的工夫,"明善"可以达到诚意。"诚意只是循天理。虽是循天理,亦着不得一分意,故有所忿懥好乐则不得其正,须是廓然大公,方是心之本体。"⑤王阳明认为诚意就是信天理而行动,可以做到公正。王阳明的观点与船山的观点具有一致性,船山认为诚意是先致知明诚,王阳明认为诚意是先明白天理,接着"意"的发动即向"善"的方向发展,实现公正。船山说:"性自不可拘蔽。尽人拘蔽他,终奈他不何,有时还迸露出来。即不迸露,其理不失。既不可拘蔽,则亦不可加以明之之功。心便扣定在一人身上,又会敷施翕受,所以气禀得以拘之,物欲得以蔽之,而格、致、诚、正亦可施功以复其明矣。"⑥人有气之蔽,有可能不会诚意,但如果通过明理即可实现意诚而公正。

如何做到诚信而实现公正? 王船山认为诚信的途径是不自欺。"自欺是不诚。若无不诚,亦须有诚。要此诚意之功,则是将所知之理,遇著意发时撞将去,教他吃个满怀;及将吾固正之心,吃紧通透到吾所将应底物事上,符合穿彻,教吾意便从者上面发将出来,似竹笋般始终是个则样。如此扑满修达,一直诚将去,更不教他中间招致自欺,便谓之毋自欺也。"⑦诚意则不欺,即以实行事,不弄虚作假,自然有道德上的公正。"恶恶臭,好好色,是

①　《四书训义》,《船山全书》(第七册),岳麓书社 2011 年版,第 48 页。
②　《传习录上》,《王阳明全集》,上海古籍出版社 1992 年版,第 38 页。
③　《传习录上》,《王阳明全集》,上海古籍出版社 1992 年版,第 39 页。
④　《传习录上》,《王阳明全集》,上海古籍出版社 1992 年版,第 10—11 页。
⑤　《传习录上》,《王阳明全集》,上海古籍出版社 1992 年版,第 30 页。
⑥　《读四书大全说》,《船山全书》(第六册),岳麓书社 1996 年版,第 397 页。
⑦　《读四书大全说》,《船山全书》(第六册),岳麓书社 1996 年版,第 413 页。

诚之本体。诚其意而毋自欺,以至其用意如恶恶臭、好好色,乃是工夫至到,本体透露。将此以验吾之意果诚与否则可,若立意要如此,而径以如恶恶臭、如好好色,则直是无下手处。"①"恶恶臭,好好色"即是向善的意思,诚意不自欺,自然人心能实现"诚",自然人心向"善"达到道德公正。"好好色、恶恶臭者,已然则不可按遏,未然则无假安排,是以得谓之诚。其不尔者,如阉宦之不好色,鼽窒人之不恶臭,岂有所得用其力哉?"②人心向善是"诚",必然公正。

王船山认为人本身有"诚",运用"诚"才能实现诚信公正。张载说:"体正则不待矫而弘,未正必矫,矫而得中,然后可大。故致曲于诚者,必变而后化。"船山注:"体,才也;才足以成性曰正。聪明强固,知能及而行能守,则自弘矣。得中道之一实以体天德,然后可备万物之理。才既偏矣,不矫而欲弘,则穷大失居,弘非其弘矣。盖才与习相狎,则性不可得而见,习之所以溺人者,皆乘其才之相近而遂相得。故矫习以复性者,必矫其才之所利;不然,陷于一曲之知能,虽善而隘,不但人欲之局促也。"③意思是说,有本体之诚才能实现诚意,人本身有"诚"才能实现才的运用达到"诚",本身有"诚",运用"诚"自然具有公正无私的道德。

王船山认为本体之诚是公正的源泉,用人必须用德性忠诚仁厚之士。"法之敝也,任法而不任人。夫法者,岂天子一人能持之以遍察臣工乎?势且仍委之人而使之操法。于是舍大臣而小臣,舍旧臣而任新进,舍敦厚宽恕之士而任侥幸乐祸之小人。其言非无征也,其于法不患不相傅致也,于是而国事大乱。"④忠厚之士有诚信,治理国家能够实现公平公正,因此任人很关键,人必须主诚存信。

王船山认为国家公正的实现必须培养有德之人。"有才皆可用,用之皆可正也,存乎树人者而已矣。操树人之权者,君也。君能树人,大臣赞之;君弗能树人,责在大臣矣。君弗能树人,而掣大臣以弗能有为焉,大臣有辞也。君不令,而社稷之安危身任之,康济之功已著见,而为天下所倚重,乃及身而止,不能树人以持数世之危,俾免于亡,大臣无可辞矣。"⑤树人是说树立有德性的人,有德之人自然有诚信。有德之人本身就是公正之人,能够治理国家,使国家长治久安,实现公平公正。"夫能用人者,太上以德,其次以

① 《读四书大全说》,《船山全书》(第六册),岳麓书社 1996 年版,第 414 页。
② 《读四书大全说》,《船山全书》(第六册),岳麓书社 1996 年版,第 414 页。
③ 《张子正蒙注》,《船山全书》(第十二册),岳麓书社 2011 年版,第 163 页。
④ 《读通鉴论》,《船山全书》(第十册),岳麓书社 2011 年版,第 234—235 页。
⑤ 《读通鉴论》,《船山全书》(第十册),岳麓书社 2011 年版,第 517 页。

信,又其次则惟其权耳。人好逸而不惮劳,人好生而不畏死,自非有道之世,民视其君如父母,则权之所归,冀依附之以取利名而已。"①用人须任用有德性和有诚信的人,天下信服,因为有德性的人公平公正。

总之,王船山的主诚存信公正观是"诚意至正"思想的首要内容,自治公正通过诚信可以实现公正,因为"诚"是真实无妄的,因而运用"诚"而得到"信",通过"信"达到公正。如何通过"诚"达到"信"? 船山认为诚意可以达到"信",诚意即是先知晓、明白诚善和明德的道理,使"意"的发动直接通向善而不是恶,即可以实现公正,因此诚意的途径即是明理的工夫,通过明理而至善。诚意即是大公无私,实现天下公正。诚意之所以能够公正,其原因是本体来源于有诚之人,其才的运用必然公正。治理天下需要任用有德之士,有德之人具有诚信工夫,其治理天下必然公平公正。

## 二、主道存仁达正

王船山的以诚意达到公正的公正观,其宗旨是以诚意达到公正,通过诚意矫正邪恶念头,实现自律而达到道德公正。诚意公正实际上是指以仁义大道方向为标准,行为处事得当,无过犹不及,通过自我规范矫正邪恶念头和不善的动机,主张以道存仁,通过对道的把握实现公正。主道存仁,以道达正,完全依靠个人自律和自治,实现社会人人自守,最后达到社会公正。

王船山的自治公正论以道作为自律、自治的准则,始终以对"道"的坚守作为自治的要义。船山继承了古圣先贤君子之道的观点,通过君子之道达到自律,实现自治,达到公正。孔子说:"君子谋道不谋食。耕也,馁在其中矣;学也,禄在其中矣。君子忧道不忧贫。"朱熹章句说:"耕所以谋食,而未必得食。学所以谋道,而禄在其中。然其学也,忧不得乎道而已;非为忧贫之故,而欲为是以得禄也。"尹和靖说:"君子治其本而不恤其末,岂以在外者为忧乐哉?"②孔子认为君子之道是大道,是人生追求的价值观,大道是人的终生追求,高于物质饮食的追求,君子的根本价值就是守望大道。船山对此训义说:"惟其谋道,故必于学焉,而学乃成乎其为君子。禄本以养君子,而君子之受禄也不诬,禄固在学之中,而不待谋也。是故君子念千圣之统绪在我,世教之贞邪在我,伦不易明,物不易察,而我何以为君子? 终日忧之,而必谋之,终日谋之,而有余忧。养君子者,君相之责;虑饥寒者,小人之

---

① 《读通鉴论》,《船山全书》(第十册),岳麓书社 2011 年版,第 543 页。
② 朱熹:《论语·卫灵公》,《四书章句集注》,中华书局 1983 年版,第 167 页。

心。处乐不荣,固穷不辱,而吾自成乎其为君子。"①认为君子之道就是人性本善之道:是人间大公至正之道,是人伦秩序之道,是古圣先贤传承的儒家道统。大道来源于天命,而人继承和养成了以善为中心的价值观。《中庸》说:"天命之谓性,率性之谓道,修道之谓教。道也者,不可须臾离也,可离非道也。"朱熹章句:"道者,日用事物当行之理,皆性之德而具于心,无物不有,无时不然,所以不可须臾离也。"②道指的是善道,时时存在心中,没有偏离,意的发动即是达到善道。船山说道是天命所给的本善之道:"古之圣人,本其性之至善者而尽存养省察之功,为内治密藏之极致,乃以发为日用之所当者,皆得夫大中至正之道,而无过不及。存之为诚,成之为知仁勇,发之为言行动,施之为礼乐刑政。于是功化之极,与天地合德,而民物受治焉。"③儒家思想一再强调以道为中心价值的观点,道就是善。善道以善为内存,意的发动指向善。

儒家认为君子以道为中心价值,道的价值远远高于"器"和"术"的价值。孔子说:"君子不器。"朱熹注释说:"器者,各适其用而不能相通。成德之士,体无不具,故用无不周,非特为一才一艺而已。"④君子不以"器"作为最重要的价值目标,器由道来统摄。船山训义:"夫君子者,其心至虚,而不以小功小名累其神明;其学有本,而不以才力聪明分其志气。故凡适一时之用而利或及物,应一事之宜而精于其数者,所谓器也。而君子于此,情不属也,力不专焉。"⑤意思是说君子关注根本的大道,大道是方向。"盖凡以器名者,必尽其心思而习其术数,则力为之竭,而志为之不广。得一长以自命,而即可以自矜,则修己治人之道未能致其远大,而心有所系,则为淡泊宁静之累也不小。欲为君子者,其可以自限哉?"⑥以大道为价值观念则其发展远大长远,可以实现修己治人,而"术"则是小利小功,不能实现长远治理。船山的自治公正论明显赞成以道的遵守实现自治。《礼记》说:"君子曰:大德不官,大道不器,大信不约,大时不齐。察此四者,可以有志于学矣。"⑦君子专注于道而不专注于器。船山对此章句:"'大德'者,人官之本,涵于未发,以为视听言动之则,不倚于官也。'大道'者,事物之本,为事物之所共

① 《四书训义》,《船山全书》(第七册),岳麓书社 2011 年版,第 860 页。
② 朱熹:《中庸》,《四书章句集注》,中华书局 1983 年版,第 17 页。
③ 《四书训义》,《船山全书》(第七册),岳麓书社 2011 年版,第 104 页。
④ 朱熹:《论语·为政》,《四书章句集注》,中华书局 1983 年版,第 57 页。
⑤ 《四书训义》,《船山全书》(第七册),岳麓书社 2011 年版,第 298 页。
⑥ 《四书训义》,《船山全书》(第七册),岳麓书社 2011 年版,第 298 页。
⑦ 《礼记·学记》,《礼记正义》,《十三经注疏》,中华书局 1980 年版,第 1525 页。

由,散丁有形而为器,而不滞于一器也。"①大道是人存在的根本指导原则,大道统摄人体感官行动,感官受大道思想控制,大德就是大道。

王船山认为大道是人的根本,人的存在、人的本质就是以根本原则为要务。有子曰:"君子务本,本立而道生。孝弟也者,其为仁之本与!"朱熹章句:"仁者,爱之理,心之德也。为仁,犹曰行仁。与者,疑辞,谦退不敢质言也。言君子凡事专用力于根本,根本既立,则其道自生。"②君子之道的根本就是终生以仁为中心追求,坚守仁道。船山对此训义:"君子之道大矣,而必以孝弟为万行之原,盖尝旷观于天下善恶之几,与君子德业之自,而知果无以加于此矣。夫尽天下之大,古今之远,人之所志与其所行,唯此一心而已矣。心之始发,而无所待于外,心之所切,而不容已于中,则此一心也,志之所自定也,气之所自顺也,而非孝弟何足以当之!"③船山认为君子之道是大道,以善为道,扬善去恶。善道在于人心,意的发动即向善的方向发展,则人心向善。善道实质上是仁道,以仁为根本能成就君子之人。"君子者,无所往而非道者也。其为道也,推此心之德,则成天下之务,以通天下之志,及于民物而无遗者也。乃吾尝见君子之所务矣,其所务者,非必却万物而孤守此一念,而当其情之所发,遂忘万物,而但此一念不可忘。非谓修一事而期效于众理,而当其志之所依,唯勤一事,而以端众理之所自治。盖其所务者本也。"④由于心中存有仁,万念发动则都是仁,实现人的自治和自律。仁道来源于天命本性,因此道在人身上体现为人德,人的德性是仁,仁是人成为人的根本。"吾身为天地民物之本,而此心又为吾身之本,此心之因于性者,又为万念之本。务其本而本既立矣,果以无歉于性者成乎德行矣,则所以推而行之者渐而广焉,因类而达焉。"⑤因此人的意念是"仁","意"的发动即是向仁善方向发展。

王船山认为自律和自治以道为主导之心,以道存仁,仁道实现公正。子贡曰:"如有博施于民而能济众,何如? 可谓仁乎?"子曰:"夫仁者,己欲立而立人,己欲达而达人。"朱熹章句:"以己及人,仁者之心也。于此观之,可以见天理之周流而无间矣。"⑥孔子认为仁的实现需要自觉和自律,先立人后达人,关键是主观的自觉和努力,朱熹认为仁的实现是推己及人,有公正

①　《礼记章句》,《船山全书》(第四册),岳麓书社 2011 年版,第 885 页。
②　朱熹:《论语·述而》,《四书章句集注》,中华书局 1983 年版,第 48 页。
③　《四书训义》,《船山全书》(第七册),岳麓书社 2011 年版,第 247—248 页。
④　《四书训义》,《船山全书》(第七册),岳麓书社 2011 年版,第 248 页。
⑤　《四书训义》,《船山全书》(第七册),岳麓书社 2011 年版,第 248 页。
⑥　朱熹:《论语·雍也》,《四书章句集注》,中华书局 1983 年版,第 91—92 页。

的倾向。船山对此训义:"仁者,大公无私之理也,则天下之大,民物之众,吉凶利病之情,皆所必有事矣。如有博施于民,不以近小自局,而能济众,又皆有以得其所欲焉,则由其所发之周遍,知其所存之广大,可谓仁乎?"①船山认为仁道即是公正之道,因为仁能大公无私,仁具有泛爱的特点,因此仁民而济众,仁彰显了广大的特点,因此能够达到公正公平。

王船山认为仁具有普遍的价值,只要是人都能够拥有仁,关键取决于主观的自觉与努力。"是己立己达、立人达人之同此一理,非己所私者也。于己之欲立,而人之欲立者在焉,不立人而固不可;于己之欲达,而人之欲达者在焉,不达人而固可能。理无间,则心无间;心无间,则事亦无间也。仁之为体固然也。保此而不失,则仁在我矣,我无不仁矣。"②仁具有普遍的价值意义,人人都能达到仁的道德,公正无私,因此仁的普遍性意义使道德没有偏私。既然仁德在任何人身上都具有共同的本有特性,因此仁具有周全的性质,有仁则具有公平公正的道德。

仁虽然具有公共的性质,但仁本身的获得却需要人的主观努力,仁德的获得需要自律和规范。孔子说:"为仁由己,而由人乎哉?"③仁能否得到执行依靠自我的努力。船山对此训义:"仁之为德,此心不容已之几也,此身所与生之理也,以此身心与天下相酬酢,而以合乎人心之同然者也。故为仁者以心治身,以身应天下,必存不过之则以自惬其心而惬天下之心,实有其功焉。"④仁是人共同的本有性质,人同此心,心同此理,人人行仁,人人自律,天下得到治理,人心成为天下共心。"诚使一日而能然焉,扩其私意以通万物之志,屏其私欲以顺品类之情;以吾心之节为群动之大正,以吾心之文为庶事之美利,而天下各获其心之所安,有不共以仁者乎?由此言之,一人之心,天下人之心也;而天下人之心,皆自吾心会通以行其典礼。"⑤船山的意思是人的主观努力可以获得仁德,人人得仁,天下人人具有公正的道德。

王船山认为公正道德的实现需要人在仁上的自觉。孔子说:"仁远乎哉?我欲仁,斯仁至矣。"朱熹注释说:"仁者,心之德,非在外也。放而不求,故有以为远者;反而求之,则即此而在矣,夫岂远哉?"程子说:"为仁由

---

① 《四书训义》,《船山全书》(第七册),岳麓书社 2011 年版,第 475 页。
② 《四书训义》,《船山全书》(第七册),岳麓书社 2011 年版,第 475 页。
③ 朱熹:《论语·颜渊》,《四书章句集注》,中华书局 1983 年版,第 131 页。
④ 《四书训义》,《船山全书》(第七册),岳麓书社 2011 年版,第 681 页。
⑤ 《四书训义》,《船山全书》(第七册),岳麓书社 2011 年版,第 682 页。

己,欲之则至,何远之有?"①孔子和朱熹认为仁的实现完全依靠自律,自律达到自治,只要自律就有仁。船山对此训义:"求之于天地民物之在吾前者,求之于吾心之与天地民物相为贯通者,道不在法象之高深,理不在圣贤之论说。有其心即有此一真无妄之则,有其心即有此广生大生之几。夫仁也而远乎哉? 以故见吾心之不可违于自安也,见吾心之不可损其所有也,见吾心之不可增其所无也。于是而欲仁焉,则见欲之不可拘,而宁静之体自存也;见私之不可锢,而公道之量自显也;见中心之有其必尽者,而顺事恕施之用自行也;见此理之不可遏者,而含弘笃爱之情自生也。仁之至也,无留也,无待也。何也? 仁原不远也。求仁者尚念之哉!"②船山的释义说明仁就在于个人的努力程度,仁就在眼前,个人只要自律,与天地万物、民众百姓相通就是仁的实现和获得,仁是一种物我、天人、君民的贯通。仁是宇宙的性质,通达宇宙,仁能实现全方位的通达,能仁则有公平公正,只要有仁,就有公平公正的道德,因此仁就在主体身边,公正公平也在主体身边,关键在于人的自觉。船山的仁道公正思想说明公正是普遍的本有特性,只要人的努力都能实现公正的道德。

总之,主道存仁和以道为标准实现公正是王船山自治公正观的重要内容。道是善道,来源于儒家的天命善道思想,道是善的,儒家思想以道为中心价值观追求善道,修心治人,通过自律达到自治。善道即是仁道,仁是人具有的普遍价值性质,仁通达宇宙和天下,人人有仁,仁是共有的特性,具有大公无私的价值,仁对于人没有偏私,关键在于仁的实现需要人的主观努力,仁就在人的身边。仁的公正性体现在人的自律,实现物我、天人、君民的贯通,达到仁就是公正。船山"以道存仁"的公正观彻底打通了仁在世界上的贯通性,由于仁的贯通而实现天下公正,当然这种公正是以自律为途径,实现自治的公正。

### 三、主直存敬达正

王船山的自治公正观在以诚意达到道德公正的思想宗旨下,通过诚意矫正邪恶念头,实现自律而公正。诚意公正的指向性是善意的发动,善意的发动通过主诚存信、主道存仁两个环节进入主直存敬,达到公正。主直存敬,以直达正,也是依靠个人的自律和自治规范来实现,通过个人"直"和"敬"的规范工夫实现个人对道的自守,形成道德公正,最后达到

---

① 朱熹:《论语·述而》,《四书章句集注》,中华书局1983年版,第100页。
② 《四书训义》,《船山全书》(第七册),岳麓书社2011年版,第513页。

社会公正。

王船山将"直"的内涵归纳为"正",心能主敬的原因是因为"直"的"正",意思是说"直"能够规范诚意的发动,以"直"的途径达到意诚,"意"向"善"的方向发展,因为"直"具有"正"的性质,必然向善。《周易》:"直其正也,方其义也。君子敬以直内,义以方外,敬义立而德不孤。'直方大不习无不利',则不疑其所行也。"①《周易》说"直"是内在的本质,"敬"来源于"直"。船山对此注释:"存之于体者曰'正',制之于事者曰'义'。'内'以持己言,'外'以应物言。主敬则心不妄动而自无曲挠,行义则守正不迁而事各有制;天下皆敬而服之,德不孤而行之无疑矣,所以不习而无不利也。"②船山的意思是"直"是本体的本有性质,"敬"是因为"直"的存在而引起,因为"直"而引起"敬"。"直"而"正",必然引起心主敬。因此,"直"是公正之善,敬是心向往公正。朱熹说:"敬者,主一无适之谓。"③朱熹说"敬"是心的选择导向,与主体不完全吻合,但船山认为"敬"是主体的心与事的吻合,因为"直"而"正",必然使主体产生"敬"。

为什么"直"能够产生公正道德呢?王船山认为"直"就是正道,以"直"行事代表了公正。孔子说:"直哉史鱼!邦有道如矢,邦无道如矢。君子哉蘧伯玉!邦有道则仕,邦无道则可卷而怀之。"④孔子是说"直"是尊道、守道。船山对此训义:"贤者之立身行己也,惟一致而已。历观于时之治乱,而后信之笃。"⑤君子之道是以"直"为道,即直接与道合一,义不容辞,尊道、守道是立身之本,通过"直"实现自律和自治。"邦有道焉,不以大者伸而小者可屈也;行则遂其行,言则遂其言,如矢矣。邦无道焉,不以时不可拂而姑为顺也;行必遂其行,言必遂其言,如矢矣。盖天性之诚发于自然,而贤无所让,奸无所容,非于世见直,而自行其直也,斯乃诚乎直也。"⑥君子对道的遵守必然以直进行面对,丝毫不能对道有所损伤,直是自律,达到公正。因此,君子是有道则仕,无道则隐。"君子哉,其唯蘧伯玉乎!邦有道焉,仕矣;邦无道焉,卷而怀之矣。其仕也,于卷怀之时初不挟一轻去宗国之心,故无所迟回而应之也决,乃有道之君臣待其进以为荣。其卷怀也,于仕之时原不成乎欲退不能之势,故一朝引去而更无所难,即无道之君臣不能禁

① 阮元:《周易·上经·坤》,《周易正义》,《十三经注疏》,中华书局 1980 年版,第 19 页。
② 《周易内传》,《船山全书》(第一册),岳麓书社 2011 年版,第 86—87 页。
③ 朱熹:《论语集注》,《四书章句集注》,中华书局 1983 年版,第 49 页。
④ 朱熹:《论语·卫灵公》,《四书章句集注》,中华书局 1983 年版,第 162—163 页。
⑤ 《四书训义》,《船山全书》(第七册),岳麓书社 2011 年版,第 834 页。
⑥ 《四书训义》,《船山全书》(第七册),岳麓书社 2011 年版,第 834 页。

之而相害。盖洁身有素,进退不惊其心;而寡过无怨,当世莫容其忌;岂非义利明而言行有恒之君子乎? 吾历观之于治乱语默出处之间,而信其有一致之心,以成乎一致之德。"①船山认为君子以"直"遵道,对个人的荣辱、功利不作计较,洁身自好,目的是君子与道合一,实现公正的道德。

王船山将直道归结为善道,对善道的遵守就是"敬"。孔子说:"笃信好学,守死善道。危邦不入,乱邦不居。天下有道则见,无道则隐。邦有道,贫且贱焉,耻也;邦无道,富且贵焉,耻也。"朱熹章句:"君子见危授命,则仕危邦者无可去之义,在外则不入可也。乱邦未危,而刑政纪纲紊矣,故洁其身而去之。"②孔子和朱熹都将君子之道确定为守善之道,以生命相守望。船山对此训义:"君子之道,以立体达用,要以求无愧于心,而天下之理得矣。"③君子之道就是问心无愧,以天下善道为立身之本。"自其立体者言之,则笃信也,守死也,所以贞其志也;好学也,善道也,所以会其通也。"④为了信守善道,甚至付出生命的代价。"言之必诚,行之必愿,无疑于心,而不欺于物,载之凤夜而不忘,志之诚也。以心为准,而不敢自任其心,求之先觉之所为,然后通古今而以全吾之正志,利不为劝,害不为挠,不改其度,而不惑于物,载之终身而不忒,志之定也。求心之安,而非以固执其心;通乎善成之术,而以全吾之本志。"⑤君子之道是善道,原因是君子以诚为道,不欺于物,至诚无妄,通达至善,天下安定公正,达到君子的志向。君子守护善道完全以诚自律,至诚笃信,就是"敬"。

王船山认为"至诚"就是"敬","忠信"的行动必然达到"敬"。孔子曰:"言忠信,行笃敬,虽蛮貊之邦行矣;言不忠信,行不笃敬,虽州里行乎哉?"⑥忠信与笃敬相连,具有时间先后的逻辑关系,意思是忠信的结果是笃敬。船山对此训义:"言期乎信也,以释天下之疑;行期乎敬也,以消天下之侮。而信者,信之心也,己无不尽之心,而后保其非妄;敬者,无不敬也,诚无不至,而后动罔不虔。信而忠笃,敬而笃焉,人无所容其疑,无所施其侮。"⑦因为有忠信,主体必然行动至诚无妄,不会偏离公正道德。"敬"的前提是对善道本身的公正性质确信无疑,因此才去笃敬。也就是说,道本身是直道、善

① 《四书训义》,《船山全书》(第七册),岳麓书社 2011 年版,第 835 页。
② 朱熹:《论语·泰伯》,《四书章句集注》,中华书局 1983 年版,第 106 页。
③ 《四书训义》,《船山全书》(第七册),岳麓书社 2011 年版,第 545 页。
④ 《四书训义》,《船山全书》(第七册),岳麓书社 2011 年版,第 545 页。
⑤ 《四书训义》,《船山全书》(第七册),岳麓书社 2011 年版,第 545—546 页。
⑥ 朱熹:《论语·卫灵公》,《四书章句集注》,中华书局 1983 年版,第 162 页。
⑦ 《四书训义》,《船山全书》(第七册),岳麓书社 2011 年版,第 832 页。

道,心才会笃敬。

王船山认为道之所以需要以敬相待是因为道来源于天理、常理。孟子说:"莫非命也,顺受其正。是故知命者,不立乎岩墙之下。尽其道而死者,正命也。"①天命所赋的是道,以道而行即是"正"。船山训义说:"立命也,而谓之俟,则命在天,而人不得以私意与之。乃俟命也,而必在乎修身,则命虽在天,而人必以其常理贞之。"②命来源于天,以命行事就是正命,不得有偏私,这是常理,因此需要修身自律,遵守正命。"君子知其正者,顺天之理,听天之为而受之,而不废乎身之修,乃可以安乎命之俟。夫命唯有正,则天命我以吉凶祸福之偶然,而即使我有趋吉避凶之正理。"③君子顺从天理,能够守护正道,实现自律,达到公正。船山的观点是正道源自天命,人要遵守正道,敬守正道,主敬的原因是天命本身是公正的,敬守正道能够趋吉避凶。

王船山认为人要有敬畏之心,特别是对正道有敬畏之心,才能养成公正的道德。孔子曰:"君子有三畏:畏天命,畏大人,畏圣人之言。"④孔子的意思是君子以天道为敬,因为天道公正,因此圣人、大人都以天道为准。船山对此训义:"夫人心有畏之一几焉:若有所甚重,而不能胜也;若有所制之,而不敢越也;若有不胜任,而生理且无以自保,一有陨越,而天谴人尤之交至也。此其心,以负荷天下至大之责,而研存亡于毫牦之间,操存之至密者也。"⑤人之所以能产生敬畏之心,是因为对天下有责任感,有担当责任,因此主体能敬畏天道,敬畏大人和圣人之言,以避免个人在天下发展不利,敬畏之心源自公正的道德责任。"天命我以理以镇吾嗜欲,天命我以理以处吾祸福,是至严之几,至大之任也,君子以为无所逃而切相督也。位为圣人之大宝,德为天下之达尊,而我以渺然之躬承事焉,君子所为意不敢伸而动不敢妄也。人能体道义之全而成其变化,言以悉智愚贤不肖之隐而纠其得失,而我以介然之知诵法焉,君子闻之而若负重疚、学之而若临深渊也。"⑥敬畏之心是对天下道义之心的敬畏,有敬畏之心必然规范道德走向公正,因此敬畏之心是自律公正的途径,大人时时有敬畏之心,养成公正的道德。正因为大人有敬畏之心,大人治理天下必然公平公正。孟子曰:"有大人者,

---

① 朱熹:《孟子·尽心上》,《四书章句集注》,中华书局1983年版,第349—350页。
② 《四书训义》,《船山全书》(第八册),岳麓书社2011年版,第825页。
③ 《四书训义》,《船山全书》(第八册),岳麓书社2011年版,第825页。
④ 朱熹:《论语·季氏》,《四书章句集注》,中华书局1983年版,第172页。
⑤ 《四书训义》,《船山全书》(第七册),岳麓书社2011年版,第887页。
⑥ 《四书训义》,《船山全书》(第七册),岳麓书社2011年版,第888页。

正己而物止者也。"①大人能够达到自律的规范工夫，达到道德公正。船山训义："其惟大人乎！以为吾既为人矣，则参三才而成位乎其中，己即天也；无所待于天，无所制于道，而后与道合体，与天合用，皆在其人焉。而己无不可行也，亦无所据以必行也，正之于己而已矣。不必立震世之功名，而立大本者，循王道之荡平，而无施不可；不必有非常之遇合，而因时宜者，顺人情之变动，而皆可有功。使其出而利见，善不知何以迁，化不知何以神，物无不宜也；即其潜而未跃，人心亦以之正，邪说亦以之息，物亦正也。斯则无所谓君，己而已矣；无所谓社稷，己而已矣；无所谓天下，己而已矣。"②船山认为大人能够与天地合一，通过自律实现自我公正无私，以王道治理天下，因时、因地、因事进行制宜，没有过犹不及，天下公平公正。公正道德的实现没有其他原因，一切都是通过自我的修为自律，公正无私，使天下实现公平公正。

　　总之，主直存敬、以"直"和"敬"实现公正是王船山心治公正论的重要内容。"直"是"正"，"敬"是因为"直"能够公正。以"直"而产生"敬"，因为儒家对道的追求义不容辞，只有直的方式才能通达善道。直道即是善道，儒家君子之道为善道为中心，笃敬善道，修己自律，通过自律达到自治。直道即是善道，直道之所以是公正之道，是因为直道来源于天道至诚，以诚达道，必然以"直"进行面对，达到公正。人对"直"的体贴必然产生"敬"，因为直道是公正之道，"敬"的原因是对大道的确信无疑，因为对公正之道的确信无疑必须内心笃敬。人有敬畏之心才有公正无私之心，因为对直道的敬畏，必然能够产生自律公正的规范，形成自律的工夫，没有偏私，实现自我道德公正。船山"以直存敬"的公正观是以"直"和"敬"为自律的途径，实现自治的公正。

## 第二节　正心矫正欲情

　　王船山心治公正论凸显了自治的工夫路径，以自我内圣的方法逐步达到自我公正道德的养成和社会公正规范的实现。自治公正从诚善正意上展开完成后，进入正心的层次，其目标是通过人心走向正道，矫正人心和自我觉悟达到道德公正，核心是矫正欲情。诚意是道德在初始发动阶段向善的公正方向发展，正心则是在行动过程之中始终不渝地沿着善的方向行进达到道德公正。由于在行动过程中人心难免受到欲情的影响，公正的道德有

---

①　朱熹：《孟子·尽心上》，《四书章句集注》，中华书局1983年版，第354页。
②　《四书训义》，《船山全书》（第八册），岳麓书社2011年版，第854页。

可能发生偏离,正心则是对欲情的规范和矫正,以正心自治实现道德公正。正心是从内心的深处进行觉悟上的规范,"意"的发动为"心",意有善恶,心有理欲,通过正心实现道德公正。"正心至正"实现自我道德公正的思想主要从可欲至正、情通至正和尽心至正三条路径进行展开和实现。

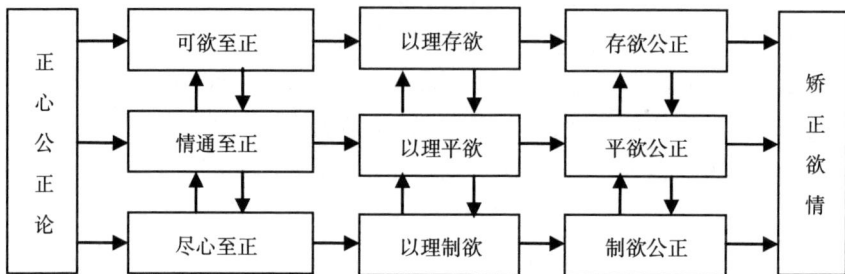

**正心公正论内容界说逻辑图示**

从以上图示可以看出,王船山正心公正论实现的主要途径是存欲、平欲和制欲三个路径,通过这些途径的实施和规范达到道德公正,最终实现矫正欲情,达到公正的目的。存欲是指让人合理的欲情得到认可和保留,比如基本的生存欲望和保障是合理的欲情,应该得到保留,这本身就是公正;平欲是让各自的欲情保持在可以接受和可以控制的限度之内,实现欲情合理公正;制欲则将过度的欲情进行限制,矫正到合理的范围,实现公正。正心是指规范人欲走向公理和无私的方向。

## 一、以 理 存 欲

王船山的正心自治思想首先从欲与情的存在具有合理性上切入,提出通过"可欲"范围的规定达到公正,即是说合理的欲望和人情是善的,保存合理的欲情可以至善和实现公正。通过对"可欲"的判断,必然使社会公正成为可能。实质上,"可欲"的判断是以理存欲,理欲共存,公平公正。"可欲"之所以能够达到公正,是因为可欲的判断在于自我人心的揣度和体悟,因此"正心至正"是自治的公正,即是说通过人人自我内心的考虑和揣度实现社会人人同心同欲,理欲共存,公平公正。人欲有个体性的基本的生理欲望,还有社会性的物质欲、生存欲,但是基本的个体欲和生存欲是可以肯定的,欲望的公正性不能仅凭个人的主观判断而统一,而是公与私的调节与兼顾。沟口雄三说:"这个'公'内要内含'私',不只是皇帝一个人的'私',还要使民的'私',共同得到满足。这也是之所以谓之'成公'的原因。这样,君主一己的'公'被否定了,明末的'公'作为皇帝与富裕阶层之间社会性关

联的共概念提升到更高层次。"①意思是公正是彼此之间承认他人的合理性
的个体性欲望,上升到社会性欲望,进行社会性调节达到公正。

由于欲望、人情和利益的驱使,社会往往不能实现公正,但是社会需要
稳定和安定,必须有公共道德对三者进行调节和制约,以达到公正。古圣先
贤制定的宪章制度是王道制度,调节了人的欲情,将人的欲情控制在大家共
同接受的范围之内。孟子提出欲情的可接受范围是"可欲"的善,"可欲之
谓善,有诸己之谓信,充实之谓美,充实而有光辉之谓大,大而化之之谓圣,
圣而不可知之之谓神"。朱熹章句:"天下之理,其善者必可欲,其恶者必可
恶。其为人也,可欲而不可恶,则可谓善人矣。"②孟子认为善是"可欲"的,
即可以接受的欲情;朱熹认为"可欲"是善的道理,并没有说明可欲的具体
范围。船山认为"可欲"是天下人共同的心,大家都以此为善,他说:"夫善
人者,固非徇乎俗之所谓善而可谓善,亦弗容深求其独善者而后谓之善也。
可欲则谓之善也。人同此心也,心同此理也,不拂乎天下之情,必其不违乎
天下之性,而即可以善天下之动。人欲之,彼即能之,实有其可欲者在也。
此盖性之相近,往往与天理而相合者也。"③船山的意思是可欲是天下共同
的欲望,没有超越大家共同的利益需求,是基本的生存保障,处于同一水平
线的生活条件,既不是俗气的私利又不是深沉独行,"可欲"就是可以接受
和认同的欲情,这样的欲情是善的,是公正的。

可欲的善必然没有恶,孟子和朱熹都认为善人必然没有恶,有"可欲"
的善人必然不是恶人。张载说:"可欲之谓善,志仁则无恶也。诚善于心之
谓信,充内形外之谓美。"④张载的意思是可以得到的欲望之所以称为善,是
因为此欲望以仁为本,没有恶的性质。船山对此注释:"无恶,则不拂人之
性而见可欲。有诸己者,诚自信于心也。义理足乎日用,德纯一致无疵类曰
美。"⑤"可欲"之欲以本善之性为基础,以诚为本,此种欲情具有合理性。
"可欲"之欲既然是合理之欲,以此为心态,必然养成道德公正。

王船山将"可欲"之欲的内涵进行了发挥,认为"可欲"是人人可以接受
的欲望,是合理的欲望,是基本的生存条件,超越了朱子的"可欲"思想。朱
子的"可欲"只是说到善恶的内涵,没有真正落实"可欲"的普世性问题。朱
熹将"可欲"定性为善的欲望,以善恶说明欲望的存在问题。门人问朱熹

---

① 沟口雄三:《中国的公与私·公私》,三联书店2011年版,第23页。
② 朱熹:《孟子·尽心上》,《四书章句集注》,中华书局1983年版,第370页。
③ 《四书训义》,《船山全书》(第八册),岳麓书社2011年版,第937页。
④ 张载:《正蒙·中正篇》,《张载集》,中华书局1978年版,第27页。
⑤ 《张子正蒙注》,《船山全书》(第十二册),岳麓书社2011年版,第160页。

"可欲之谓善,有诸己之谓信,充实之谓美"。朱熹说:"善人只是资质好底人,孔子所谓'不践迹,亦不入于室'者是也。是个都无恶底人,亦不知得如何是善,只是自是个好人而已。"①意思是说"可欲"是善人的欲,没有恶。"'可欲之谓善',如人有百万贯钱,世界他都不知得,只认有钱使,有屋住,有饭吃,有衣着而已。"②朱熹将"可欲"定性为善性之欲,但并没有考虑到这种欲望在社会中的普世性和大众接受性的问题。"'可欲之谓善'。人之所同爱而目为好人者,谓之善人。盖善者人所同欲,恶者人所同恶。其为人也,有可欲而无可恶,则可谓之善人也。"③朱熹以善恶说明"可欲"的存在必然不如船山"可欲"的公正性,船山认为"可欲"必须以大众化和均衡性为基础,人同此心,心同此理,欲望均衡,而朱熹说贫富悬殊也是"可欲"。朱熹认为只要没有恶的性质,特殊欲望也是合理的,这显然不是船山所说的可以接受的公正。

王船山认为适当欲情的存在具有合理性,是自然道理,合乎自然之理。《礼记》说:"人生而静,天之性也;感于物而动,性之欲也。物至知知,然后好恶形焉。"船山章句:"'欲',谓情也。'知知',谓灵明之觉因而知之也。人具生理,则天所命人之性固在其中,特其无所感触,则性用不形而静。乃性必发而为情,因物至而知觉之体分别遂彰,则同其情者好之,异其情恶之,而于物有所攻取,亦自然之势也。"④人的欲情来源于自然本性,是天命所赋,自然而合理,欲情的存在是合理的,船山的意思是说不能一味地否定人欲存在的合理性,如果否定人欲,就没有人的自然之理。"天以其阴阳五行之气生人,理即寓焉而凝之为性。故有声色臭味以厚其生,有仁义礼智以正其德,莫非理之所宜。声色臭味,顺其道则与仁义礼智不相悖害,合两者而互为体也。"⑤船山认为天理和人欲是人的两个方面,二者相互为体,二者缺一不可,因此人欲情的存在是人成其为人的一个方面,天理因为人欲的存在才有天理,因此人欲具有合理性。"则一屈一伸之际,理与欲皆自然而非由人为。"⑥理与欲都是自然的产物,自然合理。

王船山认为天理在人欲中得以体现,没有人欲也就没有天理。"礼虽纯为天理之节文,而必寓于人欲以见;虽居静而为感通之则,然因乎变合以

① 黎靖德编:《朱子语类》,中华书局 1986 年版,第 1467 页。
② 黎靖德编:《朱子语类》,中华书局 1986 年版,第 1468 页。
③ 黎靖德编:《朱子语类》,中华书局 1986 年版,第 1468 页。
④ 《礼记章句》,《船山全书》(第四册),岳麓书社 2011 年版,第 897—898 页。
⑤ 《张子正蒙注》,《船山全书》(第十二册),岳麓书社 2011 年版,第 121 页。
⑥ 《张子正蒙注》,《船山全书》(第十二册),岳麓书社 2011 年版,第 128 页。

章其用。饮食变之用,男女合之用。唯然,故终不离人而别有天,终不离欲而别有理也。"①天理存在于人欲之中,天理通过人欲得以彰显,理欲相因,离开欲情也就没有天理。在此,船山突出了理欲的共存性,实际上突出了欲情存在的合理性,这是对宋明理学中"存天理、灭人欲"思想的超越。

王船山突出了人欲存在的合理性思想,但并不是说欲情就可以随意妄为,而是说不可一味地压制欲情,也不可随意滥用欲情,必须以"可欲"调节欲情,实现理欲得当,公平公正。《礼记》说:"敖不可长,欲不可从,志不可满,乐不可极。"船山章句:"'志'者,心有所期于事也。'乐',得其意之所适也。四者之动,以礼节之,则各适其当而不流,是以君子贵乎循礼也。"②欲情的存在是合理的,但必须存在于合理的范围内,以理对欲进行调衡和控制,理欲得当,达到"可欲"的程度。既然是"可欲",必然是可以接受的、合理的欲情。

王船山说人情的存在也是合理的,但人情需要通过礼节进行控制,以礼制欲,实现公正。《礼记》说:"何谓人情? 喜、怒、哀、惧、爱、恶、欲,七者弗学而能。何谓人义? 父慈、子孝、兄良、弟弟、夫义、妇听、长惠、幼顺、君仁、臣忠,十者谓之人义。讲信修睦,谓之人利。争夺相杀,谓之人患。故圣人所以治人七情,修十义,讲信修睦,尚辞让,去争夺,舍礼何以治之? 饮食男女,人之大欲存焉;死亡贫苦,人之大恶存焉。故欲恶者,心之大端也。人藏其心,不可测度也,美恶皆在其心不见其色也,欲一以穷之,舍礼何以哉?"人情是人的天性所致,不可抹杀和泯灭,但可通过人义进行人情调节。船山对此章句:"欲恶藏于心而善恶隐,人情亦至变矣。乃先王齐之以礼,既不拂人之情,而于饮食男女之事,使各获其应得,其于死亡贫苦之故,又有以体恤而矜全之;至于非所欲而欲,非所恶而恶,则虽饰情以希求而终不可得,则变诈不售,而人皆显白其情以归于大同矣。此先王所以治人之情,不待刑罚,而天下国家自正也。乃其节文等杀之不忒,则一本诸天道之自然,故治人之情而即以承天之道,其致一也。"③认为人欲、人情是人的正常需求,但人欲和人情需要控制在可以接受的范围之内,以礼义控制人情和人欲,使欲情各得其当,实现个人、社会、国家公平公正,天下得到治理。船山提出"各获其应得",即是说欲情的"可欲"性,即欲情存在于合理的范围内,天下可以认同合理和可接受的欲情,可以实现社会公正。

---

① 《读四书大全说》,《船山全书》(第六册),岳麓书社1996年版,第913页。
② 《礼记章句》,《船山全书》(第四册),岳麓书社2011年版,第13页。
③ 《礼记章句》,《船山全书》(第四册),岳麓书社2011年版,第560页。

　　王船山认为人人将欲情控制在"可欲"的范围之内即可实现公正,这种公正是通过自治实现的。《礼记》说:"是故先王之制礼乐也,非以极口腹耳目之欲也,将以教民平好恶而反人道之正也。"船山章句:"'口腹耳目之欲',或顺或逆,流激而成不正之好恶,以和平冲淡养之,则好恶各安其节,而人所以异于禽兽者反其天则矣。"①人有欲情,但若将其控制在可欲的范围之内,以和平自治的方式涵养欲情,则能够实现好恶相安,达到公正。如果将欲情控制得好,以理存欲,则理欲实现统一,公正自然实现。原思问孔子:"克、伐、怨、欲不行焉,可以为仁矣?"子曰:"可以为难矣,仁则吾不知也。"②孔子认为争名居功、争利贪欲和怨天尤人都不是仁的表现,自我克制、谦虚、心安、制欲能够达到仁道,但是做到这四者确实很难,若能做到四者,离自治达仁就不远了,自治达仁就有公正之义。船山对此训义:"夫仁者,天理流行,推其私而私皆公,节其欲而欲皆理者也。故有必胜于邪僻,而非其克;有大白其心志,而非其伐;有直道之恶怒,而非其怨;有当然之食色,而非其欲;是以终日行而不见有四者之累。今此不行者,果其纯乎天理,而自远于非几者乎? 抑但虚心寡欲以安于恬退,而姑免于咎者也? 吾未之能知也。子欲求仁,其尚以存理为要哉!"③船山认为欲情得到控制就是"仁",有仁就是公正之义,因为仁是大道流行,大公无私,公平公正,因为欲情得到控制可以称为公正的仁。欲情没有过犹不及是对善的把握,直道无怨是以诚公正,控制欲情是将人欲调节在合理的范围之内,基本的生存欲望则是当然应得之欲,因此欲情的存在范围是公正合理的。船山一再强调应得欲情的存在具有合理性,体现了他的公正思想考虑到民众基本生存的欲望是公正合理的周全性,超越了朱子理学的"存天理,灭人欲"的思想禁锢。

　　王船山对合理的欲情进行正名,目的是批判那些否定人基本生存欲望的思想。船山认为合理的欲情应该得到保证,这是"可欲"的欲情,是公正的欲情。为了进一步说明"可欲"的欲情的合理公正性,船山阐释了"己所不欲"的内涵。孔子说:"其恕乎! 己所不欲,勿施于人。"朱熹注释说:"敬以持己,恕以及物,则私意无所容而心德全矣。"④朱熹认为"己所不欲,勿施于人"即是公正原则,因为没有私意。船山对此训义说:"夫恕者,推己之心以量物之心,而予之者也。己有欲矣,有不欲矣,将何所推也? 质异而情亦异,一人之所嗜,不能以齐之数人;道不同而志不同,贤智之所乐,不能以强

① 《礼记章句》,《船山全书》(第四册),岳麓书社 2011 年版,第 897 页。
② 朱熹:《论语·宪问》,《四书章句集注》,中华书局 1983 年版,第 149 页。
③ 《四书训义》,《船山全书》(第七册),岳麓书社 2011 年版,第 769 页。
④ 朱熹:《论语·颜渊》,《四书章句集注》,中华书局 1983 年版,第 132—133 页。

之愚不肖;故恕者不于己所欲推之,而于己所不欲推之也。饥溺疾痛之事,虽君子亦有所不堪;违心害理之名,虽小人亦有所不受。己所不欲者,为理之不可欲,勿施焉;人即不以为利,而卒不与之以害。己所不欲者,为情之所不足欲,勿施焉;人虽相忘于利之自然,而可共安于害之必远。如是者,一日行之,终身行之,反之心而无尤也,质之世而无拂也。"①船山认为欲情的存在因人而异,存在客观条件不同,不可以以自己的欲情为标准强迫他人遵守自己的欲情,而去除他人合理的欲情,因此自我必须以恕道推己及人。不推己的不欲于他人,不推己的不害于他人,不推己所不愿于他人,这即是公正。孟子曰:"无为其所不为,无欲其所不欲,如此而已矣。"②船山训义:"夫人有所不欲者乎? 人视之为甚快,而反之于心,则有自憎自恶,而违情以徇之则甚难者。乃既而欲之矣,习与相安,辱而以为荣,贱而以为贵矣。若顺其不欲之本心,因而终不见其可欲,物虽诱之,而念终不动,于是而善恶之几存于心者不迷也。"③船山的意思是自己推广其不欲的本心,则不会为物欲诱惑,则会存善去恶,存善去恶则是公正之义。

　　王船山最后将"可欲"之欲发展成为天理,通过欲情调控达到天理。孟子曰:"养心莫善于寡欲。其为人也寡欲,虽有不存焉者,寡矣;其为人也多欲,虽有存焉者,寡矣。"朱熹章句:"欲,如口鼻耳目四支之欲,虽人之所不能无,然多而不节,未有不失其本心者,学者所当深戒也。"④如何让人欲达到公正合理,朱熹认为最终还得让欲情削减,使其与天理相合,让不可欲的欲情减少,达到本心。船山赞成朱熹的观点,船山训义说:"人心之所涵,即天理之所存也。其固有之实,保之使勿失;其发见之几,接之使日生;则在乎养之矣。养心之道不一,以学问滋之,则善日充焉;以诚敬持之,则志日定焉;皆善也。而尤善者,莫善于寡欲。心之本体本虚也、以欲窒之,则见有物而不见有心;本灵也,以欲蔽之,则迷于此而遂暗于彼;本有其不昧者也,以欲乱之,则逐之以移而忘其故。寡之者,制之以道,裁之以礼。于欲见寡者,于心自见其有余,诚莫善矣。故养心之法,他有未逮,而其为人也,于耳目口体之嗜少所营者,则虽功或疏而志或怠,而此心之体,感之而即通,其不存焉者寡矣。"⑤认为人心的内涵是天理存心,但人心如果被物欲所窒、所蔽,则会失去本善之心,则不是天理。但如果通过道和礼的调节控制,则能够实现

---

① 《四书训义》,《船山全书》(第七册),岳麓书社 2011 年版,第 852 页。
② 朱熹:《孟子·尽心上》,《四书章句集注》,中华书局 1983 年版,第 353 页。
③ 《四书训义》,《船山全书》(第八册),岳麓书社 2011 年版,第 850 页。
④ 朱熹:《孟子·尽心下》,《四书章句集注》,中华书局 1983 年版,第 374 页。
⑤ 《四书训义》,《船山全书》(第八册),岳麓书社 2011 年版,第 958 页。

寡欲,人心就能返回本心之善,则是天理,实现公正之义。

总之,王船山的正心自治思想首先从"可欲至正"入手,提出通过"可欲"达到公正。合理的欲望和人情是善的,保存合理的欲情可以至善而实现公正。"可欲"是一种公正的判断,必然使公正成为可能,因为可欲的判断是以理存欲,理欲共存,公平公正。可欲之所以能够达到公正,是因为可欲的判断在于自我内心对善的把握,即是通过人人自我内心的考虑和揣度而实现社会人人同心同欲,理欲共存,公平公正。船山将"可欲"之欲的内涵进行了发挥,认为"可欲"是人人可接受的欲望,是天下人共同的心与理,认为欲情的存在具有合理性,是自然道理,理欲共存,以理存欲。可欲虽是应得之欲,但并不是肆意妄为之欲,因此是公正之欲。船山在欲情上坚持以理存欲的观点,是对朱熹理欲思想的超越。

## 二、以 理 平 欲

王船山完成了"可欲至正"思想的建构,通过"可欲"思想提出道德公正的规范,达到公正,"可欲至正"思想在理欲关系上主张以理存欲。"存欲"思想完成后,船山理欲思想继续向前推进,提出"平欲"思想,进入情理相通达到公正的思想,主张以理平欲,通过"理"和"矩"平衡欲情而达到公正。在常人看来,天理与人欲是相异相对的事物,二者不相融通,因此朱子理学中有"存天理,灭人欲"的思想。但在船山看来,天理与欲情是相通的,关键在于欲情是否得到适当调适和平衡,欲情平衡适当,则天理与欲情达到统一,则能够实现公正无私。

首先,王船山提出"天理"也是"人情",二者相通为一。"天理也,无非人情也。人情之通天下而一理者,即天理也。非有绝己之意欲以徇天下,推理之清刚以制天下者。"①船山说人情即是天理,天理即是人情,这是从广度上说的人情,即天下人之情,包含了所有人人人情的共性,是共同之情,天下人之情是人同此心,心同此理,天下共同的情即是天理。但在普通人看来,天理和人情相异为二事物,原因是人情是一人之情,没有广度,一人之情就是私情。船山说的"天理即人情"是广度上的人情,因此是公正之情。"若圣人,则欲即理也,情一性也。"②圣人实现了理与情的统一,原因是圣人之情就是天下人之情,是共同的人心。船山说:"圣人有欲,其欲即天之理。天无欲,其理即人之欲。学者有理有欲,理尽则合人之欲,欲推即合天之理。

---

① 《四书训义》,《船山全书》(第八册),岳麓书社 2011 年版,第 120 页。
② 《读四书大全说》,《船山全书》(第六册),岳麓书社 2011 年版,第 639 页。

于此可见：人欲之各得，即天理之大同；天理之大同，无人欲之或异。"①圣人
的欲情就是天理，因为圣人善于将其欲情与天下人共同的欲情相统一，因此
天理和人欲在圣人那里得到统一。天理与人欲统一，即是天下大同，理欲统
一即是公正之义，因为实现了天下的公欲，具有公正道德，达到社会公平
公正。

王船山认为天理和人欲本来不相互对立，但如果将人欲扩大化，则会对
立起来。"天理充周，原不与人欲相为对垒。理至处，则欲无非理。欲尽
处，理尚不得流行，如凿池而无水，其不足以畜鱼者与无池同。"②天理周全
万物，必然考虑到人欲的存在，以周全方法看待人欲，人欲即是天理，但如果
只看到人欲，则没有天理，二者相互对立。"离欲而别为理，其唯释氏为然。
盖厌弃物则，而废人之大伦矣。"③船山认为有天理则必有人欲，如果只说有
天理而没有人欲，这实际上也不是天理，因为天理周全，也包含了人欲，灭尽
人欲也达不到社会公正，天理和人欲共存才有人间伦理，社会公正。

其次，王船山提出天理和人欲还是有所不同，二者实现相通的前提是以
矩平欲，达到统一。船山说："夫在物者天理也，在己者私欲也。于其因于
己而亦顺于天理之公，则克己之功，固蔑以加矣。"④物我相异而相对，人有
私欲，物有天理，天理是公，人克尽自己的私欲而顺应天理之公，则天理和人
欲统一，个人则具有公正道德，社会达到公正。船山说私欲毕竟是私欲，与
天理还是有所区别。"盖凡声色、货利、权势、事功之可欲而我欲之者，皆谓
之欲。"⑤很明显，船山这里说的人欲是人所有的欲望，既有基本生存的物
欲，还有超出生存的功名利禄之欲。"人欲者，为耳目口体所蔽而窒其天理
者也。耳困于声，目困于色，口困于味，体困于安，心之灵且从之而困于一
物，得则见美，失则见恶，是非之准，吉凶之感，在眉睫而不知；此物大而我
小，下愚之所以陷溺也。"⑥广泛的人欲毕竟不是天理，过盛的欲望则不是天
理，不是善而是恶，有损公正之善。船山认为天理人欲的区别在于是以公为
计还是以私为计，是以诚为宗旨还是以伪为表现："天理、人欲，只争公私诚
伪。如兵农礼乐，亦可天理，亦可人欲。春风沂水，亦可天理，亦可人欲。才

---

① 《读四书大全说》，《船山全书》(第六册)，岳麓书社 2011 年版，第 641 页。
② 《读四书大全说》，《船山全书》(第六册)，岳麓书社 2011 年版，第 801 页。
③ 《读四书大全说》，《船山全书》(第六册)，岳麓书社 2011 年版，第 913 页。
④ 《读四书大全说》，《船山全书》(第六册)，岳麓书社 2011 年版，第 670 页。
⑤ 《读四书大全说》，《船山全书》(第六册)，岳麓书社 2011 年版，第 763 页。
⑥ 《张子正蒙注》，《船山全书》(第十二册)，岳麓书社 2011 年版，第 152 页。

落机处即伪。夫人何乐乎为伪,则亦为己私计而已矣。"①天理是公,人欲是私,天理是诚,人欲是伪。

　　既然天理和人欲有所区别,为了将人欲和天理达到统一,王船山认为必须通过"以理平欲"来实现。船山说:"礼者,天理之节文也。识得此礼,则兵农礼乐无非天理流行处。故曰:'子路若达,却便是者气象。'倘须净尽人欲,而后天理流行,则但带兵农礼乐一切功利事,便于天理窒碍,叩其实际,岂非'空诸所有'之邪说乎?"②船山认为欲情有可欲的欲情,有过分私欲的欲情,如果以"理"和"礼"来平衡欲情,则天理流行而达到善,实现个人道德公正,进而达到社会公正。"盖以己察人之过者,是非之心,天理之正也。即奉此大公无私之天理以自治,则私己之心,净尽无余,亦可见矣。夫子于此,直从天理人欲、轻重、浅深、内外、标本上,拣着此两项,以验颜子克己之功至密至熟、发见不差者而称之。"③以大公无私的天理去"平""尽"过分的人欲,则可以达到天理的公正之义,具有公正道德。

　　"以理平欲"的思想是对过分的私欲进行平衡、调节,使私心得到抑制、平衡和矫正,尽量回归到"应得"的欲情上来,欲情是"可欲"的欲情,这就回归到"应有"和"应得"的公正道德上。如何实现欲情的回归和平衡呢? 船山认为"以道平欲"可以达到公正。孔子曰:"富与贵,是人之所欲也;不以其道得之,不处也。贫与贱,是人之所恶也;不以其道得之,不去也。"朱熹章句:"不以其道得之,谓不当得而得之。然于富贵则不处,于贫贱则不去,君子之审富贵而安贫贱也如此。"④朱熹认为以道得到的欲望是公正之欲。船山对此训义:"今夫富与贵,则是人之所欲矣。勿论希其利赖者欲之也,即因以有为者亦欲之矣。乃其欲之也,因物之可欲也;因物之可欲,而遂欲之,于是虽有非其分义之所当得者,得之而亦欲之,欲之而遂处之矣。于此审焉,吾心有确然见为不可欲者存,则辞而不受,不容不决也。贫与贱,是人之所恶矣。勿论不安淡泊者恶之也,即有志莫行者亦恶之矣。乃其恶之也,因境之可恶也;因境之可恶而遂恶之,于是有苟非其名实之所当得者,得之而必恶焉,恶之而思去之矣。于此而审焉,吾心有超然不以此为恶者在,则安受无求,不容不定也。"⑤船山认为人有基本的人欲需求,但需要以道的方式得到基本的人欲。人有物欲,但物欲的得到必须遵守道,物欲必须是可欲

①　《读四书大全说》,《船山全书》(第六册),岳麓书社 2011 年版,第 765 页。
②　《读四书大全说》,《船山全书》(第六册),岳麓书社 2011 年版,第 765 页。
③　《读四书大全说》,《船山全书》(第六册),岳麓书社 2011 年版,第 671 页。
④　朱熹:《论语·里仁》,《四书章句集注》,中华书局 1983 年版,第 70 页。
⑤　《四书训义》,《船山全书》(第七册),岳麓书社 2011 年版,第 363 页。

之欲,是公正之欲。不以遵道的方式得到的欲不是可欲之欲,是不公正之欲。因此通过道的遵守平衡物欲,物欲可得是因为物欲是应得之欲,以道去恶,恶可以去,是因为恶不应得。以道平欲,得欲公正。以道平欲的结果是天下人人得其应得之欲,就是公正之欲。以道平欲就是以天下共同的欲望为参考,达到均齐公正。张载说:"大人所存,盖必以天下为度,故孟子教人,虽货色之欲,亲长之私,达诸天下而后已。"①船山注:"天下之公欲,即理也;人人之独得,即公也。道本可达,大人体道,故无所不可达之于天下。"②天下的公欲即是公理,人人都应得的物欲就是公欲,以道得到公欲,公欲是公正之欲,以天下公共性为标准。

王船山主张以道平欲,实现自治公正,实质上是以矩限欲,将自我欲望控制在天下公欲的范围之内,使自我欲情符合天下公欲,最后达到"从心所欲"的地步。孔子曰:"七十而从心所欲,不逾矩。"③孔子的"从心所欲"思想体现了"以矩平欲"能够实现快乐,乐的程度越高就越守规矩,反过来,不超越大道和规矩就能实现快乐,因此乐的境界与人的知识修养、遵从天道的程度有直接关系。乐是一种心灵境界的自由,这种自由不是对人欲的极度扩张,而是以道平欲,以矩限欲。船山对孔子的话进行训义:"故吾有心而必有欲,不容遏也;吾有欲而吾从之,无所择焉。或以古为师焉,或不以古为师焉,或以物为则焉,或不必以物为则焉。乃于是而以十五以来所志一定之则,絜其合离,皆无有逾越者。"④人的欲情存在于人生之中,但孔子一直没有超越天理的界限,心中自有天理,人欲在天理之中,实现了以矩平欲,以理平欲,达到公正之义。

王船山认为以理平欲、以矩平欲即是说符合天下的公欲标准,君王之欲就应该是天下之欲,是民众之欲。孟子说:"今王发政施仁,使天下仕者皆欲立于王之朝,耕者皆欲耕于王之野,商贾皆欲藏于王之市,行旅皆欲出于王之涂,天下之欲疾其君者,皆欲赴诉于王。"⑤孟子主张君子之欲就是满足和保障天下民众基本生活生存的欲望。船山对此训义:"王之为德,言之其约,修之甚易。乃视天下之角力争雄者,欲统一之,而御吾者多也。然求之天下所以离合之势,与人心所从向背之理,则天下,一民之天下也,吾有民而

①　张载:《正蒙·中正篇》,《张载集》,中华书局 1978 年版,第 32 页。
②　《张子正蒙注》,《船山全书》(第十二册),岳麓书社 2011 年版,第 191 页。
③　朱熹:《论语·为政》,《四书章句集注》,中华书局 1983 年版,第 54 页。
④　《四书训义》,《船山全书》(第七册),岳麓书社 2011 年版,第 285 页。
⑤　朱熹:《孟子·梁惠王上》,《四书章句集注》,中华书局 1983 年版,第 211 页。

吾保之,则保天下之规模即在于此。"①满足民众的基本生活生存欲望,保民而王就是天下的公欲,也是君王之欲。"即心即政,即以全吾之心,即以遂吾之大欲,而仁术不远。"②君子的大欲就是天下的公欲。

总之,王船山的正心自治思想进入"情通至正"环节上,提出通过"情""理"相通实现公正道德。天理和欲情不是相异的事物,二者可以相通统一,关键是将欲情调节到合理的限度,欲情存在的程度和范围合理则是公正。圣人实现了理与情的统一,原因是圣人之情是天下人之情,是共同的人心,圣人以天下为参度,使人人得其应得之欲,因而实现理与情的统一。船山指出天理和人欲还是有所不同,二者相通的前提是以矩平欲,达到统一。通过以理平欲、以矩平欲,将欲情和天理统一,符合天下公欲,最终实现公正道德,达到社会公正。

## 三、以 理 制 欲

王船山通过"可欲至正""情通至正"的思想,提出"以理存欲""以理平欲",实现道德公正。在理欲关系上,主张合理的欲情存在是可以认同和接受的,人的欲情可以通达天理,实现公正。船山理欲思想继续向前推进,进入"尽心至正"思想上,养成公正道德,主张以理制欲,通过"尽心达理"限制欲情而养成公正道德。"尽心至正"思想说的是人心尽量与天理的大公至正性质相合一,通过个人的主观努力,尽量靠近天道、人道所赋予的本善之性,主体的自觉性使人成为一个有公正道德的人。"尽心至正"的途径是"以理制欲",通过天理限制人不切实际和不合情理的过分的私欲。

王船山"尽心至正"思想的提出源自孟子的尽心思想和朱子的穷理思想。孟子的尽心、朱子的穷理实际上都是为了正心。孟子主张尽心、知性、知天、事天,实际上是让人正心存理,矫正人欲,实现公正的自治。孟子说:"尽其心者,知其性也。知其性,则知天矣。存其心,养其性,所以事天也。夭寿不贰,修身以俟之,所以立命也。"朱熹章句:"心者,人之神明,所以具众理而应万事者也。性则心之所具之理,而天又理之所从以出者也。人有是心,莫非全体,然不穷理,则有所蔽而无以尽乎此心之量。故能极其心之全体而无不尽者,必其能穷夫理而无不知者也。既知其理,则其所从出。"③朱子认为人的本心虚灵不昧,但是如果不尽心穷理则有所蒙蔽,则不能达到

---

① 《四书训义》,《船山全书》(第八册),岳麓书社 2011 年版,第 69 页。
② 《四书训义》,《船山全书》(第八册),岳麓书社 2011 年版,第 86 页。
③ 朱熹:《孟子·尽心上》,《四书章句集注》,中华书局 1983 年版,第 349 页。

正理。船山继承了孟子和朱熹的尽心穷理思想,提出尽心以矫正欲情。船山训义:"人受天地之中以生,故作圣之功,必以合天为极。合天者,与天之所以生我之理合而已矣,天之所以生我者为命;生我之理为性;我受所生之理,而有其神明之用以尽其理曰心。"①船山认为人由天所生,必然有理在人心,人心源自天理本原,本心即是理,本心虚灵不昧,具有至正的性质。但是人心存在于人体之中,与天毕竟不是一回事,要实现至正,必须与天合一,因此人要通过自治的途径,实现人心与天理的合一,实现道德公正。船山认为至正的途径是"知行",他说:"夫天人之量别矣,而见天于人者,其道在知;天人之事殊矣,而以人法天者,其道在行。知行各全其本量,而人通于天;知行各臻其极至,而天即在我矣。"②人心如何达到道德公正呢? 船山认为通过知行,各尽所能,则可以与天理的大公至正原则合一,人需要发挥自己的主体自觉性,主体自觉与天理大公至正原则相靠近,培养公正道德。船山说:"人之有心,明聪睿察之德本无有涯量,无微不可入,无远不可届,作圣者心尽其能,而后于理无所蔽。乃能尽其心者,非竭智穷思,以引于无极者也。唯灼然不为情之所蔽,不为气之所拘,而实有以知吾情性之中有此至善之体,以发起吾心之神明,而使具众理而应万事者也。"③天理大公至正,人尽其心,尽其所能,熟知天理本善之性,人心尽量与大公至正原则相合一,使人的欲情与本心的神明、大公至正宗旨相一致,则是尽心至正。为何尽心则能达到公正道德呢? 因为尽心是与天理相一致,不为物欲所诱惑,因为能够尽心,所以欲情能够得到控制,因此是公正的。船山说:"特心之有神明也,感物而动,而或随物以流,则与我所生之理相背驰;故惟有存其心,明聪不耄,而专以致之于静。"④心有本善之性和公正之理,尽心则可以实现人与本善之性、公正道德相平齐。

王船山对尽心思想的训义说明公正的道德需要主体自觉的努力,通过主体的自我治理实现人与天理合一,达到道德公正。尽心就是尽量摒弃不合理的欲情,达到大公至正的原则。如果不尽心,本心的善性得不到发挥,私欲就会上升,公正则不可能实现。

王船山对过分的私欲进行了说明,主张限制私欲。"谓私欲曰'己',须是自己心意上发出不好底来。瞥然视,泛然听,率尔一言,偶尔一动,此岂先有不正之心以必为此哉? 然因视听而引吾耳目,因言动而失吾枢机,则己私

① 《四书训义》,《船山全书》(第八册),岳麓书社 2011 年版,第 822 页。
② 《四书训义》,《船山全书》(第八册),岳麓书社 2011 年版,第 822 页。
③ 《四书训义》,《船山全书》(第八册),岳麓书社 2011 年版,第 823 页。
④ 《四书训义》,《船山全书》(第八册),岳麓书社 2011 年版,第 823 页。

遂因以成,而为礼之蠹矣。"①认为私欲是指不合乎天理大公至正的私心。私欲之所以是私心,是因为心的发用有不好的成分,因此是私欲,私欲是不公正的心。"然此耳目口体之或与非礼相取者,亦终非其心之所不欲,则以私欲离乎心君而因缘于形气者,虽无根而犹为浮动。夫苟为形气之所类附,则亦不可不谓之'己'矣。"②私欲的产生源自形气,没有通过尽心的途径进行正心,私欲就会产生。私欲的过度膨胀违背天理,与禽兽相差无几:"反天理,则与天同其神化;徇人欲,则其违禽兽不远矣。"③经过尽心的途径则可以回归到天理,一味地膨胀人欲,则类似于禽兽,没有公正可言。但是船山所说的私欲指的是不合理的、过度膨胀的欲情,合理的欲情不是私欲。"只理便谓之天,只欲便谓之人。饥则食、寒则衣,天也。食各有所甘,衣亦各有所好,人也。"④人基本的吃喝是人基本的需求,是天理法则,不是私欲。如果一味地追求私欲,不考虑他人的生存,则违背天理。

王船山认为尽心的途径之所以能够达到道德公正,是因为尽心能够控制自身的欲情,在心之发动前后符合公正道德。心在发动时尽心控制方向则保持行为符合公正,符合天理;心发动后有所偏向,通过尽心实现纠偏和矫正,返回到本善之性,回归天理,达到大公至正,保证行为过程和结果的公正。《礼记》说:"好恶无节于内,知诱于外,不能反躬,天理灭矣。夫物之感人无穷,而人之好恶无节,则是物至而人化物也。人化物也者,灭天理而穷人欲者也。"船山章句:"心存乎所嗜之物,则物之形不舍于心而心徇之。不知有己而唯见其物,是失其所以为人者,而化为所嗜之物也。'穷',极也。'人欲',谓一人之私欲。"⑤船山认为如果心只存于物欲中,此心则有偏私,道德不公正,过度膨胀则是私欲,必须通过尽心实现纠偏和矫正,即是以理制欲。"好恶本性之所发,而吾性固有当然之节。唯不能于未发之时存其节而不失,则所知之物诱之以流。斯时也,大本已失,而唯反躬自修以治其末,则由外以养内,天理犹有存者。苟其不然,纵欲以荡性,迷而不复,而天理亡矣。"⑥尽心就是反躬自省,保持心性的固然之节,通过自治矫正返回到天理本善之性,革蔽物欲,达到大公至正,养成公正道德。

王船山提出必须通过尽心达到公正,以理制欲,因为私欲的膨胀容易导

---

① 《读四书大全说》,《船山全书》(第六册),岳麓书社 2011 年版,第 773 页。
② 《读四书大全说》,《船山全书》(第六册),岳麓书社 2011 年版,第 773 页。
③ 《张子正蒙注》,《船山全书》(第十二册),岳麓书社 2011 年版,第 121 页。
④ 《读四书大全说》,《船山全书》(第六册),岳麓书社 2011 年版,第 641 页。
⑤ 《礼记章句》,《船山全书》(第四册),岳麓书社 2011 年版,第 898 页。
⑥ 《礼记章句》,《船山全书》(第四册),岳麓书社 2011 年版,第 898 页。

致天下大乱。《礼记》说："于是有悖逆诈伪之心,有淫泆作乱之事。是故,强者胁弱,众者暴寡,知者诈愚,勇者苦怯,疾病不养,老幼孤独不得其所,此大乱之道也。"船山章句："灭理穷欲,各求遂其私,而成乎大乱矣。"①没有天理,则私欲盛行,天下大乱。在这里,船山说的私欲是指不合理的欲望。私欲和天理之所以存在矛盾,是因为私欲超越了天理的界限,私欲进入了邪恶性质,产生了不公正现象。"天理一味流行,人欲永无侵染。此邪正之分,诚伪之界,恒与无恒之所自别,未可为冥趋妄作者道也。"②一般来说理存于欲,欲中有理,但欲超越了一定界限,则欲就不是理了。

为何要以理制欲呢?王船山认为因为私欲与天理存在矛盾,私欲已经超越了其本身存在的天理界限,对他人基本合理的欲情产生了重大影响,私欲膨胀者缺乏公正道德,导致了社会不公正。"遏欲之功在辨,存理之功在思。远恶色,拒奸言,辨之事也,非思也。"③船山认为需要遏制邪恶的欲情,因为邪恶的欲情干扰了他人正常的欲情,社会出现不公正。"有先遏欲以存理者,则不为恶色奸言所蔽,乃可进而思明与聪。其先存理以遏欲者,则唯思明而明,思聪而聪,而后恶色奸言不得而欺蔽之。"④通过存理制欲,明理遏欲,人没有被欺骗和蒙蔽,则实现道德公正。

为什么理能够实现遏制欲望的目的呢?王船山认为理是天固有的理,以理制欲,必然能够实现公正的目标。他说:"胜欲者,理也,非势之能也。理者固有也,势者非适然也。以势为必然而然,有不然者存焉。"又说:"以理为势,以势从理,奉理以治欲而不动于恶。夫苟知之,必允蹈之,则有天下而不与,推之天下而可行"⑤。理的存在是固有的,不因为社会之势的变动而发生变化,是世界的根源本质,因此必须通过大道天理控制欲情,可以达到公正的效果。

以理制欲为何能够达到公正呢?王船山认为以理制欲的途径就能达到仁的本质,仁就是公正的本义。《礼记》说:"无欲而好仁者,无畏而恶不仁者,天下一人而矣。是故君子议道自己,而置法以民。"船山章句:"'天下一人',唯体仁之君子能之,非民所及也";"君子通愚贱之志以置法,不以己之不望报而施仁者概天下,则亦义之所宜而广兴仁之效也"⑥。仁是天下之

---

① 《礼记章句》,《船山全书》(第四册),岳麓书社 2011 年版,第 899 页。
② 《读四书大全说》,《船山全书》(第六册),岳麓书社 2011 年版,第 772 页。
③ 《读四书大全说》,《船山全书》(第六册),岳麓书社 2011 年版,第 855 页。
④ 《读四书大全说》,《船山全书》(第六册),岳麓书社 2011 年版,第 855 页。
⑤ 《春秋家说》,《船山全书》(第五册),岳麓书社 2011 年版,第 120 页。
⑥ 《礼记章句》,《船山全书》(第四册),岳麓书社 2011 年版,第 1324 页。

仁,是公正之仁,不是一己之私,因此无欲就是仁的实现,就是道德公正。"仁之不存,惟私与欲累之也。好胜者其气骄,自矜者其志浮,有怨者其心刻,多欲者其情溺。若于克伐怨欲偶动于心,而即有以平其情、戢其志,使无行,则清虚之体不伤,而与世相忘于淡定,可以必其为仁乎?"①克己存仁的实质是以理制欲,实现公正无私,达到道德公正。

　　总之,王船山的正心自治思想进入"尽心至正"环节上,提出通过尽心途径达到道德公正。"尽心至正"是指通过自我内心的调适过程达到道德公正,以自治为途径,矫正欲情,达到公正。天理和欲情不是相异的事物,但是二者也存在矛盾,如果私欲过度膨胀,天理就得不到维护,则没有公正可言,因此需要以理制欲,将欲情进行适度限制,回归到合理的限度。尽心之所以能够实现公正,是因为人通过主体内心的自觉努力,将心与天理的大公至正原则合一,尽量摒弃不合理的欲情,回归到本善之性。"以理制欲"就是达到仁的本质,仁就是公正的本义。至此,船山正心公正论通过以理存欲、以理平欲、以理制欲思想得以建构,将欲情和天理统一,实现天下大公至正,最终实现道德公正。

## 第三节　正义矫正私利

　　王船山的心治公正论由诚意的自治、正心的自治进入正义的自治思想。"正义"之"正"是动词,意思是处于正当、正确之道,具有纠正的含义。"正义"是说将公正之义作为公正的原则,让大义始终处于正确的轨道上,实现道德公正。正义的自治是道德公正实现的重要自治途径和原则,主体通过大义的价值判断权衡自我利益与他人利益、社会利益之间的关系,通过自我责任的认定,承担起社会公正进行规范的义务,其功能是矫正社会过分私利的偏向,走向社会公正。正义的自治之所以能够达到道德公正,是因为自我选择正义的目的是在天下推行仁的宗旨。韩愈说:"博爱之谓仁,行而宜之之谓义;由是而之焉之谓道,足乎己无待于外之谓德。仁与义为定名,道与德为虚位。"②意思是说义是对仁的施行,仁是公正的本义,因此选择正义即是选择公正。正义是对过分私利的矫正,使天下都有公正的大义。正义至正实现自我道德公正主要从以义大利、以义制利和以义和利三条路径进行

---

①　《四书训义》,《船山全书》(第七册),岳麓书社2011年版,第768页。
②　韩愈著,屈守元、常思春主编:《原道》,《韩愈全集校注》,四川大学出版社1996年版,第2662页。

展开和实现。

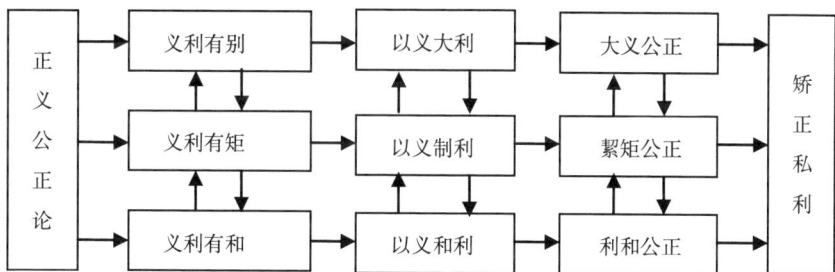

正义公正论内容界说逻辑图示

　　从图示可以看出,王船山正义公正论实现的主要途径是大利、制利与和利三个方面,通过这些途径的实施和规范达到公正,最终实现矫正私利,达到公正的道德目的。"大利"是指主体首先选择大义,义大于利,在利即是义,义是首要的选择,特别是在义利矛盾不可调和时,首先选择大义,大义是公正的最高原则;"制利"是让各自的私利保持在可以接受的限度之内,以絜矩限制私利的扩张,实现利益合理公正;"和利"则将义利进行调和,大义得到维持,个人利益保持在合理的范围内,义利相和,实现道德公正。正义是指规范人的利益,走向公理和无私的方向。

## 一、先义后利

　　王船山的正义公正论首先以"义利有别"作为价值判断,推论出义大于利、先义后利、义为先的价值选择,认为这种选择具有公正的原则和基础,因为公正道德源自天道的大公至正和人道的仁义公正。船山继承了古圣先贤的义利观,将义利作了原则上的区分,以义为先的途径必然能实现天下公正。

　　王船山继承了孔子的义利观,义大于利,推崇君子之义,君子之义是公正之义。孔子推崇义,鄙薄利,"君子喻于义,小人喻于利。"朱熹章句:"义者,天理之所宜。利者,人情之所欲"①君子通晓大义,立志于推行仁义,以天人大道为准则。船山对此训义:"君子小人之分,义利而已。乃君子之于义,充类至尽以精之,而利害非其所恤;小人之于利,殚智竭力以谋之,而名义有所不顾:则皆以行其所能知者而已。夫人未有不喻之而能专意以为之而不舍者也。君子之立志,早处于至正,而此心之所安所不安,自信于幽独,

――――――――――

① 朱熹:《论语·里仁》,《四书章句集注》,中华书局1983年版,第73页。

有非人之所能知者。因是而博求之于古今邪正之辨，事物得失之几，皆审其所以然之理，于是而如此则见为宜焉，不如此则见为不宜焉。宜于理，乃以宜于事；宜于人，乃以宜于己。"①船山的意思是君子、小人有义利上的区别，由于义利价值选择差异的原因，具有公正、不公正上的道德差异，君子义以为上，必然道德公正，小人竭力得利，必然邪恶。船山明显颂扬君子取义，推行公正道德的主张。他说："义者天理之公，利者人欲之私。"②取义就是选择公正之义，不主张选择私利之义。

王船山对孟子的义利观也进行了传承，提倡先义后利而达到道德公正。孟子继承了孔子的义利观，崇义非利，先义后利，也可说是义重于利。孟子见梁惠王时，孟子与梁惠王对话，"王曰：'叟！不远千里而来，亦将有以利吾国乎？'孟子对曰：'王何必曰利？亦有仁义而已矣。'王曰：'何以利吾国？'大夫曰：'何以利吾家？'士庶人曰：'何以利吾身？'上下交征利而国危矣。万乘之国弑其君者，必千乘之家；千乘之国弑其君者，必百乘之家。万取千焉，千取百焉，不为不多矣。苟为后义而先利，不夺不餍。未有仁而遗其亲者也，未有义而后其君者也。王亦曰：仁义而已矣，何必曰利？"朱熹对这段对话章句："仁义根于人心之固有，天理之公也。利心生于物我之相形，人欲之私也。循天理，则不求利而自无不利；殉人欲，则求利未得而害已随之。"③孟子强调仁义的价值观，大义是君王的最高价值取向，义高于利；朱熹则从天理、人欲上解释义利观，实质上也是崇义非利。船山对此训义："儒者之道，进之可以成王业，退之亦以保其国家，惟择于义利名实之间而已。义非以为利计也，而利原义之所必得；义非徒以其名也，而名为实之所自生。故君子之道，心有必正者，言有必慎。"④还说："以道言之，王者以爱养斯民为牧人之道，以循理制事为人君之职，唯仁义而已。即以事言之，欲安其位而收自然之效，亦唯有正其心以求诸道，道一建而定以为名，问诸心，谋诸众，独有仁义之可言而已矣！"⑤船山对孟子和朱熹的义利观进行继承和发挥，认为王道就是大义至上之道，大义为上的王道是公正之道，君王行政必须选择大义为上的公正之道。船山认为大义是公正的道德，这是对孟子和朱子思想的发挥，即是说他将"义以为上"的义利观作了公正伦理上的诠释，对孟子的仁义思想和朱子的理欲思想向公正论方向上进行

① 《四书训义》，《船山全书》（第七册），岳麓书社 2011 年版，第 381 页。
② 《四书训义》，《船山全书》（第七册），岳麓书社 2011 年版，第 382 页。
③ 朱熹：《孟子·梁惠王上》，《四书章句集注》，中华书局 1983 年版，第 201—202 页。
④ 《四书训义》，《船山全书》（第八册），岳麓书社 2011 年版，第 27 页。
⑤ 《四书训义》，《船山全书》（第八册），岳麓书社 2011 年版，第 27—28 页。

推进和发展。

王船山认为大义是公正之义,公正大义是人的必然的选择,类似于人必走之路,必走之路必然是公正之路。孟子说:"仁,人心也。义,人路也。"朱子章句:"义者行事之宜,谓之人路,则可以见其为出入往来必由之道,而不可须臾舍矣。"①朱子的意思是说,义是人行事的必然之路,是对仁的执行,是正确的道路。船山对此训义:"既已为人,则有人之路焉;路有必然不易之形,物因而昧之,而其为人所自喻必由之路者,则以仁而宰于物,宰物而有心之制,必由是路而心乃安,以周行乎万事者也。夫既有路矣,则苟有攸往,必由之矣;既有心矣,则反循乎己,求则得矣。义为人路,是其路也,是我所欲往来者也;仁为人心,是其心也,是我所固存主者也。"②船山的训义说明大义是人行事的必然之路,是大义之路,也是人实现人本质的体现,选择大义,人则不会因物质诱惑而蒙昧,有大义的选择必然行事公正,不因物质而诱惑,能周全万物,公平公正。这是因为义能行事适宜,是对仁的实施。船山显然赞成朱子将义定性为"行事合宜"的观点,并且超越了朱子的"行事合宜"思想,将义定性为"心之所安"。

王船山在论述义以为上的观点时明显将义利做了原则和意义上的区分,即义的价值高于利,大义优先,公正的道德当然具有优先性。船山继承了孟子和朱子的观点。孟子说:"鱼,我所欲也,熊掌亦我所欲也;二者不可得兼,舍鱼而取熊掌者也。生亦我所欲也,义亦我所欲也;二者不可得兼,舍生而取义者也。"朱熹章句:"欲生恶死者,虽众人利害之常情;而欲恶有甚于生死者,乃秉彝义理之良心,是以欲生而不为苟得,恶死而有所不避也。"③当义利矛盾出现不可调和时,孟子主张舍生取义,朱子也是这一观点。船山训义:"乃偶然而当二者不可得兼之时,有乎此则失乎彼,而人心之较量审矣。此不待踌躇,无容较量,必以所尤美者为快,舍鱼而取熊掌,必矣。夫人之有生死利也,亦如是而已。生,亦我所欲也;孰谓生为可轻,而欲之者非其所当欲乎?乃更有义存焉,亦我所欲矣;其欲之也,与生而俱切矣。乃忽然而当二者不可得兼之时,全其生则以害其义,守其义则以捐其生,而人心之天良动矣。踌躇之所不容,较量之所不及,必以所难忍之故,而奋不顾身,舍生而取义,必矣。"④船山主张义的价值高于生命,当生命和大义的存在发生矛盾冲突时,二者只选其一,则舍生取义。舍生取义是为了仁

①　朱熹:《孟子·告子上》,《四书章句集注》,中华书局1983年版,第333页。
②　《四书训义》,《船山全书》(第八册),岳麓书社2011年版,第727页。
③　朱熹:《孟子·告子上》,《四书章句集注》,中华书局1983年版,第332页。
④　《四书训义》,《船山全书》(第八册),岳麓书社2011年版,第721—722页。

的价值的实现,是对公正的高扬,是最高形式的正义,具有公正的本义。舍生取义完全是内心的高尚境界,是内圣走向外王,完全依靠主体自觉的自治来实现。

王船山将义以为上提升为人的本质,是人就应该选择大义、推行大义,这一思想符合了孔子关于大义的观点。孔子将义提升为君子的本质,"君子义以为质,礼以行之,孙以出之,信以成之。君子哉!"①孔子认为有义的人才能称为君子。船山对此训义:"君子则酌乎事之所宜,而裁以其心之制,不谋利,不计功,执其当然而不可挠,唯义而已矣。所主者义,则无不可行矣;而恃其心之无私,或有直情径行之失。"②船山认为君子有正确的心制,大义公正,不谋私利,时时以义作为自我的本质,行事体现义的本质。孔子及其门人都提倡以义作为行事的准则,时时思量事情是否符合义的本质,义成了人行为举止的基本标准,是一种基本的道德境界。子张说:"士见危致命,见得思义,祭思敬,丧思哀,其可已矣。"③子张的"见得思义"体现了公正的思想。船山对此训义:"诚使为士者:受国家之托,而时乎危,方危之时,毅然以死自尽,授命于君亲,不自有也;于货利之至,而疑于取,不敢轻取,决然以义自度,惟义之为辞受,不苟得也。"④作为士人,要有担当责任,承担大义,关键时刻能够舍生取义,目的是实现个人道德和社会公平公正,同时士人不谋利,不自私,大义公正。船山的大义思想继承孔子的大义观,又超越了孔子以义为上的观点,将大义思想作了公正观上的发挥。孔子说:"君子义以为上。君子有勇而无义为乱;小人有勇而无义为盗。"⑤孔子主张义是人行事的最高标准,具有公正的内涵。船山对此训义:"君子于其所为也,而敏于为;于其所不为也,而决于不为;亦似勇也,亦未尝不勇也,而要非以勇为上也。持其心之制,有时乎出入于死生利害之间,而非其气之矜;因乎事之宜,有时乎审慎于周详委曲之中,而必不任其志之果;义上焉,而后以自强不息配之,抑其次也。夫君子所上既以自正,而即以正人心、善风俗者也。"⑥船山主张君子有所为和有所不为,这说明君子对行事有所选择,因为有义以为上的标准,君子才有所为和有所不为,君子权衡利害,考虑周详合宜,不为一己之私而行事,能够自正而正人心,因此义以为上是公正的思想。

---

① 朱熹:《论语·卫灵公》,《四书章句集注》,中华书局1983年版,第165页。
② 《四书训义》,《船山全书》(第七册),岳麓书社2011年版,第847页。
③ 朱熹:《论语·子张》,《四书章句集注》,中华书局1983年版,第188页。
④ 《四书训义》,《船山全书》(第七册),岳麓书社2011年版,第960页。
⑤ 朱熹:《论语·阳货》,《四书章句集注》,中华书局1983年版,第182页。
⑥ 《四书训义》,《船山全书》(第七册),岳麓书社2011年版,第932页。

总之,王船山的正义自治思想首先从义利有别入手,提出先义后利而达到道德公正。船山继承了孔子、孟子和朱子的义利观,认为义大于利,义以为上,行事推行大义能够实现道德公正。孔子、孟子和朱子提倡"义以为质",船山对其思想进行了发挥,提出大义是公正之义,将"义大于利"向公正思想方面发展和适当超越,大义之所以能够实现道德公正,是因为选择大义就会不谋一己私利,人心实现自正而最终纠正人心,行事公正无私,必然实现道德公正。船山认为义是人的必由之路,是对仁的施行,因此"义以为上"是公正之义。船山发挥了孟子的舍生取义思想,在大义与生命二者只能选取其一时,必然舍生取义,说明义的价值高于一切。船山在义利观上坚持先义后利的观点,强调通过自我内心的选择达到公正,属于心治公正论。

## 二、以 义 制 利

王船山的正义公正论通过义利有别、先义后利的价值判断,提出义大于利而达到道德自治公正的目标,完成了价值选择上公正原则的确立。船山在此基础上继续向前推进,提出义利有矩、以义制利的思想,即是说通过絜矩规则限制不合理的私利,达到道德公正的原则。船山继承了古圣先贤的义利观,将义利关系通过絜矩之道进行自我控制,以义制利的自治必然能实现天下道德公正。

义利有别是因为义不同于利,人在更多的时候呈现出自然物性的特点,不能返回到本善之性,呈现出"利"的性质。船山认为必须以义制利,通过絜矩之道进行道德自治而达到道德公正。船山说:"以要言之,天下之大防二,而其归一也。一者,何也? 义、利之分也。生于利之乡,长于利之涂,父兄之所熏,肌肤筋骸之所便,心旌所指,志动气随,魂交神往,沈没于利之中,终不可移而之于华夏君子之津涘。故均是人也,而夷、夏分以其疆,君子、小人殊以其类,防之不可严也。夫夷之乱华久矣,狎而召之、利而安之者,嗜利之小人也,而商贾为其最。夷狄资商贾而利,商贾恃夷狄而骄,而人道几于永灭。无磁则铁不动,无珀则芥不黏也。"①船山认为义利相分,义利有别,义利呈现有各自的限度,人必须有基本的价值判断和价值选择。如果没有这种基本的判断,就会出现义利相混,社会就没有道德公正可言,天下混乱。"一国之人,为臣为民,其分之相临,情之相比,事之相兴,则上下、左右、前后尽之矣。为立之道焉,取此六者情之所必至、理之所应得者,以矩絜之,使之均齐方正,厚薄必出于一,轻重各如其等,则人得以消其怨尤,以成孝弟慈

① 《读通鉴论》,《船山全书》(第十册),岳麓书社2011年版,第503页。

之化,而国乃治矣。其授之以可以尽孝弟慈之具,则朱子所谓'仰足事,俯足育'者,固其一端;而为之品节位置,使人皆可共率由夫君子之教者,则必东阳所谓'规矩制度'者,而后为治道之全也。"①人有欲情、私利,彼此间有相互抵触的可能,但絜矩之道使义利各得其分,各处所是,事情自然均齐方正,靠近道德公正而通达事理。因为义利的存在有规矩,必须通过义制衡利才能实现道德公正。

絜矩之道说到底是礼义之道,是指通过礼义调节欲情和利欲,王船山主张通过礼义制衡利欲。《礼记》云:"殷人作誓而民始畔,周人作会而民始疑。苟无礼义忠信诚悫之心以莅之,虽固结之,民其不解乎?"礼义忠信即是絜矩之道,制衡私欲。船山对此章句:"'礼',敬让也。'义',方直也。尽己曰'忠',以实曰'信',不妄曰'诚',不贰曰'悫'。礼义者,忠信诚悫之实;忠信诚悫者,礼义之本也。以忠信诚悫之心行乎礼义,则笃实光辉,自能感民固有之天良,不待誓会以固结之矣。"②由于礼义忠信这些絜矩之道在民众心中早已存在,如果君王一心为私,民众就会反叛,矫正君王过度膨胀的私利,使天下达到道德公正。因此义利应该处于合理的范围内,为了达到合理的范围,必须通过义限制利,达到道德公正。

王船山认为义能制衡人情,人情有可能超越了合理的范围,义则调节了人情。《礼记》云:"故圣王修义之柄、礼之序,以治人情。"船山章句:"义为礼之制,'柄'也;礼为义之章,'序'也。义之柄,礼之序,盖天道之著于人情者。圣王本仁达顺,修其德以凝其道,则人情治而人之大端立矣。"③义是礼的宗旨和原则,礼是义的规范原则,通过礼的规范,使义的宗旨得到实施,则人情得到调节,符合义的原则,达到道德公正。

王船山认为通过以义制利才能达到天理,实现道德公正。《礼记》云:"公曰:'寡人固! 不固,焉得闻此言也。寡人欲问,不得其辞,请少进!'孔子曰:'天地不合,万物不生。大昏,万世之嗣也,君何谓已重焉!'"船山对此章句:"'固',陋也。识陋故疑,疑则问之,乃闻圣人言也。哀公虽喜于闻所未闻,而终以昏姻为男女之欲,而继嗣为其后起,不知人情之动即天地生物之理,亵之则从欲而流,重之则生生之德即此而在。盖天理人欲,同行异情,顺天地之化,而礼之节文自然行乎其中,非人欲之必妄而远乎天理,此君子之道所以大中至正而不远乎人也。"④天理和人情应该存在于合理的范围

① 《读四书大全说》,《船山全书》(第六册),岳麓书社 2011 年版,第 438 页。
② 《礼记章句》,《船山全书》(第四册),岳麓书社 2011 年版,第 278 页。
③ 《礼记章句》,《船山全书》(第四册),岳麓书社 2011 年版,第 572 页。
④ 《礼记章句》,《船山全书》(第四册),岳麓书社 2011 年版,第 1185 页。

之内,婚姻也是天埋,但要保持在合理的范围之内,婚姻并不是为了纵欲,而是为了生生发展、繁衍后代和社会发展的需要,因此婚姻需要从礼义上节制才能符合天理,以义制利,符合公正道德。

王船山认为对过度的私利和邪恶要进行无情的限制和惩罚,达到公正道德,更有甚至者要剥夺私欲猖狂者的生命,这种非常手段也是为了实现道德公正的目的。张载说:"不得已,当为而为之,虽杀人,皆义也;有心为之,虽善皆意也。正己而物正,大人也。"船山注:"不得已者,理所必行,乘乎时位,已之则失义也。有心为者,立意以求助也。大人正己而已,居大正以临物,皆为己也。得万物理气之大同,感物必通矣。"①如果过度的私欲得到膨胀,就严重危害天下大义,必须对这种私利进行惩罚、法办,大义灭私,以大义消灭不正当之私利,匡扶正义,这也是为了社会公正。船山的这种观点类似于张载。张载说:"'志于仁而无恶',能为无也。"张载的意思是对没有德性的事情可以使其没有。船山对此作注:"不以已私累天下,天下无所损,安而忘之。张子此言,以警学者至矣。纵欲趋利,则天下求无其人而不得,是人类之狼蚤也。"②船山的意思是过分的私利膨胀应该得到有效控制,将私利控制在合理的范围之内,使天下公正;过度地膨胀个人私利,天下没有安定,天下人希望没有此人的存在,必须大义灭私。

王船山认为以义制利是维护天下大义,过度膨胀私利而违反大义的人应该受到惩罚,甚至诛杀。"夫义,有天下之大义焉,有吾心之精义焉。精者,纯用其天良之喜怒恩怨以为德威刑赏,而不杂以利者也。使天下知为臣不忠者之必诛而畏即于刑,乃使吾心违其恩怨之本怀,矫焉自诬以收其利。然则义为贼仁之斧而利之囮也乎?"③天下大义即是"天良",不完全排除私利,但不是过度膨胀私利,但违反大义必然受到应有惩罚。

为何要以义制利呢?王船山说以义制利的目的是实现天下大利,趋吉避凶,实现天下道德公正。私利过度放纵必然对天下公正有害,必须以道法进行限制,以义制利。船山所说的大义就是指天下大利。"利之所在,害之所兴,抑之已极,其纵必甚。故屈伸相感而利生,情之相感而害起,屈伸利害之相为往复,而防之于早,以无不利。智者知之明也,而庸愚不知。知者则立法以远害,不知则徇利以致凶,利害之枢机在此矣。"④船山所说的利欲是指个人的私欲,徇利纵欲即是放纵个人的私欲,这对天下有害,损害了天下

---

① 《张子正蒙注》,《船山全书》(第十二册),岳麓书社 2011 年版,第 166 页。
② 《张子正蒙注》,《船山全书》(第十二册),岳麓书社 2011 年版,第 249 页。
③ 《读通鉴论》,《船山全书》(第十册),岳麓书社 2011 年版,第 84 页。
④ 《读通鉴论》,《船山全书》(第十册),岳麓书社 2011 年版,第 285 页。

大利,天下大利就是吉,个人放纵私利必然损伤天下大义。

王船山明确说明为了公正必须"以义制利",要将过分的私利进行宰割。"故有天下者,崇儒者以任师保,若无当于缓急,保宗祐、燕子孙、杜祸乱者,必资于此。诗书以调其刚戾之气,名义以防其邪僻之欲,虽有私焉,犹不忍视君父之血胤如鸡骛,而唯其罐磔。"①罐磔的意思剖开分解,对不公正的私利进行宰割。船山认为儒者以仁义为宗旨,为了达到仁义的宗旨,必须通过礼义调节私欲、私利之气,避免天下大乱,实现道德公正。船山的"以义制利"的思想以自治为途径实现道德公正,他说:"夫善治者,己居厚而民劝矣,谗顽者无可逞矣;己居约而民裕矣,贪冒者不得黩矣。以忠厚养前代子孙,以宽大养士人之正气,以节制养百姓之生理,非求之彼也;捐其疑忌之私,忍其忿怒之发,戢其奢吝之情,皆求之心、求之身也。人之或利或病,或善或不善,听其自取而不与争,治德蕴于己,不期盛而积于无形,故曰不谓之盛德也不能。"②船山"以义制利"的正义公正论主要是以自治为主要途径,首先做到自我内圣,克己而正义,自我能够厚德达善,这对私利过分的人有警示和引导学习的作用,对贪婪的人有引导和限制作用。因此,船山说"以义制利"思想的重点在于自我节制,以心中的正义进行自我调适,私欲得到控制,实现天下公平公正。

王船山说絜矩之道是公正之道,通过絜矩的自我规范,达到对私欲进行限制的目的;絜矩之道是义的需要,义是根本宗旨,絜矩则是规范的原则,以义制利,实现天下公正,天下大义得以实现。船山说:"民之所好,民之所恶,矩之所自出也。有絜矩之道,则已好民之好,恶民之恶矣。乃'所恶于上,毋以使下',则为上者必有不利其私者矣;'所恶于下,毋以事上',则为下者必有不遂其欲者矣。君子只于天理人情上絜著个均平方正之矩,使一国率而由之。则好民之所好,民即有不好者,要非其所不可好也;恶民之所恶,民即有不恶者,要非其所不当恶也。"③船山的意思是絜矩之道是自我规范的法则,之所以需要自我絜矩规范,是因为天下有共同的大义和人情,有公理和共心的存在,这就是天下大义。个人必须有絜矩的规范,以合乎天下大义和共同本心,通过絜矩限制个人的私利,实现天下道德公正。

总之,王船山的正义自治思想从义利有别进入义利有矩,通过絜矩之道的自我规范实现以义制利而达到道德公正。船山认为义利有自身的界限,

---

① 《读通鉴论》,《船山全书》(第十册),岳麓书社2011年版,第551页。

② 《宋论》,《船山全书》(第十一册),岳麓书社2011年版,第23页。

③ 《读四书大全说》,《船山全书》(第六册),岳麓书社2011年版,第439—440页。

必须将义利存在于合理的范围之内,以大义限制过分的私利,以义制利能够实现道德公正。船山认为絜矩之道是礼义之道,通过礼义调节欲情和利欲,主张通过礼义制衡利欲;主张对过度的私利和邪恶要进行无情的限制,达到公正,甚至要剥夺私欲者的生命,为了维护天下大义,过度膨胀私利而违反大义的人应该受到惩罚。船山认为絜矩之道是公正之道,通过絜矩的自我规范,达到私欲得到限制的目的,公正道德在这里通过自治来实现。船山在义利观上坚持以义制利的观点,强调通过自我内心的絜矩规范达到公正,属于自治公正论。

### 三、以 义 和 利

王船山的正义公正论通过义利有别、义利有矩的价值判断,提出了义大于利、以义制利而达到自治公正的目标,完成了规范论上的公正原则的确立。船山在此基础上继续推进,提出义利有和,以义和利的思想,即是说通过自我内心规范将义利限制在合理的范围,实现义利相和,达到公正的原则。

王船山主张"义利相和",即是说既有天理大义得到坚持,又有合理的人情和私欲得到保障。"义利相和"的提出是因为片面地追求利则损害了义,这是君子和小人之别的根本。船山说:"古之为教也,使人为君子而已矣。先王欲君子之道明,以备用也,于是有诗、书、礼、乐以习之,法言法行以闲之,而天下以习其术者为儒。乃常以道之不明不行为吾性中之缺陷,而必求所修之,以尽其性分之所固有、职分之所当为者,则君子之儒也。女所当为者此也。其学之博,将以致吾之知,而无不知之耻;其行之正,将以善吾之行,而无失行之惭;皆引而刻责身心,君子之所以为君子也。"①义利调节最终是为了儒家君子之义,即仁义的实现。"义利相和"实质上是说大义要得到维持,道德公正要得到实现。船山说:"天者,理而已矣,得理则得天矣。比干虽死,自不与飞廉、恶来同戮;夷齐虽饿,自不与顽民同迁:皆天所佑而无不利也。利者,义之和也。"②意思是说"和"是人与天理相合而相和,人与天理大义相和才能实现个人之利。在这里,船山并没有排斥个人之利,主张合理的利益需要得到保障,但不主张私利与天理发生不可调和的矛盾。船山说:"'义之和'者,生物各有其义而得其宜,物情各和顺于适然之数,故

---

① 《四书训义》,《船山全书》(第七册),岳麓书社2011年版,第454页。
② 《周易内传》,《船山全书》(第一册),岳麓书社2011年版,第516页。

利也。"①所谓"义之和"是万物各得其宜,都能得到生存或者发展,而不是排斥、消灭对方,船山的意思是既不是只要天理而否定私欲,又不是只要私欲而否定天理,其意思是天理和私欲得到相和而相利,各得其宜就是公正,既有大义又有利欲,既有天理又有人情,就是实现道德正义和道德公正。

朱子也讲"义之和",认为义利不相矛盾,义能和利。他说:"'利者义之和。'义是个有界分断制底物事,疑于不和。然使物各得其分,不相侵越,乃所以为和也。"②朱子认为义利各有边界,义利相和就是义利如果保持应有的界限和原则,则实现一致。义利相和有公正的含义。朱熹说:"义之和处便是利,如君臣父子各得其宜,此便是义之和处,安得谓之不利!如'君不君,臣不臣,父不父,子不子',此便是不和,安得谓之利!孔子所以'罕言利'者,盖不欲专以利为言,恐人只管去利上求也。"③义利相和就是义利各得其宜,恰到好处,目的是限制利欲过度膨胀,私利过度张狂则对大义有所损伤,影响公平公正,因此孔子不太说私利的问题。船山的"义以和利"思想超越了朱子的"义"和思想,认为"义之和"可以达到道德公正,他说:"利合于义,则心得所安。"④因为利合于义,心才能安定,这体现了公正的原则,即是说利益在合宜的范围内存在,义利相和。

王船山认为"和"既是对义利的调节又是对仁义公正的坚守,即使说有"和"的德性,则不会偏执和过犹不及。船山说:"国家之政,见为利而亟兴之,则奸因以售;见为害而亟除之,则众竞于嚣。故大臣之道,徐以相事会之宜,静以需众志之定,恒若有所俟而不遽,乃以熟尝其条理,而建不可拔之基。志有所愤,不敢怒张也;学有所得,不敢姑试也。受政之初,人望未归;得君之始,上情未获;则抑养以冲和,持以审固,泊乎若无所营,渊乎若不可测,而后斟酌饱满,以为社稷生民谢无疆之恤。"⑤政治以和为原则,治理则会静以制动、徐以行事,不以物喜,不以己悲,坚守仁道,关注民生。船山这里的"冲淡以和"思想体现了公正之义。

王船山主张"义利相和"的思想实际上是对古圣先贤思想的继承和发展。董仲舒主张义利相和,将义作为养人的重要材料,以义养人大于以利养人。他说:"天之生人也,使人生义与利,利以养其体,义以养其心,心不得义不能乐,体不得利不能安。义者心之养也,利者体之养也。体莫贵于心,

① 《周易内传》,《船山全书》(第一册),岳麓书社 2011 年版,第 59 页。
② 黎靖德编:《朱子语类》,中华书局 1986 年版,第 1704 页。
③ 黎靖德编:《朱子语类》,中华书局 1986 年版,第 1704—1705 页。
④ 《张子正蒙注》,《船山全书》(第十二册),岳麓书社 2011 年版,第 285 页。
⑤ 《宋论》,《船山全书》(第十册),岳麓书社 2011 年版,第 69 页。

故养莫重于义,义之养生人大于利。"①董仲舒认为义利都是天所赋给人的
两个方面,因为天生人有"义"的方面,使人得以有心性,因为天生人有"利"
的方面,使人得以有其身体,因此二者都不能否定,关键在于二者保持在适
宜的程度,他主张冲淡以为和,义利相和。船山的"义利相和"思想与董仲
舒的思想具有一致性。船山解释"礼之用,和为贵"说:"'贵'者,即所谓道
之美而大小之所共由也。'和'者,以和顺于人心之谓也。用之中有和,而
和非用礼者也。有子盖曰:礼之行于天下而使人由之以应夫事者,唯和顺于
夫人之心而无所矫强之为贵;唯其然,斯先王之以礼为小大共由之道者,以
纯粹而无滞也。"②船山认为"和"是和顺于人心的意思,人心则是天下人共
同之心,是公理,因为"和"考虑了天理和利欲的两个方面,做到了两个方面
的适宜,既不是强迫,也不是丢弃,而是全面兼顾,大小皆宜。礼来源于义,
礼义的运用达到"和"才是最高的价值,即是公正的价值。船山说:"仁、义、
礼、信,推行于万事万物,无不大亨而利正,然皆德之散见者,《中庸》所谓
'小德'也。所以行此四德,仁无不体,礼无不合,义无不和,信无不固,则存
乎自强不息之'乾',以扩私去利,研精致密,统于清刚太和之心理,《中庸》
所谓'大德'也。四德尽万善,而所以行之者一也,'乾'也。故曰'乾元亨利
贞',唯'乾'而后大亨至正以无不利也。"③船山说仁义礼信就是公正的本
义,义的宗旨就是实现"和","义之和"可以做到扩私去利,达到公正。仁、
义、礼、信的本原是元、亨、利、贞,因此公正的本义源自仁义礼信,人的德性
包含"和"。"和"是船山公正范围的规定,因此船山的"义之和"思想就是
其公正思想的内涵。

　　总之,王船山的正义自治思想从义利有别、义利有矩进入义利相和,通
过"以义和利"而达到道德公正。船山认为义利本身是相和的,"义"就是指
"义之和",通过自我内心规范将义利限制在合理的范围内,实现义利相和,
达到公正的原则。义利相和的提出是为了避免片面地追求利益而损害了公
正之义,天理和私欲得到相和相利,各得其宜,就是公正。义利相和之所以
能够有利于公正的实现是因为以和进行调适,能够达到全面兼顾、大小皆
宜,因而公正无私。王船山在义利观上坚持以义和利的观点,强调通过自我
内心"和"的规范达到公正,通过心治实现道德公正。

―――――――――

①　苏舆著,钟哲点校:《身之养重于义》卷九,《春秋繁露义证》,中华书局1992年版,第
　　263页。
②　《读通鉴论》,《船山全书》(第十册),岳麓书社2011年版,第813页。
③　《周易内传》,《船山全书》(第一册),岳麓书社2011年版,第59页。

# 第五章　礼治公正论

　　王船山公正思想在规范伦理上的建构有自律的规范和他律的规范两个方面。自律的规范即是心治的规范,通过内在的自我克制和修为达到公正。当心治公正观建构完成之后,船山的公正思想继续向自律规范上迈进,规范伦理学进入礼治制度层面,通过礼制的建立和运行达到个人公正和社会公正的目标。规范制度既有法律制度,又有人文道统制度,法制规范人的行为,人文道统规范人的道德伦理。人文道统的规范体现为人伦礼仪,通过礼制的规范达到天下公正,"刚柔交错,天文也。文明以止,人文也。观乎天文,以察时变;观乎人文,以化成天下"①。人文道统形成了礼仪制度,以礼仪制度进行规范,天下人伦尽至,社会井然有序。船山的自律规范公正论首先从礼治公正论上展开,即是说通过礼制的自我约束达到规范,实现天下公正。

　　王船山的礼治公正论既是规范公正的范围,又是过程公正的范围,即是说公正的实现不停留在抽象的概念之中,不是完全思辨上的公正,而是具体的实施过程中的公正,在过程行为的运用之中才能实现道德公正。船山主张通过实际礼制的运用达到矫正欲情、私利,实现公正,礼的运用是规范公正的现实途径之一。通过礼用达到规范个人的行为和社会伦理道德的目的,礼的运用是重要的过程。礼用的公正既是自律规范的公正,又是过程矫正、纠偏上的公正。但是礼用的公正又完全是自律的规范公正,因为礼的运用需要自我克制而达到礼,正如孔子说"克己复礼为仁",礼的运用完全依靠主体的自觉努力,自觉运用礼的规范达到道德约束而实现公正。船山礼治公正论主要从礼用通理、礼用通义、礼用通伦三个方面对公正道德进行规范。

　　从图示可以看出,王船山礼治公正思想主要从通理、通义、通伦三个方面展开,从"理""义"到"伦"三范畴,实现由抽象到现实、由抽象到具体、由理性到实践的逻辑推进,最终从形而上走向形而下,实现道德公正的自我约束规范。礼治公正论的目标是通过礼用规范内心,矫正道德的不良倾向,将邪恶、欲情、私利通过礼制规范约束调适到一定的程度和可

---

　　① 阮元:《周易·贲》,《周易正义》,《十三经注疏》,中华书局 1980 年版,第 37 页。

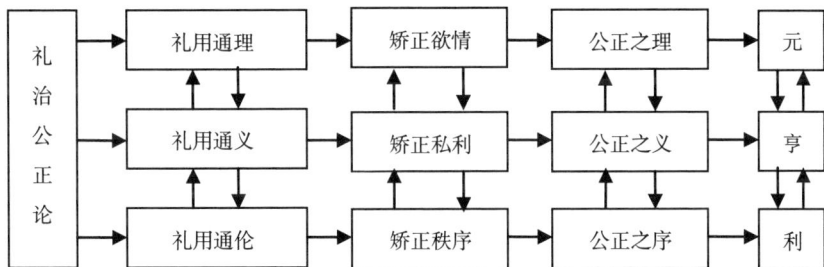

**礼治公正内容界说逻辑图示**

控的范围之内,最终在社会上实现一定程度的公正。在礼治公正论中,根据元亨利贞的发展逻辑,有其顺序:礼用通理,"理"是制高点,因此是"元";礼用通义,"义"是发展,因此是"亨";礼用通伦,"伦"是和利,因此是"利"。

王船山公正思想通过哲学范畴体系进行展开,特别是运用了宋明时期的理学范畴进行解析,但不同的是他并不完全围绕心、性、理等范畴进行形而上的论述,没有空谈心、性、理,而是主张经世致用,将理学向实学方向发展,主张理学能够解决现实政治、社会的伦理道德问题,以学问研究推进社会发展。"礼"是王船山哲学思想的核心范畴,他将"礼"作为贯通天理与人情、国君与百姓的中间环节,将古代的礼制思想运用到社会现实之中达到经世致用的目的。船山非常尊崇孔子,而礼在孔子思想中处于核心地位,因此船山突出了礼的地位,其礼学思想是尊孔的标志之一,"船山所处的特殊时代,使船山对孔子的推崇达到了极致"①。礼不仅仅是一种静态的制度,还是在现实的礼用,礼的存在是动态的存在,"礼"的最终目的是"用"。船山的礼不是一种纯粹的制度,而是一种社会实践,礼运用于社会现实,必须产生实际效用。船山的礼范畴不仅仅是一种规范体系,还是一种贯通体系,是规范向贯通的超越。船山公正思想中的重要方面即是将礼进行实际运用,礼用可以实现公正,正如肖群忠教授认为船山的伦理就是"礼义廉耻"②。礼用可使情与理、上与下、制与纪等实现贯通,礼最终成为一种社会伦理,社会伦理的实现最后是通过礼用来完成的,礼用做到政治伦理与社会伦理的有机统一,实现个人和社会的道德公正。

---

① 陈力祥:《王船山尊孔崇孔之历史动因及其三个基本维度》,《船山学刊》2013 年第 4 期。
② 肖群忠:《礼义廉耻的时代价值——船山伦理思想新悟》,《船山学刊》2014 年第 3 期。

## 第一节　礼用矫正欲情

王船山的礼治公正论首先从礼用通理上展开,礼的运用达到理而实现公正。为什么礼用达到理就能实现道德公正呢? 原因是儒家认为理本身具有公正性,理通达公正,而礼用的过程是与理相结合,因此礼用通理而达到公正。船山说:"孟子言'顺受其正',原在生后。彼虽为祸福之命,而既已云'正',则是理矣,理则亦明命矣。"①船山与各儒家的观点一致,认为理本身具有公正性。船山为了说明礼用通理而达到道德公正,从礼通理情、礼正人欲、礼正人情三个方面进行解说。

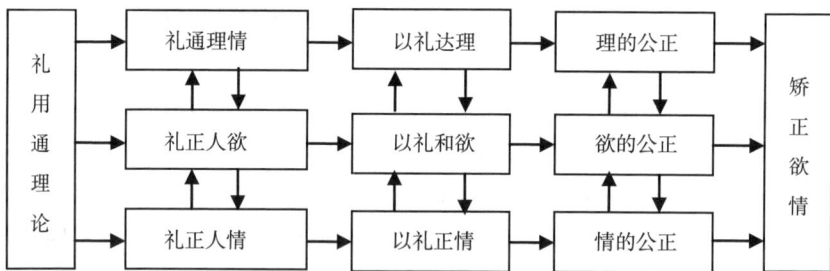

礼用通理公正论内容界说逻辑图示

从图示可以看出,礼用通理实现道德公正,其核心思想是通过礼用达到理,礼用能够"和欲正情",最终实现矫正欲情的目的,实现道德公正。礼用联通理与情,礼用矫正人欲,礼用矫正人情,通过礼的运用实现情合于理、欲合于理,矫正了情欲、利欲,实现社会治理,实现个人与社会的道德公正。

### 一、礼　通　理　情

王船山的礼治公正论首先从礼用通理思想上展开,核心思想是以理为中心,礼通理与情,以礼达理,情合于理,实现公正。理本身是公正之理,礼与理结合,必然道德公正。船山公正思想凸显了现实中的公正,现实公正通过礼用体现出来,将礼作为调节形而上学之道与现实人情的桥梁。船山通过礼的运用环节使理学中的心性之理转化为实学中的经世致用,实现天理的公正无私与现实人情的公正的双向统一。船山学被学术界公认为是具有启蒙性质的学问,推动人本思想的发展。许苏民教授在评述萧萐父先生对

---

① 《读四书大全说》,《船山全书》(第六册),岳麓书社 2011 年版,第 407 页。

船山学总结时说:"萧先生论学,特别注重原创性,他认为船山之所以为船山,不在于他的那些重复前人的言论,而在于他说出了许多与孔曾思孟、程朱陆王立异的话。"①船山礼用的贯通面向实现天理与人情的有机"和合",礼用具有这一启蒙性质,礼用使人情通达天理,贯通了天理和人情,达到道德公正。

从规范伦理学的角度看,王船山所说的礼是指人的行为规范和准则,即是一种伦理规范制度。船山说:"礼者,大中至正之矩,君子以自尽,而非以矫时矜异者也。"②礼是一种行为规范准则,主要是一种自我行为规范,即礼的运用完全依靠主体自觉而规范自身。礼虽然是"矩",但"矩"在自我内心之中,没有强制力,主体的自觉才使"矩"产生约束效力。朱熹说:"矩,法度之器,所以为方者。"③但礼不仅仅是人的行为规范准则,还是人文的基本内容,即是说礼是人区别于动物的基本标志和特征。船山说:"义者天地利物之理,而人得以宜;礼者天地秩物之文,而人得以立。"④人之所以能确立自身为人,是因为人有不同于动物之礼。但礼的关键意义还是以规范作为要义,"'礼'者,动有矩度也"⑤。礼既然是一种矩度,则对人的行为进行规范,对人的过分行为进行节制和调衡。"凡事但适如其节,则神化不测之妙即于此。礼者,节也,'道前定则不穷',秉礼而已。"⑥意思是礼的功能是对人的行为进行节制。

但是礼不仅仅具有一种节制功能,礼还具有贯通的功能,礼将天理与人情相联结,实现贯通,礼用的贯通而达到公正。《礼记》说:"故曰:礼也者,物之致也。"船山章句:"'物',兼人与事而言。'致',极也。万物之理,人心之同,皆以礼为之符合,是人己内外合一之极致也。"⑦即是说世界万物因为理而存在,人心贯穿礼,人与物的结合就是礼与理的联结,通过礼用贯通天理,礼将人心和物理达到和谐一致,实现公正。

礼贯通天理之所以能够达到公正,是因为礼既符合天理的至正,又符合人情的善,二者的结合就是公正的善。船山说:"礼原天理之至正者为喜怒

① 许苏民:《从雷蒙·道森签约"儒家的教导在现代的敌人"谈起——论王夫之与中国哲学研究的若干问题》,《船山学刊》2014年第4期。
② 《礼记章句》,《船山全书》(第四册),岳麓书社2011年版,第244页。
③ 朱熹:《论语集注》,《四书章句集注》,中华书局1983年版,第54页。
④ 《读四书大全说》,《船山全书》(第六册),岳麓书社2011年版,第520页。
⑤ 《礼记章句》,《船山全书》(第四册),岳麓书社2011年版,第1150页。
⑥ 《俟解》,《船山全书》(第十二册),岳麓书社2011年版,第484页。
⑦ 《礼记章句》,《船山全书》(第四册),岳麓书社2011年版,第605页。

哀乐之节,所以闭邪而增长其才之善者,以之立身而应物,无不得也。"①天理本身公正无私,至正而公正,人有欲情而喜怒哀乐,礼来源于天理之正而调节喜怒哀乐,实现欲情与天理的合一,矫正欲情,达到公正,以避免出现偏向。因此礼通理与情,能够实现以礼达理,实现公正无私。礼之所以与理相通是公正无私的,是因为礼的本原是形而上学的道,道本身是公正的。船山说:"形而上者道也,礼之本也;形而下者器也,道之撰也。礼所为即事物而著其典,则以各适其用也。"②礼的本原和依据是形而上学的道,以道为依据,其在形而下的使用上则没有不公正的,由形而上到形而下,则万事显著而周全,非常适合、适用而公正。"学者去私循礼以为行礼之本,则自强于礼,而不挟己自是以拂乎人情,其于容貌之庄,权宜之中,亦举而措之而已。"③礼用的目的是去私达礼,不单向度地追求人情,礼以形而上的道为根本,做到权宜适中,公平公正。正因为礼通达理与情,礼用能够实现道德公正。

王船山认为礼用贯通达到公正还在于礼对人情的节制:"礼者,以达情者也。礼立则情当其节,利物而和义矣。"④人情的存在具有其合理性,因此礼也要符合人情,但人情的存在不能超越一定的限度,超越限度则会导致人情偏向而违反天理,出现偏私,因此需要以礼节制人情,达到公正天理。但礼用的原则又以天理为根本原则,天理原则具有根本性和优先性,其原因是天理是人的来源和根据,没有天理人就不能存在,因此礼用以天理为根本原则。《礼记》说:"故圣人作则,必以天地为本,以阴阳为端,以四时为柄,以日星为纪,月以为量,鬼神以为徒,五行以为质,礼义以为器,人情以为田,四灵以为畜。"船山章句:"人受天地之中以生,而备阴阳、四时、日月、五行、鬼神之理,故先王立政,制为礼以达人情,即以合天德,体用一原而功效不爽也。"⑤圣人认识到天理是人存在的根本,因此制定了礼义伦理,以礼符合天理,以用达到人情,通过礼用实现天理与人情的合一,礼用而公正。

王船山认为礼是人的根本,人之所以成为人是因为人心有礼之文,行为有礼之制。《礼记》说:"故礼义也者,人之大端也。所以讲信修睦而固人之肌肤之会、筋骸之束也,所以养生送死、事鬼神之大端也。所以达天道、顺人情之大窦也,故唯圣人为知礼之不可以已也。故坏国,丧家,亡人,必先去其

---

① 《礼记章句》,《船山全书》(第四册),岳麓书社2011年版,第580页。
② 《礼记章句》,《船山全书》(第四册),岳麓书社2011年版,第579页。
③ 《礼记章句》,《船山全书》(第四册),岳麓书社2011年版,第14页。
④ 《礼记章句》,《船山全书》(第四册),岳麓书社2011年版,第559页。
⑤ 《礼记章句》,《船山全书》(第四册),岳麓书社2011年版,第565页。

礼。"船山章句:"讲信修睦,则争乱息而无外患;固其肌肤之会、筋骸之束,则淫泆远而无内戕,丧亡之害免矣。礼原于天而为生人之本,性之藏而命之主也,得之者生,失之者死,天下国家以之而正,唯圣人知天人之合于斯而不可斯须去,所为继天而育物也。"①意思是说人生下来就有礼之文,行动有礼之节。人失去了礼就不能成为真正的人,天下太平、国家治理要想实现公正,不能丢失了礼之文和礼之用。

礼用贯通理与情,其功能具有矫正欲情的作用,矫正欲情达到公正,与天理合一。《礼记》云:"是故先王之制礼乐也,非以极口腹耳目之欲也,将以教民平好恶而反人道之正也。"礼制不是为了一味满足人的欲情,而是矫正人的好恶,达到公正。船山章句:"'口腹耳目之欲',或顺或逆,流激而成不正之好恶,以和平冲淡养之,则好恶各安其节,而人所以异于禽兽者反其天则矣。"②人有好恶、欲情,人的礼用则平衡、矫正好恶而归向于道德公正。礼用的矫正功能在于贯通了理与情,对善的褒扬、对恶的处置通过礼的运用做到恰如其分,使人具有自我修正和自我感化的作用,而不同于刑罚在力上的处置效果。船山说:"罪者,因其恶而为之等也,而恶与罪抑有异焉。故先王之制刑,恶与罪有不相值者,其恶甚不可以当辜,其未甚不可以曲宥,酌之理,参之分,垂诸万世而可守,非悁悁疾恶,遂可置大法以快人情也。"③先王以礼制平衡、矫正恶行,而不追求法度刑罚,以礼治国则国家能长久,突出了礼用的道德矫正功能。

礼的贯通功能使理与情达到统一,平衡了天理与欲情,达到公正,礼是人特有的人文本性,使人区别于禽兽,这成就了人本身。船山认为礼是人实现公正道德的必然性质,人有礼之性质,大公无私,使人达到道德公正。船山说:"草木有气而无情,禽兽有情而无理,兼情与理而合为一致,乃成乎人之生。故遇物之危而恻然动,见人之哀而隐然恤,虽残忍习成,而当可恻可隐之时,则心必动,如其悍然而恝忘之,则必非人而后然矣。如己有可愧而羞之,见人有不善而恶之,虽廉耻道丧,而于可羞可恶之时,则心必动,如其坦然而忽忘之,则必非人而后然也。得非所有,不容已于辞;人不可陵,不容已于让;虽骄盈气盛,而当必辞必让之际,则心为之动,如其傲然而安之,必非人而后然矣。理所同是,不可以为非;理所必非,不可以为是;虽私利相蒙,而当是一是一非之著,不觉而动,如其冥然而莫觉,则必非人而后然矣。

① 《礼记章句》,《船山全书》(第四册),岳麓书社2011年版,第571页。
② 《礼记章句》,《船山全书》(第四册),岳麓书社2011年版,第897页。
③ 《读通鉴论》,《船山全书》(第十册),岳麓书社2011年版,第813页。

贤者全此心,而不肖者亦不昧;后念失此心,而前念必不迷也。孰有终身而无一日之明,终日而无一念之发者乎? 是何也? 天命之为人,而仁义礼智早在性中,梏亡之余,不能尽丧,因感而发者,仁义礼智之本体于此见端也。"①船山的意思是说,人不同于草木和禽兽的地方在于人有礼的本性,礼的运用贯通了天理与欲情,矫正了人的好恶,平衡了廉耻,道德公正,天下公平。礼成就了人生,使人成为应有之人。礼用让人有辞让之心,平衡了欲望和盛气,达到天理,实现道德公正。礼体现为大公无私,平衡私利,实现道德公正,礼是人文特征。

综上所述,王船山的礼治公正论首先从礼用通理思想上展开,礼用贯通理与情,以理的公正作为礼治的优先选择,达到公正。船山所说的礼既是指人的行为规范和准则,即是一种伦理规范制度,又是一种人的人文本性,内在于人的本心,是人与草木、禽兽相区别开来的特征。礼既是人文之制,又是人文之元。礼的存在关键在于运用,礼用贯通理情,平衡物我,达到公正。礼用的贯通功能使人的行为既符合天理,又照顾到人情,将善恶、好恶调适到适宜的范围,达到公正。礼的原则以天理原则作为优先选择,但也以人的合理欲情为参照,尽量做到利物而和义,以礼达理,以礼正情。礼用过程并不否定人情,只是将人情的使用保持在合理的范围内,保障合理的欲情,符合道德公正。

## 二、礼 正 人 欲

王船山的礼治公正论以天理公正为核心思想进行生发,推进礼用公正思想进入"以礼正欲",即是说以礼来矫正私欲,保留合理的欲望。因此礼用的功能在于调和欲望,使欲望与天理同行,既有理的原则,又有欲的存在,实现道德公正。在这里,船山的礼用规范之所以能够实现道德公正,是因为礼用的和谐功能,即以礼和欲为中心主旨,"和"是主要的思维旨趣,也就是说礼的功能在于"和",和而公正。

王船山将礼作为天理与人欲的中间环节而实现道德公正,认为礼的运用使天理和人欲达到中正,礼的运用连接二者能够实现公正,是公正的过渡环节和中间链条。《礼记》中有哀公与孔子关于婚姻问题的对话,船山对此作了评述:"哀公虽喜于闻所未闻,而终以昏姻为男女之欲,而继嗣为其后起,不知人情之动即天地生物之理,亵之则从欲而流,重之则生生之德即此而在。盖天理人欲,同行异情,顺天地之化,而礼之节文自然行乎其中,非人

---

① 《四书训义》,《船山全书》(第八册),岳麓书社 2011 年版,第 218 页。

欲之必妄而远乎天理,此君子之道所以大中至正而不远乎人也。"①天理和人欲是相异的两个事物,存在矛盾,但因为礼用的过渡与连接作用,使人欲与天理同行一致,君子通过礼的运用达到中正,成为真正的人。礼用的中间环节作用使人欲符合天理,起到矫正的作用,超越了相异和矛盾的思维方法,实现天理和人欲的和合。如果只考虑天理而没有人欲,人则不能生存;如果只考虑人欲而不讲天理,则天下混乱。因此礼用调衡了天理和人欲,具有和谐的功能,达到在大中至正,即是道德公正。

王船山认为礼用的和谐功能显示了天道和人情的中和。《礼记》云:"是故夫礼,必本于天,殽于地,列于鬼神,达于丧祭射御冠昏朝聘。故圣人以礼示之,故天下国家可得而正也。"船山章句:"三代圣人所以必谨于礼,非徒恃为拨乱反治之权,实以天道人情、中和化育之德皆于礼显之,故与死生之故、鬼神之情状合其体撰,所以措之无不宜,施之无不正,虽当大道既隐之世而天理不亡于人者,藉此也。夫既合撰天地而为生死与俱之理,则自有生民以来,洋溢充满于两间而为生人之纪,大同之世未之有减,而三代亦莫之增也。则三代之英与大道之行,又岂容轩轾于其间哉?"②礼来源于天道,以礼治国,天下国家达到公正规范,古圣先贤以礼作为治国的根本制度,既有天理的原则,又有人情的照顾,制度措施合宜得当,天下国家公正。既有天道显现,又有人欲的实现,大道为公,天下大同,成就了三代的英明政治,公正无私。船山认为礼用的和谐功能显示了天道和人情的中和得当,适中适宜。"性以礼为体,生以形为体,有定体而用无不宜,其理一也。耳目官骸必备而各有常位,仪文度数必备而各有常制,设非其所,则形不成而君子矜之,礼不成而君子恶之。备而皆当,唯其称也。"③人以礼为本性,无礼不成人,礼规范人的行为,使人各得其所,使用得当,无过无不及,达到"和"。

王船山认为礼用的和谐功能之所以能够达到中和,是因为礼的效果在于运用,通过运用达到"和"。船山突出礼用的和谐功能,通过运用才能实现天理和人欲的和谐,他反对只讲礼之心而不讲礼之用。船山反对王阳明的纯粹的良知之学,认为良知只求心,而不求用,不可达到实际的效果。"世教衰,民不兴行,其所谓贤知者又为卤莽灭裂之教以倡天下于苟简,如近世王氏'良知'之说,导淫邪,堕名义,举世狂和之而莫能止。学者勿以此篇为事迹之末,慎思明辨而笃行之,则经正而庶民兴,邪说之作,尚其有惩

---

① 《礼记章句》,《船山全书》(第四册),岳麓书社 2011 年版,第 1185 页。

② 《礼记章句》,《船山全书》(第四册),岳麓书社 2011 年版,第 541 页。

③ 《礼记章句》,《船山全书》(第四册),岳麓书社 2011 年版,第 596 页。

乎!"①船山认为礼用能够达到和谐的公正,道德也追求和谐公正,没有礼的运用,纯粹地讲心性,不能达到和谐公正,王阳明就是纯粹讲心,没有讲用,导致邪恶不公正。

王船山始终将礼的运用作为实现社会和谐公正的途径,没有礼的运用,只有礼制,道德公正和社会公正也不可能实现,即是说公正不仅仅在于原则的公正,还在于过程运用上的公正,通过原则的运用实现现实中的社会公正。有子曰:"礼之用,和为贵。先王之道斯为美,小大由之。有所不行,知和而和,不以礼节之,亦不可行也。"船山训义:"君子之内以治身,外以治世,舍礼其何由哉? 未有礼之先,则人心固有之节文,礼因之以生;既有礼之后,则人心固有之节文,必待礼而定。惟其为人心固有之节文也,则行之也,不容于固有之外而有所强增;无所强增而使人安之者,所谓和也。抑惟其为人心固有之节文也,则求其和也,亦不容于固有之中而有所或忽;无所或忽使事得其宜者,所谓节也。不知两者之相倚以成用,则皆失矣。"②认为礼是人心之固有,但人心固有的礼也不一定能够实现社会和谐公正。需要通过礼用的行动才能实现,礼用达到调节、节制和制衡,使万事自得其宜,达到内心道德和谐公正。船山最后指出礼之文必须推进到礼之用,才能实现和谐公正。

王船山认为礼用一方面使天德与人的欲情得到和谐调节,体用合一;另一方面又使天下人的欲情各得其所、各得其安,小大皆宜,人人可以适当发挥各自的欲情,实现道德公正。礼用连接了天理、自我和他人,调适天人、他我的关系,实现了一定范围内的公正。船山说:"礼之为节,具足于喜怒哀乐之未发;而发皆中节,则情以率夫性者也。敬者人事也,和者天德也。由人事以达天德,则敬以为礼之本,而因以得和。和者德之情也,乐者情之用也。推德以起用,则和以为乐之所自生,而乐以起。以礼乐相因一致之理有然者,故程、范得并言乐而不悖。而有子则固曰:礼原中天下之节,有节则必有和,节者皆以和也;是以礼之用于天下者,使人由之而人皆安之,非其情之所不堪,亦非其力之所待勉,斯以为贵。故制礼者当如此意,勿过为严束以强天下,而言礼者不得视为严束天下之具而贱之。勿过为严束以强天下,先王之道所以无弊,而无小大之可或逾。不得视为严束天下之具而贱之,则以先王之道既尽其美,而小大皆不能逾。原非可云'前识之华','忠信之薄'

---

① 《礼记章句》,《船山全书》(第四册),岳麓书社 2011 年版,第 669 页。
② 《四书训义》,《船山全书》(第七册),岳麓书社 2011 年版,第 268 页。

也。"①船山认为人有欲情，天有天德，礼的运用在于以人情合于天德，其要旨在于人情和于天德，礼用的关键在于礼能节制欲情而合于天德，"和"的表现是天下人人自安，情得以堪，德得以显，礼用自然而然地达到和谐，没有强迫，小大皆宜，人的欲情合理而不逾越，尽善尽美，天下和谐，道德公正。船山所说的礼用达到和谐公正，还在于礼用和顺人心，实现顺乎公正，不强人所难。"乃非以为严束，而要以和顺夫人心，亦必不废礼之节而后得和，此文质同体之固然者。如有见夫节者之不过以和顺夫心，因以谓节以效和，而所贵非节，则将有如老聃之知礼而反贱礼者。要之，舍礼亦终不能和，而又何以行哉？故东阳以前节为正意，后节为防弊之言，深得有子之旨；非前节重和，后节重节，为两相回互之语也。"②礼用之所以公正，是因为不用强力，依靠道德礼制的自我节制，调节欲情，通过礼的运用而和顺人心，自然公平公正。船山继续对礼用之"和"进行解释："有子大旨，只是重礼。前三句谓能知礼意，则洵为贵美而不可废。后四句则以为能达礼意，而或废礼者之防。若夫不知礼之用而可贵者，唯以和故，乃贸贸然以礼为程限，而深其畏葸，以自役而役人，则必将见礼之不足贵，而与于无礼之甚者矣。知其用于天下之本旨，则礼未尝不可损益，以即乎人心；而知人心必于礼得和，而舍礼无和，则虽有可损益，而必不可过乎其节。此斟酌百王、节文自性者所必谨也。"③一再凸显礼的运用对社会和谐和道德公正的作用，礼用既考虑了人心的欲情，还考虑了天德的本旨，实现二者的和谐统一，达到公正。

综上所述，王船山的礼治公正论推进到礼用公正阶段，进入"以礼正欲"思想，以礼矫正私欲，保留合理的欲情的存在。船山将礼作为天理与人欲的中间环节而实现公正联结。礼的运用调衡了天理和人欲，具有和谐的功能，达到"大中至正"，实现道德公正。船山认为礼用具有和谐功能，调节天道和人情实现中和。礼用的和谐功能之所以能够达到中和，是因为礼的关键在于运用，通过运用达到"和"。船山始终将礼的运用作为实现社会和谐公正的途径，认为没有礼的运用，只有礼制，公正也不可能实现；公正不仅仅在于原则上的公正，还在于过程运用上的公正，通过原则的运用实现现实中的公正。

## 三、礼正人情

王船山的礼治公正论论述了"以礼和欲"的公正思想，推进礼用公正思

---

① 《读四书大全说》，《船山全书》(第六册)，岳麓书社 2011 年版，第 594 页。
② 《读四书大全说》，《船山全书》(第六册)，岳麓书社 2011 年版，第 594 页。
③ 《读四书大全说》，《船山全书》(第六册)，岳麓书社 2011 年版，第 594—595 页。

想进入"以礼正情"思想上,即是说以礼矫正人情,保留合理的人情的存在。以礼矫正人情,还是通过礼之用来实现,以礼用矫正人情,达到道德公正。船山认为礼用一方面达到天理,另一方面也达到适宜适度的人情,从天理公正通向人情公正。只顾及个人的人情则有偏私,但人情并不是天理的对立物,如果将人情调节适宜,则与天理一致。船山说:"夫人情亦惟其不相欺耳,苟其相欺,无往而不欺;法之密也,尤欺之所藉也。"①人情之间并不相欺,因此具有与天理一致的基础。天理本来就是要顾及人情的原则至理,"善用天下者,恒畜有余以待天下,而国有余威,民有余情,府有余财,兵有余力,叛者有余畏,顺者有余安"②。天下公正必须照顾民情,顺应民情既是天理,又是人情,达到公正。为了将天理和人情调节到一致,制定了礼,礼正人情,以礼正情。船山说:"礼何为而作也? 所以极人情之至而曲尽之也。古礼之佚不传者多矣,见于三礼者,唯丧礼为略备,达于古今,无不可由也。"③礼的制定就是为了实现人情,将人情调节到公正的范围之内,礼用从古到今证明是可行的。"礼者,以达情者也。礼立则情当其节,利物而和义矣。"④礼既达礼,又达人情,利物而和义。

王船山认为礼用既符合天理又满足了人情,实现了"和合"而公正。礼来源于天理,是天理之节文,人情有可能背离天理,但理、礼、情三者能够和合,即可以实现三者一致,人情符合天理,天理实现人情,礼用起到调节作用。船山说:"人受天地之中以生,而备阴阳、四时、日月、五行、鬼神之理,故先王立政,制为礼以达人情,即以合天德,体用一原而功效不爽也。"⑤纯粹讲天理不可能实现公正,纯粹讲人情更不可能实现公正,通过礼用的调节可以实现天理与人情的相互接近,做到体用一原。人有七情六欲,行事不可能完全符合天理,但人有别于万物,能够以礼制情,可以实现人情与天理的共生、共存。船山说:"人之有情皆性所发生之机,而性之所受则天地、阴阳、鬼神、五行之灵所降于形而充之以为用者,是人情天道从其原而言之,合一不间,而治人之情即以承天之道,固不得歧本末而二矣。"⑥人得到天地灵秀之理,天理大公无私,人情由天理本性而生出,人情承接天道,但人情的发展有时不符合天理,偏向情欲,这时礼的运用就起到纠偏的作用。礼是人的

---

① 《读通鉴论》,《船山全书》(第十册),岳麓书社 2011 年版,第 323 页。
② 《读通鉴论》,《船山全书》(第十册),岳麓书社 2011 年版,第 304 页。
③ 《读通鉴论》,《船山全书》(第十册),岳麓书社 2011 年版,第 948 页。
④ 《礼记章句》,《船山全书》(第四册),岳麓书社 2011 年版,第 559 页。
⑤ 《礼记章句》,《船山全书》(第四册),岳麓书社 2011 年版,第 565 页。
⑥ 《礼记章句》,《船山全书》(第四册),岳麓书社 2011 年版,第 561 页。

义质,使人区别于万物,人因为礼而存在,礼的运用既符合天理又满足人情,使天地万物公平公正。船山不同于宋代理学家的地方是没有否定人情存在的合理性,比较客观公正。宋代理学家主张"存理灭欲",船山的礼学超越了这一思维趋向,具有经世致用的特性。

王船山认为天理和人情的调节达到公正,其结果是礼秩序的形成。人生是情与理的合一,社会是情与理的统一,国家治理是情与理的一致,公正不偏。船山说:"草木有气而无情,禽兽有情而无理,兼情与理而合为一致,乃成乎人之生。故遇物之危而恻然动,见人之哀而隐然恤,虽残忍习成,而当可恻可隐之时,则心必动,如其悍然而恝忘之,则必非人而后然矣。如己有可愧而羞之,见人有不善而恶之,虽廉耻道丧,而于可羞可恶之时,则心必动,如其坦然而忽忘之,则必非人而后然也。得非所有,不容已于辞;人不可陵,不容已于让;虽骄盈气盛,而当必辞必让之际,则心为之动,如其傲然而安之,必非人而后然矣。理所同是,不可以为非;理所必非,不可以为是;虽私利相蒙,而当是一是一非之着,不觉而动,如其冥然而莫觉,则必非人而后然矣。贤者全此心,而不肖者亦不昧;后念失此心,而前念必不迷也。"①兼情与理必然生成礼义,必然有辞让之心,礼既是本心所固有,又是公正思想实施的结果,礼的运用形成公正的秩序。《礼记》云:"故圣王修义之柄、礼之序,以治人情。"船山解释说:"义为礼之制,'柄'也;礼为义之章,'序'也。义之柄,礼之序,盖天道之著于人情者。圣王本仁达顺,修其德以凝其道,则人情治而人之大端立矣。"②礼是天下大义形成的秩序,即礼制,礼兼顾了天道和人情,礼用秩序下的人情符合天道公正,形成公正道德。

王船山认为礼对社会公正产生了巨大效用,促进社会文明进步,具有道德公正的度量。《礼记》云:"是以君子恭敬、撙节、退让以明礼。"船山章句:"礼著于仪文度数,而非有恭敬之心、撙节之度、退让之容,则礼意不显。君子知礼之无往不重,而必著明其大用,使人皆喻其生心而不容已,故内外交敬,俾礼意得因仪文以著,而礼达乎天下矣。"③礼之用在于仪文度数得到彰显,天下和谐。"盖因尊尊、亲亲而推其礼之所秩,义之所宜,以立大宗之法,然后上治下治之义,虽在百世,皆疏通而曲尽,则人之所以为人者,道毕修矣。"④礼用形成了社会秩序,使天下大义得到推进,上下得到治理,实现仁义道德公正。

<hr />

① 《四书训义》,《船山全书》(第八册),岳麓书社2011年版,第218页。
② 《礼记章句》,《船山全书》(第四册),岳麓书社2011年版,第572页。
③ 《礼记章句》,《船山全书》(第四册),岳麓书社2011年版,第17页。
④ 《礼记章句》,《船山全书》(第四册),岳麓书社2011年版,第828页。

　　王船山认为礼治是国家根本的政治治理方式。礼治使国泰民安,上下相和,个人道德公正和社会规范公正。孔子曰:"能以礼让为国乎? 何有! 不能以礼让为国,如礼何?"船山训义:"国之所与立者,礼也。礼之所自生者,让也。无礼,则上下不辨,民志不定,而争乱作,固已。乃班朝、治军、事鬼神、治宾客,未尝不修成法以行之,而国终不治,则盍反求其本乎! 如为国者之以礼也,既备其文矣,而修之于上以风动乎下者,知礼之精意本在辞于己而敬于人,于是臣让善于君,君让能于臣,而功不相竞,名不相掩,位不相逼,利不相擅,由是而君臣上下之间,相敬也,即相和也,乃以感乎于民;乡闾井里之中,相逊也,即相睦也,有为则互相成,有害则互相恤;内无专怨,而威望动四邻,于国何有乎! 若犹是为国也,未尝不修政而课功也;犹是以礼也,未尝不备文而谨节也;而志相亢焉,气相凌焉,同堂之上有异心,举国之中为争府,则其于礼也,心异而迹强合,无所肖矣。岂礼为猜疑争竞之人设哉! 虽礼具存,亦终不足以保其国矣。"①船山认为以礼治国,天下公平公正,表现为上下有辨,官正民听,风清气正,天下和睦,国家兴旺。礼治是国家的根本治理方式,因为礼治既考虑了天理,又考虑了人情,君臣和合、官民和合,公平公正。"盖合一国为一心,则运之不劳;而欲合一国之心,则唯退以自处,而可容余地以让人。此先王制礼之精意,感人心于和平,而奠万国于久安长治之本,言治者其可忽乎!"②礼的精意就在于以天理顺应人情,实现天下和平,国家长治久安,达到个人道德和社会规范的公正。

　　王船山认为礼用最终形成社会公正的人伦秩序。"象之不仁,舜不得不以为弟,丹朱之不肖,尧不得不以为子,天伦者受之于天,非人所得而予夺者也。夫妇之道,受命于父母,而大昏行焉;出以其道,而自夫制焉。为人子孙而逆操其进退,己不道而奚以治幽明哉?"③礼用以仁义为宗旨,上达于天,下达于人,以礼治国治人,天下光明正大。礼用贯通天理和人情,"人君垂家法以贻子孙,顺天理而人情自顺,大义自正"④。礼用最终实现顺应天理,达到人情,大义公正,实现道德公正。

　　综上所述,王船山的礼治公正论在"以礼和欲"的公正思想下进入"以礼正情",以礼矫正人情,保留了合理的人情的存在。以礼矫正人情,还是通过礼用来实现,礼用矫正人情,达到公正。船山认为礼用既符合天理又满足人情而实现情理和合,道德公正。天理和人情通过礼用调节达到公正,其

①　《四书训义》,《船山全书》(第七册),岳麓书社 2011 年版,第 374 页。
②　《四书训义》,《船山全书》(第七册),岳麓书社 2011 年版,第 374 页。
③　《读通鉴论》,《船山全书》(第十册),岳麓书社 2011 年版,第 250—251 页。
④　《读通鉴论》,《船山全书》(第十册),岳麓书社 2011 年版,第 251 页。

结果是礼秩序的形成。人生是情与理的合一,社会是情与理的统一,国家治理是情与理的一致,公正不偏。船山认为以礼治国,天下公平,道德公正,表现为上下有辨,官正民听,风清气正,天下和睦,国家兴旺。

## 第二节　礼用矫正私利

王船山的礼治公正论有理、义、伦三个方面的逻辑推演,礼用通理的核心在于"理"。在礼用通理上展开后,礼的运用与理一致而实现公正。船山礼治公正论继续向前推进,进入礼用通义思想阶段,其核心思想在于"义"。礼用通义实现公正,其原因是儒家认为义本身具有公正性,义是对仁的实施,有义必然公正,而礼用的过程是礼与义的结合,因此礼用通义而达到公正。船山认为礼是对义的落实,礼本身必然是公正的礼。船山为了说明礼用通义而达到公正,从三个方面进行解说建构:礼用达义、礼用敬义、礼用正义。逻辑图示如下:

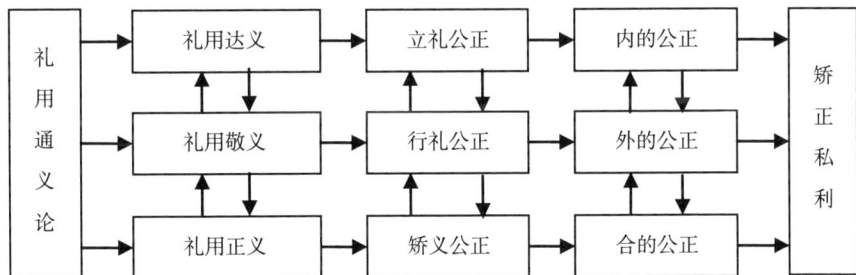

礼用通义公正论内容界说逻辑图示

从图示可以看出,"礼用通义"而实现公正的核心思想是通过礼用达到义,礼用能够正义、行义和达义,最终实现矫正私利的目的,实现公正。礼用联通义与利,礼用矫正私利,人通过礼的运用实现社会治理,实现公正。礼用达义主要说明礼用立义上的公正,确立仁的核心宗旨,达到公正,因为义是实现仁,"行而宜之之谓义",而仁本身是公正之仁。朱熹说:"不仁之人,失其本心,久约必滥,久乐必淫。惟仁者则安其仁而无适不然,知者则利于仁而不易所守,盖虽深浅之不同,然皆非外物所能夺矣。""盖无私心,然后好恶当于理,程子所谓'得其公正'是也。"①朱熹认为仁是人的本心,仁是是非之心,仁是无私之心,仁是公正之心,有仁则不被外物所惑,公正无私。

_____

① 朱熹:《论语·里仁》,《四书章句集注》,中华书局 1983 年版,第 69 页。

船山说:"人之所以能不失其本心者,赖有是非之不昧而已。是非明,则择于物者必审,而处其身者必善,于凡动静居处之间,皆可验焉。而即择居处之里言之:今以凡人习俗之易移也,于是而里有仁不仁之别。若其所居之里而有仁厚之风,相睦也而不相争,相劝以善也而不相党以恶,则身得安焉,子弟效焉,岂不美乎!"①船山认为仁是人的本心,是是非之心,仁者好善而无恶,相处和睦而不争名好利,说明仁是公正的。礼用敬义于内,行义于外,达到公正。礼用正义是矫正义的公正,如果出现偏向,通过礼用纠偏,达到公正的目的。

## 一、礼 用 达 义

　　王船山的礼治公正论在"礼用通理"思想上展开后进入"礼用通义",而"礼用通义"首先从礼用达义上切入,即是说礼用要符合义,核心思想是以义为中心,礼用通达义与利,以礼达义,实现公正。义本身是公正之义,礼与义相结合,必然公平公正。

　　王船山认为公正是实际运用中的公正、过程中的公正,通过对礼的实际运用而达到公正。礼的运用要通过现实来体现,"实"就是落实,"实"是实际流行发用、实际运用,"实"即是确立礼用的本有实际,避免没有落实礼的本来之义。船山的礼是现实致用之礼,不是抽象的脱离现实的礼,有礼之节文,还要有礼之致用。因此,立礼之义必须以实际来体现。礼是公正的试金石,是对义的实施和伸张,有了礼的实际调节,才有公正和大义,礼用确立公正大义。

　　王船山明确解释礼是对义的落实,以义确立礼,礼用公正。义即是大义,是仁义之义,是要表达一种价值的应有本义,与价值观念相符合。韩愈解释义说:"博爱之谓仁,行而宜之之谓义;由是而之焉之谓道,足乎己无待于外之谓德。仁与义为定名,道与德为虚位。"②意思是义是对仁的适宜行动,义是对价值观的遵从和执行,实际上义体现了仁,作为人来说心中有了仁,并且按照仁来执行就是有义。既然义是对仁的实施与执行,礼用达义,则体现礼的用来确立义而道德公正无私。船山说:"仁者,其心本与理合也,而存之养之,又已极于密焉。于是心之方静,无非天理之凝也;心之方动,无非天理之发也。见吾心为居仁之宅,则见天下皆行仁之境,随所用而

① 《四书训义》,《船山全书》(第七册),岳麓书社 2011 年版,第 357 页。
② 韩愈著,屈守元、常思春主编:《原道》,《韩愈全集校注》,四川大学出版社 1996 年版,第 2662 页。

皆仁,无不安也。"①船山说仁心与天理相合,说明仁是公正的,因为天理大公至正,公正无私。船山已经将仁的内涵向公正上面发展,正如《左传》说:"恤民为德,正直为正,正曲为直,参和为仁。"②仁就是公正之仁,礼用达义,落实了义,必然是礼治达到公正。船山继续将义的道理推向前进,以礼说明义。《礼记》云:"礼义以为纪,以正君臣,以笃父子,以睦兄弟,以和夫妇,以设制度,以立田里。"船山注释说:"'义'者,礼之质;'礼'者,义之实也。"③意思是大义的实行需要以礼来体现,礼是义的实际体现环节,没有礼的实行,不知是否有大义,公正也落不到实处。"礼为义之实,而礼抑缘义以起,义礼合一而不可离,故必陈义以为种也。"④仁义是公正的价值导向,而礼用将仁义公正落到实处,礼与义的合一达到道德公正。

王船山认为义的原则通过礼的实施发用可以达到道德公正,礼用达到义之实,礼用公正。仁义是价值原则,原则的实施需要有可行性的措施和行动,礼的运用可以达到价值原则。仁义是价值上的道德公正,而礼的运用是行为和程序上的道德公正,用可以称为规范程序上的道德公正。船山将价值原则与行为实施结合起来,将仁义与礼用相结合,使价值原则在现实中具有可行性,实现现实的道德公正。船山说:"夫言必以义,行必以礼,所与者必正,乃君子立身之道,初未尝计效后日,望德于他人;而即欲求勉于悔吝,亦必于道而不相远,庶几可以寡过。不然,矜慷慨之气,修卑柔之节,侈广交之名,谓可以游于末俗而无咎,亦终不可得。甚哉,道之不可违,而人特未尝取身世之始终而熟念之也!"⑤船山认为仁义是人行为的价值依据,而礼用使这一价值原则落到实处,礼用实施的对象必然实现道德公正,并且礼用的效果是明显和长远的,能够确立君子之道,社会正义得到维护。礼用使义得到落实,使社会趋向正道。"'礼'者,义之文;'义'者,礼之干。"⑥船山的意思是说,礼是对义本质的落实和丰富。"文"与"质"是相对的,"文"来源于"质","文"是对"质"的修饰和丰富,礼当然是对义的丰富和落实,体现了义的原则,达到道德公正,实现社会公正的规范。

立义公正即是说确立仁义之实,礼用必须在仁的宗旨下进行,礼用通义即是通达仁的本义。立义公正即是确立以仁义为基础的公正,以此为基础,

---

① 《四书训义》,《船山全书》(第七册),岳麓书社2011年版,第359页。
② 《左传·襄公七年》,《十三经注疏》,中华书局1980年版,第1938页。
③ 《礼记章句》,《船山全书》(第四册),岳麓书社2011年版,第539页。
④ 《礼记章句》,《船山全书》(第四册),岳麓书社2011年版,第572页。
⑤ 《四书训义》,《船山全书》(第七册),岳麓书社2011年版,第270页。
⑥ 《礼记章句》,《船山全书》(第四册),岳麓书社2011年版,第1505—1506页。

礼治实质上是公正之治。《礼记》云:"故礼也者,义之实也。协诸义而协,则礼虽先王未之有,可以义起也。"船山章句:"礼为义之实,而礼抑缘义以起,义礼合一而不可离,故必陈义以为种也。"①因为有义的存在,天下治理推行大义,为了大义而产生礼制节文,因此礼由义而产生,义与礼实现合一,礼用通义是必然之选择,义确立了礼,因此有仁义礼智的逻辑推进。《礼记》云:"义者,艺之分,仁之节也。协于艺,讲于仁,得之者强。"船山章句:"义由学而精,而受则于仁,故必讲学存仁,而义礼乃坚固也。"②虽然有仁与义、义与礼之分,但义来源于仁,存仁而有义,礼来源于义,存义而生礼,因此义礼相结合,可以实现公正无私。船山一再强调仁是本体,义是执行本体之仁,礼是义的落实,礼用达到义,天下顺畅,大公至正,有道德公正的实际。船山说:"礼者义之实,修礼而义达矣。信者实理,天之德、仁之藏也。仁者顺之体,故体信而达顺矣。天道人情,凝于仁,著于礼,本仁行礼而施之无不顺,皆其实然之德也。"③意思是说天有仁的本体,义推行仁的宗旨,礼落实义,达到现实之义,天下大顺。有仁义,还要有礼的落实。没有礼治,天下不能大顺,因此礼治是公正的治理。"王者褒崇先代,隆其后裔,使修事守,待以宾客,岂曰授我以天下而报其私乎? 德足以君天下,功足以安黎民,统一六寓,治安百年,复有贤子孙相继以饰治,兴礼乐,敷教化,存人道,远禽狄,大造于天人者不可忘,则与天下尊之,而合乎人心之大顺。"④礼用通达大义,立义公正,先王立义修礼,德盛业兴,天下人心大顺,长治久安,因为礼治公平公正。以礼治天下,通达仁义,天下公正。

　　综上所述,王船山礼用通义思想首先从"礼用达义"上切入,是说礼用要符合大义,核心思想是以义为中心,礼用通达义与利,以礼达义,实现道德公正。义本身是公正之义,礼与义相结合,必然公平公正。义是指对仁的执行,礼是对义的落实,因此礼用是公正的。礼的运用之所以是公正的,是因为礼用是落实义的宗旨,即落实公正之仁。礼与义的结合说明礼通达义,立义而生礼,公正而无私。正因礼治能通达义,故天下能太平安顺,实现个人道德公正和社会规范公正。既然礼用达义,则礼用矫正了私利,使大义确立人与社会的应有之义,过分的私利不能推行,实现天下道德公正。

---

①　《礼记章句》,《船山全书》(第四册),岳麓书社 2011 年版,第 572 页。

②　《礼记章句》,《船山全书》(第四册),岳麓书社 2011 年版,第 573 页。

③　《礼记章句》,《船山全书》(第四册),岳麓书社 2011 年版,第 577 页。

④　《读通鉴论》,《船山全书》(第十册),岳麓书社 2011 年版,第 854 页。

## 二、礼　用　敬　义

王船山的礼治公正论在"礼用通义"思想上由"礼用达义"推进到"礼用敬义",继续说明通过行礼达到道德公正。人在礼用的过程中以义为敬,体现为敬的自觉,通过敬义达到行礼公正,将礼、义通过敬的环节相联结,实现道德的提升。船山所说的义指的是由仁而来的天下大义。他说:"有一人之正义,有一时之大义,有古今之通义;轻重之衡,公私之辨,三者不可不察。以一人之义,视一时之大义,而一人之义私矣;以一时之义,视古今之通义,而一时之义私矣;公者重,私者轻矣,权衡之所自定也。三者有时而合,合则互千古、通天下、而协于一人之正,则以一人之义裁之,而古今天下不能越。有时而不能交全也,则不可以一时废千古,不可以一人废天下。执其一义以求伸,而非万世不易之公理,是非愈严,而义愈病。"①正义、大义、公义都来源于仁,对义的考虑涉及空间范围、时间跨度、人员广度三个方面,天下、古今、公私都必须面面俱到,以此居仁行义,必然达到道德公正。义是仁的体现,而礼是义的落实,因此礼用过程必然是行礼过程中对大义的执行,达到公正无私。《中庸》说:"仁者人也,亲亲为大;义者宜也,尊贤为大;亲亲之杀,尊贤之等,礼所生也。"船山训义:"仁、义、礼皆天理之在人而人心之同具,乃爱必有所自行而不流于薄,宜必有所自致而不忒其经,节文必有所自体而不逾其则。"②船山将仁、义、礼三者结合,说明仁是体、义是行、礼是规范。以礼的方式执行义、达到仁,各得其宜,"宜"则具有公正之义。"夫修道以仁,而义、礼偕焉,则爱敬之所施者道也。是道也,天下之达道也,时无古今,位无尊卑,有生而即与俱行者也,而其目有五。仁、义、礼所以成乎达道之修,而抑有行此仁、义、礼于达道之中者,德也。是德也,天下之达德也,时无古今,人无贤不肖,有生而即得乎天,以成乎人之实用者也。"③船山认为天道公正,体现为君臣、父子、夫妇、昆弟、朋友五大关系各得其宜,无所谓尊卑、古今、贤不肖,五大关系即是礼仪关系,公正有序,以仁、义、礼三者相结合,实现人的道德运用公正。

王船山认为礼用之所以是公正的,是因为礼的制定依据了现实实际,依据实际则是公正的,源头就是公正的。《中庸》说:"虽有其位,苟无其德,不敢作礼乐焉;虽有其德,苟无其位,亦不敢作礼乐焉。"船山训义:"夫子曰,

① 《读通鉴论》,《船山全书》(第十册),岳麓书社 2011 年版,第 535 页。
② 《四书训义》,《船山全书》(第七册),岳麓书社 2011 年版,第 174 页。
③ 《四书训义》,《船山全书》(第七册),岳麓书社 2011 年版,第 174 页。

制作者,君子本天治人之大业也,然不善为之,则不但不足以行于天下,而且以道而自累其身。夫欲定一王之大典,而为天下之共遵,则有三焉:德也,位也,时也。三者缺一焉,不足以乘权而建极矣。德盛,则周知乎万物之理,不然者,经不知常,变不知权,而以私智小慧妄立法制,是'愚而好自用'也。"①君子制定礼制,依据"德""位"和"时"三个方面,制定的礼制能周全万物、知觉权变、大公无私,因此礼的制定公平公正。从源头上说礼来源于现实,达到至善。

行礼能够达到公正,是因为礼用实现了自治,心悦诚服而非外力所迫。礼治即是以礼用达到自我治理,属于自律的规范和治理方式。孔子曰:"道之以政,齐之以刑,民免而无耻。道之以德,齐之以礼,有耻且格。"孔子主张礼治。船山训义:"胥万民而戴一君,盖天下风俗之邪正,责之于一人。民愚而不知所由,则必有以道之;民情不一而无所裁,则必有以齐之。道之,齐之,皆以使民之为善去恶而成乎治耳。乃民之为恶也甚利,而为善也甚难,亦何惮而不任其情欲以惟其所为哉!恃有其耻心而已矣。俯仰若无以自容,则虽不利于其私心,而自不容已,其于恶也,非幸免也;其于善也,有必至也。斯乃无愧于作君作师,而为天下之所戴也。"②船山继承了孔子的以德行政的观点,主张礼治优于刑治,礼治即德治,德治和刑治都是为了社会公正,但德治从内心深处进行治理达到为善去恶的目的,实现道德公正和社会公正;刑治则是从表面行为上进行约束达到为善去恶的目的,实现形式公正。德治长远,刑治不长久。"有不齐焉,则齐之以礼乎!未尝不有画一之法,而上之所裁定者,酌大中至正之规,乃以此纳民于饮、射、冠、昏,而咸使率从。诚若是也,则天子有德于上,公卿大夫有德于下,德则荣,而无德则辱;观礼于邦国,行礼于乡党,有礼者人敬之,而无礼者人慢之;于是而自念善之不免而恶之不去,出无以对君长,而入无以对闾里,有耻必矣。既耻焉,则勉其力之不及,抑其情之甚便,而皆格于善矣。"③船山认为礼治是公正的治理,礼是大中至正的规范,因为礼治能够从本心上实现为善去恶,使人有耻辱之心,内心的耻辱促使人行礼去私而实现道德公正。

行礼能够达到公正,还因为礼治是古代的圣明之治,历史证明是成功的治理。孔子曰:"殷因于夏礼,所损益,可知也;周因于殷礼,所损益,可知也;其或继周者,虽百世可知也。"夏、商、周的礼治是成功,天下和顺,公正

① 《四书训义》,《船山全书》(第七册),岳麓书社 2011 年版,第 213 页。
② 《四书训义》,《船山全书》(第七册),岳麓书社 2011 年版,第 280—281 页。
③ 《四书训义》,《船山全书》(第七册),岳麓书社 2011 年版,第 281 页。

无私。船山训义:"有万世不可易之常道焉。上明之,下行之,则治;不然则乱。乱极则有开一代之治者出焉,必复前王之所修明者,而以反人心之大正,而可承大统而为一世。其道必因,其所因之道曰礼。三纲之相统也,五常之相安也。人之所以为人也,所必因也。有所以善其因,而为一代之典章焉。"①礼治是古代圣王英明的治理,是以道统进行治理,以人心公正道德为根本的治理,以善为本,公正公平。船山认为礼治是从人本心上进行的治理,回到人本心上的大公至正才能达到良好的治理效果。船山说:"凡发于身而加于物者,皆求遂其性情之本具者,无非礼也,皆以复吾心生而恶可已之实也。此则心无不适,而身效其安;身无不安,而物得其顺:为仁矣。诚使一日而能然焉,撤其私意以通万物之志,屏其私欲以顺品类之情;以吾心之节为群动之大正,以吾心之文为庶事之美利,而天下各获其心之所安,有不共与以仁者乎?由此言之,一人之心,天下人之心也;而天下人之心,皆自吾心会通以行其典礼。克者己,一念之不自任者克之也;复者己,一念之不自昧者复之也。归者,归于己心,与万物昭对,大公无私之体也。诚由己也,而岂遂求之天下,逆计其为顺为逆之情,以求慊乎吾心哉?夫为仁者,于此为之而已矣。"②船山将礼作为达到本心之仁的中间环节,通过行礼恢复人本心的善,行礼达到人所需要的节文特征,为仁去私,和顺天下人心,实现天下美利。这就是说,行礼是为了达到天道本性,恢复人本心之仁,通过行礼达到礼的节文,实现为善去私,和顺天下,大公至正,实现公正。以礼行事,个人行为则是天下行为,一人之心则是天下人之心,此心是公正之心,使道德具有公正性。

王船山明确说明行礼能够达到公正,矫正私利。私欲过剩,必须通过行礼矫正私利,行礼是矫正私利的过程,实现道德公正。《礼记》云:"积而能散,安安而能迁。临财毋苟得,临难毋苟免。很毋求胜,分毋求多。"船山章句:"六者能审乎利害生死之间,以反诸其节,则私欲不行,义立而礼行矣。"③礼用实现大义,人因为礼的运用权衡利害生死,保存大义,矫正私欲,实现道德公正。

礼是对义的落实,礼治能够自治达到道德公正,关键原因在于礼用之中有内心对大义的敬重。《礼记》说:"殷人作誓而民始畔,周人作会而民始疑。苟无礼义忠信诚悫之心以莅之,虽固结之,民其不解乎?"船山章句:

---

① 《四书训义》,《船山全书》(第七册),岳麓书社 2011 年版,第 314 页。
② 《四书训义》,《船山全书》(第七册),岳麓书社 2011 年版,第 681—682 页。
③ 《礼记章句》,《船山全书》(第四册),岳麓书社 2011 年版,第 13 页。

"'礼',敬让也。'义',方直也。尽己曰'忠',以实曰'信',不妄曰'诚',不贰曰'悫'。礼义者,忠信诚悫之实;忠信诚悫者,礼义之本也。以忠信诚悫之心行乎礼义,则笃实光辉,自能感民固有之天良,不待誓会以固结之矣。"①礼用的目标是推行大义,礼用需要"敬义",义则是"直",体现了公正性,真实无欺。礼用忠信诚实,大义公正。

　　行礼为何能够实现公正呢?其原因在于在礼用过程之中,礼有矫正行动的功能。《礼记》规定礼具有矫正功能:"凡人之所以为人者,礼义也。礼义之始,在于正容体、齐颜色、顺辞令。容体正,颜色齐,辞令顺,而后礼义备。以正君臣、亲父子、和长幼。君臣正,父子亲,长幼和,而后礼义立。故冠而后服备,服备而后容体正、颜色齐、辞令顺。故曰:'冠者,礼之始也。'是故古者圣王重冠。"船山章句:"正言'人之所以为人',明其为夷狄禽兽之大防也。'礼'者,义之文;'义'者,礼之干。"②礼用矫正外在的容貌、颜色和语言,还矫正人与人之间的关系,达到道德行为公正,礼是节文,达到义的公正。"君子之所望于人者,以礼相奖、以情相好已耳,非若小人之相倚以雄也。"③君子以礼规范人的行为,以礼相敬,调节欲情。

　　礼的规范之所以能够达到道德公正,是因为礼在用的过程中考虑了空间、时间、事件、情势,因此礼的运用具有周全和顺的特征,是公正道德的实践而达到社会规范公正。船山说:"今夫礼文具在,皆使人用之者也。其用之也,有分焉,有时焉,有情焉,有势焉。循其分,因其时,称其情,顺其势,而以酌乎多寡繁简之数以行之,则备之也无难,为之也不倦,而人皆欢欣顺畅以行焉,斯为贵也。盖礼顺人心固有之节文,原非以强世者。强世焉,则不足以为礼,而亦何贵有此繁缛之文哉?故先王之制礼也,备乎多寡繁简之数,以听天下后世自因其心之所必安而行之者为道,此其所以移风易俗,而人无不安焉者,洵为美也,盖使用之者无不适得其和也,而凡大而纲常伦纪,小而名物度数,粲然具备,苟有欲由之者,未有不可由者也。通乎古今,达乎朝野,贤者可就,不肖者可及,皆得其和,而岂若世之拘方以言礼者,执其末节,以强人于所难为,而有迫束禁制之忧哉!夫然,则以和用礼,而礼必行矣,道斯美矣,小大而各得矣,则顺人心之所乐为者,可以通行而无所碍。"④船山认为礼的规范在用的过程中有矫正作用,礼用而周全万物,因时、因事、因情、因势而行动,因地制宜、顺势和情、繁简得当、恰如其分,公正和顺。先

---

① 《礼记章句》,《船山全书》(第四册),岳麓书社 2011 年版,第 278 页。
② 《礼记章句》,《船山全书》(第四册),岳麓书社 2011 年版,第 1505—1506 页。
③ 《读通鉴论》,《船山全书》(第十册),岳麓书社 2011 年版,第 542 页。
④ 《四书训义》,《船山全书》(第七册),岳麓书社 2011 年版,第 267—268 页。

王以礼治埋天卜,通达古今,和顺天下,和顺和美,通达无碍,实现个人道德公正和天下规范公正。

综上所述,王船山"礼用通义"思想从"礼用达义"思想上进入"礼用敬义"思想,通过行礼达到道德公正的目的。"礼"在"用"的过程中以义为敬,敬义达到行礼公正。"礼用敬义"的核心思想是以义为中心,敬义必然行礼公正,因为义是对仁的实施,以礼行义必然公正。"礼用"有矫正过分私利的功能。礼用能够达到道德公正,因为礼的制定依据了现实实际,从源头上就走向社会公正。行礼能够达到道德公正,因为礼用实现自治,心悦诚服而非外力所迫,礼的运用在历史上证明是成功的治理。礼是人达到本心之仁的中间环节,通过行礼恢复人本心的善,行礼达到道德公正。

## 三、礼 用 正 义

王船山"礼用通义"思想从"礼用达义""礼用敬义"思想进入"礼用正义"思想,目的是通过礼用纠正缺失大义、私利横行、天下乱义的现象和行为,达到道德公正,中心思想是以礼用的途径矫正混乱失义而实现道德公正和社会规范公正。通过矫正不良行为和不良价值偏向达到道德公正是船山的礼治公正论的重要内容,主要是矫正社会的不良倾向。

王船山认为礼用能够使社会价值偏向得到矫正。一种善的价值观念属于元伦理,这种元伦理付诸实施才能成为规范伦理,元伦理至高无上,但与现实太远,需要可行性的规范操作,礼的运用可以实现元伦理的目标。船山希望公正伦理通过礼的运用实现这一目标,社会正义通过礼的行为实施得到维护和纠正。《礼记》云:"是故先王之制礼乐也,非以极口腹耳目之欲也,将以教民平好恶而反人道之正也。"船山章句:"'口腹耳目之欲',或顺或逆,流激而成不正之好恶,以和平冲淡养之,则好恶各安其节,而人所以异于禽兽者反其天则矣。"①意思是先王制定礼的目的是纠正社会价值出现偏向的情况,礼用调节各种价值行为趋向社会应有的大义,使好恶行为各守其节,符合公正天理。

礼用为何能矫正不良行为和社会偏向呢? 王船山认为礼是实实在在的制度,不是徒有虚名,体现为"爱"和"敬"。《礼记》云:"古之为政,爱人为大。所以治爱人,礼为大。所以治礼,敬为大。"船山章句:"三者人伦之本,皆以爱为主,而爱而不狎,有礼而非虚文,则敬其至矣。"②船山认为爱、礼、

①　《礼记章句》,《船山全书》(第四册),岳麓书社2011年版,第897页。
②　《礼记章句》,《船山全书》(第四册),岳麓书社2011年版,第1184页。

敬三者是人伦的根本礼制,礼不是虚文,而是实在的,通过礼的运用而达到仁爱的价值,因为礼的运用而体现为敬。礼来源于爱,发展为敬。礼不是空泛的爱,而体现为现实的敬,由于对礼的爱和敬,使社会价值偏向得到矫正,使道德达到公正的天理。

　　王船山认为矫治是道德公正实现的重要途径,没有矫治的过程,社会不可能实现道德公正,礼用途径主要体现为对不良行为的矫正作用。《礼记》云:"礼之于正国也,犹衡之于轻重也,绳墨之于曲直也,规矩之于方圆也。故衡诚县,不可欺以轻重;绳墨诚陈,不可欺以曲直;规矩诚设,不可欺以方圆;君子审礼,不可诬以奸诈。是故,隆礼由礼,谓之有方之士;不隆礼不由礼,谓之无方之民。"船山章句:"先王本身议道以制礼,为治国之器垂之后世,君子奉之以正国,则天则定而邪正明,虽有邪说诐行附仁义以行其私者,莫之能乱矣。公论明,刑赏定,而国无不正矣。"①礼是规矩、原则、规则,其作用是轻重权衡,辨别曲直,规范方圆,判断是非,区别善恶,其功能是矫正偏离社会大义的行为,矫正私利的行为,使天下回归正义的道德,国家公正运行,人民安居乐业,达到天下道德公正,礼用达到天下公正无私。

　　王船山认为礼用的矫正功能体现为以礼行事,使人成为君子而不成为小人,远离小人。《礼记》云:"唯君子能好其正,小人毒其正。"船山章句:"君子言行壹于正则气类相孚,小人反是。"②礼用使君子远离小人的不正之气,弘扬天下正气。《礼记》云:"故君子之朋友有乡,其恶有方;是故迩者不惑,而远者不疑也。"船山章句:"君子立身一于正,故乐君子而恶小人,则远迩皆白其志行而乐与之为类矣。"③礼用使君子以群相聚,远离小人。君子以礼行事,行为公正;小人以术行事,行为不确定。君子和小人道德的公正性泾渭分明。"君子小人忽屈忽伸,迭相衰王,其乱也,更甚于小人之盘据而不可摇,何也? 君子体国,固自有其规模;小人持权,亦自有其技术。小人骤进,深忌君子,固乐翘小过而尽反其道;君子复升,深恶小人,抑疾恶已甚,而概绌其谋。夫既执国政而行其所欲为矣,疆场之或战或守,寇盗之或剿或抚,征徭之或罢或兴,礼制铨除之或隆或替,边臣受而行之将士,部寺受而行之庶司,郡邑受行而之百姓,其善者固乐从之矣,小人之稗政,亦既不得已而奉行之,财已费,力已劳,习之已成,因之免害。乃忽于此焉,忽于彼焉,将无定略,官无定守,士无定习,民无定从,奸人缘之以持两端,愿民因之而无准

────────

① 《礼记章句》,《船山全书》(第四册),岳麓书社 2011 年版,第 1175 页。

② 《礼记章句》,《船山全书》(第四册),岳麓书社 2011 年版,第 1378 页。

③ 《礼记章句》,《船山全书》(第四册),岳麓书社 2011 年版,第 1378 页。

则,岂特小人之病国殃民已呕矣哉?君子之以摇荡天下之视听,而俾蹙蹙靡骋者,亦不保其不导以乱也。机事之泄,奸弊之兴,穷民之左右救过而不遑,士大夫之疑殆而交相嚚讼,然而政不乱、民不穷、封疆不偾、国不危亡者,未之有也。"①认为对待君子、小人应有所区别,对待君子以礼,对待小人以术。以礼治国,立场坚定,原则公正;以术治国,立场摇摆,准则无定。君子治国若不坚定原则导向,国家同样会混乱。因此治国以礼,乃君子行为。由此可见,礼治矫正了失义行为,纠正了社会不良偏向,达到道德公正。

礼用纠正社会乱义行为,使乱义回归到正义道路上,矫正社会不良行为和价值偏向。真正的以礼行事是天下之公义,而不是维护一人之私义。以礼事人,以义优先。船山说:"事是君而为是君死,食焉不避其难,义之正也。然有为其主者,非天下所共奉以宜为主者也,则一人之私也。子路死于卫辄,而不得为义,卫辄者,一时之乱人也。推此,则事偏方割据之主不足以为天下君者,守之以死,而抗大公至正之主,许以为义而义乱;去之以就有道,而讥其不义,而义愈乱。何也?君臣者,义之正者也,然而君非天下之君,一时之人心不属焉,则义徙矣。此一人之义,不可废天下之公也。"②礼用维护天下公义,不是事奉无义的君主,因此真正的礼用是公正大义,礼用矫正不义的道德行为。船山说:"忠与孝,非可劝而惩者也。其为忠臣孝子矣,则诱之以不忠不孝,如石之不受水而不待惩也。其为逆臣悖子矣,则奖之以忠孝,如虎之不可训而不可惩也。然则劝惩之道,唯在廉耻而已。不能忠,而不敢为逆臣;不能孝,而不敢为悖子;刑齐之也,而礼之精存焉。刑非死之足惧也,夺其生之荣,而小人之惧之也甚于死。天子正法以诛之,公卿守法以诘之,天下之士,衣裾不襸其门,比闾之氓,望尘而笑其失据,则惧以生耻。始耻于名利之得丧,而渐以触其羞恶之真,天子大臣所以濯磨一世之人心而保固天下者在此也。"③礼用纠正社会乱义行为效果良好,比刑法的矫正作用更具有优势性,其原因是礼治的矫正功能能够发挥廉耻、荣辱的功效,从内心纠正不良道德行为的发生,从源头上断绝不义行为,达到礼行公正的目的。礼用的矫正功能是达到正义,纠正不良的价值偏向,实现公正大义。

礼用纠正社会乱义行为和社会不良价值偏向,使人的行为和社会风气得到矫正,达到道德公正。《礼记》云:"恭而无礼则劳,慎而无礼则葸,勇而

---

① 《读通鉴论》,《船山全书》(第十册),岳麓书社2011年版,第981页。
② 《读通鉴论》,《船山全书》(第十册),岳麓书社2011年版,第535—536页。
③ 《读通鉴论》,《船山全书》(第十册),岳麓书社2011年版,第531页。

无礼则乱,直而无礼则绞。君子笃于亲,则民兴于仁;故旧不遗,则民不偷。"船山训义:"礼之不可已也,非特心之不正、道之不当然者,必于礼以防之也,虽天资近道,而能自全其质,以应事接物者,亦非礼则无以善成其德,而且敝将有所极矣。"①礼的最重要功能是矫正功能,预防不当行为的发生,预防不良价值观的影响,防止人心不公正,德性不善,实现为善去恶,大公至正。船山继续训义:"今夫恭也,慎也,此天性之沈潜,而可以持己、可以成事者也。直也,勇也,此天性之高明,而可以无欺于世,不屈于物者也。乃恭惟能安,而后其恭也可恒,所以调其志气而和平者,礼有不过之则;恭其所恭,而非拘执已甚,以役于非所恭之地者也。如无礼焉,则迫促其筋骸而不得暂舒,'劳'矣;至于劳,而其恭不可继矣。慎惟有则,而后其慎也有功,所以审乎事几而恰得者,礼有必尽之数;慎其所慎,而非摧折其心,以溺于可不慎之理者也。如无礼焉,则茫昧于当然而不敢任,'葸'矣;至于葸,而其慎适以败。若夫勇于有为者,虽义在可为,而出之必有其序,行之必有其经,礼也。是以虽任天下之不敢任,而要以正大防而明大分。若以勇任之,而不以礼为之,则心无愧而事非其常,且有不恤天下之大伦而以行其必为者,'乱'矣。直而不讳者,虽理在必明,而辞不嫌于逊,论必得其中,礼也。是以虽言天下所不敢言,而要使己可施而人可受。若以直自命,而不以礼自居,则心本厚而物受其薄,且有迫天下于无所容而以快其议论者,'绞'也。故礼者所以通深谨之士,而使悠然有余于名教之乐;养刚方之体,而使善行其天理之正也。是以君子自威仪话言以至于施行之大用,无不于礼焉学之,而不敢恃其性之所近,谓可以退寡过而进有功也。"②船山认为以礼的准则行事则使行为达到志气和平,诚实无欺,心顺事顺,实现成功;以礼行事,事情发展井然有序,恰到好处,各得其宜,公正公平;以礼行事,达到天理,屈伸有度,公正无私。礼用矫正了过犹不及、义而无序、勇而无谋、恭而劳作,实现公正。礼用达到公正,礼在公正的原则下矫正了过激行为,使行为既坚持了公正原则,又将行为保持在合适的度数之中。礼既是公正的行为,又是公正的中间桥梁和环节。

礼用的矫正作用说明礼是公正的尺度和环节,礼用矫正人的道德行为达到公正,以礼确立公正并且走向公正。"夫人而欲自立,立敬而不敢怠,立爱而不忍忘,则可以立矣,而未也。心有尽而道无方,未明于自然之节文,而行多妄矣。礼之所生,情之所自裁也。情无不尽,而有不尽也。直前则多

---

① 《四书训义》,《船山全书》(第七册),岳麓书社 2011 年版,第 527 页。
② 《四书训义》,《船山全书》(第七册),岳麓书社 2011 年版,第 527 页。

悔,制情则不可以常,知礼酌乎其中而得其宜,然后其所立者不迁。不知礼,则过焉而不知俯就之安,不及而不知企及之正也,物且乱之,而己且失之矣。"①人心既有仁义宗旨上的公正,还需要以礼用达到仁义公正,有仁义的宗旨还需要以礼用环节达到仁义公正,礼用是公正的过程、桥梁和调节尺度,通过礼用矫正了乱义行为和乱义价值观。

综上所述,王船山的礼治公正论进入"礼用正义",主要阐明通过礼用纠正大义混乱、私利横行、天下乱义,达到道德公正,中心思想是矫正混乱之义而实现社会公正。船山认为矫治的公正是公正实现的重要途径,礼用的矫正功能体现为以礼行事,使人成为君子而远离小人。礼用纠正社会乱义行为,使乱义回归正义,矫正社会不良行为和价值偏向。以礼行事,达到天理,屈伸有度,公正无私。礼是公正的尺度和环节,礼用矫正人的行为达到公正。礼用是公正的过程、桥梁和调节尺度,礼用通达仁义公正,实现道德公正。

## 第三节　礼用矫正伦序

王船山的礼治公正论通过"礼用通理""礼用通义"思想的逻辑发展进入"礼用通伦"思想阶段,在理、义、伦三方面思想逻辑进程上,"礼用通伦"思想的核心在于"伦"。"礼用通理"注重礼用达到理的形而上学上的公正,礼用与天理合一,矫正欲情;"礼用通义"注重礼用达到义的现实上的公正,执行大义,推行仁义公正,礼用与大义合一,矫正私利;"礼用通伦"注重礼用达到公正合理的人伦秩序,礼用与人伦合一,矫正秩序。"礼用通伦"思想主张礼用规范人伦秩序,合理的人伦秩序需要以礼进行规范,人伦秩序合理就能够实现社会公正。船山为了说明"礼用通伦"而达到公正,从三个方面进行解说:礼用上下、礼用君民、礼用同异。

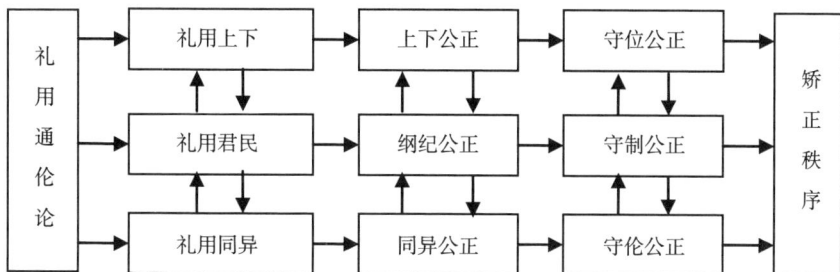

礼用通伦公正论内容界说逻辑图示

---

① 《四书训义》,《船山全书》(第七册),岳麓书社2011年版,第999页。

从图示可以看出,"礼用通伦"实现公正的核心思想是通过礼用达到合理的人伦秩序,礼用能够使不同等级地位的人达到公正合理,使制度安排公正和使有差别状况达到公正,最终实现矫正秩序的目的,实现社会公正。礼用联通上级与下级、君主与臣民、同与异,礼用矫正社会秩序,人通过礼的运用实现社会治理,实现秩序上的公正。

## 一、守 位 公 正

王船山的礼治公正论在"礼用通伦"思想上首先从"守位公正"方面展开,中心思想是上级和下级在坚守道德上要公正,通过礼用过程实现上级和下级守位公正,也就是说礼用之中,各自遵守其位,以礼遵位,各司其职,上级和下级双向同行,公正地对待自己的位置,实现公正秩序。上下守位公正是在礼用的过程中实现的,上级以礼为用,上级守位公正,下级则守位公正,上正则下服,公正无邪。如果只要求下级遵守礼制秩序,单向地对上级承担和遵守义务,只有下级服从上级,则不能称为公正。因此公正的原则实施在于双向相向和互动,权利与义务的得到与行使处于对等的范围。为了表达公正思想,船山论述了人际关系必须建立在公正原则的基础上,他认为良好的上层与下层关系即体现一种社会秩序公正,而这种人际社会关系公正需要通过礼用来实现。良好的上下级关系通过礼用可以体现政治公正和社会公正,以礼用实现上下关系通达,上层公正,百姓臣服。这种公正之礼主要通过上下讲信公正、上下司位公正、行政公正三个方面展开。

首先,王船山认为"天下为公"的讲信之礼可以实现上下各司其位,天下公正。天下为公、讲求信用是君王的一种价值原则,目的是获得百姓的拥护,以维护天下统治,而这种价值原则的实行要通过礼用来实现。《礼记》云:"大道之行也,天下为公,选贤与能,讲信修睦。"船山释义说:"'天下为公',谓五帝官天下,不授其子。'选',择。'与',授也。谓择贤能而禅之。'讲信'者,讲说期约而自践之,不待盟誓。'修睦'者,修明和睦之教而人自亲,不待兵刑也。凡此皆人道之固然,尧、舜因之以行天下。与贤而百姓安之,讲信修睦而天下固无疑叛,则礼意自达,无假修为矣。"①"天下为公"的礼用思想即是敬重天下百姓,不以天下为私,君王位置关系到天下百姓生存和发展,以公正司君王之职位,授权天下不传其子,任用人才,唯才是举,不任人唯亲;讲信之礼即是守约践行而履行诺言。"天下为公"通过讲信之礼来实现,天下实现和睦相处,实现秩序公正。"天下为公"通过敬重百姓、守

① 《礼记章句》,《船山全书》(第四册),岳麓书社2011年版,第537页。

约诺言的礼用而实现,敬重百姓之礼实现上卜通达,人际关系和谐,达到社会公正。

上下讲求信用是礼用公正的表现,上级要求下级遵守礼义,下级也希望上级讲求信用,双向讲求信用才能称为公正。《礼记》云:"故百姓则君,以自治也;养君,以自安也;事君,以自显也。"船山章句:"法制明于上而百姓则之,故人皆恃君以寡过,故养君乃以自安,而事君乃能自显。修明于上而下皆则之者,唯礼而已矣。"①法制要求上级和下级都各司其职,公正无私,如果上级讲求信用,下级则会效仿,公正必然实现,因此公正是上下同守、双向同等。孟子曰:"君仁,莫不仁;君义,莫不义;君正,莫不正。一正君而国定矣。"船山训义:"君诚仁也,则所好者必仁,而所用者皆忠厚慈和之士;所从者必仁,而所行者皆宽大休养之为。君诚义也,则所好者必义,而所用者皆端方廉洁之士;所从者必义,而所行者皆审物尽变之为。夫仁义者君道之正,仁义立而君德无不正矣。"②上级推行仁,下级则行仁,上级遵守大义,下级则遵守大义,上级以礼,下级必然以礼。遵守礼义,礼用讲信,双向礼用同样履行各自的职位,实现秩序公正。孟子曰:"无礼义,则上下乱。"船山训义:"其立法也,刑名法术不胜其繁;将以正分也,而孰知其上下之乱乎? 法纲多,则逃之者愈巧;民志疑,则守之也无恒;分不能定也。何也? 唯无礼义也。礼行,而下不逾分以自侈;义行,而下不崇利以干君。自上躬行之而启迪之,则不待立法而臣民自靖,不待用制而臣民自服。如其上无所师,下无所从,典章徒存而教不行,廉耻丧而相与以偷,臣尚其臣,而民尚其民乎? 如是者谓之乱。国乱,则自趋于亡矣。"③上级无义则下级无义,上级躬行则下级守德。上级肆意妄为则下级无所依傍,天下大乱。因此上级履职公正,下级行事公正。天下公正的实现必须是上级、下级同守公正,才能达到天下大公至正。

其次,王船山认为官员司职公正需要通过官员本身的公正之礼来实现。《礼记》云:"君子曰:德德成而教尊,教尊而官正,官正而国治,君之谓也。"船山章句:"君德成于豫教之日,则及其嗣居大位,知德之为贵而尊尚教理,以覃敷天下,造就贤材,斯官莫不正而国以治也。"④意思是说官员的德性来源于教育和培养,官员以德为贵,习惯于尊礼,以行礼对待百姓而天下信服,以礼培养贤才。官德是官员行事公正的保证,官员有德就是考虑人民的利

---

① 《礼记章句》,《船山全书》(第四册),岳麓书社 2011 年版,第 557 页。
② 《四书训义》,《船山全书》(第八册),岳麓书社 2011 年版,第 469 页。
③ 《四书训义》,《船山全书》(第八册),岳麓书社 2011 年版,第 914 页。
④ 《礼记章句》,《船山全书》(第四册),岳麓书社 2011 年版,第 517 页。

益,意思是以公意为念,国家就能治理好。法国思想家卢梭说:"公意永远是公正的,而且永远以公共利益为依归。"①行政伦理首要的是官德公正,官德公正就是以公意作为行政伦理的出发点,国家治理的效果首先出自官员的自身正气,官员自身公正无私,百姓自然服从治理。官德通过对百姓"尊礼"来实现,敬重百姓的公意而实现公平公正。"讲信修睦,则争乱息而无外患;固其肌肤之会、筋骸之束,则淫泆远而无戕,丧亡之害免矣。礼原于天而为生人之本,性之藏而命之主也,得之者生,失之者死,天下国家以之而正,唯圣人知天人之合于斯而不可斯须去,所为继天而育物也。"②认为官德体现在讲信修睦之礼上,实行讲信修睦即是尊礼、崇礼,将礼落到实处,天下国家自然实现公平公正。船山并未强调抽象的官德公正,而是将官德公正落实到讲信修睦之礼中,"官正"就是遵从讲信修睦的礼用而实现秩序公正,官民上下以礼实现通达。"夫大臣者,衷之以心,裁之以道,持之以权,邦之荣怀与其杌陧系焉者也。不得已而有言,言出而小人无所施其唇舌,乃可定众论之归,而扶危定倾于未兆。"③船山认为官员首先以身作则,尽职尽责,以心司其职位,以"道"持权,守位能够公正无私,则可以矫正小人的不义之心。以礼用行使职权,则下级对官员信服。以礼尊重百姓,下级行为公正。礼用贯通上下不同等级,实现秩序公正。"故大臣之以身任国事也,必熟识天下之情形,接纳边臣之心腹,与四方有肺腑之交,密计潜输,尽获其肝胆,乃可以招携服远,或抚或剿而罔不如意。"④官员行事以礼,公正无私,得到天下人信任,守位公正。

再次,船山认为行政需要通过爱敬的公正之礼来实现。行政管理必须公正,管理不公正,百姓不服从,得不到治理。行政之礼的使用可以实现上下之和,公平公正。船山说:"礼之别也,刑赏因之以立,刑以禁暴,爵以举贤,人心悦服其政之均平,礼之所以成乎上下之和也。"⑤行政之礼即是一种赏罚分明的礼制,能够使百姓信服。政治清明即是一种赏罚分明,公平公正,礼用有均等。"政均而爱溥,贤不肖别而劝沮以正,仁义并行而民无不兴起以治其行矣。"⑥行政之礼讲求均平,即是平等公平,将贤人与不贤之人区别开来,以仁义为价值原则,天下得到治理。孔子曰:"道之以政,齐之以

---

① 卢梭:《社会契约论》,何兆武译,商务印书馆 2003 年版,第 35 页。

② 《礼记章句》,《船山全书》(第四册),岳麓书社 2011 年版,第 571 页。

③ 《读通鉴论》,《船山全书》(第十册),岳麓书社 2011 年版,第 962 页。

④ 《读通鉴论》,《船山全书》(第十册),岳麓书社 2011 年版,第 964 页。

⑤ 《礼记章句》,《船山全书》(第四册),岳麓书社 2011 年版,第 901 页。

⑥ 《礼记章句》,《船山全书》(第四册),岳麓书社 2011 年版,第 901 页。

刑,民免而无耻。道之以德,齐之以礼,有耻且格。"船山训义:"胥万民而戴一君,盖天下风俗之邪正,责之于一人。民愚而不知所由,则必有以道之;民情不一而无所裁,则必有以齐之。道之,齐之,皆以使民之为善去恶而成乎治耳。乃民之为恶也甚利,而为善也甚难,亦何惮而不任其情欲以惟其所为哉!恃有其耻心而已矣。俯仰若无以自容,则虽不利于其私心,而自不容已,其于恶也,非幸免也,其于善也,有必至也。斯乃无愧于作君作师,而为天下之所戴也。"①礼用有爱敬,官员以礼引导民众,司职、履职贯通了礼用,达到社会公正,而不是随便运用刑罚,要求履职公正。孔子说:"政者正也。君为正,则百姓从政矣。君之所为,百姓之所从也。君所不为,百姓何从?"船山章句:"'为正',正其身以正人也。"②意思是行政必须有公正,只有管理者在行政过程中自身正派无私,才能使百姓服从。船山认为行政公正的礼用需要以敬和爱为礼,"以敬为爱,所以惇其爱也。爱不以正,则徇欲而非真爱矣。'政之本'者,正己以正人之本,闺门为风化之始也。"③行政之所以公正是因为对行政本身具有敬爱之礼,对天下百姓有敬爱之尊,正因为对事业、职业的敬爱和对天下百姓的敬爱,才能实现公平公正的礼用,实现政通人和。

上级下级各司其位,以礼行事,双方各守其德,公正无私,权利和义务同行,而不是上级只享有权利而不尽义务,不是只要求下级官员公正而上级官员肆意妄为。司位公正首要的是守德公正,齐民以礼,君臣司职以礼,公平公正。船山说:"若未尝不道也,亦令于民曰,如是而后可以寡过,则防其奸,禁其伪,而科条密焉。未尝不齐也,则督之于为恶之后曰,吾有政而奈何其不从,则割刈之,流放之,而威令行焉。若是者,民束于政而畏行,有求免于恶者矣。然求之于其心,则但知有刑法之可惧,而不知为恶之可愧,无耻矣。至于无耻,则托于政以文其奸,假于刑以互相讦,而皆其所可为,则正以道之齐之者乱之也。则唯道之以德乎!未尝不有教令之施,而上之所躬行者,皆孝友慈良之实,即以此而喻民之亲亲长长,而感其天良。有不齐焉,则齐之以礼乎!未尝不有画一之法,而上之所裁定者,酌大中至正之规,乃以此而纳民于饮、射、冠、昏,而咸使率从。诚若是也,则天子有德于上,公卿大夫有德于下,德则荣,而无德则辱;观礼于邦国,行礼于乡党,有礼者人敬之,而无礼者人慢之;于是而自念善之不勉而恶之不去,出无以对君长,而入无

① 《四书训义》,《船山全书》(第七册),岳麓书社 2011 年版,第 280—281 页。
② 《礼记章句》,《船山全书》(第四册),岳麓书社 2011 年版,第 1183 页。
③ 《礼记章句》,《船山全书》(第四册),岳麓书社 2011 年版,第 1184 页。

以对间里,有耻必矣。既耻焉,则勉其力之不及,抑其情之甚便,而皆格于善矣。至于格,而为善之实已习,则为善之乐自生;居其上而为之君者,可以无负于天作元后之任矣。"①船山认为君主行政以礼,司职有德,引导民众行事而有礼,天下可以得到治理,井然有序。礼用在于上级下级同行,用礼行事,上级用礼而行政,下级用礼而行事,双向各司其职和各司其务,遵守道德公正,同守公正规范,才能实现天下公正有序。

综上所述,王船山主张不同等级的人可以实现秩序上的规范公正,依靠自我规范实现秩序公正。船山的公正思想在行政伦理方面得到体现,主张上下级关系通过礼用实现公平公正。天下为公而讲信守约以礼,官员公正而敬重百姓和造就贤才以礼,行政公正而敬重职业和敬爱百姓以礼,这三个方面实现上级下级人际关系调和,社会公平公正,以礼用通达良好的人伦秩序。

## 二、守 制 公 正

王船山的礼治公正论在"礼用通伦"上通过守位公正思想展开后进入守制公正思想环节,中心思想是君民、上下在遵守纲纪上要达到遵守制度的公正,通过礼用过程实现君民、上下共同遵守纲纪,礼制与纲纪相结合,达到公正。就是说礼用之中,君民同用礼制,调节纲纪,避免纲纪的使用出现偏向,以礼实现秩序规范,君民、上下同用礼制,纲纪与礼用相结合。礼用贯通了天理与人情、君与民、上与下,礼在现实中得到运用,达到经世致用的目的。经世致用即是要使社会形成正常的纲常伦理。船山希望通过礼用过程使社会达到公共伦理,修明制度,端正纲纪,通过礼用形成伦理纲常,实现社会大公至正。

其一,王船山提出制度要修明,礼行天下达到公正。船山崇尚古代的伦理制度,古制都是以礼义通行天下,天下公正有序。《礼记》说:"礼义以为纪,以正君臣,以笃父子,以睦兄弟,以和夫妇,以设制度,以立田里。"船山章句:"君臣、父子、兄弟、夫妇、制度、井疆,皆待礼义以行于天下,谋作兵起,强者干犯之而弱者不能自尽,故圣人为修明之。"②船山崇尚圣人之治,认为圣人在礼仪制度上修明得当,礼仪制度贯穿于其中,符合天理与人情。不是纯粹的天理,也不是纯粹的人情,制度是情与理的结合,这种结合就是礼制。"望治者,各以其情欲而沿革;言治者,各以其意见而议废兴。虞、

① 《四书训义》,《船山全书》(第七册),岳麓书社2011年版,第281页。
② 《礼记章句》,《船山全书》(第四册),岳麓书社2011年版,第539页。

夏、殷、周之法,屡易而皆可师,惟创制者之取舍,而孔子何以云可知也? 夫知之者,非以情,以理也;非以意,以势也。理势者,夫人之所知也。理有屈伸以顺乎天,势有重轻以顺乎人,则非有德者不与。仁莫切于笃其类,义莫大于扶其纪。笃其类者,必公天下而无疑;扶其纪者,必利天下而不吝。君天下之理得,而后可公于人;君天下之势定,而后可利于物。"①船山认为制度纲纪的制订要以理势为依照,而不以情意为依托,理势合乎天下大道,又顺乎社会现实人情,通过礼制的运用体现出来就是德性。礼体现为伦理道德,礼是天下大义,天下大义与礼相结合就是纲纪。"有国者不能不以国事使民也,而所患者民之难使也。上疑而下愈忌,上严而下愈玩,则有诱之不可,惩之不胜者矣。是法有所不行,威有所难制也。其唯上好礼乎! 修之于躬,而非礼则不安;布之为治,而非礼则不尚。言法言,行法行,明其教,崇其术,则礼行于上而达于下。一家之中有尊卑,一事之为有次序,上制令而下从令,天经地义,确不可移,而民心定矣,何使之之难哉! 故礼者,齐民之要道,非一切政刑之所可及也。"②纲纪修明,以礼用达到纲纪,效果明显,不单以严明的纲纪治国理政,而是将纲纪和礼相结合,使纲纪在礼用中得到和合,赢得民心,达到公正。

其二,王船山强调纲纪要得到执行,必须礼行端正而达到公正。制度需要执行,纲纪需要维护,礼义需要成为伦理,船山认为行政管理者执行纲纪要慎重,必须符合礼义的要求。"为政者近于有为,急取有司而更易之以快一时之人心,而新进浮薄之士骤用而不习于纲纪,废事滋甚。惟任有司而徐察之,知其贤不肖而后有所取舍,则事之利病,我既习知,人之贤否,无所混匿,此远大之规存乎慎缓也。"③符合礼义的行政管理不是暴风骤雨式的管理,而是轻重缓急有所权衡,不求暂时效果而立足于长远,对贤人和不肖者有所选择,有所分别,礼义有别。礼行端正,以礼维护纲纪,符合公意的需要,执行有分寸。"故有名分以正其尊卑,有纲纪以正其职业,有井疆以正其田畴,有庠序以正其学术,皆所以正人者也,而不可徒求之民。子既为政矣,取先王先公之法度以自正,为百官万民先。彼既见当时之谨守法纪如此严也,而孰敢诬上行私,以自趋于邪僻乎? 正之之道在方策,惟子力行之而已。"④船山认为行政管理者需要自觉地维护纲纪法度,行礼在先,自觉呵护纲纪,做到有礼在先,责任在先,形成具有责任意识的行政伦理环境。官员

---

① 《尚书引义》,《船山全书》(第二册),岳麓书社2011年版,第396页。
② 《四书训义》,《船山全书》(第七册),岳麓书社2011年版,第818—819页。
③ 《张子正蒙注》,《船山全书》(第十二册),岳麓书社2011年版,第267页。
④ 《四书训义》,《船山全书》(第七册),岳麓书社2011年版,第710页。

维护礼义纲纪必须胸怀天下大志,"人君有怀集天下之大志,而欲以其身受天下之归,其道有三:仁以正在己之好恶,而为天下之所必依;智以正在己之纲纪,而为天下之所自理;敬以正在己之规范,而为天下之所必尊"①。船山认为行政管理者以仁义作为执行纲纪的原则,在执行纲纪的过程中融入天下智慧,执行纲纪符合礼的要求,做到自觉在先,即是对礼的贯彻运用。"君子之言行所施,以事君交友为大端,君臣朋友皆义也,而以忠信为体。言行征于君友而孚于君友者,必其积之有素,亦犹好恶行于赏罚而必以敬为本。盖敬也,忠信也,乃立德以为民表之枢,而二篇之指归也。"②君子言行有义,君臣行政有信,以礼为先,赏罚分明,纲纪礼用,通过礼用与纲纪相结合,必然达到公正。

其三,王船山提出纲纪是"至尊",通过礼用确立名分。船山认为纲纪得到遵从,这样的管理者能够受到天下的尊重,得到天下的名号,享有天下尊重之礼遇。"位号者,天下之公尊,非人子所得以己之尊加于其亲,义也。若夫死而哀从中发,哭踊服食之节,达其中心之不忍忘,则仁也。降而为期,止矣;过此而又降焉,是以位为重而轻恩,戕性之仁矣。哀死者,情也;情之所自生者,性也。称尊者,名也;名之所依者,分也。秩然不可干者,分以定名;怆然不容已者,情以尽性。舜视天下犹草芥,而不得于亲,不可以为人。"③位号与名号都各有分别,各有所依,得到的名号不同,符合礼义法度,是纲纪受到尊重和维护的结果,名号的获得正是法度纲纪的礼行运用,礼义调节了纲纪和名号。船山说:"君子小人忽屈忽伸,迭相衰王,其乱也,更甚于小人之盘据而不可摇,何也? 君子体国,固自有其规模;小人持权,亦自有其技术。小人骤进,深忌君子,固乐摘小过而尽反其道;君子复升,深恶小人,抑疾恶已甚,而概绌其谋。夫既执国政而行其所欲为矣,疆场之或战或守,寇盗之或剿或抚,征徭之或罢或兴,礼制铨除之或隆或替,边臣受而行之将士,部寺受而行之庶司,郡邑受行之百姓,其善者固乐从之矣,小人之稗政,亦既不得已而奉行之,财已费,力已劳,习之已成,因之免害。乃忽于此焉,忽于彼焉,将无定略,官无定夺,士无定习,民无定从,奸人缘之以持两端,愿民因之而无准则,岂特小人之病国殃民已亟矣哉? 君子之以摇荡天下之视听,而俾蹙蹙靡骋者,亦不保其不导以乱也。机事之泄,奸弊之兴,穷民之左右救过而不遑,士大夫之疑殆而交相嚚讼,然而政不乱、民不穷、封疆不

---

① 《四书训义》,《船山全书》(第八册),岳麓书社 2011 年版,第 424 页。
② 《礼记章句》,《船山全书》(第四册),岳麓书社 2011 年版,第 1376—1377 页。
③ 《读通鉴论》,《船山全书》(第十册),岳麓书社 2011 年版,第 501—502 页。

偾、国不危亡者,未之有也。"①认为君子行礼治国,小人持权治政,效果不同。以礼治国行政,纲纪确定,民众则有所依傍,国家安定,纲纪与礼相结合达到秩序公正;以权治国行政,纲纪虽严,但没有准则,纲纪虽用,但达不到公正,民众无所适从,政乱国危,纲纪也得不到尊重。

其四,王船山强调制定纲纪法度,用礼进行刑赏分明。赏罚分明是礼义执行的需要,礼用也有赏罚,船山认为公平公正需要赏罚分明的礼节纲纪。"且夫国家之政,虽填委充积,其实数大端而已:铨选者,治乱之司也;兵戎者,存亡之纽也;钱谷者,国计之本也;赋役者,生民之命也;礼制者,人神之纪也;刑名者,威福之权也。大者举其要,小者综其详,而莫不系于宗社生民纲纪风俗之大。"②国家管理需要有行政管理机构,也需要有礼制纲纪,既要礼治,也要有刑名,实行赏罚分明,二者相结合才能达到良好效果,既符合国家管理的需要,也符合礼制风俗习惯。"公论明,刑赏定,而国无不正矣。"③公平公正需要赏罚分明,国家治理才能有序进行。纲纪法度赏罚分明,但需要礼行调节,赏罚适度,权衡得当,恰如其分的礼节才能实现公平公正。他说:"制天下有权,权者,轻重适如其分之准也,非诡重为轻、诡轻为重,以欺世而行其私者也。重也,而予之以重,适如其数;轻也,而予之以轻,适如其数;持其平而不忧其忒,权之所审,物莫能越也。"④权衡意味着礼节的运用恰如其分,审视轻重是对礼节的运用。管理者治理天下,以适宜的方式进行,必然是通过礼义节数进行治理,恰如其分,实现公平公正。

综上所述,王船山在国家治理上讲求修明制度,端正纲纪,礼行天下。只有纲纪的执行与礼的运用合二为一,天下治理才能达到理想的效果,公平公正得到有效保障,制度纲纪形成政治伦理和社会伦理。礼的运用贯通到纲纪法度之中,纲纪法度不知不觉成为一种社会公正伦理,制度纲纪通过礼的运用形成社会伦理。礼用贯穿到纲纪之中,矫正了纲纪使用的不正偏向,矫正了君主等上层集团的一己私利,达到秩序公正。

## 三、守伦公正

王船山的礼治公正论在"礼用通伦"思想上通过守位公正、守制公正思想进入守伦公正思想阶段,中心思想是通过遵守合宜的伦理秩序而实现秩序的公正,礼用贯穿到不同的人群、不同的状况和处境之中,实现和而是不

---

① 《读通鉴论》,《船山全书》(第十册),岳麓书社 2011 年版,第 981 页。
② 《读通鉴论》,《船山全书》(第十册),岳麓书社 2011 年版,第 718 页。
③ 《礼记章句》,《船山全书》(第四册),岳麓书社 2011 年版,第 1175 页。
④ 《读通鉴论》,《船山全书》(第十册),岳麓书社 2011 年版,第 736 页。

同,达到公正。如何实现不同群体、不同级别间利益的调节？船山认为通过礼用调节同异,实现和而不同,达到公正无私。正是这种礼制的调节达到一种道德共同体,正如卢梭所说:"只是一瞬间,这一结合行为就产生了一个道德与集体的共同体,以代替每个订约者的个人","这一由全体个人的结合所形成的公共人格,以前称为城邦,现在则称为共和国或政治体;当它是被动时,它的成员就称它为国家;当它主动时,就称它为主权者;而以之和它的同类相比较时,则称它为政权。至于结合者,他们集体地就称为人民;个别地,作为主权权威的参与者,就叫做公民,作为国家法律的服从者,就叫做臣民"。① 道德共同体达到一种形秩序上的公正,国家、政权、人民、公民和臣民都是契约和礼制下的主体存在。

王船山主张建立有差异的公正观,认为通过礼用达到调节不同利益的目的,实现合宜的公正,即是说实现具体的、现实的公正;纯粹地追求苟同,实质是张扬一己之私,导致天下大乱,这是不可实现的公正观。"盖因尊尊、亲亲而推其礼之所秩,义之所宜,以立大宗之法,然后上治下治之义,虽在百世,皆疏通而曲尽,则人之所以为人者,道毕修矣。"②礼用调节了亲疏,符合大义,合宜公正,达到上下治理。"秀者必士,朴者必农,僄而悍者必兵,天与之才,习成其性,不可移也,此之谓天秩,此之谓人官。帝王之所以分理人物,而各安其所者,此而已矣。"③因为人各有其才能,所以要尽量人尽其才和物尽其用,建构合理的伦理秩序,做到合宜公正,通过礼用调节达到合宜而公正。"古之建官以治事治民,固也;而君子野人,天秩之以其才,叙之以其类,率野人以养君子,帖然奉之而不靳,岂人为哉？ 王者以公天下为心,以扶进人才于君子之涂为道。故一事而分任之,十姓百家而即立之长以牧之,农人力耕而食之无愧,君不孤贵而养之必周;乃使一艺、一经、一能、一力者,皆与于君子之列,而相奖以廉耻。虽有莨莠,不尽田而芟刈,使扶良苗以长,但勿令夺苗之滋可矣。"④不同材质的人和不同种类的群体放在适当的位置能够发挥各自的重要作用,通过礼用各显其能,这是公正合理的。"要而论之,天下之大,田赋之多,人民之众,固不可以一切之法治之也。有王者起,酌腹里边方、山泽肥瘠、民人众寡、风俗淳顽,因其故俗之便,使民自陈之,邑之贤士大夫酌之,良有司裁之,公卿决之,天子制之,可以行之数百年而不敝。而不可合南北、齐山泽、均刚柔、一利钝,一概强天下以同而自谓

---

① 卢梭:《社会契约论》,何兆武译,商务印书馆 2003 年版,第 21 页。
② 《礼记章句》,《船山全书》(第四册),岳麓书社 2011 年版,第 828 页。
③ 《读通鉴论》,《船山全书》(第十册),岳麓书社 2011 年版,第 855 页。
④ 《读通鉴论》,《船山全书》(第十册),岳麓书社 2011 年版,第 427 页。

均平。盖一切之法者,大利于此,则大害于彼者也。如之何其可行也!"①法治追求一味地均平,这是不现实的,也是不公正的,绝对均平不可能实现公正。因此通过礼用调节法制,礼法结合,调节同异,实现和而不同,才能实现真正的社会公正,追求一味地苟同不可能达到社会公正。孔子曰:"君子和而不同,小人同而不和。"船山训义:"君子以义为尚,所与共事功者,皆君子也。事无所争,情无所猜,心志孚而坦然共适,和也。若夫析事理于毫芒,而各欲行其所是,非必一唱众和而无辨者也,不同也。即不幸而与小人共处焉,亦独行己志,不同而已,未尝挟忿戾以自伤其和平之度也。小人以利为趋,所与相议论者小人也。以权相附,以党相依,依阿行而聚谋不逞,同也。乃其挟己私之各异,而阴图以相倾,则有含忌蓄疑而难平者也,不和也。即时托附于君子焉,亦姑为承顺,同焉而已,非能笃爱敬以释其倾危之志也。故君子兴而养天下于靡争,小人出而成朋党以致乱。"②船山认为和而不同就是大公无私,同而不和是因为私心膨胀,实现私利。因此,苟同必然导致不公正,和而不同则调节了利益,矫正了私利,实现公正。

王船山认为礼用可以调节不同类别的人群,实现公正合宜。《礼记》云:"夫礼者所以定亲疏,决嫌疑,别同异,明是非也。礼,不妄说人,不辞费。礼,不逾节,不侵侮,不好狎。"船山章句:"'定'谓不以私爱逆天伦也。""'节',亲疏、嫌疑、同异、是非之定则也。有礼而节不逾,则其于人也,尥而不侵侮之,卑而不玩狎之矣。"③"礼"确定了亲疏,调节了同异,达到人伦秩序公正合宜。为什么"礼"可以实现现实的公正呢?因为礼的实现有条有理,来源于乐,类似于乐之理。《礼记》云:"凡音者,生于人心者也;乐者,通伦理者也"。"知乐,则几于礼矣。礼乐皆得,谓之有德。德者得也。"船山章句:"'伦',各为类也。'理'相生之条理也。乐之成也虽极乎变,而皆由伦理通之,则循其伦理以察之,而乐之得失彰矣。"④音乐通达于伦理,音乐有条理,类似于礼,礼乐相通,符合道德规范,音乐达到美妙顺畅,礼乐达到伦理规范,因此礼乐的调节达到秩序有条理,合宜而公正。礼的运用一方面是为了贯彻仁义,另一方面是为了实现公正。有礼则有仁义,有仁义则有公正。孔子曰:"古之为政,爱人为大。所以治爱人,礼为大。所以治礼,敬为大。"船山章句:"三者人伦之本,皆以爱为主,而爱而不狎,有礼而非虚文,

①　《读通鉴论》,《船山全书》(第十册),岳麓书社 2011 年版,第 608 页。
②　《四书训义》,《船山全书》(第七册),岳麓书社 2011 年版,第 759—760 页。
③　《礼记章句》,《船山全书》(第四册),岳麓书社 2011 年版,第 15 页。
④　《礼记章句》,《船山全书》(第四册),岳麓书社 2011 年版,第 895 页。

则敬其至矣。"①因为有礼则有爱,有爱则有敬,礼、爱、敬贯彻了仁义,实现
社会公正。

　　人有不同的类别,群体有分别和利益,如何实现利益公正? 王船山认为
通过礼用形成合理的人伦秩序,实现公正。《礼记》云:"敬、慎、重、正,而后
亲之,礼之大体,而所以成男女之别,而立夫妇之义也。男女有别而后夫妇
有义,夫妇有义而后父子有亲,父子有亲而后君臣有正。故曰:昏礼者,礼之
本也。"船山章句:"'男女之别',谓各有匹偶,异于禽狄之无择也。'义',
恩礼之正者也。专于所从则恩礼以正而笃,而父子之伦明,异乎禽狄之知母
而不知孰为其父,则世次审,国本豫立,而君臣之分定矣。"②《礼记》认为礼
用有爱敬,慎重用礼,则能公正。船山认为礼用使人不同于禽兽,虽然人的
类别有不同,但各得其宜,各有匹配,达到公正合理。孟子认为合理的人伦
是公正的原则:"规矩,方员之至也;圣人,人伦之至也。"船山训义:"是规矩
者,方员一定之极,必以是为准而不可不用也。则夫人之有伦,遂谓唯人之
随时而创,因俗而流,可以群处而自为尊卑乎? 失其伦之理,则其伦亦灭矣。
唯古之圣人,有是伦则必有是理以处之,有是理则必有是心以行之,而后尊
卑各得其所,以奠其位而不倾。"③孟子以人伦礼用作为规范的原则,达到人
际关系公正,船山赞成孟子的观点,认为人伦使人地位公正有序,尽管有尊
卑、高下,但人伦使人的秩序有条理,各得其所和各得其宜,是合宜的公正。
合宜的公正是以礼进行规范,不过于偏重欲情,以君子大义为重,而不偏重
小人私利,达到公正。"君子之所望于人者,以礼相奖、以情相好已耳,非若
小人之相倚以雄也。"④船山推崇君子之义而抑制小人之利,原因在于君子
以礼调节义利,达到公正。

　　王船山注重和而不同,以和达到公正,不赞成一味地苟同,认为礼用调
节了同与异,达到公正。船山说:"君子之内以治身,外以治世,舍礼其何由
哉? 未有礼之先,则人心固有之节文,礼因之以生;既有礼之后,则人心固有
之节文,必待礼而定。惟其为人心固有之节文也,则行之也,不容于固有之
外而有所强增;无所强增而使人安之者,所谓和也。抑惟其为人心固有之节
文也,则求其和也,亦不容于固有之中而有所或忽;无所或忽使事得其宜者,
所谓节也。不知两者之相倚以成用,则皆失矣。"⑤礼是人固有的人文素养,

①　《礼记章句》,《船山全书》(第四册),岳麓书社 2011 年版,第 1184 页。
②　《礼记章句》,《船山全书》(第四册),岳麓书社 2011 年版,第 1511 页。
③　《四书训义》,《船山全书》(第八册),岳麓书社 2011 年版,第 419 页。
④　《读通鉴论》,《船山全书》(第十册),岳麓书社 2011 年版,第 542 页。
⑤　《四书训义》,《船山全书》(第七册),岳麓书社 2011 年版,第 268 页。

礼用使人内外合一,心物合一,周全俱到,各得其宜,和是公正的要义。

王船山认为礼用调节了人际关系,使人际关系公正合理。船山以君臣关系为例,说明通过礼用调节达到人际关系公正。人伦礼用使君臣关系公正,船山说:"大伦在焉,大法存焉。君心之得失,于此辨焉,臣节之贤奸,于此别焉。虽然,亦但有其当然之理,尽之而已矣。孔子对曰:君之使臣,是不一道,以要言之,以礼而已矣。臣之事君,是不一事,以约言之,以忠而已矣。"①君主使用大臣要有尊重的礼节,大臣对君主则尽职尽责,各自有责任和义务双重职能,公正合理。"礼者,君之所以重臣,即所以自重也。重臣即以自重,故礼所必有者,不可不及;礼之所必然者,不可或过。于大臣而敬之,有敬之之礼焉;于群臣而体之,有体之之礼焉。以是而使之,任之专而不疑其权之分,授之劳而不忧其心之怨。夫礼自在方策,唯人君以恭肃慎重之心行之尔。此可通古今天下之君,而固无不可使之臣也。"②君要有礼,臣要有忠,双向互动,无过无不及,则是公正的君臣关系;要求臣尽忠而君却无礼,不是公正的君臣关系。"忠者,臣之所以效于君,即所以自效也。自效以效于君,故有忠之情,则必有忠之事以将之;有忠之事,则必极忠之情以出之。大臣有大臣之忠,秉志而是不移焉;小臣有小臣之忠,随事而自致焉。以此而为事,事是君而唯知有此君,历事数君而唯知有此一心。夫忠故在人心,唯人臣以戴天履地之谊,自问及此;此可通古今天下之臣,而无他事君之术也。舍此而谓别有制御之法、功名之途,非臣之所知也。"③公正的君臣关系以礼用进行调节,达到公正,都是以礼进行自治,君尽礼以自重,臣尽忠以自效,因此礼用规范以自律为途径,以礼治达到人际关系的公正。礼用自治达到公正,并非外力强迫,而是为了实现"和"的公正。船山说:"《集注》以从容不迫释'和'之义,则是谓人用礼,必须自然娴适而后为贵。使然,将困勉以下者终无当于礼,而天下之不能由礼者多。且先王之道,亦但著为礼而已,未尝有所谓和也。从容不迫者,行礼者之自为之也。必从容不迫而后可为贵,则先王之道非美,待人之和而后美矣。"④礼用依靠自我规范,没有强迫,才能达到致和,礼用致和是合宜的。因为没有强迫,礼用致和是实现公正的途径,也是公正的最高价值目标。"且所云'和'者,有以德言,则《中庸》发皆中节之和是也。此则为礼之本,而非礼之用。由其有和,可使喜、怒、哀、乐之中节,则礼于是起焉。和,性情之德也。礼,天下之达道也。唯

① 《四书训义》,《船山全书》(第七册),岳麓书社 2011 年版,第 342—343 页。
② 《四书训义》,《船山全书》(第七册),岳麓书社 2011 年版,第 343 页。
③ 《四书训义》,《船山全书》(第七册),岳麓书社 2011 年版,第 343 页。
④ 《读四书大全说》,《船山全书》(第六册),岳麓书社 2011 年版,第 593 页。

和乃中节而礼以达,斯和体而礼用,不得云'礼之用,和为贵'矣。"①船山认为礼用致和调节了喜、怒、哀、乐,达到中节的程度,"和"具有公正的含义。

综上所述,王船山的礼治公正论在"礼用通伦"思想上进入守伦公正思想阶段,中心思想是通过遵守合宜的伦理秩序而实现公正,礼用贯穿到不同类别的人群、不同利益的群体,实现和而不同,达到社会秩序公正。船山主张建立有差异的公正观,差异的公正主张通过礼用达到调节不同利益的目的,实现合宜的公正,即是说实现实际上的、现实的公正;纯粹地追求苟同不能实现公正。船山认为礼用可以调节不同类别的人群,实现合宜的公正,礼用调节了人际关系,使人际关系公正合理。

---

① 《读四书大全说》,《船山全书》(第六册),岳麓书社 2011 年版,第 593 页。

# 第六章　治民公正论

王船山公正思想在公正工夫论和规范论上的建构经过了心治公正、礼治公正的思想建构，完成了自律公正思想的建构，从中国哲学视角上说是内圣工夫思想的建构。自律的规范和他律的规范是规范公正论的两个方面：自律的规范思想通过心治公正论和礼治公正论来实现，即通过内心的自我克制和礼制的自我修为达到规范而实现道德公正；他律的规范思想通过政治公正论和制度公正论来实现，即通过规范的政治治理和规范的制度治理实现社会公正，从中国哲学视角上说是外王工夫思想的建构。

王船山的政治公正论是规范公正伦理的范畴，主张政治观的公正和政治途径的公正，核心思想是建构以民为本的公正思想，即是说政治治理强调治民公正，公正的治民途径实现公正，在理念上为政以德，在政治思路和政治途径上以民为本，公正的实现不能停留在抽象的概念之中，不仅仅是理念上的公正，而且是具体的政治实施过程中的公正。船山主张通过政治治理的具体实施达到矫正恶欲、私利，实现社会公正。政治公正论主张通过政治治理，达到规范统治者的行为，纠正官员的伦理和道德。政治的公正既是他律规范的公正，又是过程矫正和纠偏上的公正。船山治民公正论主要从为政公正、治民公正、用才公正三个方面展开，对政治行为与行政伦理进行规范和施展工夫。

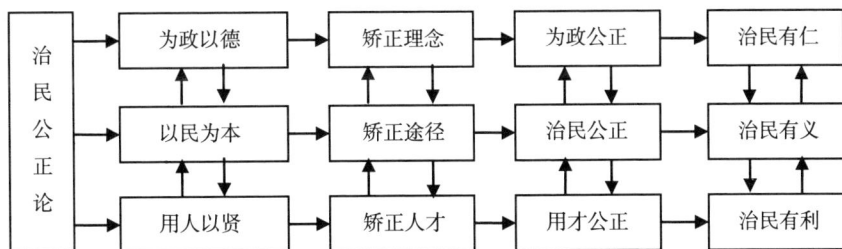

治民公正内容界说逻辑图示

从图示可以看出，王船山治民公正思想的展开主要从理念、途径、才质三个方面展开，从理、法到才三范畴展开，实现由抽象到现实、由抽象到具体、由理性到实践的逻辑推进，最终从形而上走向形而下，实现政治治理公正的规范。治民公正论的目标是通过政治治理规范社会道德行为，既矫正统治者道德的不良倾向,使之去恶扬善,通过政治规范约束人心,使民众去私就公,矫正私利,将私利调适到一定的程度和可控的范围之内,最终在社会层面实现一定程度上的公正。在治民公正论中,根据元亨利贞的发展逻辑,有其顺序:为政以德,治民有仁,为政公正是理念,"理"是制高点,因此是"元";以民为本,治民有义,治民公正是途径,"义"是发展,因此是"亨";用才以贤,治民有利,用才公正是用,"才"是使用,因此是"利",对百姓有利。

# 第一节　为政以德

王船山的治民公正论首先从为政以德的理念上展开,目的是达到行政理念公正,通过以德行政理念的施展而实现政治伦理公正,为政以德的中心思想是以仁的方式治理民众达到德政公正。为什么以德行政就能实现公正呢?原因是儒家认为以德行政治理天下,贯彻了仁义礼智信思想,统治阶级有仁义才能得到天下,民众因为统治阶级施仁而得到恩惠则愿意服从统治,统治者和民众的利益都得到维护和调节,具有双向的公正性,理通公正,行政治理与德治相结合,通过为政以德而达到社会公正。船山与古圣先贤儒家的观点一致,认为为政以德是公正的政治治理理念。船山为了说明为政以德而达到为政公正,从三个方面进行解说:为政施仁、为政律己、为政德威。

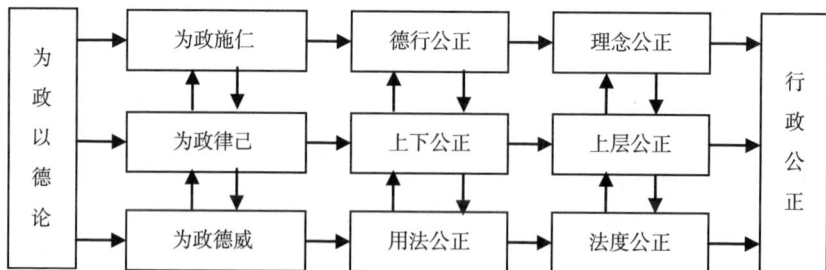

为政以德公正论内容界说逻辑图示

从图示可以看出,为政以德实现公正的核心思想是通过为政以德达到理念上的公正,行政需要理念公正,理念即是"仁政",理念公正推动上层统治者严以律己实现上下级秩序的公正,为政还要以德为威,力行法度,实现法度公正,最终实现行政公正。行政公正的目的是矫正政治的偏向,实现政治治理的道德公正。

## 一、为 政 施 仁

王船山"为政以德"的政治理念首先从"为政施仁"的思想上展开,意思是行政即是以仁为政,为政施仁就是为政以德,德政首先体现在仁的实施过程之中,在行政中贯穿仁义是公正的政治。为什么仁的实施即是公正的呢?儒家认为有仁义就能达到公正。孔子说:"里仁为美。"朱熹说:"不仁之人,失其本心,久约必滥,久乐必淫。惟仁者则安其仁而无适不然,知者则利于仁而不易所守,盖虽深浅之不同,然皆非外物所能夺矣。"又说:"盖无私心,然后好恶当于理,程子所谓'得其公正'是也。"①朱熹的意思是说仁是人的本心,仁有是非之心,仁有无私之心,仁是公正之心,有仁心则不被外物所惑,必然公正无私,将仁心归结为公正之心。船山对以上孔子的"仁"和朱熹的"仁"进行训义:"人之所以能不失其本心者,赖有是非之不昧而已。是非明,则择于物者必审,而处其身者必善,于凡动静居处之间,皆可验焉。而即择居处之里言之:今以凡人习俗之易移也,于是而里有仁不仁之别。若其所居之里而有仁厚之风,相睦也而不相争,相劝以善也而不相党以恶,则身得安焉,子弟效焉,岂不美乎!"②船山认为仁是公正的,因为人的本心是仁,仁是是非之心,仁者好善而无恶,相处和睦而不争名好利,仁心具有公正的取向性,以仁心主宰人心能够达到公正。船山说:"仁者,其心本与理合也,而存之养之,又已极于密焉。于是心之方静,无非天理之凝也;心之方动,无非天理之发也。见吾心为居仁之宅,则见天下皆行仁之境,随所用而皆仁,无不安也。"③认为有仁心即符合天理,天理公正无私,因此仁是公正之理。

既然仁是公正的,因此为政施仁则是公正的政治,仁政的对象是民众。仁政一直是古圣先贤的政治主张,因为仁政是公正的政治道德。孔子说:"道千乘之国,敬事而信,节用而爱人,使民以时。"④统治者关注民众的根本事情,以民为本,就是为政施仁。哀公问:"何为则民服?"孔子说:"举直错诸枉,则民服;举枉错诸直,则民不服。"⑤意思是顺应民情,对民众施仁,并且以正义规劝其错误,则民众信服。孔子对子产说:"有君子之道四焉:其行己也恭,其事上也敬,其养民也惠,其使民也义。"⑥尊重民众要对民众恭

---

① 朱熹:《四书章句集注》,中华书局 1983 年版,第 69 页。
② 《四书训义》,《船山全书》(第七册),岳麓书社 2011 年版,第 357 页。
③ 《四书训义》,《船山全书》(第七册),岳麓书社 2011 年版,第 359 页。
④ 朱熹:《四书章句集注》,中华书局 1983 年版,第 49 页。
⑤ 朱熹:《四书章句集注》,中华书局 1983 年版,第 58 页。
⑥ 朱熹:《四书章句集注》,中华书局 1983 年版,第 79 页。

敬、敬重、施恩，正义行政，才能称得上是君子之道。儒家主张对民众行政施以仁义的理念，仁义价值是具有公共性质的价值。孟子引用《尚书》的话说："天视自我民视，天听自我民听。"①孟子的以民为本思想更加强烈，将民众的意思说成是公共的意愿。孟子提倡"保民而王，莫之能御"②，意思是要想实现理想的统治必须保护民众，只有关注民众的人本价值才能实现天下大治。孟子是儒家提倡民本思想的突出代表，强调保民而王。西汉刘向说："君子守国安民，非特斗兵、罢杀士众而已。不私其身，惟民足用保民，盖所以去国之义也，是谓至公耳。"③对民众行政施仁是公正的政治治理，是治民上的道德公正。

王船山继承了古圣先贤的仁政思想，主张以德施政，为政以德，达到政治上的道德公正。孔子认为"为政以德"可以广得民心，对统治有利，但孔子没有直接说明"为政以德"能够达到政治上的道德公正。孔子曰："为政以德，譬如北辰，居其所而众星共之。"朱熹章句："'政'之为言正也，所以正人之不正。'德'之为言得也，得于心而不失也。"船山训义："夫子乃正言治理以示人曰：人君而苟有志于为政，则必有操之于心、见之于事者，以为经世之大用，而抑将何所以哉？法成而天下且窃吾法，刑立而天下且乱吾刑，导之以善而莫我向也，欲止其恶而益相违也，则唯以德乎！民皆有为善之本心，上无以倡之，则志气不发；上无以启之，则从违不审。唯为政者以无欲清主心，而躬行者皆其心得；以善教正民好，而心得者见之施行；不恃法而法简矣，不尚刑而刑静矣。此乃以己之正，正人之不正之要道也。"④朱熹说为政以德能够广得民心，原因是为政以德推行了公正的政治道德。船山则在孔子、朱子的基础上直接说明为政以德是公正的政治道德，公正的道德体现为在治理上为政以德引导民众向善去恶，当政者先正己，再正人，做到官民双向建立公正道德。推行为政以德的理念就袪除了当政者过度的偏私，纠正了刑法治政的不足，最终实现了政治道德公正。船山继续训义："故为政者，亦第患德之未立而已。诚有宥密独运之德，修之于深宫静处之时，一北辰之居所也，则因民之性，顺民之情，导之以善而即从，止之于恶而即改，不待逐逐然与争得失争善恶，而民无不顺，一如众星之共矣。"⑤认为推行为政以德的理念需要关注民情，顺应民心，引导民众为善去恶，达到政治道德的公正,因此为政以德能够广得民心。"盖天与人同此一理,君与民共此一心。不循其理,不感以心,而求治于天下,政愈繁而民愈叛,恶足尚哉!"①为政以德之所以能够实现道德公正是因为天人一理,君民一心,推行了公正之理和公正之心的结合,为政以德的治民公正论实际上是在政治上推行仁政,仁政的施行是顺应民心本性。张载说:"为政不以德,人不附且劳。"船山注:"不本诸心得之理,非其至当,法虽善而拂人之性。"②民心本身有仁义,因此仁德高于法度,公正合理。

为政以德的治民公正论强调当政者需要做到自身道德的公正,即是说官德公正。王船山说:"夫为政者,廉以洁己,慈以爱民,尽其在己者而已。至于内行之修,则尤无与于民,而自行其不容已,夫岂持此为券以取民之偿哉?"③当政者自身公正无私,民众则自然道德公正。《礼记》云:"君子曰德,德成而教尊,教尊而官正,官正而国治,君之谓也。"船山章句:"君德成于豫教之日,则及其嗣居大位,知德之为贵而尊尚教理,以覃敷于下,造就贤材,斯官莫不正而国以治也。"④当政者自身公正体现为崇尚以德为政的价值观,以公正的理念治理天下,又为天下培养贤能的人才,公正无私。《礼记》云:"仁以爱之,义以正之,如此,则民治行矣。"船山章句:"政均而爱溥,贤不肖别而劝沮以正,仁义并行而民无不兴起以治其行矣。"⑤为政以德即是推行公正仁义,公正体现为适当的均衡政治。为政以德的思想重点强调仁义政治,仁义政治则是对民众有爱和敬。《礼记》云:"是故君子兴敬为亲,舍敬是遗亲也。弗爱不亲,弗敬不正。爱与敬,其政之本与!"船山章句:"以敬为爱,所以惇其爱也。爱不以正,则徇欲而非真爱矣。'政之本'者,正己以正人之本,闺门为风化之始也。"⑥因为对民众有敬与爱,则不徇私情,大公无私,公平公正,为政公正。

为政以德的政治治理如何能够达到公正呢?王船山认为因为当政者为政以德,这种德政贯穿了仁义,追求向善去恶,则通向了公正之路。《诗》云:"昔吾有先正,其言明且清,国家以宁,都邑以成,庶民以生。谁能秉国成,不自为正,卒劳百姓。"船山章句:"好恶得正则民治,失正则民劳。"⑦当

①　《四书训义》,《船山全书》(第七册),岳麓书社 2011 年版,第 278 页。
②　《张子正蒙注》,《船山全书》(第十二册),岳麓书社 2011 年版,第 268 页。
③　《读通鉴论》,《船山全书》(第十册),岳麓书社 2011 年版,第 708 页。
④　《礼记章句》,《船山全书》(第四册),岳麓书社 2011 年版,第 517 页。
⑤　《礼记章句》,《船山全书》(第四册),岳麓书社 2011 年版,第 901 页。
⑥　《礼记章句》,《船山全书》(第四册),岳麓书社 2011 年版,第 1184 页。
⑦　《礼记章句》,《船山全书》(第四册),岳麓书社 2011 年版,第 1375 页。

政者崇尚以德为先,必然导致当政者公正无私,民众则跟从当政者为公去私,达到道德公正。仁政是公正的政治,因为仁政实现君民合一,政治公正,天下太平。船山说:"吾得以一言尽之曰:不忍人之政而已矣。天为民而立君,君为民而有政,进可以平治天下,而退可以保国而常存。"①不忍人之政就是仁政,君民一致,公正无私,天下太平。

王船山认为为政以德能够得到良好的效果。船山赞同张载的观点,张载说:"报者,天下之利,率德而致","君子公物,利于治"。船山注:"自有德于人,不求报而自致","使天下乐于德而惮于怨,与人为善之公也。此明以德报怨为小人之术。"②为政以德,无为而无不为,自然会得到回报:一是天下得到治理,统治得到维护;二是天下大公无私,风气正派,与人为善。以德行政,天下实现公正,对自然灾害也有抵制和振救作用。船山说:"夫王者之爱养天下,如天而可以止矣。宽其役,薄其赋,不幸而罹乎水旱,则蠲征以苏之,开粜以济之。而防之平日者,抑商贾,禁赁佣,惩游惰,修陂池,治堤防,虽有水旱,而民之死者亦仅矣。赋轻役简,务农重谷,而犹有流离道殣者,此其人自绝于天,天亦无如之何。而何事损勤苦之民,使不轨之徒悬望以增其敖慢哉?故文王发政施仁,所先者鳏、寡、孤、独,所发者公家之廪,非取之于民而以饱不勤不节之惰农也。"③为政以德,对民众施行仁政,则可以适当减轻自然灾害对百姓的影响,民众因灾死亡的几率也减小了。为政以德的理念使民众勤劳生产,物产增加,物质生活有基本保障,实现社会公正。船山说:"国无正论,不可以立。"④船山认为国家政治治理要有正确的政治价值观,政治价值观正确,国家会长治久安,政治价值观应该是为政以德。

综上所述,王船山为政以德的理念首先从为政施仁的思想上展开,以仁义行政,为政施仁,在行政中贯穿仁义的理念就是公正的政治道德。为政以德的政治公正论实际上是说政治治理推行仁政,仁政的施行是顺应民心,关注民情,公正合理。为政以德的政治公正论强调当政者先做到自身公正,民众才能跟从当政者,信服当政者,而实现社会公正。为政以德追求向善去恶,引导民众通向公正道德的路径。为政以德能够得到良好的政治效果,天下得到治理,统治得到维系。

---

① 《四书训义》,《船山全书》(第八册),岳麓书社 2011 年版,第 410 页。
② 《张子正蒙注》,《船山全书》(第十二册),岳麓书社 2011 年版,第 271 页。
③ 《读通鉴论》,《船山全书》(第十册),岳麓书社 2011 年版,第 703 页。
④ 《读通鉴论》,《船山全书》(第十册),岳麓书社 2011 年版,第 822 页。

## 二、为政律己

王船山为政以德的政治公正论推行以德行政的理念,重点在于当政者以德律己,首要的是当政者能够自律,才能实现政治公正,达到治民公正。为政以德的公正论进入为政律己思想上,主张当政者通过律己实现上下关系公正。船山将古代的当政者称为士人,士人在船山那里是一个能够自律的行政管理者形象。船山继承了中国古圣先贤关于士的理解,认为士是儒家思想的代表形象,士能够自律,能够自律是因为有仁有义,其行为必然通达公正公平。冯友兰说:"中国文化传统中的士的道德标准,就是儒家的标准。"①士的形象在中国古代社会是具有社会责任感的形象,士以天下为己任,其人格和品性以社会群体和整体作为职业思考的对象,其德性品格的养成来源于对社会人生的思考。曾子说:"士不可以不弘毅,任重而道远。仁以为己任,不亦重乎? 死而后已,不亦远乎?"②士以仁为己任,能够自律。子贡问:"何如斯可谓之士矣?"孔子说:"行己有耻,使于四方,不辱君命,可谓士矣。"③孔子说:"所谓士者,虽不能尽道术,必有所由焉;虽不能尽善尽美,必有所处焉。是故知不务多,而务审其所知;行不务多,而务审其所由;言不务多,而务审其所谓;知既知之,行既由之,言既顺之,若夫性命肌肤之不可易也,富贵不足以益,贫贱不足以损。若此,则可谓士矣。"④孔子对士的内涵定义有多个方面,士既有勤奋好学的作风,又有礼义廉耻和心忧天下的品格,说明了士志在四方而心忧天下、尽善尽美,以自律完成领导责任,这样的士人必然能够通达政治,实现士人官员道德公正。

士人之所以能够自律和道德公正,是因为士的人格有核心的价值观作为基础,即以道义为核心的人格价值作为行事的价值取向。士人格的中心内容是以道义为本心,恪守大义,公平公正。有道义人格,士人才能自命平凡、不计得失、不在乎荣辱贵贱。王船山的士人格思想凸显了道义人格的核心向位。

其一,士人格以道为本心大义,目标长远,行政上从长远计议,实现时间上的周全公正。道即是儒家所说的道统,是以仁为中心的核心价值观。儒家道统以天下为公,讲信修睦,主张天下恪守仁义。船山所说的士人格即是

① 冯友兰:《中国哲学史新编》(下卷),人民出版社 2007 年版,第 9 页。
② 朱熹:《四书章句集注》,中华书局 1983 年版,第 104 页。
③ 朱熹:《四书章句集注》,中华书局 1983 年版,第 146 页。
④ 王聘珍:《大戴礼记·哀公问五义第四十》,《大戴礼记解诂》,中华书局 1983 年版,第 10 页。

以儒家道统为中心的价值人格。"士之所以为士者,曰识,曰量。其识大,其量远,则知吾之所以仰质天俯对人者,自有其不愧不怍者在,而流俗之为荣为辱,曾不足以动其心,则与之讲论斯道之得失,可以拔流俗之中,而进乎高明广大之境。若其闻道而说之,既有志焉,而不自念其既为士而自命为何如人,既志于道而所存者为何如志、所志者之为何如道,曾不以道之不明不行为耻,而当世庸陋之流以恶衣恶食为耻者,亦从而耻之,则识止于卑贱,量极于狭小,而与之议道焉,彼亦将以口耳为道,而此心之陷溺已深,又何益乎?君子于此,有鄙绝之而已矣。非不与议也,实不足与言也。"①船山继承了孔子的思想,认为士人知识渊博,胸怀远大。士以道为本心,荣辱不能动摇其志向,不为流俗折腰,士人格是道义人格,是公正的人格。士有道义人格必然以自律达到行政公正。

其二,士人格以仁为根本,立志为义,从人格上看必然行政公正。道义人格实质上是追求以仁为中心的人格,仁是道的根本,推行仁即是义,为了仁的实现而执行大义。"仁存于心而为志,志依于正而即仁。故有志之士虽于仁未熟,而志之有恒者即仁之不昧。若夫仁人者,志于仁,而仁即其志,存之而不忘者,必守之而不贰。故人欲求生,则于资生之具、得生之术,苟可为而为之,不恤其心之安,而仁害矣。志士则有所深愧,仁人则固有所澹忘,无营营而劳其妄念也。至于道在必死,则天性之恩不忍背,自然之分不可逃,有必死而无可生,乃以全吾生之理,而仁成矣。志士以志帅气而气不馁,仁人则从容就义,有自然而委顺也。仁人必全其志,志士可与于仁。"②士的志向是要达到仁,坚定地坚守仁、推行仁、实现仁,可以达到杀身成仁的程度,士人格发挥到极致,是公正的政治人格。船山批判了子张没有达到士的人格境界,子张主张见危受命、见得思义,船山说士人格的实现在平时,而不仅仅是在危难之时。船山说:"学者急于谋心,勤于学古,境未至而凛乎若有所持,恐其事物当前而且无以自见也。自吾言之,事求其可,适可而足以自命为士;过此以往,亦奚必用心于不必然之学乎?诚使为士者:受家国之托,而时乎危,方危之时,毅然以死自尽,授命于君亲,不自有也;于货利之至,而疑于取,不敢轻取,决然以义自度,惟义之为辞受,不苟得也;于其祭也,念不敬则无以事鬼神,思致其敬,则肃肃雝雝,人皆知我之尽诚也;于其丧也,念不哀则非所以为人子,思致其哀,则戚戚蓬蓬,人皆谓我之尽孝也。如是,名节立矣,大伦尽矣,可以杰然而自命为士已矣,无可加矣。心不期存

---

① 《四书训义》,《船山全书》(第七册),岳麓书社 2011 年版,第 370 页。

② 《四书训义》,《船山全书》(第七册),岳麓书社 2011 年版,第 836—837 页。

而存,古不期合而合。可已不已而深取之,非吾所知也。"①船山认为仁是一种境界和人格,而不是出现在危难之时才释放出来,而应该时时事事都达到仁,仁在心中,工夫在平时,时时事事见工夫,体现道义,自律达到行政公正。

其三,士人格以事为业,以道为事,行政处事达到公正。士的道义人格决定了士坚守事业,士坚守正气,正气的推行和维护即是士人的事业。船山说:"士有不可逾之大闲,有不可夺之正气。士之守也,生死不可易,而况于当世之功名乎!"②士坚守正气,超过生死问题。"人各有所守,即各有所当为。士之守在仕,乃以无负于所学,犹农所守在耕,乃以无负于所能也。立身之道在焉,终身之行以之,则固不及忘也。农夫舍其耒耜,则忘乎耕;士已出疆而不载质,将永绝于人世,而又何以为士乎!"③士的业务是仕,但是士在仕时以道为根本原则,志行天下。船山借孟子的话说:"夫士而恶得无事哉? 士之所事者,不在小功小名之亟见,而经营树立者在此心。其有志也,尊之重之,奉而持之,取今人所不能知、不能行者而力任之,取古人所深念天下、远虑后世者而思承之;凡天下苟且之为,皆无屑也。而士恶得无事哉!"④士的根本任务就是坚持道义,不计个人得失和功名利禄,公正无私。士之所以得到世人的尊重,关键是其能够坚持以道义为原则的事业,士的事就是终身之事、道义之事。士之所以能坚守事业是因为士有道义人格,行政公正。

王船山以道义人格作为士人格的核心内容,彰显了古代士人在社会生活管理中的价值导向,道义人格是通向公正的人格,使行政公正。船山的道义人格思想是对古圣先贤人学思想的继承,反映了船山学术宗旨的正学与开新的双重统一。

正因为王船山主张士的人格能够自律,使其行政道德达到上下公正。《礼记》说:"是故,礼者君之大柄也,所以别嫌明微,傧鬼神,考制度,别仁义,所以治政安君也。故政不正,则君位危,君位危,则大臣倍,小臣窃。"船山章句:"礼所以治政;而有礼之政,政即礼也。故或言政,或言礼,其实一也。礼以自正而正人,则政治而君安,不待刑而自服。若无礼以正上下而虑下之倍窃,则必过为刑法以钤束之。刑愈密,法愈繁,而民愈偷,士失其职,

①　《四书训义》,《船山全书》(第七册),岳麓书社 2011 年版,第 960 页。
②　《四书训义》,《船山全书》(第八册),岳麓书社 2011 年版,第 354 页。
③　《四书训义》,《船山全书》(第八册),岳麓书社 2011 年版,第 364 页。
④　《四书训义》,《船山全书》(第八册),岳麓书社 2011 年版,第 883 页。

民怨其上。"①当政者能够以礼自律,行政公正无私,必然上下公正。上级公正,下级必然也遵守公正大义。《礼记》说:"故百姓则君,以自治也;养君,以自安也;事君,以自显也。"船山章句:"法制明于上而百姓则之,故人皆恃君以寡过,故养君乃以自安,而事君乃能自显。修明于上而下皆则之者,唯礼而已矣。"②即是说当政者公正无私,则百姓公正无私,官和民都能公正,则需要二者都能自律。官员自律则行政公正,"正己而后可正人,践形尽性,所以正己"。③ 当政者的自律是行政公正的前提,当政者自律达到公正,则百姓效仿上级而行事公正,道德自律而公正。"夫德者,自得也;政者,自正也。尚政者,不足于德,尚德者,不废其政;行乎其不容已,而民之化也,俟其诚之至而动也。上下相蒙以伪,奸险戕夺,若火伏油中,得水而焰不可扑。"④当政者自律而行政公正,则民众自然感化而教化,行事公正而不偏私。当政者责任重大,是公正的引领者。船山说:"胥万民而戴一君,盖天下风俗之邪正,责之于一人。民愚而不知所由,则必有以道之;民情不一而无所裁,则必有以齐之。道之,齐之,皆以使民之为善去恶而成乎治耳。乃民之为恶也甚利,而为善也甚难,亦何惮而不任其情欲以惟其所为哉!恃有其耻心而已矣。俯仰若无以自容,则虽不利于其私心,而自不容已,其于恶也,非幸免也,其于善也,有必至也。斯乃无愧于作君作师,而为天下之所戴也。"⑤社会风气是否公正关键在于当政者,当政者能够作为君师,引领民众为善去恶,则社会风气公正无邪。船山认为政治公正的实现需要当政者自律行政,实现上下公正无私。

综上所述,王船山为政以德的治民公正论强调"为政律己",重点在于当政者以德律己,首要的是当政者能够自律,才能实现政治公正。船山说明了士人之所以能够自律和行政公正,是因为士人的人格有核心的价值观基础,即以道义为核心的人格价值,有道义人格则能够自律行政,以道义为本心,恪守大义,使其行政达到上下公平公正。

## 三、为政威信

王船山为政以德的治民公正论在"为政施仁""为政律己"的基础上继续向前推进,提出为政威信的思想,目的是以威信行政,中心思想是执行法

---

① 《礼记章句》,《船山全书》(第四册),岳麓书社 2011 年版,第 553 页。
② 《礼记章句》,《船山全书》(第四册),岳麓书社 2011 年版,第 557 页。
③ 《张子正蒙注》,《船山全书》(第十二册),岳麓书社 2011 年版,第 329 页。
④ 《读通鉴论》,《船山全书》(第十册),岳麓书社 2011 年版,第 709 页。
⑤ 《四书训义》,《船山全书》(第七册),岳麓书社 2011 年版,第 280—281 页。

度达到公正。以威信行政实质上是以德行政,建立政治的信任度,树立行政威信,达到道德公正。要想建立有威信的政治,必须在行政执法过程中用法公正。船山认为政治威信的建立必须达到以下几个方面:一是当政者本身具有崇高的德性,才能让下级有德或者无德的人信服;二是当政者行政公正无私,行法有度,实现政通人和;三是当政者行政达到良好的效果,解决了民众的温饱问题,同时也解决了公平公正问题。以威信行政,治民效果良好,道德公正。

王船山继承了古圣先贤的"德才威信"思想,主张行政有威信,以德性和行动树立当政者的威信。首先当政者自身要有德性,德性体现在言行中。孔子说:"君子不重则不威,学则不固。主忠信。"①君子以忠实厚重作为人的准则才能有威信,才能获得民众信任而树立威信。船山赞成孔子的思想,他训义说:"乃君子所学者,皆以见之言行,被之民物者也,而道散于万事,各有其理而或不相贯通,必有主焉。道可变,而所主者不变。贞之己,加之民,应之于事,皆此主以为众善之统宗,则必求之于吾心焉。"②船山所说的"主"就是德,以德行事树立威信。"故君子于所学所行者,极其用心,以穷理而求合于理;心因其诚,以循物而无违于物。无所往而不本此心之德,以御万行之珠差,此尤君子立大本之要,必以忠信为主也,所为本之心以制事也。"③意思是君子的威信来源于忠信,以忠信确立自身的厚重感。孔子说:"子温而厉,威而不猛,恭而安。"④威而不猛突出了以德为威的思想。孔子又说:"因民之所利而利之,斯不亦惠而不费乎?择可劳而劳之,又谁怨?欲仁而得仁,又焉贪?君子无众寡,无大小,无敢慢,斯不亦泰而不骄乎?君子正其衣冠,尊其瞻视,俨然人望而畏之,斯不亦威而不猛乎?"⑤君子的威信还在于给予民众适当的利益,君子自身公正无私,民众景仰而学习君子的公正无私。船山训义:"君子之威,威在己不在物也。正其衣冠,而非法不服;尊其瞻视,而非礼不动;强者不可玩,弱者不可狎,俨然在望,无不畏焉,非以刑及民而制之,斯不亦威而猛乎?"⑥君子的威信建立于以德行政,执法有度,不一定使用刑法。"从政者近人情,而不损己之度,尊莫尊于此矣。"⑦

① 　朱熹:《四书章句集注》,中华书局1983年版,第50页。
② 　《四书训义》,《船山全书》(第七册),岳麓书社2011年版,第260页。
③ 　《四书训义》,《船山全书》(第七册),岳麓书社2011年版,第260页。
④ 　朱熹:《四书章句集注》,中华书局1983年版,第102页。
⑤ 　朱熹:《四书章句集注》,中华书局1983年版,第194页。
⑥ 　《四书训义》,《船山全书》(第七册),岳麓书社2011年版,第997页。
⑦ 　《四书训义》,《船山全书》(第七册),岳麓书社2011年版,第997页。

扬雄说:"重言,重行,重貌,重好。言重则有法,行重则有德,貌重则有威,好重则有观。"①君子行法公正,有德性,有至善之理想,治理有效果。船山与孔子、扬雄的观点一致。

基于当政者以德行政才能建立威信的思想,王船山认为政治治理需要当政者有德性才能行政公正,有德性的当政者必然行政公正。孔子说:"政者正也。君为正,则百姓从政矣。君之所为,百姓之所从也。君所不为,百姓何从?"船山章句:"'为正',正其身以正人也。"②只有当政者有德,才能正其身以正人,才能行政公正。

王船山认为当政者的威信来源于行政有法度依据,用法合理公正。孔子说:"政者,正也。子帅以正,孰敢不正?"孔子的意思是当政者以法度作为正确的规则规范,天下必然行事公正。船山训义:"故有名分以正其尊卑,有纲纪以正其职业,有井疆以正其田畴,有庠序以正其学术,皆所以正人者也,而不可徒求之民。子既为政矣,取先王先公之法度以自正,为百官万民先。彼既见当时之谨守法纪如此严也,而孰敢诬上行私,以自趋于邪僻乎?正之之道在方策,惟子力行之而已。"③当政者的威信建立在行政有法度可依,包括依据礼制、法律和制度行事,行政以法,天下必然公正,当政者的威信也因此建立。

王船山认为当政者的行政法度必须公正合理,天下政治才能公正。《礼记》云:"礼之于正国也,犹衡之于轻重也,绳墨之于曲直也,规矩之于方圆也。故衡诚县,不可欺以轻重;绳墨诚陈,不可欺以曲直;规矩诚设,不可欺以方圆;君子审礼,不可诬以奸诈。是故,隆礼由礼,谓之有方之士;不隆礼不由礼,谓之无方之民。"船山章句:"先王本身议道以制礼,为治国之器垂之后世,君子奉之以正国,则天则定而邪正明,虽有邪说诐行附仁义以行其私者,莫之能乱矣。公论明,刑赏定,而国无不正矣。"④因为先王礼制公正,先王的政治则公正,因此法度本身必须公正无私,刑赏明确,国家治理才能走向公正。

王船山认为行政法度必须公正合理,使用法度必须宽与严相结合,简与细相结合,才能实现行法公正。"设大辟于此,设薄刑于彼,细极于牛毛,而东西可以相审。见知故纵,蔓延相逮,而上下相倚以匿奸。闰位之主,窃非分而寐寝不安,藉是以箝天下,而为天下之所箝,固其宜也。受天命,正万

---

① 汪荣宝撰,陈仲夫点校:《法言·修身》,《法言义疏》,中华书局1987年版,第96页。

② 《礼记章句》,《船山全书》(第四册),岳麓书社2011年版,第1183页。

③ 《四书训义》,《船山全书》(第七册),岳麓书社2011年版,第710页。

④ 《礼记章句》,《船山全书》(第四册),岳麓书社2011年版,第1175页。

邦,德足以威而无疚媿者,勿效尔为也。宽斯严,简斯定。吞舟漏网而不敢再触梁笱,何也? 法定于一王,而狱吏无能移也。"①法制过度宽松和过度严密都会导致不公正,法度过于简单或者过于细密都会有失公正,法度应该做到宽而严、简而定,达到公正。行政用法宽而简才能公正的原因是法度施用的群体对象不同,人的品格不一样,如果千篇一律使用法度则导致社会不公正,政治达不到理想的效果。"夫曰宽、曰不忍、曰哀矜,皆帝王用法之精意,然疑于纵弛藏奸而不可专用。以要言之,唯简其至矣乎! 八口之家不简,则妇子喧争;十姓之间不简,则胥役旁午;君天下,子万民,而与臣民治勃溪之怨,其亦陋矣。简者,宽仁之本也;敬以行简者,居正之原也。敬者,君子之自治,不以微疵累大德;简者,临民之上理,不以苛细起纷争。礼不下于庶人,不可以君子之修,论小人之刑辟;刑不上于大夫,不可以胥隶之禁,责君子以逡巡。早塞其严刻之源,在创法者之善为斟酌而已。"②人口多少有不同,人的素质有不同,用法行政的对象也不一样,用法的简细程度也不一致,因此公正执行法度必须是宽严结合,简细结合,实现公正。政治公正正是体现在法度的使用与人的德性相结合,依据实际情况行政,实现公正。

王船山认为行政威信的建立还在于严格约束官吏,才能实现公正。"宽之为失,非民之害,驭吏以宽,而民之残也乃甚。"③法度对官吏必须约束从严,对民众则从宽,才能达到公正,因为官吏有执行的行政权力,容易偏离公正。"严者,治吏之经也;宽者,养民之纬也;并行不悖,而非以时为进退者也。今欲矫衰世之宽,益之以猛,琐琐之姻亚,伈伈薪薪之富人,且日假威以蹙其贫弱,然而不激为盗贼也不能。犹且追咎之曰:未尝束民以猛也。憔悴之余,摧折无几矣。故严以治吏,宽以养民,无择于时而并行焉,庶得之矣。而犹未也。"④治理官吏需要从严,治理民众需要从宽,二者并行,则天下公正。官吏有行政权,无人约束,容易行政不公正,官吏治理民众,民众有官吏约束,容易行事公正。

王船山认为行政公正必须严格约束最上层的官吏,约束下层官吏不可能达到行政公正,因为下层官吏遵从上级官吏的旨意,只约束下级官吏,不可能行法公正无私,因为下级是上级官吏的鹰犬,下官行政不公不一定受到惩罚。"严下吏之贪,而不问上官,法益峻,贪益甚,政益乱,民益死,国乃以亡。群有司众矣,人望以廉,必不可得者也。中人可以自全,不肖有所惮而

---

①　《读通鉴论》,《船山全书》(第十册),岳麓书社 2011 年版,第 74 页。
②　《读通鉴论》,《船山全书》(第十册),岳麓书社 2011 年版,第 828 页。
③　《读通鉴论》,《船山全书》(第十册),岳麓书社 2011 年版,第 309 页。
④　《读通鉴论》,《船山全书》(第十册),岳麓书社 2011 年版,第 309 页。

不敢,皆视上官而已。上官之虐取也,不即施于百姓,必假手下吏以为之渔猎,下吏因之以仇其箕敛,然其所得于上奉之余者亦仅矣。而百姓之怨毒诅咒,乃至叩阍号愬者,唯知有下吏,而不知贼害之所自生。下吏既与上官为鹰犬,复代上官受缧绁,法之不均,情之不忍矣。"①下级服从上级,约束下级官吏,同样可以行政不公,必须严格约束上级官吏。"故下吏之贪,非人主所得而治也,且非居中秉宪者之所容纠也,唯严之于上官而已矣。严之于上官,而贪息于守令,下逮于簿尉胥隶,皆喙息而不敢逞。君无苛核之过,民无讼上之愆,岂必炫明察以照穷檐哉?吏安职业,民无怨尤,而天下已平矣。"②治理官吏一定要严格,并且治理官吏首先要治理上级官吏才有良好的效果,达到政治道德公正。

综上所述,王船山为政以德的治民公正论继续向前推进,提出为政威信的思想,目的是以威信行政,中心思想是执行法度达到公正。船山主张行政有威信,以德性和行动树立当政者的威信。当政者有德性才能行政公正。船山认为当政者的威信来源于行政有法度依据,用法合理公正,行政法度必须公正合理,使用法度必须宽与严、简与细相结合,严格约束官吏特别是约束上层官吏,天下政治才能公正,治民才能公正。

## 第二节　以　民　为　本

王船山的政治公正论即治民公正论完成了"为政以德"公正思想建构,通过行政公正达到治理民众的目的。船山在"为政以德"思想的基础上进一步推进,进入"以民为本"的政治公正论,以民为本思想的目的是治民公正,通过提升民众的政治地位而实现政治公正,以民为本的中心思想是治理民众以义达到公正,治民有义。为什么治理民众中以民为本就能实现公正呢?原因是儒家认为以民为本,贯彻了仁义思想,统治阶级有仁义,则对民有仁义,使民众有正常合理的物质生活保障,有合理的生存欲望得到实现,有合理的权利得到伸张满足,天下人人享有基本的权利,大公至正。民众因为统治阶级施行大义而得到恩惠,则愿意服从统治者的治理和统治,统治者和民众的利益都得到维护和调节,具有公正性,义通公正,因此以民为本而达到公正。以民为本是船山治民公正论的关键内容和环节。船山继承了古圣先贤儒家的观点,认为以民为本是公正的政治治理理念。船山为了说明

① 《读通鉴论》,《船山全书》(第十册),岳麓书社 2011 年版,第 1102 页。
② 《读通鉴论》,《船山全书》(第十册),岳麓书社 2011 年版,第 1102 页。

以民为本而达到治民公正,从三个方面进行解说:立民以权、还民以欲、治民以道。

从图示可以看出,以民为本实现政治公正的核心思想是通过以民为本达到政治治理公正,治民需要公正的价值理念,理念即是对民有义,民众有基本的权利,有合理的欲望诉求,以治民公正推动上层统治者认识到民众的基本权利和基本的欲望是合理的,治理民众以道治理,实现上下权利公正,治民过程中贯彻以道统进行治理。提倡治民公正的目的是矫正统治者以统治者为本的偏向,治理是以民为本的治理,实现政治道德公正。

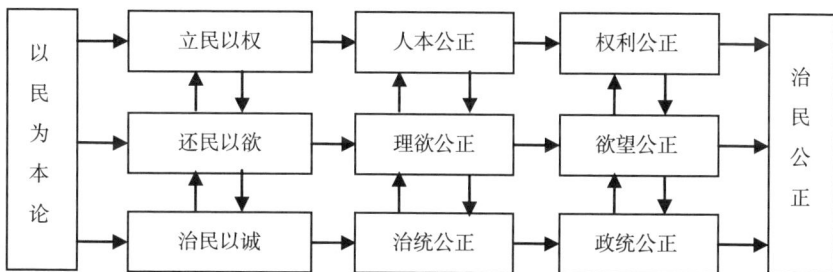

以民为本公正论内容界说逻辑图示

## 一、立　民　以　权

王船山以民为本的治民公正论首先从"立民以权"思想上展开,即是说民众有基本的权利,这种权利是作为人应有和本有的权利,民众有基本的人身价值,即人本价值,治理民众应该考虑到民众在人本价值上的合理性和公正性,给民众以基本的权利,达到人本意义上的道德公正。明清哲学是对以往中国古代哲学进行批判与总结的时期,凸显了继往与开来并行、返本与重建统一的学术理路。明清思想家在继承古代思想的心路上更多地体现了一种学术批判与思想重构,这些学术思想重构体现了学人的忧国忧民情怀。明清思想家通过深刻的哲学思考来建构解决当时封建社会存在的危机,希望重构一种政治价值观,以推动社会思想的革新,推动政治发展,引领社会进步。船山立民以权、树立人本公正的思想即是时代精神的反映。

中国古圣先贤提倡的民本政治价值观实际上具有工具理性的导向,古言"得民心者得天下",即是为了政治地位的存在必须高扬以民为本的政治价值观而达到政治统治的目的,其核心思维趋向是为了保住国君之位而必须重视民众,以民为本思维的向度以国君统治的存在为核心导向。孟子说:"民为贵,社稷次之,君为轻。是故得乎丘民而为天子,得乎天子为诸侯,得乎诸侯为大夫。"船山解释说:"变置诸侯,必有变置之者。假令丘民得以变置之,天下岂复有纲纪,乱亦何日而息耶? 孟子谓贵戚之卿反复谏其君而不听则易位。到易位时,固必因方伯以告天子,而非卿之所敢擅。"①孟子主张以民为重,其根本原因是为了不让黎民发生暴乱,为了保住天子之位,孟子以民为本的政治价值观不完全具有价值理性的趋向,而多少有些偏向工具理性倾向,先秦诸子的致思趋向都具有这方面的共同点。

王船山则从人学的价值向度提出以民为本的政治公正论,之所以提出以民为本是因为人本身价值的固有性质存在而使然,即人本身享有的权利确立了黎民百姓的民本地位,政治价值导向必须以民为本,以民为本是因为权利本身公正的需要。船山明确提出民权的问题:"居民上矣,则有使民之权,而求其酌乎宜以令民者鲜也。君子之道,以定理制定法,必其义之所当为也。"②民众应有基本的人的权利,人本价值即是人权存在的内在规定性,黎民的生存、尊严、幸福、自由等人欲的存在是其自身存在的权利,具有合理性和合法性。刘进田教授说:"价值是人本身,人本身是人生。"③人本身的存在是一个价值体,具有人本价值。以民为本实现政治公正,其落脚点需要以人本价值为依据,这种民本政治价值论已经上升到以人权确立民众本身公正的理论,从哲学上建构了一种新的民本政治价值论。"盖天显于民,而民必依天以立命,合天人于一理。天者,理而已矣。""舍民而言天,于是而惑于符瑞图谶以徼幸,假于时日卜筮以诬民,于是而抑有傲以从康者。矫之曰:'天命不足畏也。'两者争辩,而要以拂民之情。"④船山认为天人一理,不能离开人而言天,天的存在是因为人的存在而有意义,天的价值通过人而体现。王阳明就认为天因为人的存在而有价值,天人互为价值,"天没有我的灵明,谁去仰他高? 地没有我的灵明,谁去俯他深? 鬼神没有我的灵明,谁去辨他吉凶灾祥? 天地鬼神万物离去我的灵明,便没有天地鬼神万物了。我的灵明离却天地鬼神万物,亦没有我的灵明。"⑤船山将天与民众作为互为价值存在的原因,如果不考虑民众只言天,则民众之情就完全被排除,这是不合适的,应该天人合一,天人相依,这种价值观提升了人本价值,实现人本公正。

王船山认为天人互为道器,将原古圣先贤的天道决定人道的学说重新

---

① 《读四书大全说》,《船山全书》(第六册),岳麓书社 2011 年版,第 1138 页。
② 《四书训义》,《船山全书》(第七册),岳麓书社 2011 年版,第 417 页。
③ 刘进田:《人本价值与公共秩序》,中国社会科学出版社 2010 年版,第 22 页。
④ 《尚书引义》,《船山全书》(第二册),岳麓书社 2011 年版,第 328 页。
⑤ 王阳明:《语录三》,《王阳明全集》,上海古籍出版社 1992 年版,第 124 页。

进行辩证诠释。"天者道,人者器,人之所知也。天者器,人者道,非知德者其孰能知之!'潜虽伏矣,亦孔之昭'。'相在尔室,尚不愧于屋漏'。非视不见,听不闻,体物而不可遗者乎!天下之器,皆以为体而不可遗也。人道之流行,以官天府地裁成万物而不见其迹。故曰天者器,人者道。"①从大的方面讲是天道人器,但从具体的方面讲则是人道天器,二者相辅相成。这种辩证诠释抬高了人的地位,提升了人本价值,目的是从权利上达到民众在政治上的公正。因此,船山的人学是对原有人学价值观特别是对朱子理学中的人学价值观的重构和提升,实现了人本价值的高扬。正是明清思想家新人学思想的建构,推动明清政治价值观的转型。钱穆就认为船山的这些人学思想具有"人本主义"性质。② 船山的人本主义思想实质是一种新民本政治公正观,目的是提升民众的人本价值,将人本价值作为政治道德公正的重要取向。

正是因为人本价值论的观照和参照,王船山的以民为本思想最终落实到人本身的价值关注上,提出"以人为依"实现人本公正。"道行于乾坤之全,而其用必以人为依。不依乎人者,人不得而用之,则耳目自穷,功效亦废,其道可知而不必知。圣人之所以依人而建极也。"③将世界存在的意义建立在人存在的基础上,宇宙的价值依赖于人的价值,没有人的价值,宇宙也不是完善的,船山根据人价值的存在建立世界存在的终极意义。"依人建极""以人为依"构成了船山人学思想的核心,确立了人存在的宇宙意义,以人权为中心的政治公正观初露端倪,民本政治价值观在"依人建极""以人为依"的思想依托下逐步树立"人权立民"的架构,这是对先秦、两汉至朱子理学以来民本价值观的重大转型和重构。

王廷相也在民本政治价值观上提出树立人本价值的理念:"人心、道心,皆天赋也。人惟循人心而行,则智者、力者、众者无不得其欲矣。"④道心、人心都是天赋的,具有合法性、合理性,道心类同天理,人心具有私欲,本身具有客观性,不可避免,也是人本价值享有的权利,不可剥夺。西方思想讲天赋人权,生存权是最基本的,中国讲天赋人心,具有同等的意义,基本的生存欲望不可摒弃。在人权上确立人本公正观,提高民众的地位。

正是基于人的生存权利的价值导向,明清思想家建议政治当权者要满足民众基本的生存权。船山说:"夫能用人者,太上以德,其次以信,又其次

---

① 《思问录》,《船山全书》(第十二册),岳麓书社 2011 年版,第 405 页。
② 参见钱穆:《中国学术思想史论丛》(八),九州出版社 2011 年版,第 108 页。
③ 参见《周易外传》,《船山全书》(第一册),岳麓书社 2011 年版,第 850 页。
④ 王廷相:《慎言》,《王廷相集》(第三册),中华书局 1989 年版,第 784 页。

则惟其权耳。人好逸而不惮劳，人好生而不畏死，自非有道之世，民视其君如父母，则权之所归，冀依附之以取利名而已。"①人本价值包括生存价值、尊严价值、幸福价值，权利的存在包括生存权、尊严权、幸福权，因此好逸、好生、利名都是人希望追求的权利，具有合理性，不能完全排除民众的这些权利，政治价值观必须有所权衡。"役其人，不私其土，天之制也；用其有余之力，不夺其勤耕之获，道之中也；效其土物之贡，不敛其待命之粟，情之顺也；耕者无虐取之忧，不耕者无幸逃之利，义之正也。"②船山提出了政治价值观必须关注民众生存的基本权利，土地、收成、粮食是基本的生存要素，不可随意剥夺。"居民上者皆以养民为名，而求其实有德以及民者鲜也。君子之道，以实心行实政，必有惠之逮下也。"③民众得到基本的实惠才能称得上政治公正，生存权即是最基本的公正。"王者能臣天下之人，不能擅天下之土。人者，以时生者也。生当王者之世，而生之厚、用之利、德之正，待王者之治而生乃遂；则率其力以事王者，而王者受之以不疑。若夫土，则天地之固有矣。王者代兴代废，而山川原隰不改其旧；其生百谷卉木金石以养人，王者亦待养焉，无所待于王者也，而王者固不得而擅之。故井田之法，私家八而公一，君与卿大夫士共食之，而君不敢私。唯役民以助耕，而民所治之地，君弗得而侵焉。民之力，上所得而用，民之田，非上所得而有也。"④土地是民众基本的生存依靠，当政者不能剥夺民众生存的土地，民众要生存是最基本的公正权利。因此政治公正必须以民为本，实现生存的人本公正。"田则自有五谷以来民所服之先畴，王者恶得有之，而抑恶得税之！地之不可擅为一人有，犹天也。天无可分，地无可割，王者虽为天之子，天地岂得而私之，而敢贪天地固然之博厚以割裂为己土乎？知此，则度而征之者，人之妄也；不可度而征之者，天之体也；此之谓天经矣。"⑤政治不能随意剥夺民众的土地，因为民众要生存。天生民众即是天赋予了民众生存的权利，君王不可剥夺，人本价值需要公正。

　　除了生存权，民众还有基本的幸福权，给民众基本的幸福则是以民为本，人本公正。王船山说："夫王者正天下之大经，以务民义，在国则前朝后市，在野则相流泉、度夕阳，以利民用，而宅经废矣。贤者贵，善人富，有罪者必诛，诡遇幸逃之涂塞，而禄命穷矣。慎终追远，导民以养生送死之至性，限

----

① 《读通鉴论》，《船山全书》（第十册），岳麓书社 2011 年版，第 543 页。
② 《读通鉴论》，《船山全书》（第十册），岳麓书社 2011 年版，第 746 页。
③ 《四书训义》，《船山全书》（第七册），岳麓书社 2011 年版，第 417 页。
④ 《读通鉴论》，《船山全书》（第十册），岳麓书社 2011 年版，第 511 页。
⑤ 《读通鉴论》，《船山全书》（第十册），岳麓书社 2011 年版，第 511 页。

以时,授以制,则莽法诎矣。然而有挟术以鬻利者,杀其首,窜其从,焚其书,而藏之者必诛不赦,以刚断裁之,数十年而可定矣。"①民众有基本的享受幸福的权利,幸福是人本价值的一部分,政治治理以民众的幸福权为念,养生送死,打击犯罪,保百姓平安,都是保障民众的幸福权。船山说:"夫法之立也有限,而人之犯也无方。以有限之法,尽无方之慝,是诚有所不能该矣。于是而律外有例,例外有奏准之令,皆求以尽无方之慝,而胜天下之残。于是律之旁出也日增,而犹患其未备。夫先王以有限之法治无方之罪者,岂不审于此哉? 以为国之蠹、民之贼、风之俗之蜚蝛,去其甚者,如此律焉足矣,即是可以已天下之乱矣。若意外无方之慝,世不恒有,苟不比于律,亦可姑俟其恶之已稔而后诛,固不忍取同生并育之民,逆亿揣度,刻画其不轨而豫谋操觱也。律简则刑清,刑清则罪允,罪允则民知畏忌,如是焉足矣。"②当政者有较好的幸福权,民众也应有基本的幸福权,这才是政治道德公正。当政者立法制律必须考虑到民众的幸福,不能以有限之法损害民众的幸福,因此刑律必须简而清,民众能知法畏法,容易遵守,这可以称为人本公正。王廷相也认为政治价值观必须保障民众的生命权、生存权,"故逞兵力,好货财,崇土木,嗜祥瑞,轻民命,而祸变危亡之灾稔矣"③。由于政治当权者轻易发动战争、大兴土木等原因导致民众丧失生存、幸福的权利。为了让民众实现幸福权利上的公正,必须以教化为先:"抑先王之将纳民于轨物而弭其无方之奸顽者,尤自有教化之以先之,爱养以成之,而不专恃乎此。则虽欲详备之,而有所不用,非其智虑弗及而待后起之增益也。"④教化的方式利于民众得到基本的幸福,实现权利上的公正。"王者褒崇先代,隆其后裔,使修事守,待以宾客,岂曰授我以天下而报其私乎? 德足以君天下,功足以安黎民,统一六宇,治安百年,复有贤子孙相继以饰治,兴礼乐,敷教化,存人道,远禽狄,大造于天人者不可忘,则与天下尊之,而合乎人心之大顺。"⑤先王以教化为先,而不是以刑治为先,以人道治理,达到人心大顺,实现权利上的基本公正。

　　明清思想家的民本政治价值论具有启蒙主义的性质,从人本价值的维度重构政治公正论,从人本身的存在向度重构政治价值观,这明显不同于明清以前的政治价值观。这一启蒙主义思想实际上在黄宗羲那里得到充分发

①　《读通鉴论》,《船山全书》(第十册),岳麓书社2011年版,第777页。
②　《读通鉴论》,《船山全书》(第十册),岳麓书社2011年版,第159—160页。
③　王廷相:《雅述》,《王廷相集》(第三册),中华书局1989年版,第841—842页。
④　《读通鉴论》,《船山全书》(第十册),岳麓书社2011年版,第160页。
⑤　《读通鉴论》,《船山全书》(第十册),岳麓书社2011年版,第854页。

挥,他说:"有生之初,人各自私也,天下有公利而莫或兴之,有公害而莫或除之。"还说:"后之为人君者则不然。以为天下利害之权皆出于我,我以天下之利害归于己,以天下之害尽归于人。"①人各有基本的私欲,正常合理,但君主则将其私欲尽量满足,损害了民众的基本欲望。黄宗羲对国君的批判进一步推动了民本政治价值观的转型与重构,这是明清学术思想的核心话题。

综上所述,王船山以民为本的治民公正论首先从"立民以权"思想上展开,实现民众应有的基本权利,使民众得到基本的生存权和幸福权,实现人本价值观上的道德公正。船山的以民为本的治民公正论实际上是政治公正论,强调民众基本的人权,凸显人本价值上的权利,当政者不能随意剥夺民众基本的生存权和幸福权,确立了民众的权利,实现人本公正。政治公正上升到民权,体现了明清时期政治公正思想的进步。

## 二、还 民 以 欲

王船山以民为本的治民公正论完成立民以权的人本公正思想后,逻辑上进入还民以欲的理欲公正思想中,即是说治民公正,以民为本,需要满足民众基本的、合理的欲望,还给民众基本的生存欲求,实现理欲对等的公正。这里所说基本的欲求指的是民众的基本生存需要和欲望,是基本的生活保障欲望,不是指贪婪的生活奢求欲望。当政者治理民众如果能够满足民众基本的生存欲求,当然称得上政治治理的公正。

明清思想家的政治价值观与先秦、两汉和宋代的思想家相比有一个较大的转型,体现为革故鼎新的思维态势,其政治价值观突破原有的守旧思维,力求开启新的生机与活力,开创一个新时代。为了达到这一目的,明清思想家必须从形而上学的哲学层面突破原有哲学思想的瓶颈,解构或者重新诠释古圣先贤的政治哲学,重构新哲学思想,在新哲学思想的推动下顺理成章地提出新政治价值观,目的是达到政治公正。黄宗羲、戴震等思想家都是走的这条学术思路,王船山、王廷相当然走的也是这条学术思路。

从逻辑上讲,王船山提出的是新民本政治价值观,首先必须解决与宋代朱子理学相冲突的哲学问题,需要解构宋代理学中限制民本价值提升的哲学思想。他认为朱子理学高扬了天理,却限制了人欲,不利于新政治价值观的提出,不利于政治公正的实现。民本政治价值观必须突破朱子理学的条

---

① 黄宗羲著,吴光主编:《原君》,《黄宗羲全集》(第一册),浙江古籍出版社 2005 年版,第 2 页。

条框框,凸显以民为本的政治公正观,解构朱子理学成了建构新的政治价值观的必由之路。王船山和王廷相的哲学相对于宋代理学有一个较大的转向,即由朱子理学转向为气学,世界观由理本论转向气本论,这种哲学转向为其民本政治价值观的提出找到了哲学依据,更为其新政治价值观的提出作了理论上的铺垫。他们解构了朱子理学"存天理,灭人欲"的思想,认为理与欲相生相成,必须承认人欲存在的合理性与合法性,建构政治公正论。

王船山以气本论为哲学宗旨,开出了"气"存在的合理性,将理本气末颠倒过来,提出气本理末,这为人欲的存在提供了形而上学依据,说明理不再处于至高无上的地位,天理不可随便压迫人欲,世界由气构成,人欲也是气,人欲存在具有合理性和合法性,提升人欲地位的目的是建构政治公正论。"人之所见为太虚者,气也,非虚也。虚涵气,气充虚,无有所谓无者。"①以气为本,必然导致人欲存在的合理性,说明人欲的存在天生就是公正合理的。在朱子理学中,理为本,气为末,舍末求本,人欲即是气,朱子理学中气与理的矛盾最终以"存理灭欲"来解决。船山说:"廉耻刓而欲知足,礼乐之实丧而欲知阜,天地之大,山海之富,未有能厌鞠人之欲者矣。故有余不足,无一成之准,而其数亦因之。"②船山的意思是说,有的富有,有的不足,人欲的存在没有一个统一的标准,人人都有需求,不能抑制合理的人欲,还给民众合理的公正的欲求。"役其人,不私其土,天之制也;用其有余之力,不夺其勤耕之获,道之中也;效其土物之贡,不敛其待命之粟,情之顺也;耕者无虐取之忧,不耕者无幸逃之利,义之正也。"③合理的欲求是生存的需要,民众必须有基本的吃、喝、穿、住,当政者不可剥夺民众基本的吃、喝、穿、住的欲望,这是政治最基本的公正,还民以欲,达到公正。

王船山认为天理需要通过万物才能显现出来,"理一"需要"万殊",从万殊之气入手才能不昧于天理的"一本"。"则应乎性之则,章成乎道之章,入五色而用其明,入五声而用其聪,入五味而观其所养,乃可以周旋进退,与万物交,而尽性以立人道之常。色、声、味之授我也以道,吾之受之也以性。吾授色、声、味也以性,色、声、味之受我也各以其道。乐用其万殊,相亲于一本,昭然天理之不昧,其何咎焉!"④色、声、味等人欲体现了天理本性,二者相统一,船山将天理和人欲统一起来,而不是"存天理、灭人欲"。船山对朱子理学虽然进行了部分解构,但不是不要天理了,而是以和合的方式进行开

①　《张子正蒙注》,《船山全书》(第十二册),岳麓书社2011年版,第30页。
②　《诗方传》,《船山全书》(第三册),岳麓书社2011年版,第394页。
③　《读通鉴论》,《船山全书》(第十册),岳麓书社2011年版,第746页。
④　《尚书引义》,《船山全书》(第二册),岳麓书社2011年版,第409页。

新,天理也是需要讲的。船山所说的人欲是合理的人欲,不是灭绝人性的人欲,是基本的生存需求,不是贪婪杀人的凶恶欲望。"嗜杀人,自在人欲之外。盖谓之曰'人欲',则犹为人之所欲也,如口嗜刍豢,自异于为鸟兽之嗜荐草。'爱之欲其生,恶之欲其死',犹人欲也;若兴兵构怨之君,非所恶而亦欲杀之,直是虎狼之欲、蛇蝎之欲。此唯乱世多有之,好战乐杀以快其凶性,乃天地不祥之气,不可以人理论。此种人便声色货利上不深,也是兽心用事。"①船山借用孟子的人性本善学说来说明正常的人欲具有合理性,将人欲与兽欲区别开来,正常的人欲是基本的生活需求,而不是兽欲的贪婪成性。既然正常的人欲不是贪婪之欲,还欲于民才能实现政治公正。张载说:"故为政者在乎足民,使无所不足,不见可欲,而盗必息矣。"船山注:"田畴易,税敛薄,则所可欲者已足;食以时,用以礼,已足而无妄欲,即养以寓教,民不知而自化矣。"②民众基本的欲求公正合理,但这只是基本的生存欲求,没有贪婪奢望,当政者的政治公正要给民众基本欲求实现。

王船山的气学思想与王廷相的气遥相呼应。王廷相对朱子理学也进行了解构,形成了气本论,认为"理"与"虚"需要气才能显现,理不能独自成理,需要有气才能成理。"有虚即有气,虚不离气,气不离虚,无所始,无所终之妙也。"③王廷相的气学论对朱子理学的天理独存论进行了解构,气才是事物的本原,没有气也就没有理的存在。"气,物之原也。理,气之具也。器,气之成也。易曰:'形而上者为道,形而下者为器。'"④王廷相建立以气为本的理论为正常人欲的合理性找到了哲学依据,以此为基础,他提出人心、道心与生俱来。他说:"道化未立,我固知民之多夫人心也。道心亦与生而固有,观夫虎之负子,乌之反哺,鸡之呼食,豺之祭兽,可知矣。道化既立,我固知民之多夫道心也,人心亦与生而恒存。观夫饮食男女,人所同欲,贫贱夭病,人所同恶,可知矣。谓物欲蔽之,非其本性,然则贫贱夭病,人所愿乎哉?"⑤道心、人心与生俱来,物欲也是人的本性,由于贫穷疾病,有生存的欲望,这是正常的,不可只存形而上的天理,否定生存的人欲。因此,民众的基本生存欲求具有公正合理性,还民以欲,达到政治公正。

王船山认为还民以欲要善于体贴民情才能实现治民公正。体贴民情需要以德化民,他说:"故王者养贤以养民,□□以配天。继于其乱,先以刑

---

① 《读四书大全说》,《船山全书》(第六册),岳麓书社 2011 年版,第 900 页。
② 《张子正蒙注》,《船山全书》(第十二册),岳麓书社 2011 年版,第 268 页。
③ 王廷相:《慎言》,《王廷相集》(第三册),中华书局 1989 年版,第 751 页。
④ 王廷相:《慎言》,《王廷相集》(第三册),中华书局 1989 年版,第 751 页。
⑤ 王廷相:《慎言》,《王廷相集》(第三册),中华书局 1989 年版,第 766 页。

禁;继于其治,终以德化。相因小民之疾苦,则焦尀焚灼,妖怨亟起,而欲望
建淳和以迓祥吉者,是孳息螟蟓而登嘉谷也。"①以德化民是理想的政治,民
众的欲望是基本的生存和生活安定。"善用天下者,恒畜有余以待天下,而
国有余威,民有余情,府有余财,兵有余力,叛者有余畏,顺者有余安。不善
用之,小警而大震之,以天下之力,争一隅之胜负,虽其胜也,以天下而仅胜
一隅,非武也;疲天下而摇之,民怨其上,非情也;民狎于兵而玩兵,非所以安
之也。"②民众一要生存;二要安定,而不是征战和徭役,这是基本的欲求。
"夫王者之爱养天下,如天而可以止矣。宽其役,薄其赋,不幸而罹乎水旱,
则蠲征以苏之,开粜以济之。而防之平日者,抑商贾,禁赁佣,惩游惰,修陂
池,治堤防,虽有水旱,而民之死者亦仅矣。赋轻役简,务农重谷,而犹有流
离道殣者,此其人自绝于天,天亦无如之何。而何事损勤苦之民,使不轨之
徒悬望以增其敖慢哉? 故文王发政施仁,所先者鳏、寡、孤、独,所发者公家
之廪,非取之于民而以饱不勤不节之惰农也。"③以德化民,必须爱民,爱民
是实现政治公正的基础,爱民则需满足民众基本的生存欲望,宽役薄赋,预
防自然灾害,鼓励民众勤俭,达到公正。"夫为政者,廉以洁己,慈以爱民,
尽其在己者而已。至于内行之修,则尤无与于民,而自行其不容已,夫岂持
此为券以取民之偿哉?"④爱民必须有实际行动,对民众应有所给予,给予即
是给民众基本的生存保障,不随便剥夺民众基本的生存条件。

　　明清学者的政治价值观相对于先秦、两汉和宋代有一个明显的转型,而
民本政治价值论不再专注于以民众的饱食生存为根本,他们希望建构一种
能够提升民众的正常生活、生存的政治价值观,实现对民本政治价值观内容
的提升,而这一提升超出以生物人为基础的政治价值观,试图建构以合理人
欲为基础的政治价值观,将政治眼光落脚于由生物人转向为价值人,寻求黎
民百姓存在的价值合法性与合理性,力求让政治当权者确立黎民百姓政治
价值存在的合法性和公正性,而不仅仅将民众确立为政治当权者设定的一
个政治工具存在者。明清思想家认为政治价值观需要提升,由黎民百姓是
一个政治工具的客体转向为一个社会价值存在的主体。明清思想家的政治
价值观的重构正是在此思维向度下驱动了对朱子理学"存天理、灭人欲"的
哲学解构。王廷相、王船山的哲学包含了这一思维趋向,他们都以气本论的
建立推动朱子理学的解构,民本政治价值观逐步走向转型,他们试图建立起

①　《黄书》,《船山全书》(第十二册),岳麓书社 2011 年版,第 532 页。
②　《读通鉴论》,《船山全书》(第十册),岳麓书社 2011 年版,第 304 页。
③　《读通鉴论》,《船山全书》(第十册),岳麓书社 2011 年版,第 703 页。
④　《读通鉴论》,《船山全书》(第十册),岳麓书社 2011 年版,第 708 页。

具有新时代意义的公正的民本政治价值论。

## 三、治 民 以 诚

王船山以民为本的治民公正论论述了立民以权、还民以欲的规范途径和工夫,其思想进入更高的层次,从道统上论述政治公正的问题,即是要求政统达到公正,治理民众需要诚心,诚心待民,诚心治民,实现政治公正。船山"治民以诚"的中心思想是以诚心治理民众,实现治统公正,矫正当政者治理民众只讲政统、治统,不讲道统的欺骗性的治民方式。

王船山认为应该从周全的视角和历史的视角来确立政治立场,治民应该从大范围、历史视阈上建立公正的治理。船山说:"统之为言,合而并之之谓也,因而续之之谓也。而天下之不合与不续也多矣!盖尝上推数千年中国之治乱以迄于今,凡三变矣。当其未变,固不知后之变也奚若,虽圣人弗能知也。"①政治治理的视角是"合"而"并",即是大范围的周全视角,"续"则是历史的延续视角,圣人治理贯穿了这两个视角。从大范围和历史的视角确立政治立场,治民则以天下为公作为核心价值追求。船山说:"天下之生,一治一乱。当其治,无不正者以相干,而何有于正?当其乱,既不正矣,而又孰为正?有离,有绝,固无统也,而又何正不正邪?以天下论者,必循天下之公,天下非夷狄盗逆之所可尸,而抑非一姓之私也。"②如果治理民众没有核心价值立场,纯粹的追求政治治理,则出现一治一乱,政治没有公正,因为治理纯粹是为了实现一己之私。因此,治民必须以公正为立场,政治之统以道统为核心思想。船山认为政治统治必须与道统相结合,道统确立治统。他说:"天下所极重而不可窃者二:天子之位也,是谓治统;圣人之教也,是谓道统。治统之乱,小人窃之,盗贼窃之,夷狄窃之,不可以永世而全身;其幸而数传者,则必有日月失轨、五星逆行、冬雷夏雪、山崩地坼、雹飞水溢、草木为妖、禽虫为蛮之异,天地不能保其清宁,人民不能全其寿命,以应之不爽。道统之窃,沐猴而冠,教猱而升木,尸名以徼利,为夷狄盗贼之羽翼,以文致之为圣贤,而恣为妖妄,方且施施然谓守先王之道以化成天下;而受罚于天,不旋踵而亡。"③良好的政治治理是治统与道统的结合,治统依赖于道统。治统中如果没有贯彻道统思想,则天下大乱,即使一时侥幸,也不可能最终避免灭亡,原因是治统没有以道统为宗旨,天下没有公正,民众不

---

① 《读通鉴论》,《船山全书》(第十册),岳麓书社 2011 年版,第 1176 页。
② 《读通鉴论》,《船山全书》(第十册),岳麓书社 2011 年版,第 1177 页。
③ 《读通鉴论》,《船山全书》(第十册),岳麓书社 2011 年版,第 479 页。

服。因此,道统是治民的核心宗旨,是公正的政治治理思想。船山认为道统贯穿了圣人之教的思想,而没有道统的治统丢弃了圣人之教:"至于窃圣人之教以宠匪类,而祸乱极矣!论者不察,犹侈言之,谓盗贼为君子之事,君子不得不予之。"①丢弃道统的政治没有公正。以道统治理天下,天下公正,船山说:"儒者之统,与帝王之统并行于天下,而互为兴替。其合也,天下以道而治,道以天子而明;及其衰,而帝王之统绝,儒者犹保其道以孤行而无所待,以人存道,而道可不亡。"②古代帝王政治公正的原因是道统与治统相结合,治统符合道统思想,公正无私。"是故儒者之统,孤行而无待者也;天下自无统,而儒者有统。道存乎人,而人不可以多得,有心者所重悲也。虽然,斯道互天垂而地而不可亡者也,勿忧也。"③道统关注人道公正,关注民心,具有公正的要义。"夫王者正天下之大经,以务民义,在国则前朝后市,在野则相流泉、度夕阳,以利民用,而宅经废矣。贤者贵,善人富,有罪者必诛,诡遇幸逃之涂塞,而禄命穷矣。慎终追远,导民以养生送死之至性,限以时,授以制,则葬法诎矣。然而有技术以鬻利者,杀其首,窜其从,焚其书,而藏之者必诛不赦,以刚断裁之,数十年而可定矣。"④道统关注民心,以民为本,以德为价值追求,推行纲纪并用,正德、利用、厚生,天下公正,政治治理公正。政治公正的首要目标是去恶扬善,以德善为中心的政治才能长久。船山说:"政无善恶,统不足以持久。吏自有其相沿之习,民自有其图全之计。士大夫冒谴以争讼于而不足,里胥编户协比以遁于法而有余。故周公制六官,叙《六典》,纤悉周详,规天下于指掌,勒为成书,而终不以之治周。非不可行也,行之而或遁之,或乘之,德不永而弊且长也。"⑤政治必须达到公正,以善为宗旨,推行公正治理。"夫德者,自得也;政者,自正也。尚政者,不足于德;尚德者,不废其政;行乎其不容已,而民之化也,俟其诚之至而动也。"⑥政治以德为中心才能达到理想的治理,德治是公正的治理,以德化民。

王船山强调道统是政治的核心宗旨,道统最终关注民众的利益,治理民众必须以诚心感化民众,而不是纯粹的片面治理,即是说治民以道统来治理,而不是纯粹的单向政治治理,单向的政治治理必然是以欺骗之术进行治

① 《读通鉴论》,《船山全书》(第十册),岳麓书社 2011 年版,第 479 页。
② 《读通鉴论》,《船山全书》(第十册),岳麓书社 2011 年版,第 568 页。
③ 《读通鉴论》,《船山全书》(第十册),岳麓书社 2011 年版,第 569 页。
④ 《读通鉴论》,《船山全书》(第十册),岳麓书社 2011 年版,第 777 页。
⑤ 《宋论》,《船山全书》(第十一册),岳麓书社 2011 年版,第 194 页。
⑥ 《读通鉴论》,《船山全书》(第十册),岳麓书社 2011 年版,第 709 页。

理。船山说："夫君子相天之化,而不能违者天之时;任民之忧,而不能拂者民之气。思而得之,学而知其未可也;学而得之,试而行之未可也;行而得之,久而持之未可也。皆可矣,而人犹以为疑,则且从容权度以待人之皆顺。如是而犹不足以行,反己自责,而尽其诚之至。诚至矣,然且不见获于上,不见信于友,不见德于民,则奉身以退,而自乐其天。唯是学而趋入于异端,行而沈没于好利,兴罗织以陷正人,畏死亡而媚妖妄,则弗待迟回,而必不以自丧其名节。无他,求之己者严,而因乎人者不求其必胜也。"①以德治民就是以诚心感化民众,必须真心实意地解决民众的生存欲望和忧虑,而不是当政者将政治作为实现一己之私的手段。因此当政者治民必须公正无私,严格律己。政治公正体现在政治以道为治,不能徒有道之名而无道之实。船山说:"人之为言也,贸贸而思之,绵绵而弗绝,天可指,地可画,圣人可唯其攀引,六经可唯其撼拾,而以成乎其说。违道之宜而以为德,大害于天下而以为利。究其所终,必不能如其言以行,而辄欲行之。时而有达情以体物、因势以衡理者,主持于上,必不听之以行。乃以号于天下曰:'吾说之不行,世衰道降,无英君哲相志帝王之盛治者使然也。'于是而有传于世,乃使殃民病国之邪臣,窃其说以文其恶,则民之惟悴,国之败亡,举由乎此。要其徒以贼民而无能利国,则亦终莫能如其说以行也,祇为乱而已矣。"②政治治理必须实际,以道统进行治理,而不是挂羊头卖狗肉,政治公正容不得欺骗。对于民众而言,政治则是需满足民众的基本生存保障,制度能够使民众得到实在的恩惠。船山说:"以治民之制言之,民之生也,莫重于粟;故劝相其民以务本而遂其生者,莫重于农。商贾者,王者之所必抑;游惰者、王者之所必禁也。然而抑之而且张,禁之而且偷,王者亦无如民何。而惟度民以收租,而不度其田。一户之租若干,一口之租若干,有余力而耕地广、有余勤而获粟多者,无所取盈;窳废而弃地者,无所蠲减;民乃益珍其土而竞于农。其在强豪兼并之世尤便也,田已去而租不除,谁敢以其先畴为有力者之兼并乎? 人各保其口分之业,人各劝于稼穑之事,强豪者又恶从而夺之? 则度人而不度田,劝农以均贫富之善术,利在久长而民皆自得,此之谓定民制也。"③关注民生是治民的关键,政治公正首要的是保障民众的基本生存,制度的制定需要满足民众基本的吃喝生存需要,因此当政者必须考虑民众的生存条件,即是说制度必须考虑民众的基本生存和实际恩惠,而不是均衡财富。均衡财

① 《宋论》,《船山全书》(第十一册),岳麓书社 2011 年版,第 156 页。
② 《宋论》,《船山全书》(第十一册),岳麓书社 2011 年版,第 228—229 页。
③ 《读通鉴论》,《船山全书》(第十册),岳麓书社 2011 年版,第 512 页。

富看起来是公正的,但民众没有得到实际的恩惠,最后还是不公正的治理。因此,治民必须考虑到制度公正,不是说制度一刀切就是公正,而是说制度必须顾及到民众,是否实际满足了民众需求。船山说:"要而论之,天下之大,田赋之多,人民之众,固不可以一切之法治之也。有王者起,酌腹裹边方、山泽肥瘠、民人众寡、风俗淳顽,因其俗之便,使民自陈之,邑之贤大夫酌之,良有司裁之,公卿决之,天子制之,可以行之数百年而不敝。而不可合南北、齐山泽、均刚柔、一利钝,一概强天下以同而自谓均平。盖一切之法者,大利于此,则大害于彼者也。如之何其可行也!"①制度本身并不能实现治理公正,因为制度不可能完全适合一切人,往往顾此失彼,因此治民必须考虑到制度是否符合民众的实际需求,是否是公正的治理。"以德化民至矣哉!化者,天事也,天自有其理气,行乎其不容已,物自顺乎其则而不知。圣人之德,非以取则于天也,自修其不容已,而人见为德。人亦非能取则于圣人也,各以其才之大小纯驳,行乎其不容已,而已化矣。故至矣、尚矣,绝乎人而天矣。谓其以德化者,人推本而为之言也;非圣人以之,如以薪炀火,以勺□水,执此而取彼之谓也。夫以德而求化民,则不如以政而治民矣。政者,所以治也。立政之志,本期乎治,以是而治之,持券取偿而得其固然也,非伪也,则犹诚也。持德而以之化民,则以化民故而饰德,其德伪矣。挟一言一行之循乎道,而取偿于民,顽者侮之,黠者亦饰伪以应之,上下相率以伪,君子之所甚贱,乱败之及,一发而不可收也。"②船山认为公正的政治治理是以德化民的治理,但他所说的以德化民达到公正,强调当政者诚心待民是核心宗旨,治民必须有诚心,诚心待民,而不是政治欺骗,治民是否公正在于诚心对待民众的疾苦,而不是有其名无其实。

综上所述,王船山以民为本的治民公正论从道统上论述了政治公正的问题,即要求政统、治统与道统相结合达到治民公正,治理民众需要诚心,诚心待民,诚心治民,实现政治公正。治理民众必须以诚心感化民众,以德化民,让民众享有实实在在的恩惠,而不是只讲治统不讲道统,治民必须实在,不政治欺骗。

## 第三节 用人以贤

王船山的治民公正论完成了为政以德、以民为本的公正思想,进入"用

① 《读通鉴论》,《船山全书》(第十册),岳麓书社2011年版,第608页。
② 《读通鉴论》,《船山全书》(第十册),岳麓书社2011年版,第708页。

人以贤"的治民公正论,提出"用人以贤"思想的目的是用才公正,通过提升人才的政治地位而实现政治公正。用人以贤的中心思想是在政治治理上任用贤才,人尽其才,实现用才公正。为什么用才以贤能够实现公正呢? 原因是儒家认为用才以贤可以实现人尽其才,贤者有仁有义,本身就是道德公正的导向,如果能够让贤者发挥作用,贤者必然引领社会人才向良性发展,实现社会人尽其才,利于政治公正的实现,达到公正。船山继承了古圣先贤儒家任人唯贤的观点,认为"用人以贤"是公正的政治理念。船山为了说明"用人以贤"的思想而达到用才公正,从三个方面进行解说:因才用人、贵士尊民、任人唯贤。

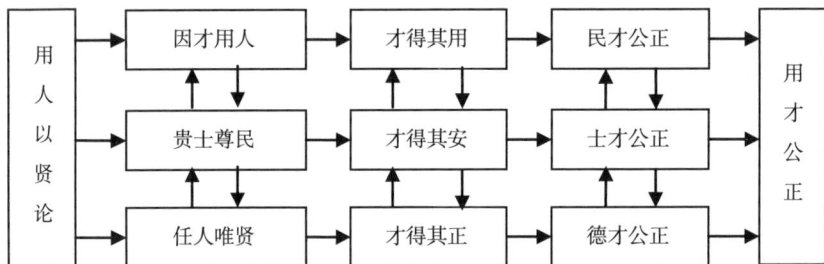

用人以贤公正论内容界说逻辑图示

从图示可以看出,"用人以贤"实现政治公正的核心思想是通过用才公正达到政治公正,用才公正体现在对普通的民众、对高级的士人和对贤能的德才三个方面的人才进行公正任用:对待民众因才用人而才得其用,对待士人尊重人才而才得其安,对待贤才任人唯贤而才得其正。用才公正的核心思想在于任人唯贤,以道用人,实现民众、士人、贤人都得到合理任用,达到政治道德公正和实现社会治理公正。治民公正的目的是矫正统治者以私利为根本任用人才的观点,实现社会公正。

## 一、因 才 用 人

王船山用人以贤的治民公正论首先从因才用人上展开,即是说在使用人才上实现公平公正,因才用人,无分高下等级,每个人的才能和品德都能得到应有的发挥和充分的使用,是什么样的人才得到什么样的任用,才得其用,人尽其才,不浪费人才,普通人也可以发挥其作用,实现政治上的使用人才公正。

王船山主张对所有人的才能都不能忽视,都要展现各种不同人的才能,做到人尽其才,行政实现用人公正。《大学》说:"君子贤其贤而亲其亲,小人乐其乐而利其利,此以没世不忘也。"意思是君子重视贤能的人才,让其发挥贤能的作用,小人也让其享受到恩惠。船山训义:"前王之德及乎人者,近而子孙,远而天下,贵而为之臣,贱而为之民,皆被其恩奉其教,至于今而未能忘也。"①船山将《大学》的思想推进了一步,除了让人享受君王的恩惠,还主张让天下所有人都能得到任用,不同才能的人发挥不同的社会作用,才能和德性高的人任用为大臣,才能一般的人成为民众,因才用人,达到公正。《大学》说:"若有一个臣,断断兮无他技,其心休休焉,其如有容焉。人之有技,若己有之,人之彦圣,其心好之,不啻若自其口出,寔能容之,以能保我子孙黎民,尚亦有利哉。"人有不同的技能,可以使用其才,发挥不同的作用,对黎民百姓有益处。船山训义:"故其于人之有才技者,矜重之,任用之,唯恐不尽其才,若己之有之。人之有美德而通明事理者,则爱慕之诚,心不自已,其自口出者已尽其称扬,而犹不但如其所言者而已也。其心之有容也如是,故未在位则立为荐引,已在位则立为保任。实能容之,以使之安其位而展其能,则有才者宣其力,有德者行其志,以定我子孙之基业,施我黎民之惠泽,而吾得斯一个臣而用之也,尚亦有利哉!"②船山认为任用不同才能的人发挥不同的作用,实现人尽其才,能够使天下百姓都得到恩惠,有才的人尽才,有力的人出力,有德的行德,人才任用达到公正。

王船山认为人尽其才之所以能够达到公正是因为人展现了自身的应有之力,一是以解决自身的生存,有事可干;二是确立了人自身的价值,实现了人自身的作用。船山说:"盖政之所以必待人而举者,以人有人之道:所以奋发于积弊之后者,有其道勇;所以主持其必行之力者,有其道仁;所以悉达其条理之繁者,有其道智;所以主持于中而为建诸事之本者,有其道诚。斯道也,以之行政而无难行者,举之而速举矣,'敏政'也。"③行政用人必须"待人而举",就是指因才用人,因为人的才能不完全相同,各有各的特点,行政用人必须发挥其各自的长处,有的有勇,有的有仁,有的有智,有的有诚,根据不同的性质各自发挥其特长,实现人尽其才,同时用才举人必须从速,不能拖延浪费人才,达到用才公正。

为什么人尽其才能够达到公正呢?王船山认为人尽其才实现了大义,体现了"仁"。船山说:"乃仁者人也,而立人之道,则又有义矣。义者,即吾心之衡量,而于事物酌其宜然者也。酌其宜然,必有尊焉。而尊之所施,惟

---

① 《四书训义》,《船山全书》(第七册),岳麓书社 2011 年版,第 61 页。

② 《四书训义》,《船山全书》(第七册),岳麓书社 2011 年版,第 93 页。

③ 《四书训义》,《船山全书》(第七册),岳麓书社 2011 年版,第 172 页。

尊贤为大;尚德之诚,为吾义发见之不可苟者,而事之经,物之制,皆是理之所包也。"①船山认为仁者有义,有义则将仁的宗旨发挥到极致,权衡达宜,使事物各得其所、各得其宜,因此对人的才能也要各得其所,尊重其才华,尊重其贤德,尊重其诚意。使各种人才的性能各得其所,恰如其分,使才能和秉性的作用发挥得到最好,达到人尽其才,即是用才公正。人尽其才需要将不同才华的人用于不同的地方,船山说:"若夫贤不贤之皆求知,才不才之欲并进,惟观其行,察其能,则举而进之于上。吾但行吾乐善之诚,与为国求人之志,则所以移风易俗,一举而收数十所之用者,在此也。贤才之功,皆我之功,身不必为,而贻福于社稷生民者大矣。"②不是说将人才和非人才都放在同样的位置任用,而是说依据才能和行动将其才放在不同的位置发挥不同的作用,标准是观其行、察其能,因才用人,最终是达到人才皆为国家和社稷所用,为天下民众服务,用才体现道德仁义。"君子出所学以事主,与激于时事之非而强谏之臣异。以谏为道者,攻时之弊,而不恤矫枉之偏。以学事主者,规之以中正之常经,则可正本以达其义类,而裁成刚柔一偏之病;主即不悟,犹可以保其大纲而不乱。"③君子是人才,因为有才学和贤德,能够坚持正义道德,矫正纲纪混乱,因此必须任用有仁义道德的君子贤才。

王船山认为人尽其才之所以达到用才公正,是因为爵位、职位、俸禄都是公共资源,必须公正分配,不能将公共资源转化权力私有。"尊其德,德可施也;重其道,道必行也。乃终于此,亦徒有其心而已矣。人君爵禄之柄,岂己之所得私哉! 位,天所以尊贤也,而弗与共;职,天所以待贤而理也,而弗与治;禄,天所以养贤也,而弗与食。自然之理不可违,奉若之权则在我"。"王公之尊贤,诏禄有其柄,经邦需其人,使志得而道行焉,贤乃尊于天下。"④人有德行应该得到尊重,人有大道应该得到尊重,爵位、职位、俸禄都是天理所给,不能以私随便分配和分食,当政不能将此视为权力私利,而是公共分配、天下共享,因此贤才应该得到天下尊重,当政者不能以私废公而不让人尽其才智。

王船山认为国家政治治理者要善于发现人才、任用人才,知人善用,要让政治治理与任用人才达到合一,达到任用人才上的公正。用人与行政相辅相成,如果人尽其才,则政治治理能成功实现,天下则长治久安。"用人

---

① 《四书训义》,《船山全书》(第七册),岳麓书社 2011 年版,第 173 页。
② 《四书训义》,《船山全书》(第七册),岳麓书社 2011 年版,第 727 页。
③ 《读通鉴论》,《船山全书》(第十册),岳麓书社 2011 年版,第 177 页。
④ 《四书训义》,《船山全书》(第八册),岳麓书社 2011 年版,第 641 页。

与行政,两者相扶以治,举一废一,而害必生焉。"①用人公正,行政顺利,用人不当,行政失败,只强调行政不强调用人,同样失败,历史史实已经有所证明。"是用人行政,交相扶以图治,失其一,则一之仅存者不足以救;古今乱亡之轨,所以相寻而不舍也。"②用人得当,使人尽其才,政治顺利长久,天下长治久安。"故能用人者,可以无敌于天下。"③善于知人善用,用人得当,人尽其才,国家兴旺,天下无敌。政治必须善于发现人才、开发人才,使国家有人才可任用,达到治国理政的目的。"国多才臣,而虽危不亡"④,国家应该多多任用有才能的人才,善于发现人才,开发人才。"国无可用之人则必亡"⑤,国家如果没有人才,不发现人才和不开发人才,国家必然灭亡。

王船山认为人尽其才而实现用人公正,需要用尽天下各种人才,不可因为当政者一己之私而不用人才和浪费人才。首先,当政者胸怀要广大而任用各种人才,不可只用同族同姓之人。"夫以族姓用人者,其途隘;舍此而博求之,其道广;然而古之帝王终不以广易隘者,人心之所趋,即天叙天秩之所显也。尧求人于侧陋,而舜固虞幕之裔;文王得贤于屠钓,而太公固四岳之嗣。降及于周衰而游士进,故孔子伤陪臣之僭,而忧庶人之议。春秋于私嬖骤起之臣,善则书人,恶则书盗;孟子恶处士之横逆,而均之于洪水猛兽;耕商驵侩胥史之徒起,而为大伦之蟊贼,诚民志之所不顺也。"⑥当政者不能因为私心而只任用亲近的人或者同族同姓的人,应该唯才是用,广用人才。历史上的古圣先贤都突破了狭隘的用人标准,广用人才,是用人公正的体现。其次,当政者不能以自己的好恶来任用人才。船山说:"屈伸之理,一彼一此;情伪之迁,一虚一盈。故人主驭天下之人材,不轻示人以好恶而酌道之平,诚慎之也。畏其流,而尤畏其反也。"⑦当政者任用人才过程中不可轻易贯穿自我的好恶,因为如果仅凭当政者的好恶来用人,则是满足当政者的一己之私,会导致如下结果:一是会出现用人失当;二是会导致用人不公正而不能人尽其才;三是会出现人才发挥不了作用而浪费人才。再次,当政者用人的重点要看人的行动,不能以言用人。船山说:"士之有见于道而思以匡君者,非以言售爵赏也,期于行而已矣。故明君行士之言,即所以报士,

① 《读通鉴论》,《船山全书》(第十册),岳麓书社 2011 年版,第 421 页。
② 《读通鉴论》,《船山全书》(第十册),岳麓书社 2011 年版,第 422 页。
③ 《读通鉴论》,《船山全书》(第十册),岳麓书社 2011 年版,第 384 页。
④ 《读通鉴论》,《船山全书》(第十册),岳麓书社 2011 年版,第 744 页。
⑤ 《读通鉴论》,《船山全书》(第十册),岳麓书社 2011 年版,第 1022 页。
⑥ 《读通鉴论》,《船山全书》(第十册),岳麓书社 2011 年版,第 565 页。
⑦ 《读通鉴论》,《船山全书》(第十册),岳麓书社 2011 年版,第 174 页。

而爵赏不与焉。子曰:'君子不以言举人'。此之谓与!"①当政者通过观察人的言行举止确定是否是人才,不以言语成为选拔人才的标准,不以言语作为奖赏人才的依据。

王船山认为当政者用人的标准是三者递进:德性、诚信、权力,即是说当政者用人的最高标准是人才的德性,其次是人才的诚信,最后是运用权力任用人才。船山说:"夫能用人者,太上以德,其次以信,又其次则惟其权耳。人好逸而不惮劳,人好生而不畏死,自非有道之世,民视其君如父母,则权之所归,冀依附之以取利名而已。"②当政者以大道用人,而不是以名利用人和以权力用人,用人公正做到人尽其才,达到政治道德公正。

综上所述,王船山的政治公正论主张通过"用人以贤"达到用才公正,首先确定因才用人,达到人尽其才,才得其用,实现行政上任用人才公正。人的才质有不同,品德也不尽一致,但行政用人能够使不同才质和有品德的人都能发挥应有的作用,为天下服务,政治上实现人尽其才,这就是用才公正。船山主张对所有人的才能都不能忽视,都要展现各种不同人的才能,做到人尽其才。人尽其才能够达到公正,是因为人尽其才实现了大义,体现了仁,实现政治道德公正。爵位、职位、俸禄都是公共资源,必须公正分配人才。要善于发现人才、知人善用,使行政与用人达到合一。需要用尽天下各种人才,不可因为当政者一己之私而不用人才和浪费人才,最终实现用人公正。

## 二、贵 士 尊 民

王船山的治民公正论在用才公正上强调人尽其才,还主张才得其安,就是说行政要尊重不同级别和不同类型的人才,只有让不同人才有适当的发挥才华的位置,这些人才能够得到基本的物质和地位的尊重,物质生活和精神状态得到稳定,心有所安,为国家和天下服务,关键的途径是通过贵士尊士、贵才尊民实现才得其安,达到用才公正。船山认为人才应该得到任用,才得其安,以尊重人才为宗旨,使人才能够安心服务,实现使用人才公正。

王船山认为对不同人的任用都要有其适合的位置,实现才得以用,才得以安。如果是高级别的人才就放在高级的位置任用,一般才质的人则放在普通级别的位置任用,使人人得以任用和安放,让人人得到任用而安心。船山说:"秀者必士,朴者必农,僄而悍者必兵,天与之才,习成其性,不可移

---

① 《读通鉴论》,《船山全书》(第十册),岳麓书社 2011 年版,第 265—266 页。
② 《读通鉴论》,《船山全书》(第十册),岳麓书社 2011 年版,第 543 页。

也,此之谓天秩,此之谓人官。帝王之所以分理人物,而各安其所者,此而已矣。"①人有不同的才质,但行政用人各得其安,即是将不同的人才放在不同的合适的位置,秀者、朴者、剽悍者各有其位,任用得宜。尽管船山认为不同人在不同的位置是天定秩序,但是反映了他主张行政用人要将人才都安排适当位置的观点,都有位置安放,都有发挥才质的地方,这是用才公正。

既然人的才质有不同,各得其安,人又有不同的优势和特长,人才不能只衡量其中某一方面,只以某一方面作为衡量人才的标准,则浪费了人才,这是人才任用不公正。船山说:"人之不能有全才也,唯其才之有所独优也。才之所规,遂成乎量。才所独优,而规之以为量,则量穷于所规,规之内有余,而规之外不足。呜呼! 夫孰知不足者之能止于其分,而无损于道;有余者求盈于所规之外,治之而适以纷之也。"②船山是说人才不可能都是全才,各有优势或者特长,若只以某一规定作为衡量是否是人才的标准,这明显不恰当,用才不公正。"王氏诚不可任,博求之天下,岂繄无贤;而必曰援近宗室,举大义而私之一家,又岂五帝三王之道哉?"③认为只规定任用某一方面的人,而其他的人都不是人才,甚至说天下无贤才,这是不公平和不公正的,这违反了用才的大义之道,说到底是假公济私,政治道德不公正。

用才公正不仅仅体现在任用有高才能和品性好的人才,还包括使用普通的或者低层次的人,使各种人各得其所,各得其安。船山论述了君子、小人各得其用和各得其安的观点,他说:"古之建官以治事治民,固也;而君子野人,天秩之以其才,叙之以其类,率野人以养君子,贴然奉之而不勒,岂人为哉? 王者以公天下为心,以扶进人才于君子之涂为道。故一事一艺、一经、一能、一力者,皆与于君子之列,而相奖以廉耻。虽有蒉稗,不尽田而芟刈,使扶良苗以长,但勿令夺苗之滋可矣。"④船山所说的野人即类同于小人,他认为君子、小人在才能和德性上相差殊异,社会普遍赞君子而贬小人,但不能对小人无情批判甚至消灭。船山认为小人有其存在的道理,也具有合理性,因此必须给小人以适当的地位,不可无情消灭小人,小人有小人的技能特点。小人能够养活君子,君子能够治理小人,二者相对以生,相利以成,存在的都是合理和公正的。"无君子莫治野人,无野人莫养君子。请野九一而助,国中什一使自赋。卿以下必有圭田,圭田五十亩,余夫二十五亩。死徙无出乡,乡田同井,出入相友,守望相助,疾病相扶持,则百姓亲睦。方

---

① 《读通鉴论》,《船山全书》(第十册),岳麓书社 2011 年版,第 855 页。
② 《宋论》,《船山全书》(第十一册),岳麓书社 2011 年版,第 128 页。
③ 《读通鉴论》,《船山全书》(第十册),岳麓书社 2011 年版,第 188 页。
④ 《读通鉴论》,《船山全书》(第十册),岳麓书社 2011 年版,第 427 页。

里而井,井九百亩,其中为公田。八家皆私百亩,同养公田。公事毕,然后敢治私事,所以别野人也。"①君子治小人,小人养君子,因此小人的存在也具有合理性,不能说只让君子存在而不让小人有适当的位置,如果这样也是不公正的。船山认为野人的存在具有合理性,因此用人也要让野人得到安定,野人必须有基本的吃喝生存,因此让野人有适当的田地,让其有所安定的场所,对野人的基本生存权不能随意剥夺。对待君子和对待普通人的待遇可以完全采取不同的方式,但要确保其基本的生存条件。尽管君子对国家的作用更大,但对待小人和普通人也要让其安定。"今滕壤地虽褊小乎,而将必有为君子者焉,将必有为野人者焉。君子之待礼于上,于制禄定之矣;野人之德制于上,于分田定之矣;皆子之君所必治,而子所必宜为深长思也。使无以厚君子,则君子不宣力于廷,而野人何治焉? 使无以宽野人,则野人不怀恩于下,而君子谁养焉?"②船山认为要让君子和小人都有所安,给君子以制禄,给小人以田地,使君子、小人各有其用,各有其安,用人公正,最后达到君子治小人,小人养君子,用才公正。"以体国而养君子,经野而治野人,上以制国用而秩世禄,下以用民力而养民财,大略在此矣。若夫民有固有之田,无待于予,而亦不可夺;地有不齐之形,不能方,而但核其实;合乎人情之安,而曲成先王之意;则在吾体恭俭之实心,而子尽经画之妙用。"③任用君子类的人必须给足世禄,任用小人类的人必须让其有生存的田地,而不可剥夺了小人生存的田地,因为君子、小人都要能够安定,安定必须有恰如其分的保障,达到任用人才公正,安定、稳定人才。

王船山认为对人才的任用达到安定,必须给予适当的尊重。所谓适当,即是说不同级别的人才,其尊重程度应有所不同,体现在位置安排有高低,物质条件有分别,任用上有差别,实现合宜公正,最后让人才发挥不同作用,服务于政治治理。"有才皆可用,用之皆可正也,存乎树人者而已矣。操树人之权者,君也。君能树人,大臣赞之;君弗能树人,责在大臣矣。君弗能树人,而掣大臣以弗能有为焉,大臣有辞也。君不令,而社稷之安危身任之,康济之功已著见,为天下所倚重,乃及身而止,不能树人以持数世之危,俾免于亡,大臣无可辞矣。"④君王树人就是指任用人才,用之皆可正就是指任用人才职位要合适。船山认为只要是人才都应该得到任用,任用到合适的职位,才能高的人才要任用到高的职位。用才的职位不合适,则是对人才不尊

---

① 　朱熹:《孟子·滕文公上》,《四书章句集注》,中华书局 1983 年版,第 256 页。

② 　《四书训义》,《船山全书》(第八册),岳麓书社 2011 年版,第 317—318 页。

③ 　《四书训义》,《船山全书》(第八册),岳麓书社 2011 年版,第 319 页。

④ 　《读通鉴论》,《船山全书》(第十册),岳麓书社 2011 年版,第 517 页。

重,任用人才给予的制禄不合适也是对人才的不尊重,人才不能安定,作用得不到应有的发挥,就是用人不公正。"天下深其归往之诚,乃举而加之相位,以共亮天工焉。则当其养之日,已定其举之心;惟其欲举之也坚,故其养之也至。故曰王公之尊贤,为道尊之,为天下尊之,用天之禄,以尊天之所简,在乘权而行其所欲为,以无负崇高之职也。"①船山认为尊重人才是让人才"位有所安",然后达到心有所安,才能发挥人才的功效。以道义尊重人才,以制禄和职位安定人才,人才得到尊重则会发挥其作用。"士之应科而来者,贤愚杂而人数冗,故授之所司,以汰其不经不达之冒昧;而天子亲定其甲乙,则以崇文重爵,敬天秩,奖人才,而示不敢轻。"②对人才的尊重有不同的等级,各种人才各得其安,用才达到公正合理。

王船山认为除了尊重人才、任用人才达到公正合理,当政者还要善于与人才交往,社会形成尊重人才的风气。孟子说:"一乡之善士,斯友一乡之善士;一国之善士,斯友一国之善士;天下之善士,斯友天下之善士。以友天下之善士为未足,又尚论古之人。颂其诗,读其书,不知其人,可乎? 是以论其世也,是尚友也。"③孟子的意思是善于以善士为友,层层推进不断上升,形成尊重善德人才的风气。船山训义:"如其不然,则四海之大,千里之遥,人之所可为者,皆我之所有事,而其有善焉者,皆我之所可取益者也。故仅欲为一乡之善士,保全其身,而为流俗之所推重,苟如是而已乎,则友一乡之善士而已矣,言相戒以无过也,行相与以无悔也,过此而有一国之公论,不遑问也。乃进而为一国之善士,小试其用,而为一国之所瞻仰,苟如是而已乎,则友一国之善士而已矣,进相与以有成也,退相与以自安也,天下之公理不暇谋也。又进而为天下之善士,则人心风俗必其所忧,治乱安危皆其所念,于是而有同志者焉,慷慨谈论于救时之策,砥节砺行于拔俗之为,以大异乎近小之规,而互相奖也,斯必天下之善士友矣。"④认为当政者尊重优秀人才,善于与优秀人才打交道,与天下的优先人才打交道,这还不够,还要考察古代的人才事迹,与古代人才交朋友。与优秀人才打交道即是与天下贤士打交道,表明对贤士的尊重和重用,尊重人才的社会风气可以通过与善士为友而形成。形成尊重人才的社会风气,则人才心有所安,则形成了用人公正的政治局面。"夫明主之从善而进贤,宽之以取效之途,而忍其一时之利钝;谅小人之必不仁,而知君子之有不仁者,但黜其人,而不累于其类;然后

---

① 《四书训义》,《船山全书》(第八册),岳麓书社 2011 年版,第 658—659 页。
② 《读通鉴论》,《船山全书》(第十册),岳麓书社 2011 年版,第 809 页。
③ 朱熹:《孟子·万章下》,《四书章句集注》,中华书局 1983 年版,第 324 页。
④ 《四书训义》,《船山全书》(第八册),岳麓书社 2011 年版,第 668 页。

其决于善也，以从容而收效；决于用贤也，以阔略而得人。"①对人才的任用最终体现为对人才的尊重，宽以用人，以德贤用人。

综上所述，王船山的治民公正论在用才公正思想上主张才得其安，当政者要尊重不同级别和不同类型的人才，使其有适当的位置发挥才华，让其得到基本的物质生活保障，地位得到应有的尊重，心有所安。人的才质有不同，优势和特长不一样，衡量人才标准是多方面的，让各得其安。对普通的或者低层次人也要任用，让其发挥作用，使各种人各得其所、各得其安。对人才的任用达到安定必须给人才以适当的尊重，尊重程度应有所不同，还要善于与有才华和有品性的人才交往，在社会中形成尊重人才的社会风气。

## 三、任 人 唯 贤

王船山的治民公正论在"用才公正"思想上完成"才得其安"后，主张任人唯贤，使人才走向正气，走向正轨。任人唯贤是说最终形成良性的以贤能为重要依据的用才风气。船山继承了古圣先贤任人唯贤的用才标准，核心是人才必须以德为先，德才兼备，使人才在德的前提，推行仁义，达到社会公正治理的目的。

王船山认为人才必须以"贤能"作为首要衡量标准，任用人才也必须以"贤能"为首要用人标准，即是说任人唯贤。"贤"既指有德又指有才，《说文解字》解："贤，多才也。"②朱熹解释"贤才"："贤，有德者。才，有能者。举而用之，则有司皆得其人而政益修矣。"③因此贤人、贤才指的是德才兼备的人。孔子则认为贤人以德为先，兼具治政的才能，"所谓贤人者，好恶与民同情，取舍与民同统，行中矩绳而不伤于本，言足法于天下而不害于其身，躬为匹夫而愿富，贵为诸侯而无财。如此则可谓贤人矣。"④即是说贤人讲究规矩，体贴民情，凸显了贤人以德为本，可见朱熹与孔子的贤才标准相近。冯友兰就将士人格归纳为"贤人"和"完人"的境界人格，即道德人格和圣人人格，这种人格境界也是儒家君子的境界。⑤ 贤人关键有德，其次有才。冯友兰说："在精神境界方面，士还有更高的理想，周惇颐说：'圣希天，贤希

---

① 《读通鉴论》，《船山全书》（第十册），岳麓书社 2011 年版，第 895—896 页。
② 许慎：《说文解字》，中华书局 1963 年版，第 130 页。
③ 朱熹：《论语集注》，《四书章句集注》，中华书局 1983 年版，第 141 页。
④ 王聘珍：《大戴礼记·哀公问五义第四十》，《大戴礼记解诂》，中华书局 1983 年版，第 10—11 页。
⑤ 参见李长泰：《儒家君子的核心价值观及其对当代人才观的启示》，《湖南农业大学学报》2011 年第 3 期。

圣,士希贤。这就是士所希望达到的一层高于一层的精神境界。"①船山沿着孔子、朱子的贤才观点向前推进,他说:"若夫贤不贤之皆求知,才不才之欲并进,惟观其行,察其能,则举而进之于上。吾但行吾乐善之诚,与为国求人之志,则所以移风易俗,一举而收数十所之用者,在此也。贤才之功,皆我之功,身不为之,而贻福于社稷生民者大矣。"②船山的意思是国家、社稷以贤才作为任人的标准,贤才以德为先,关注民众的利益,体贴民情,贤才的关键点在于能力和行动,将德性与才能合并为任人的标准。

王船山特别赞成孟子的贤、能并进的任人观点,既尊重贤德又兼备能力。孟子说:"尊贤使能,俊杰在位,则天下之士皆悦而愿立于其朝矣。"③船山训义:"尽天下之人,为士、为商、为旅、为农、为氓而已矣。士之所以不归者,礼任不隆,贤奸杂进,以失其择主之望也。贤者宾之师之,能者信之任之,在位者皆俊杰,而君子之道昌矣。则天下之士,虽未履其庭,而闻而悦之,愿立其庭以得展其所为者,此必然之理也。"④天下有各种各样的人,必须既尊重有贤德的人又任用有能力的人,既贤又德的人必须得到任用。船山字里行间透露了德性为先的观点,德性是任用人才的关键标准,才能是兼备的条件,德性在前。船山说:"其云'所以辨贤'者,辨者昭著之义。以平日之量德授位,因能授职,至此而有事为荣,则以显贤者之别于不贤者;而堂室异地,贵贱异器,又以彰大贤者之殊于小贤也。"又说:"不然,爵之贵贱,岂素无班序,而直待庙中始从而分别之哉? 辨贤只是辨官,位事惟能,建官惟贤。贤也者,即位之谓也。"⑤主张贤是任人授位的首要标准,贤德在先,为官和建官首先考察的是提拔人才有贤德,其次是考察能力,而位置的授予以贤德为先。

如果任人不以贤,则天下大乱,因为任人标准不公正,有德性的人得不到任用。"为人君者,唯恐人之修洁自好,竭才以用,择其不肖而后任之,则生民之荼毒,尚忍言乎? 以宇文化及之愚劣,可推刃以相向,夫岂待贤于己者而后可以亡己哉? 只以贼天下,使父子离而为途殍。故天下之恶,莫有甚于恶天下之贤而喜其不肖者也。"⑥船山认为当政者凭自己的喜好只任用有才的人而不顾其是否有贤德,则导致天下相害,天下厌恶,因为任用人才不

①　冯友兰:《中国哲学史新编》(下卷),人民出版社 2007 年版,第 11—12 页。
②　《四书训义》,《船山全书》(第七册),岳麓书社 2011 年版,第 727 页。
③　朱熹:《孟子·公孙丑上》,《四书章句集注》,中华书局 1983 年版,第 236 页。
④　《四书训义》,《船山全书》(第八册),岳麓书社 2011 年版,第 211 页。
⑤　《读四书大全说》,《船山全书》(第六册),岳麓书社 2011 年版,第 514 页。
⑥　《读通鉴论》,《船山全书》(第十册),岳麓书社 2011 年版,第 725 页。

公正。"忌天下之贤，而驱之以不肖，于是而毒流天下，则身戮国亡，不能一朝居矣。"①嫉妒天下贤人则荼毒天下，因为违反了天下用人的任人唯贤的标准。"法之敝也，任法而不任人。夫法者，岂天子一人能持之以遍察臣工乎？势且仍委之人而使之操法。于是舍大臣而小臣，舍旧臣而任新进，舍敦厚宽恕之士而任侥幸乐祸之小人。其言非无征也，其于法不患不相傅致也，于是而国事大乱。"②任法而不任人的缺陷是以法作为任用人才的标准而不任人唯贤，导致任人舍弃贤能人才而任用小人，天下大乱，其原因有两个方面：一是任人不公正，天下不服；二是任用的小人没有才能，治国无方。

王船山说不任人唯贤会导致祸国殃民，原因是任用的奸臣贼子以私心治国，祸害国家，殃及百姓。"人之为言也，贸贸而思之，绵绵而弗绝，天可指，地可画，圣人可唯其攀引，六经可唯其撷拾，而以成乎其说。违道之宜而以为德，大害于天下而以为利。究其所终，必不能如其言以行，而辄欲行之。时而有达情以体物、因势以衡理者，主持于上，必不听之以行。乃以号于天下曰：'吾说之不行，世衰道降，无英君哲相志帝王之盛治者使然也。'于是有传于世，乃使殃民病国之邪臣，窃其说以文其恶，则民之惟悴，国之败亡，举由乎此。要其徒以贼民而无能利国，则亦终莫能如其说以行也，祇为乱而已矣。"③奸臣贼子没有贤德，以私心治国，谋取私利，假公济私，最后贻误国家。因此，任人唯贤才是公正和良性的任用人才的观点。船山说："人臣以社稷为己任，而引贤才以共事，不避亲戚，不避知旧，不避门生故吏，唯其才而荐之，身任疑谤而不恤，忠臣之效也。周公遭二叔之流言，既出居东，而所汲引在位者，皆摧残不安于位，公身之不恤，而为之哀吟曰：'既取我子，勿毁我室。'小人动摇君子，取其为国所树之人，指之以朋党，叚之以私亲，诚可为尽然伤心者矣。虽然，公以叔父受托孤之任，抚新造之国，收初定之人心，以卫社稷，故必近取休戚相倚者以自辅，固未可概为人臣法也。"④船山的意思是以贤才作为国家和社稷任用人才的标准，首先需要任人唯贤，只要是贤人就可以任用，不考虑贤人的出身、远近、旧新，只考虑人才是否有"贤"与"才"。船山实质上是说任用人才的标准以贤为先，兼备才能。

王船山任用人才的公正观强调任人唯贤实质上也是反对任人唯亲。任人唯亲是不公正的用人观，"人苟于天伦之际有私爱而任私恩，则自天子以

---

① 《读通鉴论》，《船山全书》（第十册），岳麓书社 2011 年版，第 724 页。
② 《读通鉴论》，《船山全书》（第十册），岳麓书社 2011 年版，第 234—235 页。
③ 《宋论》，《船山全书》（第十一册），岳麓书社 2011 年版，第 228—229 页。
④ 《读通鉴论》，《船山全书》（第十册），岳麓书社 2011 年版，第 966 页。

全于庶人,鲜不违道而开败国亡家之隙"①。任人唯亲实质是私心所致,以权谋私必然任人唯亲,最后导致国家败亡。

王船山任用人才的公正观强调任人唯贤实质上也反对任人唯财,反对卖官买官。"乱政不一,至于卖官而未有不亡者也,国纪尽,民之生理亦尽也。"②卖官鬻爵,国家乱政,纲纪废弛,生灵涂炭。"卖官之令行,则富者探囊而得,狡者称贷以营,且市井而夕庙堂。然则天子者,亦何不可以意计营求于天而幸获之也? 而立国之纪,埽地而无余。"③卖官买官使国家纲纪荡然无存。"富而可为吏,吏而益富,富而可贻其吏于子孙。毁廉耻,奔货贿,薄亲戚,猎贫弱,幸而有赀,遂居人上,民之不相率以攘夺者无几也。"④买官鬻爵,则国家彻底大乱,完全没有公正可言。因此,任人唯贤是国家公正实现的关键,而不是任人唯财。

王船山认为任人唯贤是公正的任用人才观点。《礼记》:"君子曰德,德成而教尊,教尊而官正,官正而国治,君之谓也。"船山章句:"君德成于豫教之日,则及其嗣居大位,知德之为贵而尊尚教理,以覃敷于下,造就贤材,斯官莫不正而国以治也。"⑤任人唯贤,国家行政公正,是尊德崇理的表现,公正无私。张载说:"有司,政之纲纪也。始为政者,未暇论其贤否,必先正之,求得贤才而后举之。"船山注:"为政者近于有为,急取有司而更易之以快一时之人心,而新进浮薄之士骤用而不习于纲纪,废事滋甚。惟任有司而徐察之,知其贤不肖而后有所取舍,则事之利病,我既习知,人之贤否,无所混匿,此远大之规存乎慎缓也。"⑥政治上任人唯贤是公正的纲纪制度,是国家的宏图大略,因此需要慎重。

王船山认为任人唯贤是公正的任用人才观点,体现为尊贤而忘势,尊贤而乐道。孟子提出当政者应该好善而忘势,他说:"古之贤王好善而忘势。古之贤士何独不然? 乐其道而忘人之势,故王公不致敬尽礼,则不得亟见之。见且由不得亟,而况得而臣之乎?"朱熹注释说:"君当屈己以下贤,士不枉道而求利。"⑦好的统治者善于忘记自身所处的高高在上地位,屈身与贤士打交道,向贤士请教,这样能够招来贤士的辅佐,礼贤下士,这是任人唯

---

①　《读通鉴论》,《船山全书》(第十册),岳麓书社 2011 年版,第 245—246 页。

②　《读通鉴论》,《船山全书》(第十册),岳麓书社 2011 年版,第 313 页。

③　《读通鉴论》,《船山全书》(第十册),岳麓书社 2011 年版,第 314 页。

④　《读通鉴论》,《船山全书》(第十册),岳麓书社 2011 年版,第 121 页。

⑤　《礼记章句》,《船山全书》(第四册),岳麓书社 2011 年版,第 517 页。

⑥　《张子正蒙注》,《船山全书》(第十二册),岳麓书社 2011 年版,第 267 页。

⑦　朱熹:《孟子·尽心上》,《四书章句集注》,中华书局 1983 年版,第 351 页。

贤的体现。船山继承了孟子和朱熹的观点,提出尊贤贵士的观点。船山训义:"古之贤王未尝不有贵人、贱人、荣人、辱人之势,而心所乐者道也。以万物之得所、家国之永安,一因乎道,乐求之而欲与共功,则忘其有势,而下士之礼隆矣。夫贤王己有势而且忘之,况其时之为贤士者,势在人而道在己,何独与贤王之心不一合于道哉? 夫贤士者,贤其道也,以己之道,出可以济世而安民,退可以洁身而正己,自乐之耳;忘王者之可为我贵贱,可为我荣辱也。是故于时之王公,以乐道之深情,而交忘势之高士;其求之也,内致其敬,外尽其礼,以往见之。"①当政者尊贤而忘势,尊贤而乐道,则贤士归服,国家安治,天下公正。

　　综上所述,王船山的治民公正论主张任人唯贤,任人唯贤是公正的任用人才观点,因为任人唯贤能形成良性的任用人才风气,以贤能为重要依据。船山继承了古圣先贤任人唯贤的用才标准,核心思想是人才任用必须以德为先,德才兼备,使用人才以德为前提,推行仁义,达到社会公正。以贤能作为首要的用人标准,既尊重贤德又兼备能力。如果任人不以贤,则天下大乱,因为任人标准不公正。不任人唯贤会导致祸国殃民,原因是任用的奸臣贼子以私心乱国。船山反对任人唯亲和任人唯财的观点。

---

① 《四书训义》,《船山全书》(第八册),岳麓书社 2011 年版,第 833—834 页。

# 第七章　治制公正论

王船山公正思想在规范伦理上建构了自律规范和他律规范的公正论,经过心治公正和礼治公正,完成了自律公正思想的建构。在他律规范公正论上以治民公正论和治制公正论两个方面来完成。船山在治民公正论完成建构后,希冀通过规范的制度治理实现社会公正。这里所说的制度公正论既有政治制度的公正问题,又有伦理制度的公正问题,但最终都是为了达到社会规范的公正而走向道德公正。

王船山的治制公正论是规范公正的范围,主张建立公正的制度来规范行为而达到社会公正,是外在的工夫论,核心思想是关注使用制度的公正和治理制度的公正,即是制度确立公正和制度规范公正,总称为矫正制度的公正,通过制度治理达到公正,即是说建立公正的制度和公正地运用制度达到社会伦理道德公正。船山制度公正论主要从明制修纪、经权通变、德先法辅三个方面展开,目标是确立公正的制度和执行制度的公正。

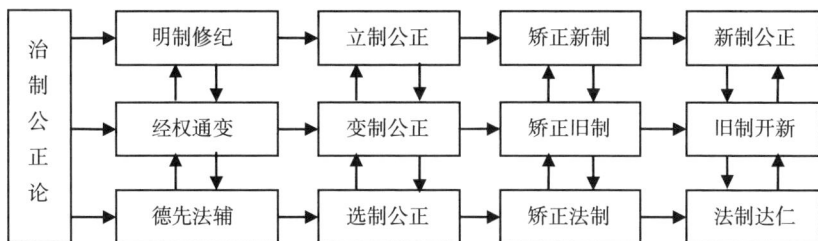

治制公正内容界说逻辑图示

从图示可以看出,船山治制公正思想的展开主要从立制、变制、选制三个方面展开:立制公正是说需要修明制度,确立公正的纲纪,做到制度在确立时就尽量实现公正无私,此阶段是说新的制度在确立时就是公正的;变制公正是说需要不断变革制度,公正的纲纪需要不断变通,做到制度在时间上因时而变、因地而变,尽量实现公正无私,此阶段是说旧的制度会随时间、时势变化而失去公正,应该因时变革,目的是矫正旧制,开启新的制度,达到公正;选制公正是说需要参考德治,确立德治优先而法治辅佐,做到制度执行不偏离仁义宗旨,尽量实现执行制度公正无私,此阶段是说制度的执行有可能一意孤行,执行纲纪而使治理偏离了仁义,导致制度执行不公正,选制公正的目的是矫正执行制度的不公正。

# 第一节　立　制　公　正

王船山的治制公正论首先是立制上的公正,从明制修纪思想上展开,目的是在制度确立制定时就达到制度公正,从源头上达到公正的规范。制度本身的确立必须实现公正:一是必须公正无私,公平公正,因此制度的确立必须尽量没有私心,考虑天下公共利益。制度本身在确立时尽管没有私心,制度的确立还有可能尽管在主观上没有私意而在客观上却产生了不公平现象,则导致制度不公正,因此制度本身的确立必须公正;二是必须尽量考虑周全,实现平治天下而达到公正,因此制度确立达到公正是在源头上实现社会公正,制度公正明确,修明制度纲纪达到公正。说到底,明制修纪的核心思想是立制公正。船山为了说明明制修纪而达到立制公正,从立纲修制、制度修明、制度简公三个方面进行解说。

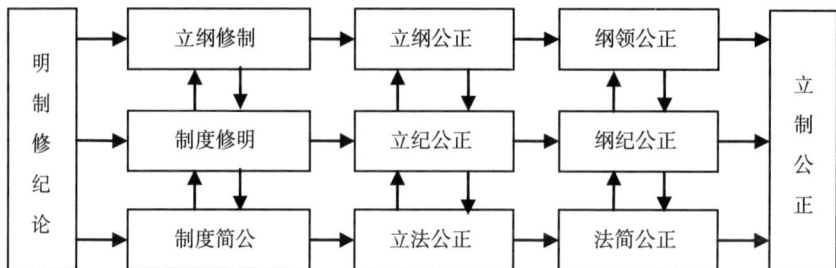

明制修纪公正论内容界说逻辑图示

从图示可以看出,立制公正论是制度公正论的内容,从明制修纪上切入,实现制度公正的核心思想是通过确立制度的公正而达到制度公正,其体现在确立纲纪、修明制度和制度简公三个方面对制度进行公正修订;立制公正的核心思想是制度确立在源头上就尽量实现制度周全、健全,实现纲纪、制度、法律都考虑得当、全面合理而达到公正无私、周全俱到、致用长远。立制公正的目的是矫正当政者立制偏私、立制狭隘和立制草率的行为,最终达到社会公正。

## 一、立　纲　修　制

王船山的立制公正论首先从大纲公正上展开,即是说明制修纪思想从立纲修制上入手,达到大纲上的公正无私,从源头上确立公正的思想,源头上公正才能实现制度公正。源头上公正即是创立制度上的公正,为了创立制度上的公正可以不急于求成,即是不匆忙树立制度。正如卢梭说:"明智的创造者也并不从制订良好的法律本身着手,而是事先要考察一下,他要为之而立法的那些人民是否适宜于接受那些法律。"①正是基于公正的宗旨和大纲的原因,制度的确立来源于大纲、大经思想,即是说确立制度的宗旨就是公正的,类似于"大道之行,天下为公"的宗旨,只有以"天下为公"为宗旨立制才能实现具体制度达到公平公正。

　　本原上公正必然有末端上走向公正的可能,源头公正必然使干流公正的可能性更大。王船山认为制度公正必须建立在制定制度的大纲上是公正的,在宗旨上公正才能让制度走向公正。船山的公正论一直论述"道"上的公正,"道"是公正的,"器"才有公正的可能,这是体用一源、道体器用的逻辑。船山说:"言有纲,道有宗;纲宗者,大正者也。故善言道者,言其宗而万殊得;善言治者,言其纲而万目张。循之而可以尽致,推之而可以知通,传之天下后世而莫能摘瑕璺。然而抑必有其立诚者,而后不仅以善言者也。且抑必听言者之知循知推,而见之行事者确也。抑亦必其势不迫,而可以徐引其绪;事不疑,而可以弗患其迷也。如是,则今日言之,今日行之,而效捷于影响。乃天下之尚言也,不如是以言者多矣。疏庸之士,剽窃正论,亦得相冒以自附于君子之言;宗不足以为万殊之宗,纲不足为万目之纲,寻之不得其首,究之不得其尾,泛然而广列之,若可以施行,而莫知其所措。天下有乐道之者,而要为鞶帨之华,亦奚用此喋喋者为哉?"②船山直接肯定了大纲、宗旨大正的重要性,"纲"和"道"是言行、治世的根本宗旨,"纲"和"道"正确,由此产生的言行、治国方法才能正确。船山认为"纲"与"道"统摄了万物,有了公正的"纲"与"道",则治国就有万全之术。"纲"和"道"是言行、治理的宗旨和依据,有了"纲"与"道"的宗旨,其他事情则可以触类旁通。如果"纲"与"道"本身不正确,言行、治理的方法则出现错误,因为错误的宗旨不能统摄万物,错误的大纲不能统领万目。从引申意义上说,船山也说明了制度的公正来源于大纲、大道的宗旨公正。"夫饬大法、正大经、安上治民、移风易俗,有本焉,有末焉,有质焉,有文焉。立纲修纪,拨乱反正,使人知有上下之辨、吉凶之则者,其本也。缘饰以备其文章,归于允协者,其末也。末者,非一日之积也。文者,非一端之饰也。豫立而不可一日缓者,

　　①　卢梭:《社会契约论》,何兆武译,商务印书馆2003年版,第55页。
　　②　《宋论》,《船山全书》(第十一册),岳麓书社2011年版,第220页。

其本质也。俟时而相因以益者,其末文也。"①认为运用大法、大经治理天下,必须从本原上确立正确的"纲"和"经","本"正确,才能实现"末"的治理。因此,国家治理必须有公正的纲领,关注本原的公正,才能进入制度的公正。

大纲、大经是正确的,则引导制度走向公正,从国家政体上说就是国家大典等根本政治纲领必须公正。"苟其以立功为心,而不知德在己而不在事与,则功者,有尽之规也。内贼未除,除之而内见清矣;外寇未戡,戡之而外见宁矣;百姓未富,富之而人有其生矣;法制未修,修之而国有其典矣。夫既内无肘腋之奸,外无跳梁之敌,野鲜流亡,而朝有纲纪,则过此以往,复奚事哉?志大而求盈,则贪荒远之功;心满而自得,则偷晏安之乐;所顾者在是,所行者及是,所成者止是,复奚事哉?邪佞进,女宠兴,酣歌恒舞,而曰与民同乐;深居晏起,而曰无为自正"。"智浅者不可使深,志小者不可使大,度量有涯,淫溢必泛,盖必然之势矣"。② 船山的意思是事与功都有其源头,源头公正,则向下流行发用公正。德是事、功的源头,事情的成功在于德性贯穿其中,国家治理在于法制,而法制的依据是国家的大典,国家大典正确,公正无私,则国家治理顺理成章,事半功倍。因此,"纲""典"公正,则制度公正。《礼记》说:"夫古者天地顺而四时当,民有德而五谷昌,疾疢不作而无妖祥,此之谓大当。然后圣人作为父子君臣以为纪纲,纪纲既正,天下大定。天下大定,然后正六律,和五声,弦歌诗颂,此之谓德音。德音之谓乐。"船山训义:"'大当',谓天人各得其正";"'德音'者,原本至德,被之音以昭其美,即适如其和平之理,与六律五声之自然相协合矣"。③ 船山从音乐的美学原理说明纲纪公正则天下制度公正,认为圣人治理天下确立纲纪,纲纪正确,公正无私,以德为先,则天下实现"大定",天下制度自然公正。音乐美的原因是音中有德,以此类推天下公正的原因是纲纪公正。

王船山的制度公正论认为立纲以"大"为宗旨才能达到公正。政治治理必须以大纲为宗旨,治理的大纲是官吏、军队、经济、文化、司法等部门行动的依据,大纲统摄了国家治理的总体纲领。"且夫国家之政,虽填委充积,其实数大端而已:铨选者,治乱之司也;兵戎者,存亡之纽也;钱谷者,国计之本也;赋役者,生民之命也;礼制者,人神之纪也;刑名者,威福之权也。大者举其要,小者宗其详,而莫不系于宗社生民纲纪风俗之大。"④大纲提纲

---

① 《读通鉴论》,《船山全书》(第十册),岳麓书社 2011 年版,第 92 页。
② 《读通鉴论》,《船山全书》(第十册),岳麓书社 2011 年版,第 852 页。
③ 《礼记章句》,《船山全书》(第四册),岳麓书社 2011 年版,第 938 页。
④ 《读通鉴论》,《船山全书》(第十册),岳麓书社 2011 年版,第 718 页。

挈领,小节是大纲的具体部署,因此国家纲领公正,具体的制度才能公正。"教训斯民以正其俗者,以为善去恶为大纲,而非示之以礼,则不能随事而授之秩叙,以备乎善也。"①引导民众走向公正,在于确立善的大纲,即为善去恶,礼制等制度来源于善的大纲。因此制度必须依赖于大纲至善,制度公正源自立纲公正。

　　大纲公正才能实现规矩、制度走向公正。"君子出所学以事主,与激于时事之非而强谏之臣异。以谏为道者,攻时之弊,而不恤矫枉之偏。以学事主者,规之以中正之常经,则可正本以达其义类,而裁成刚柔一偏之病;主即不悟,犹可以保其大纲而不乱。"②君子行为处事有大纲和大经,大纲和大经正确,才能达到大义,才能矫正枉偏,君子的纲领以道为准,即使一时糊涂,但纲领不乱,不会出现大的错误。"治天下之纲纪,非徒以其名也。其实在,其名虽易,纲纪存焉。其实亡,其名存,独争其名,奚益哉?"③只要纲纪在确立时是公正的,制度就是公正的。制度虽然需要改变,但依据大纲而改变,万变不离其宗,天下依然不会混乱。大纲公正则法纪制定可以走向公正,由纲到目,纲举目张,公正无私。"夫法者,本简者也,一部之大纲,数事而已矣,一事之大纲,数条而已矣。析大纲以为细碎之科条,连章屡牍,援彼证此,眩于目而荧于心,则吏之依附以藏慝者,万端诡出而不可致诘。"④大纲虽然至简,但其宗旨明白清楚,章目细碎,但依纲而行,纲正则目正,事行则公正。"法诚立矣,服其官,任其事,不容废矣。而有过于法之所期者焉,有适如其法之所期者焉,有不及乎法之所期者焉。才之有偏胜也,时之有盈绌也,事之有缓急也,九州之风土各有利病也。等天下而理之,均难易而责之,齐险易丰凶而限之,可为也而惮为,不可为也而强为涂饰以应上之所求,天下之不乱也几何矣!上之所求于公卿百执郡邑之长者,有其纲也。安民也,裕国也,兴贤而远恶也,固本而待变也,此大纲也。大纲圮而民怨于下,事废于官,虚誉虽胜,莫能掩也。苟有法以授之,人不得以玩而政自举矣。故曰择人而授以法,非立法以课人也。"⑤船山的意思是立法就是确立制度,一旦制定下来,不可废除,因此立法必须谨慎。立法在纲领上必须做到公平公正,制度有其适用的条件和时空场所,因此立法必须合宜周全,以安民为要旨,以立德为先。立法的目的不是惩罚百姓,而是安顿百

---

①　《礼记章句》,《船山全书》(第四册),岳麓书社 2011 年版,第 16 页。
②　《读通鉴论》,《船山全书》(第十册),岳麓书社 2011 年版,第 177 页。
③　《读通鉴论》,《船山全书》(第十册),岳麓书社 2011 年版,第 296 页。
④　《读通鉴论》,《船山全书》(第十册),岳麓书社 2011 年版,第 633 页。
⑤　《读通鉴论》,《船山全书》(第十册),岳麓书社 2011 年版,第 397—398 页。

姓,因此立法的原则是选择有德的人制定法律,而不是以立法来惩罚人作为原则。

王船山始终以大纲公正为治理天下的要旨,而大纲是以先王的法度为宗旨的大纲,即以道心治心,仁义治世,为政以德,实现天下公正。"故有名分以正其尊卑,有纲纪以正其职业,有井疆以正其田畴,有庠序以正其学术,皆所以正人者也,而不可徒求之民。子既为政矣,取先王先公之法度以自正,为百官万民先。彼既见当时之谨守法纪如此严也,而孰敢诬上行私,以自趋于邪僻乎?正之之道在方策,惟子力行之而已。"①取先王之法就是指立法公正,为政以德。船山的大纲公正与孟子的以仁道大纲治理天下的思想一致。孟子曰:"爱人不亲,反其仁;治人不治,反其智;礼人不答,反其敬。行有不得者皆反求诸己,其身正而天下归之。"船山训义:"人君有怀集天下之大志,而欲以其身受天下之归,其道有三:仁以正在己之好恶,而为天下之所必依;智以正在己之纲纪,而为天下之所自理;敬以正在己之规范,而为天下之所必尊。"②天下之所以能够公正,是因为仁道大纲是公正的,仁道大纲公正,天下制度的规范则公正无私。

因为大纲公正使制定制度达到公正,所以司法部门必须在制定大纲时考虑周全远大,立纲谨慎平缓,不草率和急于求成。张载说:"有司,政之纲纪也。始为政者,未暇论其贤否,必先正之,求得贤才而后举之。"船山注:"为政者近于有为,急取有司而更易之以快一时之人心,而新进浮薄之士骤用而不习于纲纪,废事滋甚。惟任有司而徐察之,知其贤不肖而后有所取舍,则事之利病,我既习知,人之贤否,无所混匿,此远大之规存乎慎缓也。"③确立纲纪公正是制度公正的逻辑,司法部门谨慎确立纲纪,确立大纲需要缓慢前进,周全考虑,图谋长远。

综上所述,王船山的立制公正论首先从大纲公正上展开,即是说"明制修纪"从立纲修制上入手,达到国家大纲宪章上的公正无私,从源头上明确公正的思想,只有源头上公正才能实现制度公正。制度的确立来源于大纲、大经思想,即确立制度的宗旨就是公正的。大纲是以先王的法度为宗旨的大纲,司法部门必须在确立大纲时考虑周全远大,立纲谨慎平缓,不草率和不急于求成。

---

① 《四书训义》,《船山全书》(第七册),岳麓书社 2011 年版,第 710 页。
② 《四书训义》,《船山全书》(第八册),岳麓书社 2011 年版,第 424 页。
③ 《张子正蒙注》,《船山全书》(第四册),岳麓书社 2011 年版,第 267 页。

## 二、制度修明

王船山的立制公正论在大纲公正思想上完成后进入制度、纲纪本身的公正思想建构，就是说制度、纲纪本身要求达到公正，制度、纲纪内容的确立要求公正。船山认为在修订制度时，必须以公正原则修明制度、纲纪，实现立制公正。

制度、纲纪的功能主要有两个方面：一是达到统治目的，实现天下一统；二是实现社会公平公正的目的，维护天下安定。这两个方面相辅相成，互为促进，因此制度、纲纪的确立必须以天下安定为目标，达到公平公正才能实现天下一统。船山说明了制度、纲纪制定以统治为目的，他说："纲纪者，人君之以统天下，元戎之以统群帅，群帅之以统偏裨者也。夫既已使之统，而又以不测之恩威、唯一时之功罪以行赏罚，则虽得其宜，而纲纪先乱。纲纪乱，则将帅无以统偏裨，元戎无以统将帅；失其因仍络贯之条理，而天子且无以统元戎。"①制度纲纪的首要功能是统治天下，国君、元帅、将领、黎民依次以纲纪进行统领，实现上下统治，天下一统。纲纪非常重要，没有纲纪，统治没有办法实现。制度纲纪的重要功能则是管理官吏，体抚民众，实现天下公平公正。"人君所恃以饬吏治、恤民隐者，法而已矣。法者，天子操之，持宪大臣裁之，分理之牧帅奉若而守之。牧帅听于大臣，大臣听于天子，纲也；天子咨之大臣，大臣任之牧帅，纪也。"②制度、法纪的确立可以整治官吏，安定天下民众，既实现统治又使天下平安。因此，制度、纲纪的确立可以使天下走向公正。

王船山认为必须有制度、纲纪的制订，民众才能生存，天下才能公正，制度修明必须公正。船山说："法不可以治天下者也，而至于无法，则民无以有其生，而上无以有其民。故天下之将治也，则先有制法之主，以使民知上有天子、下有吏，而己亦有守以谋其生。其始制法也，不能皆善，后世仍之，且以病民而启乱。然亦当草创之际，或矫枉太甚，或因陋就简，粗立之以俟后起者之裁成。"③没有法制，民众无法生存，天下大乱，统治者就没有民众。法制的修订必须尽量达到公正的善，虽然不能尽善尽美，但在修明法制时必须尽量公正，以便后继者继续修明法制、矫正法制，最终实现公正。"法纪立，人心固，大臣各得其人，则卧赤子于天下之上而可不乱。"④没有法纪的

---

① 《读通鉴论》，《船山全书》（第十册），岳麓书社2011年版，第467—468页。
② 《读通鉴论》，《船山全书》（第十册），岳麓书社2011年版，第1028页。
③ 《读通鉴论》，《船山全书》（第十册），岳麓书社2011年版，第1154页。
④ 《读通鉴论》，《船山全书》（第十册），岳麓书社2011年版，第398页。

确立,人心不能稳固,天下不能平安。

　　制度修明尽量达到公正,需要有根本原则,上下辨明、吉凶明确、公平公正,而不是追求制度本身的文字。王船山指出:"夫饬大法、正大经、安上治民、移风易俗,有本焉,有末焉,有质焉,有文焉。立纲修纪,拨乱反正,使人知有上下之辨、吉凶之则者,其本也。缘饰以备其文章,归于允协者,其末也。末者,非一日之积也。文者,非一端之饰也。豫立而不可一日缓者,其本质也。俟时而相因以益者,其末文也。"①制度修订本身必须明辨是非、吉凶,做到公正无私,修订时尽量矫正原有制度的不宜之处,注重制度本身的实际公正,而不是关注制度的华丽辞藻。制度修明在于制度本身给社会带来的实际公正,而不是玩弄制度本身的文字游戏,而应该是重本轻末。"民未给养而徒修其文,则固无以兴起孝弟而虚设此不情之仪节矣。虽然,文与质相辅以成者也,本与标相扶以茂者也。以天下之未给而不遑修其礼焉,俟之俟之,而终于废坠矣。修其文以感天下之心,抑可即此以自感其心,俯仰磬折之下,顾文而思之,必有以践之,而仁泽之下流,亦将次第而举矣。"②制度的制定修明达到公正需要本末兼顾,文质相宜,必须落实到现实的公正之中而不是徒有虚名。船山说:"则分之为郡,分之为县,俾才可长民者皆居民上以尽其才,而治民之纪,亦何为而非天下之公乎?"③纲纪本身必须以天下为公,公正无私,人各得其所,人各得其宜。

　　修明纲纪之所以能够达到公正,是因为纲纪在修订时充分顾及了社会中人与人的关系,以礼义为调节人际关系的规范,因此纲纪修明后能够实现公正。《礼记》云:"礼义以为纪,以正君臣,以笃父子,以睦兄弟,以和夫妇,以设制度,以立田里。"船山章句说:"'义'者,礼之质;'礼'者,义之实也。'制度',宫室、车服上下之等。'田里',井疆之制也。君臣、父子、兄弟、夫妇、制度、井疆,皆待礼义以行于天下,谋作兵起,强者干犯之而弱者不能自尽,故圣人为修明之。"④古代的制度以礼义为宗旨,制度修明贯穿了礼义,制度必然是公正的。以礼义修明制度,礼义本身就是制度,礼义调节天下各种关系,因此制度达到公正。《礼记》云:"故百姓则君,以自治也;养君,以自安也;事君,以自显也。"船山章句说:"法制明于上而百姓则之,故人皆恃君以寡过,故养君乃以自安,而事君乃能自显。修明于上而下皆则之者,唯

　　① 《读通鉴论》,《船山全书》(第十册),岳麓书社 2011 年版,第 92 页。
　　② 《读通鉴论》,《船山全书》(第十册),岳麓书社 2011 年版,第 254 页。
　　③ 《读通鉴论》,《船山全书》(第十册),岳麓书社 2011 年版,第 67 页。
　　④ 《礼记章句》,《船山全书》(第四册),岳麓书社 2011 年版,第 539 页。

礼而已矣。"①船山认为礼制思想宗旨明确,使上下明确了彼此关系,因此礼制是公正的制度。

王船山将制度的修明作为公正的重要原因,还是因为制度修订时充分参考了原有制度的缺失。"天子进士以图吾国,君子出身以图吾君,岂借朝廷为定流品分清浊之场哉? 必将有其事矣。事者,国事也。其本,君德也。其大用,治教政刑也。其急图,边疆也。其施于民者,视其所勤而休养之,视其所废而修明之,拯其天灾,惩其吏虐,以实措之安也。其登进夫士者,养其恬静之心,用其方新之气,拔之衡茅,而相劝以君子之实也。"②制度本身的制订依据国家大本纲领,施用于治教刑政,但有的制度要不断地修订、废弃,使制度本身不断地完善,治理官吏,振救民众,实现公正。

王船山认为修明制度的官员必须慎重修订制度,不可急于求成或者图一时之快,必须深谋远虑和慎重缓行。张载说:"有司,政之纲纪也。始为政者,未暇论其贤否,必先正之,求得贤才而后举之。"船山注:"为政者近于有为,急取有司而更易之以快一时之人心,而新进浮薄之士骤用而不习于纲纪,废事滋甚。惟任有司而徐察之,知其贤不肖而后有所取舍,则事之利病,我既习知,人之贤否,无所混匿,此远大之规存乎慎缓也。"③制度以公正为原则,修订时必须取舍得当,慢慢观察研究,周全考虑,不可操之过急,因此制度修明的官员责任重大。"且夫国家之政,虽填委充积,其实数大端而已:铨选者,治乱之司也;兵戎者,存亡之纽也;钱谷者,国计之本也;赋役者,生民之命也;礼制者,人神之纪也;刑名者,威福之权也。大者举其要,小者宗其详,而莫不系于宗社生民纲纪风俗之大。"④制度修明达到公正,方方面面都必须顾及,既有宗旨,又有细节,才能实现公正。"苟其以立功为心,而不知德在己而不在事与,则功者,有尽之规也。内贼未除,除之而内见清矣;外寇未戢,戢之而外见宁矣;百姓未富,富之而人有其生矣;法制未修,修之而国有其典矣。夫既内无肘腋之奸,外无跳梁之敌,野鲜流亡,而朝有纲纪,则过此以往,复奚事哉? 志大而求盈,则贪荒远之功;心满而自得,则偷晏安之乐;所顾者在是,所行者及是,所成者止是,复奚事哉? 邪佞进,女宠兴,酣歌恒舞,而曰与民同乐;深居晏起,而曰无为自正"。"智浅者不可使深,志小者不可使大,度量有涯,淫溢必泛,盖必然之势矣。"⑤法制的修明依据国

①　《礼记章句》,《船山全书》(第四册),岳麓书社 2011 年版,第 557 页。
②　《宋论》,《船山全书》(第十一册),岳麓书社 2011 年版,第 186 页。
③　《张子正蒙注》,《船山全书》(第十二册),岳麓书社 2011 年版,第 267 页。
④　《读通鉴论》,《船山全书》(第十册),岳麓书社 2011 年版,第 718 页。
⑤　《读通鉴论》,《船山全书》(第十册),岳麓书社 2011 年版,第 852 页。

家典章,制度的制定必须平衡内外、贫富、大小,做到全面公正。

　　制度实现公正不可在修订时只重"法""术",而必须以天下至善为根本,依据至善的宗旨原则制定制度,则制度的确立能够达到公正。"使天下而可徒以法治而术制焉,裁其车服而风俗即壹,修其文辞而廉耻即敦,削夺诸侯而政即咸统于上,则夏、商法在,而桀、纣又何以亡?"①纯粹依赖法术治理天下,不能实现公正,因为法术本身在制订时脱离了至善的根本原则,术离开道则不公正。"不善之法立,民之习之已久,亦弗获已,壹志以从之矣;损其恶,益之以善,而天下遂宁。唯夫天下方乱而未已,承先代末流之稗政以益趋于下,而尽丧其善者;浸淫相袭,使袴褶刀笔之夫播恶于高位,而无为之裁革者;于是虽有哲后,而难乎其顿改,害即可除,而利不可卒兴。"②船山的意思是说法制的修订必须以善为根本原则,善的原则是修明制度的根本原则,在立制上达到公正。"有法以立政,无患其疵,当极重难反之政令,移风俗而整饬之以康兆民,岂易言哉! 上无其主,则必下有其学。至正之末,刘、宋诸公修明于野,以操旋转之枢,待时而行之,其功岂浅鲜乎?"③制度制订不是易事,只要从根本原则上入手,制度虽然不能完全实现公正,但已经离公正的事实不远了。

　　综上所述,王船山的立制公正论进入制度修明的公正,制度本身要求达到公正。船山认为在修订制度时,必须以公正原则修明制度和纲纪,实现立制上的公正。首先,必须有制度的明确,民众才能生存,天下才能公正。其次,制度修明尽量达到公正,需要有根本原则,必须以天下至善为根本,上下辨明、吉凶明确、公平公正,而不是追求制度本身的文字。再次,制度在修订时充分顾及人与人之间的关系,以礼义来调节人际关系,达到规范,实现公正调节。最后,制度修明必须慎重,不可急于求成或者图一时之快。

### 三、制 度 简 公

　　王船山的立制公正论从立纲公正、立纪公正进入立法公正,而立法公正的中心思想是制度简公,达到公正,意思是说制度本身要求达到简而公就可达到公正。船山提出制度简公的思想主要是从法制、法律的视角确立制度公正,说明立法时必须以"简"和"公"为原则,实现法制的公正。

　　法制是规范社会的强制性和约束性制度,主要针对社会乱象而制订的

---

①　《读通鉴论》,《船山全书》(第十册),岳麓书社 2011 年版,第 104 页。

②　《读通鉴论》,《船山全书》(第十册),岳麓书社 2011 年版,第 1156 页。

③　《读通鉴论》,《船山全书》(第十册),岳麓书社 2011 年版,第 1156 页。

刑事管制和惩罚的约束性法制,这样的法制具有强制性,因此立法时必须充分顾及法制本身的公正性问题。"肉刑之不可复,易知也。如必曰古先圣王之大法、以止天下之恶,未可泯也;则亦君果至仁,吏果至恕,井田复,封建定,学校兴,礼三王而乐六代,然后复肉刑之辟未晏也。不然,徒取愚贱之小民,折割残毁,以唯吾制是行,而曰古先圣王之大法也;则自欺以诬天下,憯孰甚焉。"①刑法具有极大的惩罚性和伤害性,一旦实施了就不可返回到原来状态,因此立法必须慎重,慎重才能达到公正。同时,刑罚对小民百姓的伤害非常大,不要轻易施行刑法,因此立法必须公正。

立法需要公正的原因还在于法制在不忍之心上有所不足,它注重术治而不注重心治,"人皆有不忍人之心,而众怒之不可犯,众怒之不可任,亦易喻矣。申、商之言,何为至今而不绝邪? 志正义明如诸葛孔明而效其法,学博志广如王介甫而师其意,无他,申、商者,乍劳长逸之术也。无其心而用其术者,孔明也;用其实而讳其名者,介甫也;乃若其不容掩之藏,则李斯发之矣。"②法治以术进行治理而不以心治进行治理,没有将不忍之心贯穿在治理之中,最后不能达到根治邪恶的目的,因此立法时必须慎重,尽量公正。"故秦法之毒民不一矣,而乘六国纷然不定之余,为之开先、以使民知有法,然后汉人宽大之政、可因之以除繁去苛而整齐宇内。五胡荡然蔑纪,宇文氏始立法,继以苏绰之缘饰,唐乃因之为损益,亦犹是也。"③纯粹以法行政,法制注重"术",对民众有可能造成很大伤害,因此必须慎重立法,公正立法。

王船山认为立法必须全面斟酌,符合公理,既不能损害国家利益,也不能损害普通民众利益,"故立法者,无一成之法,而斟酌以尽理,斯不损于国而无憾于人。"④权衡斟酌是立法的要领和途径。法有弊端,容易顾此失彼,法一旦确立下来,则难更改。"设大辟于此,设薄刑于彼,细极于牛毛,而东西可以相窜。见知故纵,蔓延相逮,而上下相倚以匿奸。闰位之主,窃非分而寐寝不安,藉是以箝天下,而为天下之所箝,固其宜也。受天命,正万邦,德足以威而无疚愧者,勿效尔为也。宽斯严,简斯定。吞舟漏网而不敢再触梁笱,何也? 法定于一王,而狱吏无能移也。"⑤法制是为了统治天下,它具体并且有吹毛求疵的特点,一旦确立,不能更改,不能导致公正受损,因此立法必须谨慎公正。

---

①　《读通鉴论》,《船山全书》(第十册),岳麓书社 2011 年版,第 112 页。
②　《读通鉴论》,《船山全书》(第十册),岳麓书社 2011 年版,第 72 页。
③　《读通鉴论》,《船山全书》(第十册),岳麓书社 2011 年版,第 1154 页。
④　《读通鉴论》,《船山全书》(第十册),岳麓书社 2011 年版,第 91 页。
⑤　《读通鉴论》,《船山全书》(第十册),岳麓书社 2011 年版,第 75 页。

　　立法必须公正的原因还在于法制本身不可能包治天下一切事情,法制很有限。"夫法之立也有限,而人之犯也无方。以有限之法,尽无方之慝,是诚有所不能该矣。于是而律外有例,例外有奏准之令,皆求以尽无方之慝,而胜天下之残。于是律之旁出也日增,而犹患其未备。夫先王以有限之法治无方之罪者,岂不审于此哉?以为国之蠹、民之贼、风之俗之蟊蝥,去其甚者,如此律焉足矣,即是可以已天下之乱矣。若意外无方之慝,世不恒有,苟不比于律,亦可姑俟其恶之已稔而后诛,固不忍取同生并育之民,逆亿揣度,刻画其不轨而豫谋操蹙也。律简则刑清,刑清则罪允,罪允则民知畏忌,如是焉足矣。"①法制的针对性有限,而天下事情无限,法制不可包治天下一切事情,而用法制去匡定天下一切行为,则不能说是公正的。因此,需要刑律清楚简明,达到天下公正。"天下有定理而无定法。定理者,知人而已矣,安民而已矣,进贤远奸而已矣;无定法者,一兴一废一繁一简之间,因乎时而不可执也。"②船山认为天下有大的定理,清楚明白,但没有确定不变的法制,因此立法必须公正,适时立法,适时变法。"夫奸吏亦有所畏焉,诃责非所畏焉,清察非所畏也,诛杀犹非所畏也,而莫畏于法之简。法简而民之遵之者易见,其违之者亦易见,上之察之也亦易矣。即有疏漏,可容侵罔者,亦纤微耳,不足为国民之大害也。唯制法者,以其偶至之聪明,察丝忽之利病,而求其允协,则吏益争以繁密诘曲炫其慎而害其奸。虽有明察之上官,且为所惑蔽,而昏窳者勿论矣。夫法者,本简者也,一部之大纲,数事而已矣,一事之大纲,数条而已矣。析大纲以为细碎之科条,连章屡牍,援彼证此,眩于目而荧于心,则吏之依附以藏慝者,万端诡出而不可致诘。惟简也,划然立不可乱之法于此,则奸与无奸,如白黑之粲然。民易守也,官易察也,无所用其授受之密传;而远郊农圃之子,苟知书数,皆可抱案以事官。"③船山认为立法必须简明,简明则公正无私。法制简明民众则容易遵守,违法也容易看见,监察也容易,公正明了。立法以简为本,注重法制大纲,则是非清楚明了,黑白分明,善恶彰显。立法以简,排除繁杂,则公正无私。"夫曰宽、曰不忍、曰哀矜,皆帝王用法之精意,然疑于纵弛藏奸而不可专用。以要言之,唯简其至矣乎!八口之家不简,则妇子喧争;十姓之闾不简,则胥役旁午;君天下,子万民,而与臣民治勃溪之怨,其亦陋矣。简者,宽仁之本也;敬以行简,居正之原也。敬者,君子之自治,不以微疵累大德;简者,临民之上

---

① 《读通鉴论》,《船山全书》(第十册),岳麓书社 2011 年版,第 159—160 页。
② 《读通鉴论》,《船山全书》(第十册),岳麓书社 2011 年版,第 232—233 页。
③ 《读通鉴论》,《船山全书》(第十册),岳麓书社 2011 年版,第 633 页。

埋,不以苛细起纷争。礼大卞于庶人,不可以君子之修,论小人之刑辟;刑不
上大夫,不可以胥隶之禁,责君子以逡巡。早塞其严刻之源,在创法者之善
为斟酌而已。"①法制简明之所以能够公正是因为简则有仁义,有仁义则有
公正,因为"简"则没有具体细碎的限制,具体细碎的科条不一定适用所有
的情况和所有的人,以千篇一律的科条对所有的人施用则违反了公正。不
同的情况有不同的处理法制,千篇一律,则对人不公正。立法简明之所以公
正是因为贯穿了仁义宗旨,船山说:"夫立法之简者,唯明君哲相察民力之
所堪,与国计之必畜,早有以会其总于上;而瓜分缕别,举有司之所待用者,
统受于司农;以天下之富,自足以给天下之需,而不使群司分索于郡县,则简
之道得矣。政已敝,民已疲,乃取非常之法,不恤其本,而横亘以立制。其定
也,乃以乱也;其简也,乃以繁也;民咸死于苟且便利之一心,奚取于简
哉?"②立法简明实现公正在于顾及了民众的疾苦,使民众以简守法,不受层
层官吏盘剥压制,实现社会公正。"政莫善于简,简则易从。抑唯上不惮其
详,而后下可简也。始之立法者,悉取上下相需、大小常变之条绪而详之,乃
以定为画一,而示民以简,则允易从。若其后法敝而上令无恒,民以大困,乃
苟且以救一时之弊,舍其本,而即其末流之弊政,约略而简之,苟且之政,上
与民亦暂便之矣。上利其取给之能捷,下利其期会之有定,稍以戢墨吏、猾
胥、豪民之假借,民虽殚力以应,而亦幸免于纷扰。于是天下翕然奉之,而创
法者遂者自谓立法之善,又恶知后之泛滥而愈趋于苛刻哉!"③船山认为立
法以简明为准则,官吏则容易执法,民众容易遵从。法制简明,民众容易遵
从,只要明白大纲原则,只要知道如何行动,不需要非常清楚法制中烦琐的
条文。法制简明,官吏执法便捷,行政简易而公正。立法简明,对后面的法制
变更也带来便利。法制简明,民众则能够养成廉耻之心,治理效果更好。"求
之己者,其道恒简;求之人者,其道恒烦。烦者,政之所由紊,刑之所由密,而后
世儒者恒挟此以为治术,不亦伤乎! 子曰:'道之以政,齐之以刑。'政刑烦而
民之耻心荡然,故曰不谓之凉德也不能。"④法制简明体现了为政以德的原
则,公正无私;法制烦琐体现了以刑行政的原则,伤害民众,对民众不公正。

　　王船山认为要实现社会公正,尽量少立法,法制太多则不能实现公正,
因为暴政产生的原因在于法制过多,法制多则钳制百姓,而官吏随意妄为,
天下不公正。"盖其为救时之善术者,去苛虐之政,而未别立一法,故善也。

---

　　①　《读通鉴论》,《船山全书》(第十册),岳麓书社 2011 年版,第 828 页。
　　②　《读通鉴论》,《船山全书》(第十册),岳麓书社 2011 年版,第 901 页。
　　③　《读通鉴论》,《船山全书》(第十册),岳麓书社 2011 年版,第 899—900 页。
　　④　《宋论》,《船山全书》(第十一册),岳麓书社 2011 年版,第 24 页。

其因陋就简而生弊者,则皆制一法以饰前法,故弊也。法之不足以治天下,不徒在此,而若此者为尤。虽然,以视荡然无法之天下,则已异矣。君犹知有民而思治之,则虽不中而不远;民犹知有法而遵之,则虽蒙其害而相习以安。"①善政则少立法,法制太多则产生弊端。

综上所述,王船山的立制公正论强调立法公正,中心思想是制度简公,达到公正。制度简公确立制度公正,说明立法时必须以"简"和"公"为原则,实现立制的公正。法制具有强制性,一旦法制制订和施行则具有很大的伤害性,因此立法时必须充分顾及法制本身的公正性问题。立法公正的原因在于法制在不忍之心上有所不足,法制本身不可能包治天下一切事情。立法必须简明,简明则公正无私。立法以简明为准则,官吏容易执法,民众容易遵从。船山还认为要实现社会公正,尽量少立法。

## 第二节　变　制　公　正

王船山的治制公正论从"立制公正"思想上展开后进入变制公正思想中,从经与权的关系思想上说明只有通过制度的变通才能实现社会公正,制度确立后要不断变通才能达到公正。制度的变通主要体现在制度的修改上,制度只有不断修改才能适应时空的变化而实现公正:一是时代变化,制度必须变通,实现公平公正,因此制度的变通必须尽量因时而变,考虑天下民众现时的利益;二是空间变化,制度必须尽量考虑不同的情况,因地制宜而达到公正。因此制度修改达到公正是在过程中的社会公正,制度公正不断变革,修订制度纲纪达到公正。说到底,经权通变的核心思想是变制公正。船山为了说明经权通变而达到变制公正,从经权互通、德法并用、变革养民三个方面进行解说(见下图所示)。

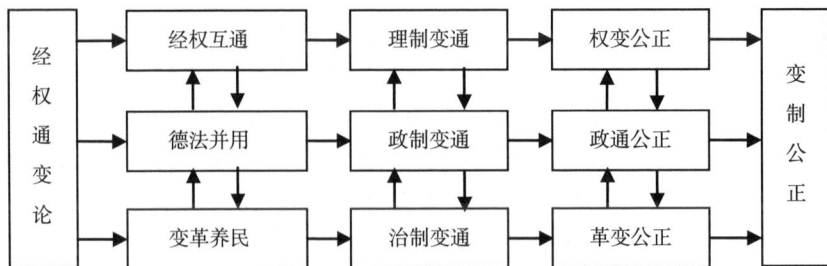

经权通变公正论内容界说逻辑图示

---

①　《读通鉴论》,《船山全书》(第十册),岳麓书社 2011 年版,第 1155 页。

　　从图示可以看出,变制公正论是制度公正论的重要内容,从经权变通上切入,实现制度公正的核心思想是通过制度变革而达到制度公正,变制公正思想体现在三个方面:经权变通使制度走向公理公正,德法并用使制度走向政通人和,变革养民使制度走向治民公正。变制公正的核心思想是制度在运行过程中尽量实现制度与现实情况相结合,因时因地而变化,实现制度适用得当、全面合理而达到公正无私。变制公正的目的是矫正当政者所用的制度有偏私、过时和千篇一律的情况,最终达到社会公正。

## 一、经 权 互 通

　　王船山的变制公正论首先从"经权变通"思想上展开,目的是说明制度要不断变通,才能达到社会公正。"经"与"权"的辩证关系与公正思想的产生具有因果关系,经权思想证明制度变通是必要的,制度变通则实现公正,因此经权思想是公正思想的哲学依据。"经"与"权"的互动关系实现"经"与"权"二者的互通,实现制度公正。"经"是大道常理,朱熹说:"经,常也,万世不易之常道也。"①"权"是对"道"的运用、适用,朱熹说:"权,称锤也,称物轻重而往来以取中者也。"②"经"的常理在现实中运用必须经过"权",制度是大经常理的现实运用,因此制度在现实中要不断权变,才能达到制度公正。船山的"经""权"互通思想即是大经常理和制度运用的有机结合。船山说:"经者天下之体也,权者吾心之用也。"③经是体,权是用。"制天下有权,权者,轻重适如其分之准也,非诡重为轻、诡轻为重,以欺世而行其私也。重也,而予之以重,适如其数;轻也,而予之以轻,适如其数;持其平而不忧其忒,权之所审,物莫能越也。"④认为权衡天下事情,把握轻重,做到运用有度,恰如其分。"常不碍变,变不失常,常变因乎时,而行之者一揆。"⑤将"经""权"实现互通,则行事有准则,效果良好。正如慎到所说"权衡,所以立公正也"。⑥"权"是实现公正的途径,"权"就是指权衡,权衡轻重,达到制度公正。制度的变通就是权衡,通过变通权衡,达到公正。船山说:"权者,善恶之审,轻重之准也。"⑦权衡则知善恶,权衡则明轻重,这都是导向公

---

① 朱熹:《孟子集注》,《四书章句集注》,中华书局 1983 年版,第 376 页。
② 朱熹:《孟子集注》,《四书章句集注》,中华书局 1983 年版,第 357 页。
③ 《读四书大全说》,《船山全书》(第六册),岳麓书社 2011 年版,第 741 页。
④ 《读通鉴论》,《船山全书》(第十册),岳麓书社 2011 年版,第 736 页。
⑤ 《四书训义》,《船山全书》(第七册),岳麓书社 2011 年版,第 378 页。
⑥ 慎到:《内篇》,《慎子》,华东师范大学出版社 2010 年版,第 2 页。
⑦ 《礼记章句》,《船山全书》(第四册),岳麓书社 2011 年版,第 258 页。

正的尺度。没有"经","权"就失去了方向;没有"权","经"也不可能实现。

王船山提出经权互通的天道思想,为制度变通作了理论上的铺垫。他说:"天之化裁人,终古而不测其妙;人之裁成天,终古而不代其工。天降之衷,人修之道:在天有阴阳,在人有仁义;在天有五辰,在人有五官;形异质离,不可强而合焉。所谓肖子者,安能父步亦步,父趋亦趋哉? 父与子异形离质,而所继者惟志。天与人异形离质,而所继者惟道也。天之聪明则无极矣,天之明威则无常矣。从其无极而步趋之,是夸父之逐日,徒劳而速敝也。从其无常而步趋之,是刻舷之求剑,憎不知其已移也。"①认为天道尽管有常理,但其变幻莫测,人道依天道而行,亦步亦趋,将无所是从,因此人道也要善于变化,权衡而生变化,不可惟天强合,人必须善于变化。变化就是善于改变,在本质不变的大前提下改变其中的细节部分,质不变但文可变。他说:"刚柔质文,皆道之用也,相资以相成,而相胜以相节。则极重而必改,相制而抑以相生,消息之用存乎其间;非即有安危存亡之大,则俟之三年而非需滞,于是而孝子之心遂,国事亦不以相激而又堕于偏。"②质文相资,质不变但文可变,文的变通是为了达到质的运用,文的改变是为了对质的维护,使本质没有出现偏向,实现公正。天有公理,人有情势,天有理,人有义,人必因情势仁义而变化。"夫望治者,各以其情欲而思沿革;言治者,各以其意见而议废兴。虞、夏、殷、周之法,屡易而皆可师,惟创制者之取舍,而孔子何以云可知也? 夫知之者,非以情,以理也;非以意,以势也。理势者,夫人之所知也。理有屈伸以顺乎天,势有重轻以顺乎人,则非有德者不与。仁莫切于笃其类,义莫大于扶其纪。笃其类者,必公天下而无疑;扶其纪者,必利天下而不吝。君天下之理得,而后可公于人;君天下之势定,而后可利于物。"③船山认为人在"大"的公理前提下必因情势和仁义而变化,最终达到天下相利,既顺天又顺人,实现天下公正。制度必须因情势变化而变化,对天下百姓有利,实现公正无私。

王船山认为天下公理是"经",但公理的体现在于"用",政刑的使用是为了达到公理。人有志的公,但意却有私,必须通过经与权关系的变通,化私而志公。张载说:"故谕人者,先其意而逊其志可也。盖志意两言,则志公而意私尔。"船山注释:"意之所发,或善或恶,因一时之感动而成乎私;志则未有事而豫定者也。意发必见诸事,则非政刑不能正之;豫养于先,使其

---

① 《尚书引义》,《船山全书》(第二册),岳麓书社 2011 年版,第 270 页。
② 《读通鉴论》,《船山全书》(第十册),岳麓书社 2011 年版,第 262 页。
③ 《尚书引义》,《船山全书》(第二册),岳麓书社 2011 年版,第 396 页。

志驯习乎正,悦而安焉,则志定而意虽不纯,亦自觉而思改矣。未有事,则理无所倚而易用明。惟庸人无志尔,苟有志,自合天下之公是。意则见己为是,不恤天下之公是。故志正而后可治其意,无志而唯意之所为,虽善不固,恶则无不为矣,故大学之先诚意,为欲正其心者言也,非不问志之正否而但责之意也。教人者知志意公私之别,不争于私之已成,而唯养其虚公之心,所谓'禁于未发之谓豫'也。"①志是公而意却有私,人通过权衡达到去私而志公,政刑的目的就是去私而志公,通过"经"与"权"的互通,可以实现去私志公。

"经"与"权"互通思想最终是为了达到天下公理,实现公正,王船山说:"情之所发,才之所利,皆于理有当焉。而特有所止以戒其流,则才情皆以广道之用。止才情之流,性之贞也。故先王之情深矣,其才大矣,以通天下之志、成天下之务,而一顺乎道。"②情势无论如何变化,最终需要符合天道公理。"是与非奚准乎? 理也,事也,情也。理则有似是之理,事则有偶然之事,情则末俗庸人之情,易以歆动沈溺不能自拔者也。以理折之,彼且援天以相抗,天无言,不能自辩其不然。以事征之,事有适与相合者,而彼挟之以为不爽之验。以情夺之,彼之言情者,在富贵利达偷生避死之中,为庸人固有之情,而恻隐羞恶之情不足以相胜。故孟子之辩杨、墨,从其本而正其罪,曰'无父无君',示必诛而不赦也;若其索隐于心性,穿凿于事理者,不辩也。君子之大义微言,简而文,温而理,固不敌其淫词之曼衍也。"③事情变化不止,但必定有理在,不可以以情夺理,理是公正之理,必须以情顺理,因此经权互通不可以以情夺理。船山主张大义微言,大义有理,微言则有情,微言必须符合大义,权衡变化必须符合大义,这是制度变化的原则。"子之事父也,臣之事君也,进之必以礼也,得之必以义也。然君子之事父不敢任孝,而祈免乎不孝;事君不敢任忠,而祈免乎不忠。进以礼者,但无非礼之进,而非必进;得以义者,但无非义之得,而非必得,则抑但有所必不为,而无必为者矣。况乎任人家国之政,以听万民之治。"④行政治理必须讲究大义,制度变化必须符合大义,大义则是以万民为义,制度变化必须符合道义。

王船山认为权衡就是权衡和考虑自我和他人,考虑有所为和有所不为各个方面,最终以大义为准。"古今之变迁不一,九州之风土不齐,人情之好恶不同,君民之疑信不定。读一先生之言,暮夜得之,鸡鸣不安枕而揣度

① 《张子正蒙注》,《船山全书》(第十二册),岳麓书社 2011 年版,第 189 页。
② 《读通鉴论》,《船山全书》(第十册),岳麓书社 2011 年版,第 149—150 页。
③ 《读通鉴论》,《船山全书》(第十册),岳麓书社 2011 年版,第 776 页。
④ 《宋论》,《船山全书》(第十一册),岳麓书社 2011 年版,第 155 页。

之，一旦执政柄而遽欲行之，从我者爱而加之膝，违我者怒而坠诸渊，以迫胁天下而期收功于旦夕；察其中怀，岂无故而以一人犯兆民之指摘乎？必有不可问者存矣。夫既有所必为矣，则所迫以求者人，而所惛然忘者己矣。故其始亦勉自钤束，而有所不欲为；及其欲有为也，为之而成，或为之而不成，则喜怒横行，而乘权以逞。于是大不韪之事，其夙昔之所不忍与其所不屑者，苟可以济其所为而无不用。于是而其获疚于天人者，昭著而莫能掩。夫苟以求己、求人、必为、必不为之衡，而定其趋向，则岂待决裂已极而始知哉！"①权衡各方利弊，权衡他我矛盾，当政者就不会盲目冲动，则有为和有所不为，不会过犹不及，实现公正无私。

总之，王船山的变制公正论首先从"经"与"权"的变通思想上展开，说明制度要不断变通，才能达到社会公正。船山认为要想实现制度公正需要将大经常理和制度变化有机结合，天道尽管是常理，但其变化莫测，人道依天道而行，亦步亦趋，将无所是从，因此人道也要善于变化，权衡而变化，不可惟天强合，必须善于变化。船山认为权衡变化必须符合大义，做到志公去私，达到公正。

## 二、德法并用

王船山的变制公正论经过"经"与"权"辩证发展，达到"理"与"制"的变通，目的是实现制度公正。船山的变制思想还在德与法的变通中展开，德法并用，政治制度适时变通，达到制度公正。在明清时期，思想家们在政治治理上更多地注重了社会法制和民主思想的建设，主张法治在政治治理中具有重要作用，目的是纠正封建专制制度中的任情不任法的人治政治，船山的德法并用思想则是这一时代思想转型的学术反映，法制思想观念在政治治理中加强，体现了公正思想在明清思想中具有重要地位。

王船山认为德与法的制度并用，政治制度适时变通，可以实现公平公正。中国古代重视仁政，为政以德，不太注重法治，但并不是说古人不重视法治。孔子就提倡德法并用，《中庸》说："仲尼祖述尧舜，宪章文武。"朱熹章句："祖述者，远宗其道。宪章者，近守其法。"②孔子提倡尧舜的德治，又强调宪章文武的法制之治。船山训义："夫仲尼，至诚者也，从容中道之圣人也。以今而思其道，则何如哉？其奉为道之大宗，而推极其精一执中之至

---

① 《宋论》，《船山全书》（第十一册），岳麓书社 2011 年版，第 155 页。
② 朱熹：《中庸》，《四书章句集注》，中华书局 1983 年版，第 37 页。

理,则祖述尧舜矣。其守为礼之大法,而修明其创制显庸之精意,则宪章文武矣。"①船山赞成孔子的观点,既要以大道为根本的德治,又要以制度为标准的法治,德法并用,政治制度不时变通。

王船山认为德治与法治本质上是一回事,二者殊途同归。德治是以道为根本的治理,法治则是以法律为规范的治理。船山说:"法先王者以道,法其法,有拂道者矣;法其名,并非其法矣。道者因天,法者因人,名者因物。道者生于心,法者生于事,名者生于言。言者,南北殊地,古今殊时,质文殊尚;各以其言言道、言法;道法苟同,言虽殊,其归一也。"②德治源于天道,法治依据现实,二者相异,但实质一样,最终都是为了治理,因此德法治理并非完全不同,二者相得益彰,因此政治制度施用过程中必须适时变通。

王船山德法并用思想的提出是基于更好的社会治理的需要,一是达到良好的社会治理;二是达到社会公正。"以道法先王而略其法,未足以治;以法法先王而无其道,适足以乱;以名法先王而并失其法,必足以亡。"③全面的社会治理需要法治的补充,德治把握法治的方向,二者相辅相成。"法与情不两立,亦不可偏废者也。"④德治的原因是因为大道原则与不忍之情的需要,法治则是为了规范的需要,二者不相矛盾,互为纠正和矫正,避免偏向,达到社会公正。"法者非必治,治者其人也;然法之不善,虽得其人而无适守,抑末由以得理,况乎未得其人邪?"⑤之所以需要法治,是因为法治有规范,法治可以得到更好的遵守,但法治的缺陷是法制具有不完善的特征,需要有德之人以德来维护。因此德法并用是政治治理达到公正的需要。"天下有定理而无定法。定理者,知人而已矣,安民而已矣,进贤远奸而已矣;无定法者,一兴一废一繁一简之间,因乎时而不可执也。"⑥定理即是以大道为理,定法则是指具体制度,有定理无定法,说明制度适时而变,德法并用,通过变通达到公正无私。船山说:"世其位者习其道,法所便也;习其道者任其事,理所宜也。法备于三王,道着于孔子,人得而习之。贤而秀者,皆可以奖之以君子之位而长民。圣人之心,于今为烈。选举不慎,而贼民之吏代作,天地不能任咎,而况圣人!未可为郡县咎也。若夫国祚之不长,为一姓言也,非公义也。秦之所以获罪于万世者,私己而已矣。斥秦之私,而欲

① 《四书训义》,《船山全书》(第七册),岳麓书社 2011 年版,第 222 页。
② 《读通鉴论》,《船山全书》(第十册),岳麓书社 2011 年版,第 667 页。
③ 《读通鉴论》,《船山全书》(第十册),岳麓书社 2011 年版,第 667 页。
④ 《读通鉴论》,《船山全书》(第十册),岳麓书社 2011 年版,第 747—748 页。
⑤ 《读通鉴论》,《船山全书》(第十册),岳麓书社 2011 年版,第 700 页。
⑥ 《读通鉴论》,《船山全书》(第十册),岳麓书社 2011 年版,第 232—233 页。

私其子孙以长存,又岂天下之大公哉?"①认为法制是为了成就事情,道是为了天下大统,二者相互促进。法的使用必须有道的指导,道的贯彻必须有法的现实推行,才能实现社会治理,达到公正无私。主张法制最终是为了社会公正治理,并不是为了达到个人私情。"法者,非以快人之怒、平人之愤、释人之怨、遂人恶恶之情者也;所以叙彝伦、正名分、定民志、息祸乱,为万世法者也。"②法的产生是为了万世治理,而不是为了个人一时私情。"法者,非一时、非一人、非一地者也。"③法的目的是全面治理而产生的,不是为了小范围的目的,贯穿了大道原则,是德治。因此德法并用,政治制度适时而变,才能达到天下安定,社会公正。

王船山认为法治在社会治理中很有必要,可以治理天下内乱,可以治理没有德性的人,因此不能没有法治,通过法治达到社会公正。"法未足以治天下,而天下分崩离析之际,则非法不足以定之。"④天下大乱时必须以法治理,将德治调整为法治,政治制度实现变通。"法为贤者设乎? 诚贤矣,虽不授之以法而可矣。故先王之制法,所以沮不肖者之奸私,而贤者亦循之以寡过。"⑤对于社会上缺乏德性的人可以治理,同时对有德之人有警示作用,实现社会公正无私。"封建、井田、肉刑,三代久安长治,用此三者,然而小人无能窃也。何也? 三者皆因天因人,以趣时而立本者也。千八百国各制其国,而汉之王侯仅食租税;五刑之属三千,而汉高约法三章;田亩之税十一,而汉文二十税一,复尽免之;小人无能窃也。何也? 虽非君子之常道,然率其情而不恤其文,小人且恶其害己而不欲效也,非文也。"⑥封建制、井田制、刑罚三者都是法制,对无德之人具有约束作用,无德之人害怕受到伤害处罚,则不会犯法和犯刑,规范公正。"农桑者,小民所自劝也,非待法而驱也。制度者,士大夫遵焉,庶人所弗能喻,惟国无异政,家无殊俗,行之以自然耳,非一切之法限之不得而继之以刑者也。"⑦没有知识和文化的小民必须有法制进行规范约束,天下则得到规范,没有法制规范,天下大道得不到遵守,天下不能实现公正。

德法并用为何能够达到社会公正呢? 王船山认为德法并用既可以使人

---

① 《读通鉴论》,《船山全书》(第十册),岳麓书社 2011 年版,第 68 页。
② 《读通鉴论》,《船山全书》(第十册),岳麓书社 2011 年版,第 814 页。
③ 《读通鉴论》,《船山全书》(第十册),岳麓书社 2011 年版,第 180 页。
④ 《读通鉴论》,《船山全书》(第十册),岳麓书社 2011 年版,第 893 页。
⑤ 《读通鉴论》,《船山全书》(第十册),岳麓书社 2011 年版,第 897 页。
⑥ 《读通鉴论》,《船山全书》(第十册),岳麓书社 2011 年版,第 204 页。
⑦ 《读通鉴论》,《船山全书》(第十册),岳麓书社 2011 年版,第 204—205 页。

因为要有德性不犯法,又可以使人畏法不犯法,达到社会公正。"法严而任宽仁之吏,则民重犯法,而多所矜全。法宽而任鸷击之吏,则民轻犯法,而无辜者卒罹而不可活"。"严之于法而无可移,则民知怀刑;宽之以其人而不相尚以杀,则民无滥死。故先王乐进长者以司刑狱,而使守画一之法,雷电章于上,雨露润于下,斯以合天理而容保天下与"。① 法制宽松则人养成德性,不犯法;法制严束则有法的约束,不犯法。既要有德,又要有法,二者有利于治理,天下公正。"任人任法,皆言治也,而言治者曰:任法不如任人。虽然,任人而废法,则下以合离为毁誉,上以好恶为取舍,废职业,徇虚名,逞私意,皆其弊也。于是任法者起而摘之曰:是治道之蠹也,非法而何以齐之?故申、韩之说,与王道而争胜。乃以法言之,周官之法亦密矣,然皆使服其官者习其事,未尝悬黜陟以拟其后。盖择人而授以法,使之遵焉,非立法以课人,必使与科条相应,非是者罚也。"② 人有德天下可以得治,天下有法天下也可以得治,人有德则人自然遵守天下常道,天下有法则人遵守法条科目,二者都使天下得到安定,公正无私,相得益彰,二者不可偏废,因此德法并用,政制变通,实现公正。

法制对政治公正治理具有极大的重要性,法制可以规范官吏的行为,可以惩戒见利忘义导致天下祸害的人。但法制的目的是让政治运行良好,不是让法制惩罚人。孟子说:"徒善不足以为政,徒法不能以自行。"朱熹注:"有其心,无其政,是谓徒善;有其政,无其心,是为徒法。"③ 船山训义:"故古之言治者曰:君心之善,待法以行,使徒怀恻隐悃之心而无法以达其意,不足以为政矣;治民之法,因善而立,使徒修文具之美而无善以为之本,不足以自行矣。由此言之,徒善之失,均于徒法。"④ 船山沿用了孟子和朱熹的思想,主张德制的存在必须依靠法制来保障,没有法制则德制的善不足以得到推行。船山说:"法诚立矣,服其官,任其事,不容废矣。而有过于法之所期者焉,有适如其法之所期者焉,有不及乎法之所期者焉。才之有偏胜也,时之有盈绌也,事之有缓急也,九州之风土各有利病也。等天下而理之,均难易而责之,齐险易丰凶而限之,可为也而惮于为,不可为也而强为涂饰以应上之所求,天下之不乱也几何矣! 上之所求于公卿百执郡邑之长者,有其纲也。安民也,裕国也,兴贤而远恶也,固本而待变也,此大纲也。大纲圮而民怨于下,事废于官,虚誉虽胜,莫能掩也。苟有法以授之,人不得以玩而政自

---

① 《读通鉴论》,《船山全书》(第十册),岳麓书社 2011 年版,第 120—121 页。
② 《读通鉴论》,《船山全书》(第十册),岳麓书社 2011 年版,第 397 页。
③ 朱熹:《孟子·离娄上》,《四书章句集注》,中华书局 1983 年版,第 275 页。
④ 《四书训义》,《船山全书》(第八册),岳麓书社 2011 年版,第 411—412 页。

举矣。故曰择人而授以法,非立法以课人也。"①船山的意思是法制的确立源自大道和大纲,就是使人民安定、国家富强、扬善去恶,法制规范官吏的行为,使其行为符合国家大纲,因此政治治理的目的是达到国家大纲而不是为了惩罚人。法制非常重要,不可没有法制的规范。法制的规范可以达到惩戒的目的,船山说:"利之所在,害之所兴,抑之已极,其纵必甚。故屈伸相感而利生,情为相感而害起,屈伸利害之相为往复,而防之于早,以无不利。智者知之明也,而庸愚不知。知者则立法以远害,不知则徇利以致凶,利害之枢机在此矣。"②对私利的抑制必须有法制规范的约束,法制就是要达到惩凶避害的目的,实现公正。"情之所发,才之所利,皆于理有当焉。而特有所止以戒其流,则才情皆以广道之用。止才情之流者,性之贞也。故先王之情深矣,其才大矣,以通天下之志、成天下之务,而一顺乎道。武帝曰:'朕不变更制度,后世无法;不出师征伐,天下不安;为此者不得不劳民。若后世又如朕所为,是袭亡秦之迹也。'有是心,为是言,而岂不贤乎?戒后世以为情,立大法、谨大防以为才,固通志成务者所不废也。然而终以丧德而危天下者,才利而遂无所择,情动而因滥于他也。"③船山认为人有才情,但要符合天理,不能肆意妄为。当政者必须以天下事务为要务,将政治制度调适到天下要务之上,变更制度,达到天下公正,而不是随意发挥才情,滥用法制,以致天下不公。因此德法变通是天下公正的需要。

法制之所以可以使天下走向公正,是因为法制的规范使天下的过分私欲得到抑制。法制能规范和惩戒过分嚣张和过分私利的人,使天下受到伤害而无辜死去的人没有遗憾。"夫法一而已矣,一故不可干也,以齐天下而使钦畏者也。故杀人者死,断乎不可词费而启奸也;乃若所以钦恤民情而使死无余憾者,则存乎用法之人耳。清问下民者,莫要乎择刑官而任之以求情之道。书曰:'刑故无小,赦过无大。'"④法制的规范一视同仁,天下平齐,因此对罪大恶极者施用刑罚是公正的体现。"治道之裂,坏于无法;文章之敝,坏于有法。无法者,惟其私也;有法者,惟其伪也;私与伪横行,而乱恶乎讫!"⑤船山说社会治理必须有法治,没有法治则私欲横行,天下不公正。

总之,王船山的变制公正思想也是在德与法的变通中展开,中心思想是德法并用,政治制度适时变通,达到制度公正。船山继承了孔子的"宪章文

① 《读通鉴论》,《船山全书》(第十册),岳麓书社 2011 年版,第 397—398 页。
② 《读通鉴论》,《船山全书》(第十册),岳麓书社 2011 年版,第 285 页。
③ 《读通鉴论》,《船山全书》(第十册),岳麓书社 2011 年版,第 149—150 页。
④ 《读通鉴论》,《船山全书》(第十册),岳麓书社 2011 年版,第 242 页。
⑤ 《读通鉴论》,《船山全书》(第十册),岳麓书社 2011 年版,第 654 页。

武"思想,德法并用,实现社会公正。德治与法治本质上是一回事,都是为了达到社会治理,二者相得益彰,相辅相成。法治在社会治理中的必要性体现在治理天下内乱,治理没有德性的人。德法并用既可以使人因德不犯法,又可以使人畏法不犯法,达到社会公正。法制可以规范官吏的行为,可以惩戒见利忘义导致天下祸害的人。法制规范可以使天下过分的私欲得到抑制,实现社会公正。因此,德法并用,政治制度适时变通,天下才能实现公正。

### 三、变 革 养 民

王船山的变制公正思想从经权互通、德法并用进入变革养民思想上,实现了"理"与"制""政"与"制""治"与"制"的通变。制度变革的过程就既是变化、通达的过程,又是为了社会公正的目的。船山的变制公正论最后在变革养民思想上完成,目的是实现治民制度的变通,变革治民是为了公正。船山的以民为本、以人为本的思想提升了民本政治价值观,推动了政治价值论的重构。船山提出了权变的政治价值论,以推动民本政治价值观的重构。权变方法可以促进政治的延续,民本政治价值内涵的提升是政治发展的动力,政治需要权变维系,权变而养民,实现公正的治理。

前面已经提到王船山的权变思想,没有权变不能治理天下和统治天下。权变是为了适应时代的变化而变革制度。权变也要恰如其分,不能过犹不及,不可只为了达到个人的目的而变革。船山认为权变不能违背基本的原则正义,"权"就是"宜",为了适应时代变化而需要权变,但权变不能离经叛道,必须符合正义原则。船山所说的原则是古圣先贤提出的仁义公正原则和以民为本的原则,基于这些原则需要改变至高无上的以皇权为本的政治价值观,而是以民众的人本价值提升为内容的政治价值观。权变是政治公正的保证,目的是推动民本价值的提升,是公正实现的途径。

权变论是基本的政治公正论,没有权变的政治不可以存续,政治在权变中前进,权变政治制度实现公正。王船山说:"天地之终,不可得而测也。以理求之,天地始者今日也,天地终者今日也。其始也,人不见其始;其终也,人不见其终;其不见也,遂以为邃古之前,有一物初生之始;将来之日,有万物皆尽之终;亦愚矣哉!"①政治不可能在没有生机活力的情况下无限存在,以适时变化为终始,以权变为终始。"不动之常,唯以动验;既动之常,

---

① 《周易外传》,《船山全书》(第一册),岳麓书社2011年版,第979页。

不待反推。是静因动而得常,动不因静而载一。"①动静结合,动即是权变,权变成为政治的常态,不变的是常有权变,不变中有权变,权变中也有不变。因为权变,政治才能得到发展,民众的价值和地位才能得到提升。"非恒也而后可以恒,恒者且不恒矣。天地之久照久成,圣人之久道,岂立不易之方,遂恃之以终古乎?故曰:大匠能与人以规矩,不能使人巧。规矩者恒也;巧者天地圣人之所以恒也。而仅恃乎天尊地卑、雷出风入之规矩乎!"②船山的意思是规矩和原则确立了,圣贤的道统可以保留,但原则和规矩、大义和道统也在适时的情况下灵活变通。在根本大义和宗旨保留的前提下,进行部分权变,提升民众的价值与地位,以达到政治存续的目的,最终实现政治公正。船山在权变论的思维架构下,主张通过变革治民的制度,以提升民众的人本价值,实现治民公正。

王船山认为国家统治没有一成不变的传统,因时权变是中国历来政治的传统,"治统"不可能长期不变延续下去,政治需要因时变化。"治统"即是政统的延续,政治需要依赖民众。"论之不及正统者,何也?曰:正统之说,不知其所自昉也。"③还说:"当其治也,则中国有共主;当其乱也,中国无君,而并无一隅分据之土。"④权变就是根据时代的变化适时作出调整,不拘于某一特定的所谓正统,符合民众需要的治理才是正统,调整正统是因为民众生活生存的需要,保障民众的基本生存,变革制度是实现公正的基本途径。

王廷相的政治思想更是主张通变、权变的价值理念,目的是实现民众生存的最基本的公正。"宰辅须要识道晓事,烛治乱安危之机,具斡旋通变之才者,方有济救匡益之功。徒取夫无用文艺之名,以置诸裁割庶政之位,倘际夫危疑强硬之变,必不出因循委靡之图。何也?无远机长睹,徒快于目前事,即有达才,亦乖次无绪矣。所谓文人靡靡,不闲经世,其此之谓矣。"⑤王廷相主张通变的政治价值观,经世致用,不浮于眼前事物,才能匡世济众。"高谈往迹,远于事情,此书生之迂阔;致饰弥文,罔益实政,此庸人之扰攘。一则寡神识于通变,一则务虚名而多事,要于道化相远。志不存乎天下者,不可以言用;学不本之经术者,不可以言治;政不要之安民者,不可以言

① 《周易外传》,《船山全书》(第一册),岳麓书社2011年版,第888页。
② 《周易外传》,《船山全书》(第一册),岳麓书社2011年版,第906—907页。
③ 《读通鉴论》,《船山全书》(第十册),岳麓书社2011年版,第1176页。
④ 《读通鉴论》,《船山全书》(第十册),岳麓书社2011年版,第1177页。
⑤ 王廷相:《雅述》,《王廷相集》(第三册),中华书局1989年版,第841页。

仁。"①通变是政治公正的基本途径,当政者既需要懂得"经",又需要明白"政",政治公正以民为本,安民即是仁,通变经政,提升民本价值。"立法者,圣人也。法久必敝,势也。使圣人在,亦必救而更张之。非救法也,所以救社稷也。执先王成宪,谓不可改,且以恐人者,乱道也,奸人也。由夫斯人之徒也,其如社稷何? 宋神宗、荆公,后世议之不真,何也? 曰:彼以财利言,非救弊也。变之迫,非以渐也。"②王廷相的通变论还通过变法来体现,变法才能救世,政治的延续需要适时变法。

王廷相和船山都主张权变、通变的政治公正论,这种政治思想提出的目的是提升民本价值,只有权变、通变,才能改变民众非常低下的地位,解决民众的疾苦,实现公平公正。权变与通变的政治思想最终是为了养护民众满足民众合理的基本人欲需求。"田畴易,税敛薄,则所可欲者已足;食以时,用以礼,已足而无妄欲,即养以寓教,民不知而自化矣。"③船山认为民众的人欲是基本的人欲,基本的人欲没有过分之妄,政治权变可以满足民众的基本需求,实现最低的公正。"故王者养贤以养民,□□以配天。继于其乱,先以刑禁;继于其治,终以德化。相因小民之疾苦,则焦頳焚灼,妖怨亟起,而欲望建淳和以迓祥吉者,是孳息螟蟊而登嘉谷也。"④满足民众的基本欲望是政治价值实现的保证,养民即是保民,船山的政治价值已由孟子的"保民而王"发展到"养民而王",人本价值得到提升,实现了政治价值论的转型,达到了重构。"居民上者皆以养民为名,而求其实有德以及民者鲜也。君子之道,以实心行实政,必有惠之逮下也。子产之于民也,因其敝而抚之,大不旷而小不遗,期于民之受其泽也,君子之惠也。居民上矣,则有使民之权,而求其酌乎宜以令民者鲜也。君子之道,以定理制定法,必其义之所当为也。"⑤船山批判了当政者"养民"有名无实的情况,认为真正的"养民"是满足民众的基本需求,期望民众得到恩惠,将民本的公正落到实处。船山说:"王者能臣天下之人,不能擅天下之土。人者,以时生者也。生当王者之世,而生之厚、用之利、德之正,待王者之治而生乃遂;则率其力以事王者,而王者受之以不疑。若夫土,则天地之固有矣。王者代兴代废,而山川原隰不改其旧;其生百谷卉木金石以养人,王者亦待养焉,无所待于王者也,而王者固不得而擅之。故井田之法,私家八而公一,君与卿大夫士共食之,而君

①　王廷相:《雅述》,《王廷相集》(第三册),中华书局 1989 年版,第 841 页。
②　王廷相:《雅述》,《王廷相集》(第三册),中华书局 1989 年版,第 843 页。
③　《张子正蒙注》,《船山全书》(第十二册),岳麓书社 2011 年版,第 268 页。
④　《黄书》,《船山全书》(第十二册),岳麓书社 2011 年版,第 532 页。
⑤　《四书训义》,《船山全书》(第七册),岳麓书社 2011 年版,第 417 页。

不敢私。唯役民以助耕,而民所治之地,君弗得而侵焉。民之力,上所得而
用,民之田,非上所得而有也。"①强调治民必须养民,民众需要得到养护,不
能强占民众生存的土地,民众的土地如果被强占,民众就不能生存,这就失
去了公正。养民不是君王给民众衣食,而是给民众生存的条件,如土地等生
存空间,有了条件则民众能自食其力。因此,君王要适时变革治民的制度,
使民众得以有所生养的场所,实现生存等基本的公正。"田则自有五谷以
来民所服之先畴,王者恶得有之,而抑恶得税之!地之不可擅为一人有,犹
天也。天无可分,地无可割,王者虽为天之子,天地岂得而私之,而敢贪天地
固然之博厚以割裂为己土乎? 知此,则度而征之者,人之妄也;不可度而征
之者,天之体也;此之谓天经矣。"②民众有基本的生养场所,有起码的生存
土地,这是天所给,是基本的生存条件,统治者不可私占,给民众土地是最起
码的公正。船山认为要变革治民的土地制度,将统治者占有的大量土地归
还给民众,民众得到生存护和养。"国家之事,相仍者之必相变也,势也。
大张之余,仍之以驰;大驰之余,必仍之以张。善治者,酌之于未变之前,不
极其数;持之于必变之日,不毁其度。不善治者反此,而大张大驰,相乘以
胜,则国乃速敝。"③治民要善于变革,把持政治有法度,适时而变,待民公
正。"天子进士以图吾国,君子出身以图吾君,岂借朝廷为定流品分清浊之
场哉? 必钭有其事矣。事者,国事也。其本,君德也。其大用,治教政刑也。
其急图,边疆也。其施于民者,视其所勤而休养之,视其所废而修明之,拯其
天灾,惩其吏虐,以实措之安也。其登进夫士者,养其恬静之心,用其方新之
气,拔之衡茅,而相劝以君子之实。"④待民就要养民,养民必须对治民制
度有所兴废,适时变革制度,适时修订制度,振救天灾人祸,达到基本的
公正。

　　总之,王船山的变制公正思想主张治民需要变革制度,制度变革是为了
公正。变革治民制度是为了养民,途径是变革制度,通过变通,实现公正。
权变是实现政治公正的基本途径,政治在权变中前进,政治制度通过权变实
现公正。满足民众的基本欲望是政治公正实现的保证,养民即是保民。养
民则不能强占民众生存的土地,养民必须对治民制度适时兴废,适时变革,
才能实现社会公正。

　　① 《读通鉴论》,《船山全书》(第十册),岳麓书社 2011 年版,第 511 页。
　　② 《读通鉴论》,《船山全书》(第十册),岳麓书社 2011 年版,第 511 页。
　　③ 《宋论》,《船山全书》(第十一册),岳麓书社 2011 年版,第 157 页。
　　④ 《宋论》,《船山全书》(第十一册),岳麓书社 2011 年版,第 186 页。

## 第三节 选 制 公 正

王船山的治制公正论完成了立制公正思想、变制公正思想,进入选制公正思想中,从德法制度的运用思想上说明适时选择正确的制度才能实现社会公正,制度确立后要不断选择适用的制度才能达到公正。制度的选择主要体现在不同的条件下选择合适的制度进行治理,只有适时选择合适的制度才能适应时空的变化而实现公正:一是时代变化,必须选择不同的治理模式,运用不同的制度,实现公平公正,因此治理的模式必须尽量因时而变,考虑天下民众的利益;二是空间变化,必须尽量考虑不同的情况,选择不同的治理方式,因地制宜而达到公正。因此,制度的合理选择是社会公正实现的途径。德治与法治的变通是选择合适治理制度达到公正关键的内容。船山为了说明选择制度达到公正,从德制优先、法制辅佐、均制贫富三个方面进行解说。

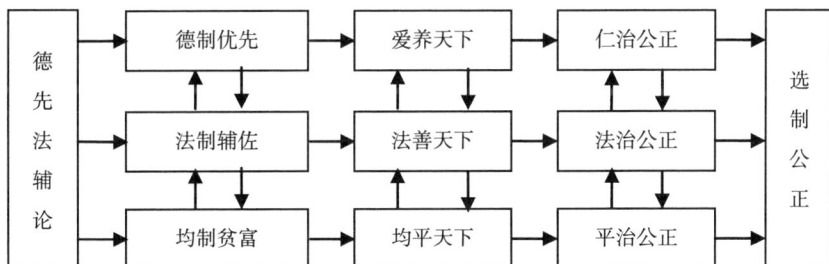

**德先法辅公正论内容界说逻辑图示**

从图示可以看出,选制公正论是制度公正论的重要内容,从德法先后上切入,实现制度公正的核心思想是通过合理的制度选择进行治理而达到制度公正。选制公正体现在:德制优先,通过爱养天下而实现仁治公正;法制辅佐,通过法善天下而实现法治公正;均制贫富,通过均平天下而实现平治公正。选制公正的核心思想是制度在选择过程中尽量运用合适的制度与现实情况相结合,因时因地而变化,实现制度适用得当、全面合理而达到公正无私。选制公正的目的是矫正当政者因私而使用制度偏激的情况,最终达到社会公正。

## 一、德 制 优 先

王船山的制度公正论认为在选择制度模式上首先期求达到运用制度的

公正,主张公正的实现途径以选择德制为先,以德制治理天下为优先的原则。以德制为治理的制度之所以可以实现公正,是因为德制以仁义为中心,达到仁治,仁治是公正的治理,以仁爱保养天下民众,实现社会公平公正。

王船山在政治观上认为政治成功与否依赖于以德治为核心的政治价值观,在制度选择上主张以"以德化民"为基本宗旨,即选择以德制为根本的制度进行治理,他认为德制是首要的公正制度。"以德化民至矣哉!化者,天事也,天自有其理气,行乎其不容已,物自顺乎其则而不知。圣人之德,非以取则于天也,自修其不容已,而人见为德。人亦非能取则于圣人也,各以其才之大小纯驳,行乎其不容已,而已化矣。故至矣、尚矣,绝乎人而天矣。谓其以德化者,人推本而为之言也;非圣人以之,如以薪炀火,以勺　水,执此而取彼之谓也。夫以德而求化民,则不如以政而治民矣。政者,所以治也。立政之志,本期乎治,以是而治之,持券取偿而得其固然,非伪也,则犹诚也。持德而以之化民,则以化民故而饰德,其德伪矣。挟一言一行之循乎道,而取偿于民,顽者侮之,黠者亦饰伪以应之,上下相率以伪,君子之所其贱,乱败之及,一发而不可收也。"①船山认为政治制度首先选择德制进行治理,德制是根本的治理制度,德制是从"人本"上进行治理的制度,他说德化是"推本"而言,法制并不是从根本上进行治理的制度。船山的这种观点是对古圣先贤思想的继承,其学术宗旨就是主张回归古代圣学,又开启新的学术思想,倡导学术返本而开新,正如张立文教授所说的"其学术思想的心路,是以救世救心为主旨"②,走的是正学与开新之路。船山认为德制是公正的制度,因为德制不是强迫和压迫的制度,德制的原则在于通过对内心"诚"的感化而达到治理,"诚"则真实无欺,"诚"是达到公正的要义。

王船山认为选择德制是最好的治理制度,德制优于刑罚制度。孔子曰:"道之以政,齐之以刑,民免而无耻。道之以德,齐之以礼,有耻且格。"船山训义:"胥万民而戴一君,盖天下风俗之邪正,责之于一人。民愚而不知所由,则必有以道之;民情不一而无所裁,则必有以齐之。道之,齐之,皆以使民之为善去恶而成乎治耳。乃民之为恶也甚利,而为善也甚难,亦何惮而不任其情欲以惟其所为哉!恃有其耻心而已矣。俯仰若无以自容,则虽不利于其私心,而自不容已,其于恶也,非幸免也,其于善也,有必至也。斯乃无愧于作君作师,而为天下之所戴也。"③德制是内心感化的制度,刑制则是外

① 《读通鉴论》,《船山全书》(第十册),岳麓书社 2011 年版,第 708 页。
② 张立文:《正学与开新——王船山哲学思想》,人民出版社 2001 年版,第 1 页。
③ 《四书训义》,《船山全书》(第七册),岳麓书社 2011 年版,第 280—281 页。

力强迫的制度,二者最终都是希望达到社会公正,但德制则从内心深处的羞耻上进行治理,刑制则从外在的强迫上进行治理,刑制达到的效果显然不及德制,以刑制优先的治理最终难以实现公正无私,很难为善去恶。"若未尝不道也,亦令于民曰,如是而后可以寡过,则防其对其奸,禁其伪,而科条密焉。未尝不齐也,则督之于为恶之后曰,吾有政而奈何其不从,则割刈之,流放之,而威令行焉。若是者,民束于政而畏行,有求免于恶者矣。然求之于其心,则但知有刑法之可惧,而不知为恶之可愧,无耻矣。至于无耻,则托于政以文其奸,假于刑以互相评,而皆其所可为,则正以道之齐之者乱之也。"①刑制虽然能够使民众不做恶事,但内心没有耻辱感,后来还是会再犯作恶。刑制科条很多,民众难以遵守,对民众的惩罚很多,效果不好,天下大乱难以控制,最终还会导致天下不公正,因此需要德制优先。"则唯道之以德乎！未尝不有教令之施,而上之所躬行者,皆孝友慈良之实,即以此而喻民之亲亲长长,而感其天良。有不齐焉,则齐之以礼乎！未尝不有画一之法,而上之所裁定者,酌大中至正之规,乃以此而纳民于饮、射、冠、昏,而咸使率从。诚若是也,则天子有德于上,公卿大夫有德于下,德则荣,而无德则辱;观礼于邦国,行礼于乡党,有礼者人敬之,而无礼者人慢之;于是而自念善之不勉而恶之不去,出无以对君长,而入无以对闾里,有耻必矣。既耻焉,则勉其力之不及,抑其情之甚便,而皆格于善矣。至于格,而为善之实已习,则为善之乐自生;居其上而为之君者,可以无负于天作元后之任矣。"②船山认为德制是更好的治理制度,原因是德制科条不多,多是大的原则宗旨,有基本的道德规范,从内心良知入手进行教育治理,有耻辱之心,则不会做恶行,为善去恶,天下平安公正。

王船山认为社会治理制度首先要以德制为优先的制度。船山沿用了孟子的观点,主张优先选择从心入手的治理制度,以心为治的制度即是德制。孟子说:"无恒产而有恒心者,惟士为能。若民,则无恒产,因无恒心。苟无恒心,放辟邪侈,无不为已。及陷于罪,然后从而刑之,是罔民也。"③船山训义:"夫王者岂能听民之自丧其天良而莫之惩哉？而苟无恒产,以无恒心,以至于恣所欲而放,因成乎偏僻之恶;行其私而邪,因成乎穷极之慝。于是而苟可为焉,无不为已,至于是而不得不加之刑矣。无以养之于先,而刑之于后,思其所以致此之由,非驱之纲罗之中而使不得自出乎？则焉有仁人在

①　《四书训义》,《船山全书》(第七册),岳麓书社 2011 年版,第 281 页。
②　《四书训义》,《船山全书》(第七册),岳麓书社 2011 年版,第 281 页。
③　朱熹:《孟子·梁惠王上》,《四书章句集注》,中华书局 1983 年版,第 211 页。

位而忍之乎？赦之不能,刑之不忍,上之法穷,而民心愈离。是故明君念之于早,求之于恒心,而为之于恒产,则制之不容不定矣。度提封之广袤,而与民数相酌者,此制也;取地力之肥瘠,而与生计相衡者,此制也。"①孟子主张德制是关键的治理制度,德制从心入手,当政者必须以德服人,对民众施加恩惠,保民和养民;没有以心为制的治理是对民众施加压制,使民众犯罪,这是对民不公正,因此公正的制度是选择以德感化的制度。船山明显沿用了德制优先的观点,认为公正的治理制度是德制。德制公正体现在:以恩惠保民,让民众有基本的生活保障;提前预防,不让民众陷入犯罪罗网。从心入手的制度当然是公正的制度,事先就治理;刑制则从强力入手,强调事后的压制和惩罚,相对来说是不公正的治理制度。

王船山认为德制优先的原则当然最后能够达到为善去恶的目的,德制治理能够导向公正,优于以利为诱惑的制度。"善者非以赏故善也,王者以赏功善,志士蒙其赏而犹耻之。小人则怀赏以饰善,而伪滋生,而赏滋滥。"②纯粹的物质诱惑不利于公正的维护,物质诱惑导致私欲产生,损害公正,以德引导的制度可以通达社会公正。"先王之教,亲文匿武,非徒以静民气而崇文治也。文可亲,武不可亲。不可亲者,不可以教,教之以武黩,黩则衰。"③船山赞成古圣先王的德制优先的治理模式,文武兼治,但崇文贱武,文制优先,文制就是类似于德制,如果以武制优先,则走向衰败。"夫能用人者,太上以德,其次以信,又其次则惟其权耳。人好逸而不惮劳,人好生而不畏死,自非有道之世,民视其君如父母,则权之所归,冀依附之以取利名而已。"④以德感化人的制度是公正的制度,德制之所以是公正的,是因为民众欢迎,符合天下人的意愿,弘扬了善德,祛除功名利禄等过分的私利,为善去恶是公正的导向。

王船山认为以爱对待天下民众的制度是公正的制度,爱养天下是仁政。"夫王者之爱养天下,如天而可以止矣。宽其役,薄其赋,不幸而罹乎水旱,则蠲征以苏之,开粜以济。而防之平日者,抑商贾,禁赁佣,惩游惰,修陂池,治堤防,虽有水旱,而民之死者亦仅矣。赋轻役简,务农重谷,而犹有流离道殣者,此其人自绝于天,天亦无如之何。而何事损勤苦之民,使不轨之徒悬望以增其敖慢哉？故文王发政施仁,所先者鳏、寡、孤、独,所发者公家

①  《四书训义》,《船山全书》(第八册),岳麓书社 2011 年版,第 83—84 页。
②  《读通鉴论》,《船山全书》(第十册),岳麓书社 2011 年版,第 148 页。
③  《读通鉴论》,《船山全书》(第十册),岳麓书社 2011 年版,第 513 页。
④  《读通鉴论》,《船山全书》(第十册),岳麓书社 2011 年版,第 543 页。

之廪,非取之于民而以饱不勤不节之惰农也。"①真正的仁政是公正的制度,体现在轻徭薄赋、重农轻商、抗灾救难,让鳏、寡、孤、独者都有养护,鼓励勤奋的民众。德制虽然以德为先,但不是包容不善之人,不对懒惰的人宽容,因此是公正的制度。

王船山推崇德制优先的制度,强调以德为先行的引导制度,治理之前就以德进行规劝和学习,达到治理的目的。"是以古之圣王,后治而先学,贵德而贱功,望之天下者轻,而责之身心者重,故耄修益勤,死而后已,非以为天下也,为己而已矣。为己者,功不欲居,名不欲立,以天子而无殊于岩穴之士,志日专,气日敛,欲日憺忘,心日内守,则但患其始之未正也,师保任之也;不患其终之不永也,无可见之功勋,则无告成之逸豫也。"②德制主张先学后治,先行用德规劝,学习德性,而后再进行治理,入德之学在先,治理之行在后,贵德而贱功,天下治理以心治为重,达到公正。

总之,王船山主张在选择治理制度模式上首先选择德制,以德制治理天下是优先的制度,德制可以实现社会公正。德制以仁义为中心,达到仁治而公正,以仁爱保养天下民众,社会公平公正。船山认为以德治为核心的政治制度提倡以德化民,能够达到为善去恶的目的,德制治理能够导向公正,优于以利欲为诱导的制度。德制优先的制度强调以德为先行的引导,治理之前就以德进行规劝和学习,达到公正的目的。

## 二、法 制 辅 佐

王船山德制优先的公正原则体现了仁治的公正,但并不是说德制是治理的唯一模式。船山主张选择既有德制又有法制相和合的政治治理模式,法制的选择也是必要的,法制辅佐德制,达到法治公正。船山注重天地人的和合思想,张载说:"太和所谓道,中涵浮沉、升降、动静相感之性,是生纲缊相荡、胜负屈伸之始。"船山注:"涵,如水中涵影之象,中涵者其体,是生者其用也。轻者浮,重者沉,亲上者升,亲下者降,动而趋行者动,动而赴止者静,皆阴阳和合之气所必有之几,而成乎情之固然,犹人之有性也。"③太和之道就是和合之道,船山将和合之道运用于政治治理思想之中。船山的民本思想通过解构朱子理学、建构人本哲学和权变的政治途径,逐步建立起和合的社会公正思想,水到渠成,其和合思想即是政治治理中的观念多元性、

---

① 《读通鉴论》,《船山全书》(第十册),岳麓书社 2011 年版,第 703 页。
② 《读通鉴论》,《船山全书》(第十册),岳麓书社 2011 年版,第 852 页。
③ 《张子正蒙注》,《船山全书》(第十二册),岳麓书社 2011 年版,第 15 页。

和谐性思想,不是千篇一律而是共生共存的思想。船山和合的社会政治思想主要体现在以刑辅礼和德法教民上,目的是达到社会公正。

明清思想家在治理制度上主张礼刑并用,以德化民,但辅以法治,初步显现出法治思想的萌芽,这与先秦、两汉和宋代儒家思想有些不同,提升了刑制的重要性。孔子主张礼治,"为政以德","齐之以礼",核心观点是"德政",基本上反对"刑政",刑的地位非常低,甚至不主张刑治的辅佐地位。但船山则在治理制度上转向以刑辅礼,以德化民,德法并用,初显法治的政治价值观,是礼刑、德法思想的和合。

王船山主张刑以辅礼,相辅相成,即是说法制辅助德制,"教有所不屑,而不教亦仁;刑出于无心,而刑以佐礼"①。刑制辅佐礼制,抬升了刑制的地位。"以刑治者,治人者也;以礼治者,自治者也。"②刑与礼成为政治治理的双重动力,通过自律和他律达到有效的政治治理。刑地位的提升显现了法制思想的提升,也促进了民本政治价值观的提升,因为人本价值需要法制来保障,不可随意践踏。

王船山看到法制在执行过程中的局限性,主张有法必依,执法必严,而不可随意乱法,其根本还是以公的正本心才能守法。"人君而苟有志于为政,则必有操之于心、见之于事者,以为经世之大用,而抑将何所以哉?法成而天下且窃吾法,刑立而天下且乱吾刑,导之以善而莫我向也,欲止其恶而益相违也,则唯以德乎!民皆有为善之本心,上无以倡之,则志气不发;上无以启之,则从违不审。唯为政者以无欲清主心,而躬行者皆其心得;以善教正民好,而心得者见之施行;不恃法而法简矣,不尚刑而刑静矣。此乃以己之正,正人之不正之要道也。"③船山主张本心公正就能达到法治公正和遵纪守法的目的,他不仅没有否定法制与刑制的地位,相反肯定了法与刑两种制度的地位和作用。

王船山认为实现民本公正需要有适合民众特点的法制,因地制宜,公正的法制运用不能千篇一律,法制的选择要适合。"要而论之,天下之大,田赋之多,人民之众,固不可以一切之法治之也。有王者起,酌腹裹边方、山泽肥瘠、民人众寡、风俗淳顽,因其俗之便,使民自陈之,邑之贤大夫酌之,良有司裁之,公卿决之,天子制之,可以行之数百年而不敝。而不可合南北、齐山泽、均刚柔、一利钝,一概强天下以同而自谓均平。盖一切之法者,大利于

---

① 《四书训义》,《船山全书》(第八册),岳麓书社 2011 年版,第 541 页。
② 《春秋家说》,《船山全书》(第五册),岳麓书社 2011 年版,第 348 页。
③ 《四书训义》,《船山全书》(第七册),岳麓书社 2011 年版,第 277—278 页。

此,则大害于彼者也。如之何其可行也!"①不可以一切之法制治理民众,风俗各异,因地用法,因人用法,这种思想提升了社会公正性,这是和合的法治观念,多元共存,保护了不同民众的存在、发展和幸福的人本价值。

《礼记》主张德法并用,以法制辅助德制,王船山沿用了德制、法制并用的观点。《礼记》说:"公族之罪,虽亲不以犯有司,正术也,所以体百姓也。刑于隐者,不与国人虑兄弟也;弗吊,弗为服,哭于异姓之庙,为忝祖远之也。素服居外,不听乐,私丧之也,骨肉之亲无绝也。公族无宫刑,不翦其类也。"《礼记》主张适当地选择"术"与"刑"并用的制度进行治理。船山章句:"'犯',干也。'有司',执法之官。'不以犯'谓不挠法而必使有司谳鞠之。'术',法也。'体百姓'者,不纵所亲以贼百姓。'虑'者,以为患而计除之也。此申明第十一节之义,其事虽非庶子之官所掌,而所以处公族者,情法两伸,使之奖于善而惩于恶,以尽人伦之理,则亦国子所由正而法无非教矣。"②主张通过执法部门对亲近的人加强法制治理,避免亲近的人妨碍天下公正。公正的制度是"情"与"法"两方面都要兼顾,奖善惩恶,最终是为了天下公正无私。对亲人、公族适当选择法制治理是法制辅佐德制,达到天下公正。

王船山认为法制具有辅佐、调衡德制的作用。法制的辅佐作用在关键的时候对社会治理非常明显,没有法制的辅助,天下难以实现公正。"法未足以治天下,而天下分崩离析之际,则非法不足以定之。"③天下混乱之际,德制的治理显得苍白无力,没有法制的运用,不足以平定天下,平定天下即是初步公正。法制的调衡作用也非常明显,关键的时候使德制得到保障,"正大持理法之衡,刑赏尽忠厚之致,不可不慎也"④。治理中有理的原则和德的宗旨,最终需要遵守,如果得不到遵守,则需要通过刑赏的途径使其遵守,最后实现德治。

王船山认为德制之所以需要法制的辅佐是因为德制有所不足,德制不能让小人得到有效遵守,必须以法制限制小人。法制能够明确地限制小人的行为,因此适当的法制是有利于德制的。船山说:"政之善者,一再传而弊生,其不善者,亦可知矣。政之善者,期以利民,而其弊也,必至于厉民。立法之始,上昭明之,下敬守之,国受其益,人受其赐。已而奉行者非人,假其所宽以便其弛,假其所严以售其苛,则弊生于其间,而民且困矣。政之不

---

① 《读通鉴论》,《船山全书》(第十册),岳麓书社 2011 年版,第 608 页。
② 《礼记章句》,《船山全书》(第四册),岳麓书社 2011 年版,第 528 页。
③ 《读通鉴论》,《船山全书》(第十册),岳麓书社 2011 年版,第 893 页。
④ 《宋论》,《船山全书》(第十一册),岳麓书社 2011 年版,第 101 页。

善者,厉民以利国,而其既也,国无所利,因以生害,而民之厉亦渐以轻。立法之始,刻意而行之,令必其行,禁必其止,怨怒积于下而不敢违,已而亦成故事矣。牧守令长之贤者,可与士民通议委曲,以苟如其期会而止,而不必尽如其法。若其不肖者,则虽下不恤民嚣,上亦不畏国法,但假之以济其私,而涂饰以应上,亦苟且塞责而无行之之志。则其为虐于天下者,亦渐解散而不尽如其初,则害亦自此而杀矣。故即有不善之政,亦不能操之数十年而民无隙之可避。由此言之,不善之政,未能以久贼天下;而唯以不善故,为君子所争,乃进小人以成其事,则小人乘之以播恶,而其祸乃延。故曰:'有治人,无治法。'则乱天下者,非乱法乱之,乱人乱之也。"①船山认为德制宽松,法制严苛,二者都有弊端。德制的宽松是让民众受惠,但德制的运用只能在贤者和士民中间进行,对不肖者和小人则不能广泛运用德制治理,必须以法制进行辅佐德制进行治理。但同时必须有德制把握方向,有法制而不能得到执行,法制也没有作用。法制辅佐德制治理天下,天下公正。

虽然王船山选择法制治理只是对德制的辅佐治理,但是船山认为法制不是首要的制度选择,首要的制度还是德制。"法无有不得者也,亦无有不失者也。先王不恃其法,而恃其知人安民之精意;若法,则因时而参之。礼乐刑政,均四海、齐万民、通百为者,以一成纯而互相裁制。举其百,废其一,而百者皆病;废其百,举其一,而一可行乎?"②船山认为法制只是参与德制的治理,适时参与辅佐,而不是一律用法制治理。如果千篇一律用法制治理,则容易出现不公正,原因是法制并非完全能够实现治理,执行法制的人很关键:"法者非必治,治者其人也;然法之不善,虽得其人而无适守,抑末由以得理,况乎未得其人邪?"③无德之人不能使法律得到执行,法制治理与执行人关系重大。

总之,王船山主张既有德制又有法制而相和合的政治思想,选择法制治理也是必要的,法制辅佐德制,达到法治公正。船山主张刑以辅礼,相辅相成,即是说法制辅佐德制,法制具有辅佐、调衡德制而达到公正的作用。德制之所以需要法制辅佐,是因为德制不能让小人得到有效遵守,必须以法制限制小人。法制能够明确地限制小人的行为,因此适当的法制是有利于德制的。

---

① 《宋论》,《船山全书》(第十一册),岳麓书社 2011 年版,第 192—193 页。
② 《读通鉴论》,《船山全书》(第十册),岳麓书社 2011 年版,第 797 页。
③ 《读通鉴论》,《船山全书》(第十册),岳麓书社 2011 年版,第 700 页。

## 三、均　制　贫　富

王船山制度公正论最后进入制度均平的思想上,主张通过平治实现公正。均平公正的内容是对贫富、贵贱进行适当均衡、调衡,力求达到一定程度的公正。如果贫富悬殊过大,将贵贱区分得过于明显,则公正无从实现。船山提出均衡制度,主要是在贫富上实现均衡,通过均衡制度达到天下平治。船山说:“限也者,均也;均也者,公也。天下无大公之德以立于人上,独灭裂小民而使之公,是仁义中正为帝王桎梏天下之具,而躬行藏恕为迂远之过计矣。”①适当地均衡才是公正,公正是人人都有生存发展的机会,不同等级的人都能前进,而不是打压小民、欺压百姓。如果用仁义的口号欺压小民,则仁义成为工具。“力均则度义,义均则度德;力可恃也,义可恃也,至于德而非可以自恃矣。”②适当的均衡是力量均衡、大义均衡。均衡需要坚守德性,有德性之实,则有均衡之行,在船山那里均衡制度是德制,通过德制达到均衡。船山认为均衡是为了达到均齐方正,实现社会公正。船山说:“一国之人,为臣为民,其分之相临,情之相比,事之相兴,则上下、左右、前后尽之矣。为立之道焉,取此六者情之所必至、理之所应得者,以矩絜之,使之均齐方正,厚薄必出于一,轻重各如其等,则人得以消其怨尤,以成孝弟慈之化,而国乃治矣。其授之以可以尽孝弟慈之具,则朱子所谓‘仰足事,俯足育’者,固其一端;而为之品节位置,使人皆可共率由夫君子之教者,则必东阳所谓‘规矩制度’者,而后为治道之全也。”③对上下、左右、前后进行调节均衡,使君臣、君民在地位和财富上达到均衡,厚薄适度,轻重有分,天下得到安定,达到平治公正。

王船山的均衡达到公正的思想是对《礼记》均衡思想的沿用和发挥。《礼记》说:“太上贵德,其次务施报。礼尚往来,往而不来,非礼也;来而不往,亦非礼也。”《礼记》的礼尚往来思想实际上就是均衡思想,通过礼尚往来达到彼此公平公正。船山章句:“‘礼’者,以齐天下,合贵贱贤不肖而纳于道者也,是故因其报施之情而奖之以酬酢,则达情兴行而人无不劝也,是以‘礼尚往来’。以礼接人者,必以理应;应以礼者,必更以礼接之。”④礼的目标是均衡和平齐天下,让贵与贱、贤与不肖在多个方面达到均衡,使天下公平公正,并不是指仅一个人有礼而对方无礼。船山认为礼的创立就是为

---

①　《读通鉴论》,《船山全书》(第十册),岳麓书社2011年版,第194页。
②　《读通鉴论》,《船山全书》(第十册),岳麓书社2011年版,第211页。
③　《读四书大全说》,《船山全书》(第六册),岳麓书社2011年版,第438页。
④　《礼记章句》,《船山全书》(第四册),岳麓书社2011年版,第18页。

了均衡公正而创建。船山说:"夏、殷之礼,因时创制。周公监于二代,建一王之典,而三恪之后,犹修先世之事守,虽文献凋落,尚多传习。孔子折中裁定,归于画一,顾其言曰'吾从周',又曰'某殷人也',则孔氏所讲习而行用者,固有杂殷、周之制者焉。夫子没,七十子之徒亲闻习见,各得圣人之一体,是以尊闻行知,各有所尚。而春秋以降,学士大夫之行礼者,或移于俗尚,逾于轨则,或附古行私,名合实离,或惩创流俗,矫枉过直,参诸孔门传说之不一,诚有不得而齐者矣。夫礼,经也;因事变之不齐而斟酌以中节者,权也。唯圣人而后可与权,则下此者不得与矣。是篇杂记夫子以后行礼异同之迹,其出入得失,或因圣言以为之论定,或虚悬其事而不明著其是非。"①船山认为礼的创立是时代的需要,礼是夏代和商代创建的大经、大道原则,周代礼制达到完善。礼制创建的目的是把握时事、因公去私、矫枉过正、斟酌调节、权衡得失、辨明是非,最后达到均衡,实现公正。前面已经论述过选择礼制达到公正,礼制相互为敬,相互为敬则达到均衡。船山说:"王者之道,无不敬而已。敬天,而念天之所鉴者,惟予一人而已,非群工庶尹之得分其责也。敬民,而念民有秉彝之性,不以怀利事其长上,务奖之以坦然于好义也。敬臣,而念吾之率民以养贤者,礼必其至,物必其备,辞必其顺,而与共尽天职勤民事也。天子敬臣民,臣民相胥以敬天子,而吏敬其民以不侮,民敬其吏以不嚣。无不敬者无不和,则虽有墨吏,犹耻讥非;虽有顽民,犹安井牧。畏清议也,甚于鬼神;贱货财也,甚于鞭挞。以宽大之心,出忠厚之语,平万族之情,定上下之纪,夫岂卜急刻峭之夫所得与也?君子出其言不善而千里违之,诅怨之言,何为在父母斯民者之庭哉?"②君王与群臣相互为敬,官吏与民众相互为敬,则天下相和相利,符合大义公正。敬以相和,贱财得教,天下公正。相敬达到公正的原因是君王和大臣达到均衡,官吏和民众达到均衡,兼顾彼此的生存和发展,达到天下平治。

　　王船山提出均衡制度是基于矫正社会存在乱象的需要。社会仇杀四起产生的原因是贫富悬殊过大,贵贱地位不一,官吏占有大量社会财富和资源,恃强凌弱,欺压百姓,社会极端不公正,于是暴民四起,社会混乱。船山说:"小民之无知也,贫疾富,弱疾强,忌人之盈而乐其祸,古者谓之罢民。夫富且强者之不恤贫弱,而以气凌之,诚有罪矣。乃骄以横,求以忮,互相妨而相怨,其恶惟均。循吏拊其弱而教其强,勉贫者以自存,而富者之势自戢,岂无道哉?然治定俗移而民不见德。酷吏起而乐持之以示威福,鸷击富强,

① 《礼记章句》,《船山全书》(第四册),岳麓书社 2011 年版,第 131 页。
② 《宋论》,《船山全书》(第十一册),岳麓书社 2011 年版,第 240 页。

而贫弱不自力之罢民为之一快。广汉得是术也。任无藉之少年,遇事蜂起,敢于杀戮,以取罢民之祝颂。于是而民且以贫弱为安荣,而不知其幸灾乐祸,偷以即于疲惫,而不救其死亡。其黠者,抑习为阴慝,伺人之过而龁啮之,相仇相杀,不至于大乱而不止。愚民何知焉,酷吏之饵,酷吏之阱也。而鼓动竞起,若恃之以为父母。非父母也,是其嗾以噬人之猛犬而已矣。"①社会不同类型的人相互仇视,官吏恃强欺压贫弱,贫弱者得不到有效的生存保障,于是社会暴动四起。解决社会暴动的根本方法是实现社会均衡,缩小贫富差距,让民众有基本的生活保障,将贵贱地位拉近,让弱者有基本的人权保障,不可恃强凌弱,达到社会公正,平治天下。船山提出均衡制度是基于贫富悬殊过大、贵贱等级过高导致天下不公的事实,他说:"国无贵人,民不足以兴;国无富人,民不足以殖。任子贵于国,而国愈偷;贾人富于国,而国愈贫。任子不能使之弗贵,而制其贵之擅;贾人不能使之弗富,而夺其富之骄。"②国家要有贵人和富人,但因为富贵与贫贱的差距过大则有失公正,因此必须对富贵、贫贱进行适当均衡,达到公正。

王船山主张通过均衡制度达到公正,关键途径是重农轻商,以农为根本,以农为本的制度可以使贫富达到均衡。他说:"以治民之制言之,民之生也,莫重于粟;故劝相其民以务本而遂其生者,莫重于农。商贾者,王者之所必抑;游惰者,王者之所必禁也。然而抑之而且张,禁之而且偷,王者亦无如民何。而惟度民以收租,而不度其田"。"人各保其口分之业,人各劝于稼穑之事,强豪者又恶从而夺之?则度人而不度田,劝农以均贫富之善术,利在久长而民皆自得,此之谓定民制也"。③ 以农为本,抑制商贾,目的是让贫富差距保持在合理的范围内,使贫富达到均衡,在土地制度上以人口数量为主要参考指标,而不以田地面积为参考指标,达到公正。"居民上者皆以养民为名,而求其实有德以及民者鲜也。君子之道,以实心行实政,必有惠之逮下也。"④土地制度必须保障天下民众有适量的土地,均衡土地,让民众享有实惠,实现一定程度的公正。

王船山认为不大量霸占民众的土地,不对民众征收高税赋,均衡制度才得以贯彻,公正得以实现。"什一之赋,三代之制也。孟子曰:'重之则小桀,轻之则小貉。'言三代之制也。天子之畿千里;诸侯之大者,或曰百里,或曰五百里,其小者不能五十里。有疆场之守,有甲兵之役,有币帛饔飧牢

① 《读通鉴论》,《船山全书》(第十册),岳麓书社 2011 年版,第 161—162 页。
② 《读通鉴论》,《船山全书》(第十册),岳麓书社 2011 年版,第 89 页。
③ 《读通鉴论》,《船山全书》(第十册),岳麓书社 2011 年版,第 512 页。
④ 《四书训义》,《船山全书》(第七册),岳麓书社 2011 年版,第 417 页。

饩之礼,有宗庙社稷牲币之典,有百官有司府史胥徒禄食之粟,其制不可胜举。聘义所云'古之用财者不能均如此'是已。故二十取一而不足。然而有上地、中地、下地之差,有一易、再易、莱田之等,则名什一,而折中其率,亦二十而取一也。"①公正的税赋是均衡的税赋,什一税赋制比较折中和适中,基本是公正的税赋。如果税赋过高,民众难以承受,生存出现危机,这是官吏对民众不公正,因为不同等级的官吏占有天下大量土地,农民租种官吏、地主的土地,税赋过高,民众无法生存,天下不公正。"役其人,不私其土,天之制也;用其有余之力,不夺其勤耕之获,道之中也;效其土物之贡,不敛其待命之粟,情之顺也;耕者无虐取之忧,不耕者无幸逃之利,义之正也。"②均衡制度主张官吏不能霸占大量的土地,土地的拥有也要均衡,土地集中于少数人手中,大部分民众则没有耕种的土地,不能生存,天下则没有公正。

　　总之,王船山制度公正论主张均衡制度,均衡制度的运用是对贫富、贵贱进行适当均衡和调衡,力求达到一定程度的公正。船山提出均衡制度,主要是在贫富差距上实现均衡,在贵贱地位上实现一定限度的平等,通过均衡制度达到天下平治。船山提出均衡制度是基于矫正社会存在乱象的需要和基于贫富悬殊过大、贵贱等级过高导致天下不公正事实的需要。利用均衡制度达到公正,关键途径是重农轻商,以农为根本。以农为本可以使贫富达到均衡,官吏不大量霸占民众的土地,不对民众征收高税赋,均衡制度才能得到贯彻,公正得以实现。

---

① 《读通鉴论》,《船山全书》(第十册),岳麓书社 2011 年版,第 113 页。
② 《读通鉴论》,《船山全书》(第十册),岳麓书社 2011 年版,第 746 页。

# 第八章　评价公正论

王船山公正思想从形而上学公正论、工夫公正论走向至善公正论,完成中国哲学三个维度的逻辑建构,从元伦理、规范伦理走向美德伦理,完成了元伦理学、规范伦理学和美德伦理学三个维度的建构和逻辑演绎。元伦理学维度建构了天道公正论和人道公正论,规范伦理学的维度建构了心治公正论、礼治公正论、治民公正论和制度公正论。在规范公正论建构完成后,船山公正思想进入美德伦理学维度的建构。船山希望通过美德伦理学的视角建构公正思想的美德评价体系,称为评价公正论。

王船山的评价公正论是美德伦理学的范围,主张建立公正的伦理评价体系而促进社会公正,核心思想是使用道德评价体系评价道德是否公正,证明行为是否具有公正美德,即以美德评价体系评价行为是否公正以达到社会公正的目的,总称为美德公正论,这是说建立公正的道德评价制度和公正地运用道德评价机制达到社会伦理道德公正的目的。船山美德公正论主要从以实立名、质本文末、良心美誉三个方面展开,目标是建构公正的道德评价机制和实现现实评价的公正。

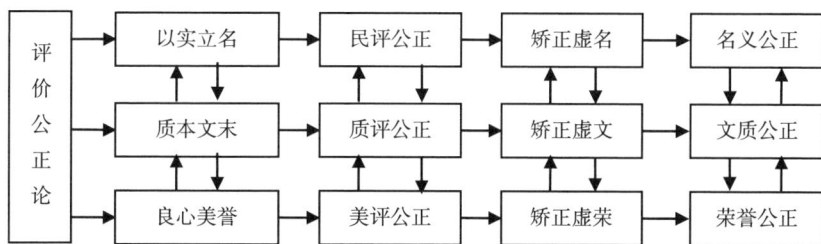

**评价公正内容界说逻辑图示**

从图示可以看出,船山评价公正思想的展开主要从名实、文质、德誉三个方面展开:名实公正需要以实立名,确立民众评价的公正机制,确立评价的主体在民众,以广大民众是否得到实惠为公正的评价标准,此阶段是说评价主体是民众,大义公正,矫正虚名;文质公正主张质本文末,确立本质评价的公正机制,做到评价的内容视角以本质为准,以实实在在的本质作为公正的内容,此阶段是说评价内容在于实际的公正,而不在于制度和条文,矫正虚文;心誉公正主张德美誉尊,确立美学视角评价的公正机制,做到评价的目标是达到美的公正,以德性和荣誉是否达到仁义作为公正的评价目标,此阶段是说评价目标在于美德,美德公正,矫正虚誉。船山评价公正思想通过评价机制的建构,最后促进道德公正不断发展,目的是矫正不公正的道德行为发生。

## 第一节　民众评价标准

王船山的评价公正论首先是名实上的公正,从以实立名思想上展开,目的是在实际的名实关系上确立以现实评价是否公正的评价机制。名实公正的宗旨是以实立名,确立以民众来评价是否道德公正的机制,做到评价的主体在民众,以广大民众是否得到实惠作为公正的评价标准。评价主体是广大民众,实现大义的道德公正,矫正虚名。

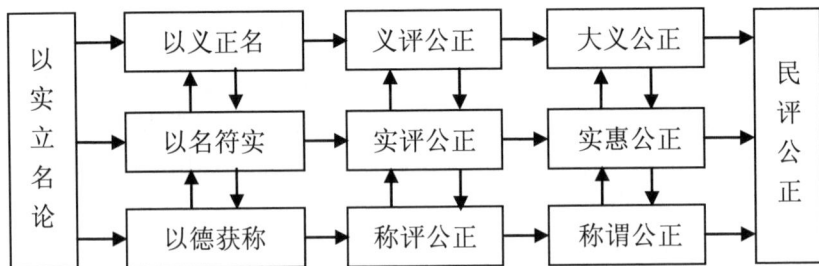

以实立名公正论内容界说逻辑图示

从图示可以看出,名实公正论是美德公正论的内容,从名实关系上切入,实现名实公正的核心思想是通过以实立名而达到评价公正,名实公正体现在以义正名、以名符实、立德获称三个方面对评价公正的机制进行确立,其核心思想是民众是评价道德行为是否公正的主体,民众评价道德是否公正主要评价大义公正、实惠公正、德性公正三个方面,矫正徒有虚名的公正,最终达到道德公正和社会公正的目的。

## 一、以 义 正 名

王船山建构美德公正论首先通过公正评价的思想体现出来,即是说行为如何得到评价才能称得上公正的道德。为了评价道德的公正性,船山首先提出名实的公正评价,即是说行为本身是否达到公正的性质,关键要评价行为的名与行为的实是否一致,评价的主体来评价道德实际,行为的道德性质是否体现了民众所期望的大义宗旨。基于评价主体为民众这一事实,名实公正则是美德公正论的重要内容,通过名实标准的评价达到美德伦理,实现公正的美德。船山名实公正论首先从名义关系论上展开,名源于义,因名立义,通过义评价行为,大义评价道德的公正性。

王船山直接提出义是评价公正的根本,名需要义来评价,公正之名最后要通过大义来检验。"名义云者,因名以立义,为可由不可知之民言也。不知义矣,为之名以使之顾而思,抑且欲其顾而思而不但名也,况君子之以立民极而大白于天下者哉!"①有公正之名,还要有义来评价是否公正,义即是以民众为主体的大义,因此,民众是评价的主体。"名义者,邪正存亡之大司也,无义不可以为名,无名不可以为义,忠臣效死以争之,奸雄依附而抑必挟之。"②公正的评价在名义上体现,名义相辅相成,因名以立义,因义以成名。

王船山认为义是天下大义,以大义评价公正,他说:"夫义,有天下之大义焉,有吾心之精义焉。精者,纯用其天良之喜怒恩怨以为德威刑赏,而不杂以利者也。使天下知为臣不忠者之必诛而畏即于刑,乃使吾心违其恩怨之本怀,矫焉自诬以收其利。然则义为贼仁之斧而利之囮也乎?"③义不是个人之义,是天下大义,大义是公正大义,大义之所以公正是因为大义排除个人单方的私利,以义评价道德是否公正合理。"以大义服天下者,以诚而已矣,未闻其以术也;奉义为术而义始贼。义者,心之制,非天下之名。心所勿安而忍为之,以标其名,天下乃以义为拂人之心而不和顺于理。"④道德是否公正,以大义为标准,则评价公正,天下信服,大义是评价公正道德的标准。

义为何能够评价道德公正,原因在于义能正名,即是说义能够矫正道德之名。船山说:"明明在上者,天理也;赫赫在下者,人心也。无幸灾徼利之心,而自行其性之哀戚,视三凶如犬豕,而孰恤其恩怨之私哉?故天下无不可伸者,义也,义以正名,而志卒以行。"⑤上有天理,下有人心,人心有私利,容易出现不公正之道德,义是天下大义,大义可以伸张,纠正私利德性。

义对名有评价功能,纠正名号不当使道德落到实处。名是德性的尊称名号,但名号需要义来评价和证实。"名者,实之所自薄也,故好名为士之大戒。抑闻之曰:'三代以下,唯恐不好名'斯亦非无谓之言,盖为人君取

① 《读通鉴论》,《船山全书》(第十册),岳麓书社 2011 年版,第 79 页。
② 《读通鉴论》,《船山全书》(第十册),岳麓书社 2011 年版,第 406 页。
③ 《读通鉴论》,《船山全书》(第十册),岳麓书社 2011 年版,第 84 页。
④ 《读通鉴论》,《船山全书》(第十册),岳麓书社 2011 年版,第 84 页。
⑤ 《读通鉴论》,《船山全书》(第十册),岳麓书社 2011 年版,第 555 页。

士、劝奖天下于君子之途而言也。士以诚自尽而远乎名,则念深而义固;上以诚责下忌其名,则情暌而耻刑;故名者,亦人治之大者也。因义而立,谓之名义;有节而不可逾,谓之名节;人君之求于士者,节义而已。"①名来源于大义,但名有可能与义不相一致,只好名则偏离大义,违背大义,有名无义,因此名义应该一致,最终义是根本。孔子曰:"名不正,则言不顺;言不顺,则事不成。"船山训义:"徇一时倚托之名,从苟且幸成之计,此野人之以计功利而忘天性者。"②名需要义来证明,无义则不能有名,以义正名。有天下之名必须有天下之义,因义而尊名。船山说:"位号者,天下之公尊,非人子所得以己之尊加于其亲,义也。若夫死而哀从中发,哭踊服食之节,达其中心之不忍忘,则仁也。降而为期,止矣;过此而又降焉,是以位为重而轻恩,戕性之仁矣。哀死者,情也;情之所自生者,性也。称尊者,名也;名之所依者,分也。秩然不可干者,分以定名;怆然不容已者,情以尽性。舜视天下犹草芥,而不得于亲,不可以为人。"③名是对人的尊称,位号即是名,位号不能随意加给身边亲人,必须体现出大义公正。舜有大义,没有随意给亲人位号,体现了道德公正。因此,公正需要大义来评价,大义评价道德之名。"为名而有所推奉者,其志不坚;人为名而尊己者,其立不固。"④既然名需要义来评价证明,纯粹为名,则违反大义公正,名也不长久。名要得到天下公认,因为名必须是公正之名。"操非果忠于主者,而名义所在,昭然系天下之从违,固不敢犯也。未有犯天下之大义,而可以屈群雄动众庶者也。"⑤船山说曹操虽然不道德,但曹操不敢违反天下公义之名。

义之所以能评价名是因为义是公正大经,天下常道。"不可拂者,大经也;不可违者,常道也。男正位乎外,女正位乎内,既嫁从夫,夫死从子,妇道之正也。虽有庸主,犹贤哲妇。功不求苟成,事不求姑可,包鱼虽美,义不及宾。此义一差,千途皆谬,可不慎与!"⑥天下有常道,公正无邪,大义评价道德行为,天下自有公论,名义一体,以义评价名。以义评价名是公正的评价,船山说:"故有天下者,崇儒者以任师保,若无当于缓急,保宗祏、燕子孙、杜祸乱者,必资于此。诗书以调其刚戾之气,名义以防其邪僻之欲,虽有私焉,

① 《读通鉴论》,《船山全书》(第十册),岳麓书社 2011 年版,第 921—922 页。
② 《四书训义》,《船山全书》(第七册),岳麓书社 2011 年版,第 731 页。
③ 《读通鉴论》,《船山全书》(第十册),岳麓书社 2011 年版,第 501—502 页。
④ 《读通鉴论》,《船山全书》(第十册),岳麓书社 2011 年版,第 210 页。
⑤ 《读通鉴论》,《船山全书》(第十册),岳麓书社 2011 年版,第 342 页。
⑥ 《宋论》,《船山全书》(第十一册),岳麓书社 2011 年版,第 107 页。

犹不忍视君父之血乱如鸡鹜,而唯其齟磋。"①名义调节善恶,防止邪恶,因此以义评价名是公正的评价。

以义评价名,评价主体是民众,名不符合义,则天下不信服。"甚哉名义之重也,生乎人之心,而为鍼铗剑刃以刺人于隐者也。故名以生实,而义不在外。苟违乎此,疑在肘腋而先战乎心。夫欲有所为,而无可信之人,必危;有可信之人,而固不敢信,必败。"②因义而有名,名不离义,有义则天下信服,是否有公正道德,天下大义自有公论,因为天下民众是大义的标准,以民来评价是为了大义。"名不正,义不直,浮鼓其忿欲以逞,其中之铗刃,常不去于肺肝。是以无名无义而欲有为于天下,即以之攻无道而不克,况以之犯顺哉?故自疑者必疑人,信人者必自信也。自不可信,人不可保,疑之而隳功,信之而祸亦起。"③名正则义直,通过义评价名号和称谓,如果没有公正的道德,有名而无实,天下不信服,会祸害四起。"乱天下者,托于名以逞其志欲;故君子立诚以居正,而不竞以名,则托于名者之伪露以败,而君子伸。乱天下者,并其名而去之不忌,则能顾名以立事者,虽非其诚而志欲伸,无可为名者,莫能胜也。管、蔡内挟孺子、外挟武庚以为名,非无名也,自不可敌周公之诚也。项羽立义帝而弑之,并其名而去之矣;汉高为帝发丧,名而已矣,而天下戴之以诛羽之不义。使义帝而存,汉高之能终事之也,吾不敢信,然而以讨项羽则有余。故胡氏曰:'与其名存而实亡,愈于名实之俱亡。'此三代以下之天下,名为之维持也大矣。"④船山认为没有公正之名,即使假托公正之名,也会失败,因为名存实亡,如不符合大义实际则名位称号也会丢失。名的维持需要大义,以天下民众为大义,诚意公正才能够成功。"是故先王贱利以纳民于名义,节其情,正其性,非计近功者所能测。"⑤民众是评价道德公正的主体,道德是否公正需要名义相符,无义则无名,因为整体民众的评价是大义的标准,大义评价道德是否公正。

综上所述,名实公正是美德公正论的重要内容,评价主体是民众,通过名实标准的评价达到美德伦理,实现公正的美德。王船山名实公正论首先从名义关系上展开,名源于义,因义而得名,通过义评价道德,大义评价道德是否公正。义是评价道德是否公正的根本标准,名需要义来评价,公正之名最后要通过大义来检验。义是天下大义,是民众之义,大义评价道德是否公

① 《读通鉴论》,《船山全书》(第十册),岳麓书社 2011 年版,第 551 页。
② 《读通鉴论》,《船山全书》(第十册),岳麓书社 2011 年版,第 118 页。
③ 《读通鉴论》,《船山全书》(第十册),岳麓书社 2011 年版,第 118 页。
④ 《读通鉴论》,《船山全书》(第十册),岳麓书社 2011 年版,第 350 页。
⑤ 《读通鉴论》,《船山全书》(第十册),岳麓书社 2011 年版,第 919 页。

正,以民众大义作为评价标准能够矫正道德之名。

## 二、以 名 符 实

王船山的名实公正论完成了以义评价公正的内容后,进入以实评价公正的思想内容,意思是说以名符实,名实相符。评价道德是否具有公正性,要通过实际来检验。评价主体依然是天下民众,道德行为是否公正,需要广大民众来评价,以广大民众是否享有公正的待遇为主要评价指标。公正不是抽象的公正,而是现实的公正,要让广大民众享有实惠,评价主体的数量要大,范围要广。

王船山认为公正要落到实处,公正是实实在在的公正,以实在的内容指标评价是否公正。"素履无咎,居心无伪,而抑于大节不失焉,则行之也,和顺而无矫物之情,笃实而不期功名之立,动之以天而物弗能违矣。"①无咎、无伪、和顺都指的是公正,证明是公正的,笃实就是公正,"实"体现在不追求功名,不追求虚名。"治天下之纲纪,非徒以其名也。其实在,其名虽易,纲纪存焉。其实亡,其名存,独争其名,奚益哉!"②纲纪的确立以实为标准,使用纲纪让民众享有实惠,不是徒有虚名,纲纪必须公正无私,让广大民众享有实惠。船山所说的"实"实际是指给民众基本的生存实惠,对民众有实在的恩泽。制度公正最后都要落实到民众是否得到真正的实惠上去。"民未给养而徒修其文,则固无以兴起孝弟而虚设此不情之仪节矣。虽然,文与质相辅以成者也,本与标相扶以茂者也。以天下之未给而不遑修其礼焉,俟之俟之,而终于废坠矣。修其文以感天下之心,抑可即此以自感其心,俯仰磬折之下,顾文而思之,必有以践之,而仁泽之下流,亦将次第而举矣。"③民众需要得到基本的生存保障,徒有虚文礼仪、礼节,而民众还是没有基本的生存保障,这是不公正的。因此公正是现实的公正,而不是抽象的公正,不是一纸空文。以实评价公正,则能证明公正是否真实。

以实评价道德是否公正为何能够达到公正呢?原因在于实是道德本身的规定。《管子》说:"德者,道之舍,物得以生生,知得以职道之精。故德者,得也。得也者,其谓所得以然也。"④德即是得到之义,如果公正没有落到实处则没有体现出有德性。子曰:"君子疾没世而名不称焉。"范氏曰:"君子学以为己,不求人知。然没世而名不称焉,则无为善之实可知矣。"船

---

① 《读通鉴论》,《船山全书》(第十册),岳麓书社 2011 年版,第 220 页。
② 《读通鉴论》,《船山全书》(第十册),岳麓书社 2011 年版,第 296 页。
③ 《读通鉴论》,《船山全书》(第十册),岳麓书社 2011 年版,第 254 页。
④ 黎翔凤撰,梁运华整理:《管子·心术上》,《管子校注》,中华书局 2004 年版,第 770 页。

山训义:"君子所自省而自责者,实也;听其自至而无容心者,名也。虽然,引人之公论以自考,亦奚容视名为不足恤而任之乎? 一事之不见德于天下,历众事而德不可忘矣;吾心之不可白于流俗,见之百行而无不可白矣;其始之或远于人情,迨其终而人无不顺矣。若其没世而犹不称焉,则人终无可称也。富贵福泽,为人情向背之常;忠孝廉节,乃人心同然之感;而无可称也乎哉?"①君子以实评价自身,即德性要体现在日常生活之中。心中是否有德性,在于对百姓民众是否有实在的德性行动,见德于天下则有公正之德,得到民心则有公正之实,让民众享有实在的恩泽,并且数量大、范围广,不因人情让少数人得到特别恩泽,这即是公正。因此评价是否公正以民众为评价主体,以实惠为现实内容。《礼记》云:"殷人作誓而民始畔,周人作会而民始疑。苟无礼义忠信诚悫之心以莅之,虽固结之,民其不解乎?"礼义忠信即是絜矩之道,制衡私欲,体现公正。船山对此章句:"'礼',敬让也。'义',方直也。尽己曰'忠',以实曰'信',不妄曰'诚',不贰曰'悫'。礼义者,忠信诚悫之实;忠信诚悫者,礼义之本也。以忠信诚悫之心行乎礼义,则笃实光辉,自能感民固有之天良,不待誓会以固结之矣。"②公正的评价不仅以礼制为内容,还将礼制与义相结合,真正做到忠信笃实。以实评价道德公正,能够实现公正。

王船山以实评价公正,说明不可只追求虚名,有名而无实则不是公正道德。追求名就是好利,私欲盛行则不公正。"名与利,相违者也;实与名,末相违而始相合也。举世骛于名,而忠孝之诚薄;举世趋于利以舍名,而君臣父子之秩叙,遂永绝于人心。故名者,延夫人未绝之秉彝于三代之下者也。夫子于卫辄父子之际,他务未遑,而必先正名,盖有不得已焉耳。"③名利相违离,但名实则可以相符,追求名利则不公正,追求名实相符则能够达到公正。以实正名,实质上是以实评价德的名号和称谓,促进道德公正。

王船山以实评价公正的观点是对孔子观点的继承。孔子说:"有君子之道四焉:其行己也恭,其事上也敬,其养民也惠,其使民也义。"船山训义:"居民上者皆以养民为名,而求其实有德以及民者鲜也。君子之道,以实心行实政,必有惠之逮下也。子产之于民也,因其敝而抚之,大不旷而小不遗,期于民之受其泽也,君子之惠也。居民上矣,则有使民之权,而求其酌乎宜以令民者鲜也。君子之道,以定理制定法,必其义之所当为也。"④君子之道

①　《四书训义》,《船山全书》(第七册),岳麓书社 2011 年版,第 848—849 页。
②　《礼记章句》,《船山全书》(第四册),岳麓书社 2011 年版,第 278 页。
③　《读通鉴论》,《船山全书》(第十册),岳麓书社 2011 年版,第 351 页。
④　《四书训义》,《船山全书》(第七册),岳麓书社 2011 年版,第 417 页。

追求对民众是否有实惠,通过实惠达到大义,因此公正是自己有实心,君王有实政,民众享有实惠,民众有实际的权力,实现社会公正。因此,以实评价道德是否公正是公正的评价标准。

名实相符是评价道德公正的原则。名实不符,而假托公正之名,则不能体现为公正,有名无实是抽象的公正,不是现实的公正。船山说:"夫盗也,而称帝王,悖乱之尤,名实之舛甚矣,然而虚拥其名,尚不如其无名也。既曰帝矣,曰王矣,为之副者,曰将相矣,曰牧守矣,即残忍颠越,鄙秽足乎讪笑,然且曰此吾民也,固不如公然以蛇豕自居、唯其突而唯其螫也。故位也者,名也,虽圣人有元后父母之实,而天下之尊之以位者,亦名而已。君天下而天下保之,君天下而思保其天下,盗窃者闻风而强效焉,则名位之以敛束暴人之虔刘,而翕合离散之余民者,又岂不重哉? 宝也者,保也,人之所自保也。天下有道,保以其德;天下无道,保以其名;故陈胜起而六王立,汉室沦而孙、曹僭,祸且为之衰减。人不可一日而无君,天佑下民,作之君,作之师,伪者愈于无,况崛起于厌乱之余以安四海者哉!"①船山认为君王高高在上,有其名,但君王是否具有高高在上的道德呢? 君王有其名必须体现出君王应有实际的道德,即公正的道德。君王高高在上,也要让民众享有基本的实惠,生活能够得到基本的保障,"保民而王"才能体现道德公正。以实评价政治的得失成败,以实评价当政者的道德,必然是公正的道德评价。孔子曰:"名不正,则言不顺;言不顺,则事不成。"船山训义:"以不正之名而为言,则天理所著,人心所安,皆因名而颠倒,言不顺矣。不正不顺,而所为者皆非天理而托于天理,非民彝而托于民彝,百官以典章为虚迹,百姓以纲纪为玩弄,事其成乎?"②以实评价政治、道德,不能托名证明道德公正,必须以实评价道德是否公正,以实证明道德是否公正。君王不能假托天理、民意、典章之公正来评价自身公正,必须以实评价政治公正和道德公正。

综上所述,王船山以实评价道德公正的思想是名实公正论的内容,道德是否具有公正性,要通过实际来检验。天下民众是评价主体,道德是否公正需要广大民众来评价,以广大民众是否享有公正的待遇为主要评价指标。公正是现实的公正,还是抽象的公正,要让广大民众享有实惠,民众主体的数量要大,范围要广,公正的评价是名实相符,不是托名而不符实际的评价。

① 《读通鉴论》,《船山全书》(第十册),岳麓书社 2011 年版,第 724 页。
② 《四书训义》,《船山全书》(第七册),岳麓书社 2011 年版,第 731 页。

### 三、以德获称

王船山以义评价道德、以实评价道德是否公正的思想实际上就是为了纠正名誉、名位、名称是否真正具有公正的道德性质，力求公正有其名必有其实，有其名必有其义。德与义、德与誉、德与称都要相符和相合。船山的名实评价道德公正的思想最后进入"德"与"称"的评价思想上，主张德称相宜，"称谓"要符合德性的实际，民众对道德的评价通过"称谓"体现出来，"称谓"即能说明是否符合公正的道德。

王船山认为有德之人必然有其"称谓"，民众自然能够评价其是否有公正的道德。"称谓"来源于德性的落实，有其实必然有其德，有其德必然得到应有的"称谓"，德称相宜，民众自有公正的评价。船山沿用了孔子德称相宜的观点，孔子说："泰伯，其可谓至德也已矣！三以天下让，民无得而称焉。"船山训义："君子之大辨，义利名实而已。无苟利天下之心，则义以至；无求名当世之意，则实已全。故夫子发微阐幽，而称泰伯以立教曰：古之人以立德为尚，则表著于来兹者惟德也，而或有至有不至，盖一因乎其居心之实而已。吾上溯周之先世而考泰伯之事，求之于德，则可谓至也矣。以言乎道，道无不允也。乃以求之于心，皆心所据以为理之必然，而无一念之不诚也。"①孔子认为德称相宜，民众对道德的评价是公正的，有其德必有其称谓，民众的评价是公正的评价。有公正的道德必有天下民众的公正评价。船山说："是盖求之于心者尽，信之于心者笃，忘形迹而全其至性，德淘至矣哉！天下之有不有，一决之吾心之义，而义以曲全。让之不可不三，一因乎此心之实，而实无他念。利尽而义成，实全而名不以动其念。立教者其取法于斯，则忠孝廉节皆至诚无妄之理矣。"②以义为心，义行天下，必然有其实，以义为念，则公正无私，天下民众必然以德名相称，民众对其的"称谓"来源于其公正道德，民众的称谓是对其公正道德的客观评价。

王船山认为民众对德性是否公正的评价是公正客观的，民众对士人、官员的道德评价进行了全面的权衡，评价是公正的。船山沿用了孔子的观点，以骥马为例作了说明。孔子曰："骥不称其力，称其德也。"尹氏曰："骥虽有力，其称在德。人有才而无德，则亦奚足尚哉？"船山训义："天下之所谓才，非才也；足心见长于人，而卒为天下病，何贵有才哉！请以马言之：马之有其力，足尚矣。然使恣其奔腾迅速之才，虽一日而致千里，而吉行五十里，军行

---

① 《四书训义》，《船山全书》（第七册），岳麓书社 2011 年版，第 526 页。
② 《四书训义》，《船山全书》（第七册），岳麓书社 2011 年版，第 526 页。

三十里,将何往乎？惟其力之有余,而能调而与服骖相得,良而与衡轭相安,故车不倾,而往来如御者之志,人乃称之曰骥也,非凡马之所及也。然则有才行于天下,而天下慕之；施于后世,而后世仰之；不抑有合乎人心,顺乎天德者乎？"①骥马有力,但对骥马的评价关键在于其德,不称其为马而为骥,原因在于其德,骥的德在于能够为天下民众尽心尽力,合乎天下民众之心,德性高尚,因此称谓为骥。评价骥是否有德性的主体是民众,称其为骥不称其为马,评价是公正的,有其称必有其德,评价称谓是公正的。《论语》："齐景公有马千驷,死之日,民无德而称焉。伯夷叔齐饿于首阳之下,民到于今称之。"船山训义："贤不肖之相去岂不远哉！而其所自分,义利而已。利者,期乎富也。义者,本天下之常,而人所不能,己独从焉,则拔乎流俗而异矣。"②道德评价自有分别,是贤则是贤,是不肖则是不肖,义利自有分别,公正自在人间,不会因为流俗而没有公正的评价。"乃死之日,德不立,而民无称,无可称者也。"③没有德性,则民众对其没有高尚的称谓,"称谓"评价了其道德是否公正。

王船山对孔子德称相宜的观点始终赞成,认为有其德必有其称,称谓评价了道德是否公正和高尚。孔子曰："才难,不其然乎？唐虞之际,于斯为盛。有妇人焉,九人而已。三分天下有其二,以服事殷。周之德,其可谓至德也已矣。"范氏曰："文王之德,足以代商。天与之,人归之,乃不取而服事焉,所以为至德也。孔子因武王之言而及文王之德,且与泰伯,皆以至德称之,其指微矣。"船山训义："乃夫子言周德,则尤有观其深焉者。其论之曰：夫周之德,十五王之积功累仁,武、周之救民水火,是足以上顺帝心,下慰民志矣。而非但此也。勤民者自为君者之天职,吊伐者乃不得已之世局,下有以合愚贱之情,而退无以惬幽独之志。"④周文王之所以有至德之称是因为文王以天下民众为念,救民水火,体贴民情,天下民众归服文王,民众称谓其有至德,称谓是对文王公正道德的公正评价。"而深有所不敢者,大义之植于天；深有所不忍者,至仁之根于性。夙夜求其无愧,非天下望治者不可解。而一信诸心,此则周之德也。天不能移,人不能与,其可不谓之至德乎！"⑤从深层次上说,周文王的德性关注天下大义,是大道天命本性使然,其德性称谓无愧于天下,因此有至德之称,称谓是对文王公正道德的

---

① 《四书训义》,《船山全书》(第七册),岳麓书社 2011 年版,第 806 页。
② 《四书训义》,《船山全书》(第七册),岳麓书社 2011 年版,第 894 页。
③ 《四书训义》,《船山全书》(第七册),岳麓书社 2011 年版,第 894 页。
④ 《四书训义》,《船山全书》(第七册),岳麓书社 2011 年版,第 555—556 页。
⑤ 《四书训义》,《船山全书》(第七册),岳麓书社 2011 年版,第 556 页。

最好评价。

总之,王船山的以名实评价道德公正的思想进入德与称的评价思想上,主张德称相宜,称谓要符合德性的实际,民众对道德是否公正的评价通过民众对其"称谓"体现出来,"称谓"能够说明是否符合公正的道德。船山认为有德之人必然有其相应称谓,民众自然能够评价其有公正的道德。民众对道德是否公正的评价是公正客观的,船山沿用了孔子的德称相宜的观点,认为有其德必有其称,以民众的称谓评价了道德是否公正和是否高尚。

## 第二节　本质评价标准

王船山的评价公正论在完成名实公正论的建构后,进入质文公正论,从质与文的辩证关系上展开,建构质文公正论,目的是评价道德行为的本质是否公正,建立以本质、本性为基础的节文制度来评价道德是否公正,建构以本性为宗旨的评价机制。质文公正的宗旨是质本文末,确立以本质来评价道德是否公正的机制,做到评价的内容关注道德本质,以本质是否符合天德、良知和善性作为公正的评价标准,评价内容是本性和本质,实现本质公正,矫正虚文。船山质文公正论主要从质先文后、质文相宜、民情公论三个方面展开。

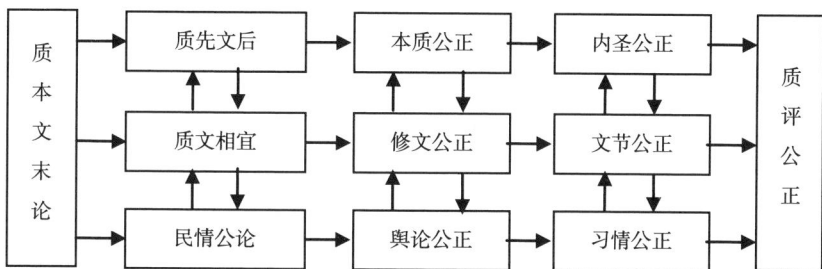

**质本文末公正论内容界说逻辑图示**

从图示可以看出,质文公正论是美德公正论的内容,公正道德从质文关系上切入,实现质文公正的核心思想是通过"以文达质"而达到评价公正,质文公正体现在质先文后、质文相宜、民情公论三个方面对评价公正的机制进行建构,质文公正的核心思想是以本质作为评价指标,评价行为是否公正为内容。评价道德是否公正主要评价本质公正、修文公正、舆论公正三个方面,矫正徒有虚文的公正,最终达到社会道德公正和社会公正的目的。本质公正是内圣的公正,修文公正是节文的公正,舆论公正是民情的公正。

## 一、质 先 文 后

王船山的美德公正论力图建构道德公正的评价体系。在名实的评价体系建构完成后进入质文的评价体系思想建构，以质文的互动关系推动道德公正的评价体系建构。船山主张质文关系的互动推动道德公正的评价，中心思想是以本质、实质评价道德行为是否公正，道德行为不符合本质、实质则是不公正。船山质文公正论首先从质先文后上展开，以本质作为评价道德是否公正的核心内容。

"质"和"文"分别指的是本质和节文，"质"指的是本心之性和内在之质，排除做作、掩饰和修饰的成分。"文"则是指制度、礼仪和精神面貌，带有文采和修饰的成分。《礼记》说："礼减而进，以进为文。"郑玄注释说："文，犹美也，善也。"①"文"是修饰之美，达到更完善的状态。"质"则没有修饰，是本原、本性状态，不一定具有美感。孔子曰："文王既没，文不在兹乎？"朱熹注释说："道之显者谓之文，盖礼乐制度之谓。"②"文"指的礼乐制度。以质为先则重视事物的本来状态，还原事物的真实，以"质"作为评价指标则具有公正的评价基础。王船山以质先文后为宗旨，推到道德评价达到公正的目的。

王船山对孔子的质、文关系进行解释和发挥，提出质先文后，以本质作为评价道德是否公正的标准。孔子曰："质胜文则野，文胜质则史。文质彬彬，然后君子。"杨时注："文质不可以相胜。然质之胜文，犹之甘可以受和，白可以受采也。文胜而至于灭质，则其本亡矣。虽有文，将安施乎？然则与其史也，宁野。"③孔子提倡文质并进，君子是文与质的统一，杨时则主张以本质为中心的评价体系。船山对此训义："文质者，人治之大，而夫人动静云为之际，莫不有文质辨焉。有其心则有其事，守之于己，而不求其尽美；施之于人，而不求其可敬：此质也。然但执此以制行，则质胜文矣。夫野人亦有爱敬之情，自好之念，而不能达其情，充其念。质胜文者，不且与彼同其率情而径行乎？以其事饰其心，修之于己，而必求其可观；施之于人，而必求其相得：此文也。然但务此以为行，则文胜质矣。夫府史则但求为有功可见，无过可摘，而不必功之有可据，过之有可疵。文胜质者，不且同其饰外而忘中乎？夫苟其欲为君子，则或失而野，或失而史；虽有其质，不足以成令仪；

---

① 阮元：《礼记·乐记》，《礼记正义》，《十三经注疏》，中华书局1980年版，第1544页。
② 朱熹：《论语·子罕》，《四书章句集注》，中华书局1983年版，第110页。
③ 朱熹：《论语·雍也》，《四书章句集注》，中华书局1983年版，第89页。

虽有其文,不能以质幽独。"①船山主张以本质作为评价道德公正的标准,强调"质"胜"文"。"质"是心性的本原之状,不求达到美感,关键是以本心去行动,守护本心的善,行事以本心的善为根本,不去以"文"进行掩饰,有功则有功,有过则有过。船山认为以"文"为中心的评价标准则会导致用文进行掩饰,没有功劳但通过文饰进行表功,达到个人私利的目的,没有实际功劳而得利则是评价标准的不公正。因此,"文"不能脱离"质",文过饰非则是不公正。

　　既然以质为先的道德评价是首要的,公正的道德评价则强调质先文后,那么,本质、本性是评价道德公正的中心内容和关键指标。船山认为圣人之道是以本心的善作为"质",这也是道统,不追求文饰。"夫圣人之化,岂期之天下哉? 尧有不令之子,舜有不恭之弟,周公有不道之兄,孔子有不朽不雕之弟子,草野无知,而从容中道于道路,有是理哉? 以法制之,以刑束之,以利诱之,民且涂饰以自免;是相率为伪,君子之所恶也。汉之儒者,辞淫而义诡,流及于在位,袭之以为政。霸之邪也,有自来矣。君子之道,如天地之生物,各肖其质而使安其分,斯以为尽人物之性而已矣。"②圣人以自我本心为"质",以自我内圣为先引领天下道德,道德是否公正首先从自我本质的善性开始,以本质引导公正,而不是以文饰相伪诱导公正,以文饰为中心的诱导必然导致相互欺诈,最后评价也是不公正的。

　　王船山以质为先的评价思想突出了本质是心的善质。"名之不胜实、文之不胜质也,久矣。然古先圣人,两俱不废以平天下之情。奖之以名者,以劝其实也。导之以文者,以全其质也。人之有情不一矣,既与物交,则乐与物而相取,名所不至,虽为之而不乐于终。此慈父不能得之于子,严师不能得之于徒,明君不能得之于臣民者也。故因名以劝实,因文以全质,而天下欢欣鼓舞于敦实崇质之中,以不荡其心。"③圣人以善为质,"文"是对"质"的丰富和完善,"质"是关键的,因"文"而成全"质","文"是为"质"服务的,人心的本质是善,圣人治理以本心、本质作为治理的根本,使治理达到本质和本心,不主张治理之中的文饰过度。"情者,性之依也,拂其情,拂其性矣;性者,天之安也,拂其性,拂其天矣。志郁而勃然以欲兴,则气亦蕴蕴屯结而待隙以外泄。迨其一激一反,再反而尽弃其质以浮荡于虚名。利者争托焉,伪者争托焉,激之已极,无所择而唯其所泛滥。"④以本质、本心的评

---

① 《四书训义》,《船山全书》(第七册),岳麓书社2011年版,第459—460页。
② 《读通鉴论》,《船山全书》(第十册),岳麓书社2011年版,第169—170页。
③ 《读通鉴论》,《船山全书》(第十册),岳麓书社2011年版,第389页。
④ 《读通鉴论》,《船山全书》(第十册),岳麓书社2011年版,第389页。

价即是以本性为中心的评价,本性来源于天,天命之性则是善性,不主张以虚名、虚文作为掩饰的评价标准,如果追求虚名、虚文,则是以个人私利为目的,其道德评价体系是不公正的。

王船山认为以质为本的评价是公正的评价,国家治理是否公正在于是否关注了本质。"夫饬大法、正大经、安上治民、移风易俗,有本焉,有末焉,有质焉,有文焉。立纲修纪,拨乱反正,使人知有上下之辨、吉凶之则者,其本也。缘饰以备其文章,归于允协者,其末也。末者,非一日之积也。文者,非一端之饰也。豫立而不可一日缓者,其本质也。俟时而相因以益者,其末文也。"①船山认为国家确立纲纪必须关注根本,根本即是使民众得以安定,使社会风俗走向正气,而不是以末为本,不是关注文饰、文章的完备,质为先,文在后。"治天下之纲纪,非徒以其名也。其实在,其名虽易,纲纪存焉。其实亡,其名存,独争其名,奚益哉?"②治理天下不要徒有虚名,必须以本质性、实在性为治理天下的根本特性,而不是关注纲纪文字的本身。孔子说:"先进于礼乐,野人也;后进于礼乐,君子也。如用之,则吾从先进。"③意思是前辈以质朴为重点,后辈以文饰为重点,孔子强调质朴为先,不能文过其实。船山训义:"夫人之有礼乐,岂但以其名哉! 于以服躬行而酬酢于天下,盖将以有用之也。而世之大患,莫甚于徇一时之名,而不顾其心之所安与身之所宜行,则将随流俗以迁而莫知所止。"④不以关注文饰礼乐为中心,而以关注实际本质的善为中心。

王船山认为"文"是人表达大道和志向的一种形式,"文"体现自我的本质,不能随便借用,使用必须慎重。"君子之有文,以言道也,以言志也。道者,天之道;志者,己之志也。上以奉天而不违,下以尽己而不失,则其视文也莫有重焉;乐以自见,则轻矣。乐以自见,而轻以酬人之求。则人不择而借之以为美。为人借而以美乎人,是翡翠珠玑以饰妇人也;倚门者得借,岂徒象服是宜之子哉?"⑤文是表达君子之道的形式,文要符合天道本质,不是徒有虚文,不能随便借用,以不慎重的文词去评价道德是不公正的评价。

王船山认为过于追求文字、文饰,则不能使民众享有实际的恩泽,本质不在于文而在于实际的恩惠。他说:"民未给养而徒修其文,则固无以兴起

---

①　《读通鉴论》,《船山全书》(第十册),岳麓书社 2011 年版,第 92 页。
②　《读通鉴论》,《船山全书》(第十册),岳麓书社 2011 年版,第 296 页。
③　朱熹:《论语·先进》,《四书章句集注》,中华书局 1983 年版,第 123 页。
④　《四书训义》,《船山全书》(第七册),岳麓书社 2011 年版,第 636 页。
⑤　《读通鉴论》,《船山全书》(第十册),岳麓书社 2011 年版,第 439—440 页。

孝弟而虚设此不情之仪节矣。虽然,文与质相辅以成者也,本与标相扶以茂者也。以天下之未给而不遑修其礼焉,俟之俟之,而终于废坠矣。修其文以感天下之心,抑可即此以自感其心,俯仰磬折之下,顾文而思之,必有以践之,而仁泽之下流,亦将次第而举矣。"①民众享有实在的恩惠才是治理的本质,而不徒有文字制度;感动天下是以本质和本心的公正去感动,而不是徒有虚文。因此,以质为先的评价标准才能评价道德是否具有公正性。"天下骛于文,则反之于质以去其伪;天下丧其质,则导之于文以动其心。故质以节文,为欲为君子者言也;文以存质,所以闵质之亡而使质可立也。"②"文"的存在以"质"为核心,没有"质"则"文"也无从谈起,以文存质,以质立文,质先文后,本质是评价道德公正的优先内容。

总之,王船山的美德公正论进入质文的评价思想建构,主张以质文关系的互动推动评价道德是否公正,以本质、实质评价道德行为是否公正。船山主张质先文后,以本质作为评价道德是否公正的核心内容,公正的道德评价强调质先文后。本质是指本心的善,不追求文饰。国家治理是否公正在于是否关注了本质,是否给民众以本质的恩惠。

## 二、质 文 相 宜

王船山主张质先文后道德公正评价,并不是说他就不强调文对公正道德评价的推动作用。船山也主张质文相宜的道德评价体系的建构,文质兼容,推动公正的道德评价。船山的质文相宜的评价体系强调"文"对公正的道德具有促进作用,"文"可以形成公正的美德,修文有利于公正,以"文"评价道德也有利于公正的发扬光大。

王船山认为"文"是人对自然秩序的文化反映,质与文相互促进,相互依靠。文在古代既指文章也指礼仪制度,是对社会人文素养的总称,在不同的场所指向性有所不同,但都是对人类的精神、制度的一种概括。《礼记》云:"礼乐皆得,谓之有德。德者得也。"实质上"德"也是"文"。船山章句说:"喻其微而得之于心,非徒外修其文也。"③"德"也是"文",文是人内心的精神本质。张载认为文是对自然万物的归纳与总结,体现在人的精神而反映自然本质的思想就是"文"。张载说:"大中至正之极,文必能致其用,约必能感而通。""文"能致其用,说的是"文"是对世界大道的掌握,反映到

---

①　《读通鉴论》,《船山全书》(第十册),岳麓书社 2011 年版,第 254 页。

②　《读通鉴论》,《船山全书》(第十册),岳麓书社 2011 年版,第 609 页。

③　《礼记章句》,《船山全书》(第四册),岳麓书社 2011 年版,第 896 页。

人的思想之中,称为"文"。船山注:"大中者,无所不中;至正者,无所不正;贯天下之道者也。文有古今质文之异,而用之皆宜,非博辨而不适于用;约以礼,修之于己,无心于物,物无不应。盖文与礼,一皆神化所显著之迹,阴阳、刚柔、仁义自然之秩叙,不倚于一事一物而各正其性命者也。"①天道是自然秩序,"文"则是人对自然神化的反映与体悟,文与质相互依靠,自然是"道",人类是"文",质文相宜。孔子曰:"不知礼,无以立也。"船山训义:"夫人而欲自立,立敬而不敢怠,立爱而不忍忘,则可以立矣,而未也。心有尽而道无方,未明于自然之节文,而行多妄矣。礼之所生,情之所自裁也。情无不尽,而有不尽也。直前则多悔,制情则不可以常,知礼酌乎其中而得其宜,然后其所立者不迁。不知礼,则过焉而不知俯就之安,不及而不知企及之正也,物且乱之,而己且失之矣。"②"文"依赖自然之道,没有自然之道则没有"文";同时,"文"是人对自然的体悟和理解,没有文也不能理解自然物性,不能理解自然物性,人也会丧失其存在。因此,以文体物,以文达情,相得益彰。

王船山认为文与质相辅相成,"文"可以促成人体悟自然公正之道,达到公正的本质,可以培养公正的情感,因为自然之道被古人认为是公正的。"文与质相辅以成者也;本与标相扶以茂者也。以天下之未给而不遑修其礼焉,俟之俟之,而终于废坠矣。修其文以感天下之心,抑可即此以自感其心,俯仰磬折之下,顾文而思之,必有以践之,而仁泽之下流,亦将次第而举矣。"③文质相辅相成,没有"文"来表达对天下的理解,人会招致失败,有"文"的体悟和促进,天下人相感以相成,践行公正道德,让天下人享受恩泽。因此,"文"有利于对"质"的体悟,有利于促进道德公正。"则文以滋质,标以荫本,亦不得曰虚致此不情之仪节也。"④"文"对"质"具有重要的促进作用,以"文"培养公正道德,"文"可以培养公正的道德情感。"养老之典,有本有标,文其标也;文抑以动天下之心而生其质,则本以生标,标以荫本,枝叶荣而本益固矣。养老于庠,袒而割牲,执酱而馈,执爵而酳,标也。制民田里,教之树畜,免其从政,不饥不寒,而使得养其老,本也。王者既厚民之生,使有黍稷、酒醴、丝絮、鸡豚可以养其老矣;然恐民之怙其安饱,而孝弟之心不生也,于是修其礼于太学,躬亲执劳,惇宪乞言,以示天子之必有尊,而齿为天下之所重,乃以兴起斯民之心而不敢凭壮以遗老,则标以荫本

① 《张子正蒙注》,《船山全书》(第十二册),岳麓书社2011年版,第159页。
② 《四书训义》,《船山全书》(第七册),岳麓书社2011年版,第999页。
③ 《读通鉴论》,《船山全书》(第十册),岳麓书社2011年版,第254页。
④ 《读通鉴论》,《船山全书》(第十册),岳麓书社2011年版,第254页。

而道益荣。"①文与质的统一有利人的身体健康,特别是利于人的养老。关注基本的生活保障,衣食住行,这是养老的本;但还有修礼孝悌之尊,这是养老的文,标本兼顾,有利于益寿延年。"故有天下者,崇儒者以任师保,若无当于缓急,保宗祊、燕子孙、杜祸乱者,必资于此。诗书以调其刚戾之气,名义以防其邪僻之欲,虽有私焉,犹不忍视君父之血乱如鸡鹜,而唯其躢磔。"②读书作文章可以调节刚暴之气、矫正邪恶之念。对私欲的调节和矫正,需要用"文"不断培养和促进。因此文质相宜,修善文礼可以祛除邪恶,达到公正。"道者,刚柔质文之谓也。刚柔质文,皆道之用也,相资以相成,而相胜以相节。则极重而必改,相制而抑以相生,消息之用存乎其间;非即有安危存亡之大,则俟之三年而非需滞,于是而孝子之心遂,国事亦不以相激而又堕于偏。"③大道是文质的统一体,道有刚柔质文,相互促进,相互发展,有了质文相互促进,国家治理就不会发生偏向,实现社会公平公正。

王船山认为道德评价既要有"质"又要有"文",修文有利于道德评价的公正。君子之道是质与文的结合,君子文以达情,通过"文"尽量展示自然本质,而自然本质是公正无私的,因此文是对公正本质的展示。船山说:"君子之道以经世者,唯小人之不可窥者而已;即不必允协于先王之常道而可以经世,亦唯小人之所不可窥者而已。君子经世之道,有质有文。其文者,情之已深,自然而昭其美者也。抑忠信已浃于天下,天佑而人顺之,固可以缘饰而增其华者也。是则皆质之余,而君子不恃之以为经世之本。于是而小人窃之,情隐而不可见,天命人心不能自显,则窃而效之,亦遂以为君子之道在于此而无惭。然则小人之所可窃者,非君子之尚,明矣。"④以文达情,尽显自然之美,以忠信行遍天下,通过文饰尽量展示忠信之情,增加忠信的分量,让公正的道德尽量得到显现。君子之道与小人之道有明显的区分,君子以文质并存,小人则缺少"文",公正自见分晓,因此"文"有利于公正道德,以"文"评价道德也是必需的。

王船山将文质相宜作为社会是否公正的评价标准,认为文质相宜可以矫正社会偏斜,拨乱反正。"保其忠信之诚,而广以学问之益,有此心则必有以善全此心,有此事则必有以不欺此理者。其质也,尽乎天德之美,而人情物理之胥宜;其文也,必推诸所性之安,而使太过不及之有节;然后其为君子果成乎其为君子也。出可以移风易俗,而处亦有盛德之光辉,不可掩也。

---

①　《读通鉴论》,《船山全书》(第十册),岳麓书社 2011 年版,第 254 页。
②　《读通鉴论》,《船山全书》(第十册),岳麓书社 2011 年版,第 551 页。
③　《读通鉴论》,《船山全书》(第十册),岳麓书社 2011 年版,第 262 页。
④　《读通鉴论》,《船山全书》(第十册),岳麓书社 2011 年版,第 204 页。

欲为君子者,可不念彬彬之美,而思所以自善其饰文,以求免于流俗之偏乎!"①人有天德本质,有本善之性,此是"质";人依天德本性,无过无不及,有节制,此是"文"。君子文质彬彬,不堕入流俗,公正无私,因此文质相宜,有利于公正道德的发挥。

　　总之,王船山也主张质文相宜的道德评价体系的建构,文质兼容,推动道德评价的公正。"文"对道德公正具有促进作用,"文"可以形成公正的美德,"修文"有利于道德公正。船山认为"文"是人对自然秩序在文化上的反映,质与文相互促进,相互依靠,相辅相成,文可以促成人体悟自然公正之道,培养公正的情感。船山认为道德评价既要有质又要有文,"修文"有利于评价道德公正,可以矫正社会偏斜,拨乱反正。

### 三、民　情　公　论

　　如何检验本质上的公正,必须通过文礼进行证明和说明,王船山的质文评价论使道德是否公正得到评价。以"文"促进"质","文"还可以通过社会民情来反映,民情就是社会人文的表象。民情是评价道德是否公正的重要标准,反映了政治行为是否公正,因为民情是广大民众的情感,覆盖范围广,数量大,在社会上反映了大多数人的意愿,具有共同的意向品质,具有公正性,因此称为公论,即公众的评论和结论。民情最终以舆论的方式对道德的公正性作出评价。船山的质文评价最后进入民情评价,通过民情舆论评价道德是否具有公正性。

　　王船山认为民情评价了行为是否具有道德公正的性质,民情反映了政治治理是否做到了真正的公正。如果民众告状申诉过多,则说明政治治理不公正,天下自有公论。孔子曰:"听讼,吾犹人也,必也使无讼乎!"范祖禹注曰:"听讼者,治其末,塞其流也。正其本,清其源,则无讼矣。"杨时注曰:"子路片言可以折狱,而不知以礼逊为国,则未能使民无讼者也。故又记孔子之言,以见圣人不以听讼为难,而以使民无讼为贵。"船山训义:"今夫民之有讼,而为上者听之得其情,而折之以理,使直者伸而曲者服,人以为此可示劝惩而纳民于正矣。"②孔子等都主张正本清源,如果从本质上推行治理公正,则没有告状的事情发生,政治就是体现为公正。船山认为告状得到受理可以惩戒不公正,正义得到伸张可以达到公正,但是府衙最终不能使整个社会达到公正,最好的办法是从本质上达到道德公正。"无不能无讼,有使

---

① 《四书训义》,《船山全书》(第七册),岳麓书社 2011 年版,第 460 页。
② 《四书训义》,《船山全书》(第七册),岳麓书社 2011 年版,第 707 页。

之无讼者在;吾何以使民无讼,有所以使之者在也。我仪图之,尽其养之之理,而人可以自得而无求;正其教之之道,而人皆有耻心以自闲。而且德修于不言不动之地,以成乎兴仁兴让之风,则不待禁止其争,而民志自畏。"①上层政治必须从本质上达到行为公正无私,则下层民众有荣辱和廉耻的教育,从而实现天下公正。民情基本上能够对道德是否公正进行客观评价,总体上说具有公正性,民情通过天下舆论来体现,公正自然在社会舆论上反映出来。

王船山认为舆论体现了民情,检验了道德是否具有公正性。"言治道者,至于法而难言之矣。有宋诸大儒疾败类之贪残,念民生之困瘁,率尚威严,纠虔吏治,其持论既然,而临官驭吏,亦以扶贫弱、锄豪猾为己任,甚则醉饱之恣,帏帟之失,书篋之馈,无所不用其举劾,用快舆论之心。虽然,以儒者而暗用申、韩之术,将仁恕宽平之言,尧、禹、汤、文、孔、孟其有奖乱之过与?"②民情是对社会公正不公正行为的评价和反映,社会有不公正现象,酷吏横行,贫富悬殊,民不聊生,自然在民情上得到反映,于是有清官出来整治社会不公行为,拨乱反正,大快人心。民情对行为有公正的评价。民情是公正的评价,但治理不能操之过急,必须对民情的数量和范围进行核实,不可随意听从少数人的意见,不可矫枉过正。船山说:"仁而弱,宽而纵,崇情以戢法,养奸以病民,诚过矣。然使其过也,果害于国,果贼于民,则先王既著之于经,后世抑守之以律,违经破律,取悦于众,而自矜阴德,则诚过矣。欲谢其过,抑岂毛举瘢求、察人于隐曲,听惰民无已之怨讟,信士大夫不平之指摘,辱荐绅以难全之名节,责中材以下以不可忍之清贫,矜纤芥之聪明,立难撄之威武也哉? 老氏以慈为宝,以无为为正,言治言学者所讳也。乃若君子之言,曰宽、曰简、曰不忍人、曰哀矜而勿喜,自与老氏之旨趣相似而固不同科,如之何以羞恶是非之激发妨其恻隐邪?"③民情对人的行为基本是公正的评价,但民情必须具备数量大和范围广的特征,而不是少数人的意见和范围,不是少数惰民的意见,不可姑息养奸,因此舆论不在于少数人而在于多数人。治理必须把握民情,权衡轻重,不可操之过急。

王船山认为民情就是公论,评价是公正的,公论是治理的依据。"公论者,朝廷之柄也。小人在位,天下未闻其恶,外臣未受其伤,而台谏争之,大臣主之,斥其奸而屏逐之,则臣民安于下而忘言;即其击之不胜,而四方犹静

①　《四书训义》,《船山全书》(第七册),岳麓书社 2011 年版,第 707—708 页。
②　《读通鉴论》,《船山全书》(第十册),岳麓书社 2011 年版,第 827 页。
③　《读通鉴论》,《船山全书》(第十册),岳麓书社 2011 年版,第 827 页。

处以听,知朝廷之终有人而弗难澄汰也。如是,则不保国之无奸邪,而四海
无争衡之祸。公论之废于上也,台谏缄唇,大臣塞耳,恶已闻于天下,而倒授
公论之柄于外臣,于是而清君侧之师起,而祸及宗社。"①天下邪恶不公正,
小人当政,天下遭殃,民怨沸腾,朝廷治理必须依据民情进行治理,民情舆论
是对政治和行为的公正评价,民情评价了道德是否公正。"然宰相之贤者,
且虑有未至而见有或偏,不肖者之专私无论也;先以中舍之杂判,尽群谋以
迪其未达,而公论之伸,则益以集而权弗能擅,其失者庶乎鲜矣。"②民情对
道德的评价具有公正性,贤和不肖者各得其名,以此为治理,则不会失败。

王船山认为民情对道德的评价之所以是公正的评价,是因为民情代表
了大多数人的意愿,主导了道德的善,民情与社会融为一体,是天下的公论。
因此,政治治理必须关注民情,尽量达到民情所期望的公正道德。船山说:
"夫人未有乐为不道之言者也,则夫人亦未有乐为不道之行者也。士之未
遇,与民相迩,与天下之公论相习。习而欲当于人心,则其言善矣。言之善
也,而人主不得不为之动。迨其已得当于人主,而人主之所好而为者不在
是;上而朝廷,下而郡邑,士大夫之所求合于当世者,又不在是;遂与人主之
私好,士大夫怀禄结主之风尚相习。习而欲合乎时之所趋,则其行邪而言亦
随之。故不患天下之无善言也,患夫天下之为善言者行之不顾也。不患言
之善而人主不动也,患夫下之动上也,以谔谔于俄顷;而下之动于上也,目荧
耳易,心倾神往,而不能自守也。"③船山将民情与公论相提并论,民情代表
了公论,公论向善,以善为宗旨,因此公正无私。民情是公正的舆论导向。
民情舆论既然是公正的道德评价和行为公正评价,政治治理就必须依据民
情进行治理,纠正不公的道德行为发生,士大夫必须信守公正,关注民情。

王船山认为天下自有民情,天下自有公论,但公论只是一种舆论导向,
是道德公正评价的基本导向,以公正的善为宗旨。有时某一行为并不是完
全符合仁,但总的来说还是反映了公正之善和公正之仁。"毁誉之不当者
多也,然而天下之公论存焉。虽其拂人之性,亦不能谓尧暴而跖仁也。舍此
而一以功业程之,此申、韩之陋术,而益之以拘迫,不肖者涂饰治具以文其贪
庸;不逮,则鞭策下吏、桎梏民庶以副其期会,灾不在天,异不在物,而民已
穷、国已敝矣。"④天下自有民情公论,虽说一时有过急行为,但总的原则并
没有违背善德,民情舆论是公正的评价。"若夫过之不可掩,而君子谓其如

① 《读通鉴论》,《船山全书》(第十册),岳麓书社 2011 年版,第 521 页。
② 《读通鉴论》,《船山全书》(第十册),岳麓书社 2011 年版,第 758 页。
③ 《读通鉴论》,《船山全书》(第十册),岳麓书社 2011 年版,第 131—132 页。
④ 《读通鉴论》,《船山全书》(第十册),岳麓书社 2011 年版,第 180 页。

日月之食者,则惟以听天下后世之公论,而固非己自快言之以奖天下于戕恩。"①如果当时民情舆论不能作出准确的公正评价,后世自有公论,评价还是公正的。

综上所述,王船山质文公正论主张以"文"促进"质","文"通过民情来反映本质。民情是评价道德是否公正的重要标准,因为民情是广大民众的情感,覆盖范围广,数量大,反映了大多数人的意愿,具有公正性,民情最终以舆论的方式对道德的公正性作出评价。民情评价了行为是否具有道德公正的性质,反映了政治治理是否做到真正的公正。舆论体现了民情,检验了道德是否具有公正性。民情就是公论,评价是公正的,民情代表了大多数人的意愿,主导了道德的善。

## 第三节　美誉评价标准

王船山的评价公正论完成名实、质文公正论的建构后,进入良心美誉公正思想上,从良心与美誉上展开,建构心誉公正论,目的是在美学上建立以良心、美德为基础的品格来评价道德是否公正,建构以美德为宗旨的评价机制。心与誉公正的宗旨是通过良心、名誉、品格的公正达到美的境界,以美德来评价道德是否公正的机制,做到评价的目标在于美的境界,以德性是否符合良心、美德、美境作为道德公正的评价标准。道德是否公正最终要评价道德本身是否达到美学层次上的良心、品格、名誉,矫正虚荣。船山心誉公正论主要从良心至正、人格至德、美誉至尊三个方面展开。具体如图示:

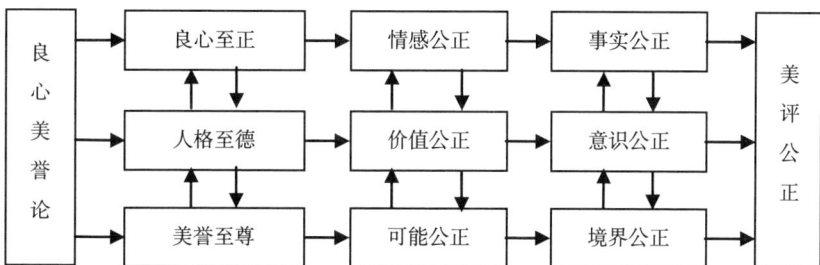

**良心美誉公正论内容界说逻辑图示**

从图示可以看出,心誉公正论是评价公正论的内容,从美学范畴上进行思考,实现良心、名誉、人格达到美的境界,核心思想是通过美学视角评价道

①　《读通鉴论》,《船山全书》(第十册),岳麓书社 2011 年版,第 781 页。

德是否达到公正,良心美誉公正论体现在良心至正、人格至德、美誉至尊三个方面,对美德的评价机制进行建构,核心思想是以美德作为评价行为是否达到公正的目标。评价道德是否达到美的公正主要评价情感公正、价值公正、可能公正三个方面,矫正徒有虚荣的公正,最终达到社会道德公正和社会公正的目的。情感公正是内事实的公正,价值公正是意识的公正,可能公正是境界的公正。情感公正、价值公正、可能公正依次递进和逻辑演进,目标是做到事实、意识、境界三方面公正地推进。良心公正之所以是情感公正,是因为良心是心理公正的基本动力。王海明教授将良心归结于一种情感,"良心虽然是知、情、意三种因素的统一体,但是,它的基本因素却是感情。因为感情是对需要的体验,是心理的动力因素","良心的感情因素乃是良心的动力因素"。① 人格公正是对自我道德的一种意识上的认知,从属于一种价值判断上的公正。美誉公正是一种境界上的公正,体现了道德目标是否达到美的境界,从属于可能理想上的公正。

## 一、良 心 至 正

良心公正是王船山美德公正评价思想的首要内容,即是说从情感、感情上说必须有良心上的公正,道德情感上体现出公正。良知公正情感的产生是基于社会现实、事实上的不公正,社会贫富悬殊,民不聊生,官暴民苦,这些现象都是良心公正产生的原因;良心情感也是评价道德是否公正的依据,即是说以良心评价道德公正,没有基本的良知,就没有道德的公正。良心深存于内心,其情感的产生虽然有天命之说,但良心本身来源于一种事实上的情感,人首先有天命良知,而现实则催生了这种公正良知的展现,现实和事实则展现了良心美德。

良心之所以是一种美德,是基于良心来源于良知,而良知是公正的"明德","明德"产生良心。道德是否公正体现了良心是否存在。孟子说:"君子所性,仁义礼智根于心。"②仁义礼智源自天德良知,是本性之知,公正包含其中。"辞让之心,礼之端。"③孟子认为辞让是天德良知,而辞让则是公正之心,因为有天德良知而有辞让之心,有辞让之心则是一种良心,辞让的良心是对公正的展现。船山认为"礼为天理之经"④,礼源自天理。船山说:"礼者,天理自然之则也。约而反身求之,以尽己之理,而推己之情,则

① 王海明:《伦理学原理》,北京大学出版社 2005 年版,第 344—345 页。
② 朱熹:《孟子·尽心上》,《四书章句集注》,中华书局 1983 年版,第 355 页。
③ 朱熹:《孟子·公孙丑上》,《四书章句集注》,中华书局 1983 年版,第 238 页。
④ 《四书训义》,《船山全书》(第八册),岳麓书社 2011 年版,第 754 页。

天理自然之则著焉。"①将礼的产生归结于天理法则,礼的展现也源自天德良知,礼用达到社会公正。因此,礼在孟子那里是良知层次上的公正道德,在船山那里则是现实的公正道德。王阳明说:"是故率是道心而发之于父子也无不亲;发之于君臣也无不义;发之于夫妇、长幼、朋友也无不别、无不序、无不信;是谓中节之和,天下之达道也。放四海而皆准,亘古今而不穷;天下之人同此心,同此性,同此达道也。"②王阳明对孟子的良知良能思想进行了发挥,良知是本心固有,良知具有普世性,礼制的产生源自天道,放之四海而皆准,因此具有公正性。

王船山认为良心的情感导致公正,以礼的运用达到公正,礼产生于良心。"礼非由天降,非由地出,而生于人心,尽其心以几于复礼,则天则无不可见矣。后有圣人者起而建极锡民,以远人于禽狄,虽百世可知也。"③礼用达到公正,礼来源于良心情感。有礼用能达到道德公正,原因在于有良心而同情民众。船山说:"舍民而言天,于是而惑于符瑞图谶以徼幸,假于时日卜筮以诬民,于是而抑有傲以从康者。矫之曰:'天命不足畏也。'两者争辩,而要以拂民之情。"④船山将良心区别于良知,认为良知源自天命,没有进入事实的公正评价,而良心是对现实的一种情感,因此公正是良心对道德的评价,是对民众处境的同情,由于良心情感而使道德达到公正。

王船山认为良心情感是建构社会公正的原因,良心是道德公正的动力因素。船山指出天道的实现必须以人文建构为中心,将良心付诸于社会现实,达到道德公正。良心情感在于实现社会人人公正。"道行于乾坤之全,而其用必以人为依。不依乎人者,人不得而用之,则耳目所穷,功效亦废,其道可知而不必知。圣人之所以依人而建极也。"⑤人是最终的关注对象,人心关注天道的目的是关注人的存在。公正道德的产生原因在于人本身,因为有良心情感才产生公正道德。"夫王者合天下以为一家,揭猜疑以求民之莫而行士之志,法愈疏,闲愈正,不可欺者,一王之法,天理之公,人心之良也,而恃区区之标制也乎? 三代之隆也,士各仕于其国,而民益亲。"⑥因为人有良心,所以政治治理就是力图建立公正的制度伦理,实现社会公正。"礼以文之,乐以乐之,备物采、盛文章以达之,皆用物力而不嫌于奢,捐衣

---

① 《读四书大全说》,《船山全书》(第六册),岳麓书社 2011 年版,第 821 页。
② 王阳明:《文录四》,《王阳明全集》,上海古籍出版社 1992 年版,第 256—257 页。
③ 《礼记章句》,《船山全书》(第四册),岳麓书社 2011 年版,第 1547 页。
④ 《尚书引义》,《船山全书》(第二册),岳麓书社 2011 年版,第 328 页。
⑤ 《周易外传》,《船山全书》(第一册),岳麓书社 2011 年版,第 850 页。
⑥ 《读通鉴论》,《船山全书》(第十册),岳麓书社 2011 年版,第 324 页。

食而不忧其匮,无一不经营于舜与契之衷。而尧犹以为此人禽之界,恐民以勤勤于衣食之故,而难劝进于善,乃申命司徒……"①以良心评价道德,以良心推动社会人文公正思想的建构,因此有礼乐文章,有善良人性,有道德公正的善,以区别于禽兽的野蛮不公正。"天生人而命以性,人秉性而别于物以为人。人则有孩提之爱焉,顺而达之以为仁;有稍长之敬焉,顺而达之以为义;有人之耳目,则有人之聪明;有人之心思,则有人之睿智。若夫贸贸无择以为不善者,性所本无。均是人,则均有是善,而无不善之性也。"②人有良心美德,则有仁义礼智,都是善性,是人文层次上的道德公正。

王船山认为人有本善的良心,使道德向善,善是公正的本原,良心情感具有公正的意向。"人性之顺趋于善也,引之而即通,达之而莫御,犹水之就下也,是可以知性之本体矣。"③人性本善,人有善的趋向。"礼义者,忠信诚悫之实;忠信诚悫者,礼义之本也。以忠信诚悫之心行乎礼义,则笃实光辉自能感民固有之天良,不待誓会以固结之矣。"④人有良心,则有礼义的忠信诚实,对待民众则有公正道德,良心情感导向公正。"夫义,有天下之大义焉,有吾心之精义焉。精者,纯用其天良之喜怒恩怨以为德威刑赏,而不杂以利者也。使天下知为臣不忠者之必诛而畏即于刑,乃使吾心违其恩怨之本怀,矫焉自诬以收其利。然则义为贼仁之斧而利之囮也乎?"⑤人有良心,则以天下大义为道德宗旨,公正无私,祛除私利。因此良心推动了道德的评价,走向公正。

王船山将道德公正原则归结为良心情感,以良心评价道德是否公正,以良心情感推动公正规则的建构。"则唯道之以德乎! 未尝不有教令之施,而上之所躬行者,皆孝友慈良之实,即以此而喻民之亲亲长长,而感其天良。有不齐焉,则齐之以礼乎! 未尝不有画一之法,而上之所裁定者,酌大中至正之规,乃以此而纳民于饮、射、冠、昏,而咸使率从。诚若是也,则天子有德于上,公卿大夫有德于下,德则荣,而无德则辱;观礼于邦国,行礼于乡党,有礼者人敬之,而无礼者人慢之;于是而自念善之不勉而恶之不去,出无以对君长,而入无以对闾里,有耻必矣。既耻焉,则勉其力之不及,抑其情之甚便,而皆格于善矣。至于格,而为善之实已习,则为善之乐自生;居其上而为

---

① 《四书训义》,《船山全书》(第八册),岳麓书社 2011 年版,第 336 页。
② 《四书训义》,《船山全书》(第八册),岳麓书社 2011 年版,第 680 页。
③ 《四书训义》,《船山全书》(第八册),岳麓书社 2011 年版,第 680 页。
④ 《礼记章句》,《船山全书》(第四册),岳麓书社 2011 年版,第 278 页。
⑤ 《读通鉴论》,《船山全书》(第十册),岳麓书社 2011 年版,第 84 页。

之君者,可以无负于天作元后之任矣。"①船山认为社会以道德高尚为宗旨,可以建构一个井然有序的社会,人人以良心情感为自觉,自觉遵守中正规矩,君臣、君民、乡党、闾里、民众以德为先,公正无私。因此,良心情感是公正道德产生的动力,也是公正道德评价的内容。

综上所述,良心公正是王船山美德公正评价思想的首要内容,核心思想是从情感上说必须有良心上的公正。良知情感能产生道德公正是基于社会现实、事实上的不公正,因为社会贫富悬殊,民不聊生,官暴民苦,违背良心,公正的情感就产生公正的道德;良心情感是评价道德公正的依据,没有基本的良心,就没有公正的道德,良心是道德公正的体现。良心情感导致道德公正,以良心评价道德是否公正,以良心推动社会建构公正的规则。

## 二、人 格 至 德

王船山美德公正论是评价的公正论,超越了规范公正论,建构了美德评价上的公正思想,即是说公正是一种美德,实现公正规范向公正美德的发展贯通,公正美德达到和顺道德、矫正邪恶、赢得美誉。船山继续完善美德公正思想的进程,从良心公正思想进入人格公正思想,最终的致思趋向是通过公正塑造美德人格,以人格指标评价道德是否公正。美德人格是美德伦理学思维的最高目标之一,船山的公正思想最终是要建构高尚的美德人格。美德人格是人的自觉意识,是从事实公正向价值公正的发展,即是说人格公正是一种价值评判,以美德人格成就一个公正的人。

首先,王船山认为作为德性意识强烈的君子和士人向往公正的美德人格。美德和美誉只是阐明人的存在状态,即是说公正的规范途径造就了具有良好状态的人,但还没有完全塑造出一个具有高尚人格的人,人格的塑造则是美德的内化,达到虚灵不昧,此种人则可以称为有美德人格的人,公正的道德人格是一种美德人格,意识上是一种高尚品格的自觉者。船山公正思想主张通过公正道德塑造美德人格,他说:"人心固有之退让,礼所生也,虽负贩者不能泯之","以礼立身则所行皆裕,富贵贫贱不足以移之。"②礼成为人的立身之本,礼用过程实现道德公正,公正上升成为一种道德人格的内涵,艰难险阻不可能使公正的人格丧失。人格就是力量,美德人格是人生的向往和终身追求,公正成就美德人格。船山说:"尽天下之人,为士、为商、为旅、为农、为氓而已矣。士之所以不归者,礼任不隆,贤奸杂进,以失其

---

① 《四书训义》,《船山全书》(第七册),岳麓书社 2011 年版,第 281 页。
② 《礼记章句》,《船山全书》(第四册),岳麓书社 2011 年版,第 19 页。

择主之望也。贤者宾之师之,能者信之任之,在位者皆俊杰,而君子之道昌矣。则天下之士,虽未履其庭,而闻而悦之,愿立其庭以得展其所为者,上必然之理也。其得主而乐为之效,士之有此情久矣。"①君子、士人具有公正的美德人格,他们向往礼隆昌盛具有公正大义的君王,希望在这样的君王那里任职,邪恶者在那里没有生存的空间,因为美德人格可以在圣明君王那里得到展现。终生为明主效劳,因为对美德人格有始终不渝的追求,公正无私。"夫言必以义,行必以礼,所与者必正,乃君子立身之道,初未尝计效后日,望德于他人;而即欲求勉于悔吝,亦必于道而不相远,庶几可以寡过。不然,矜慷慨之气,修卑柔之节,侈广交之名,谓可以游于末俗而无咎,亦终不可得。甚哉,道之不可违,而人特未尝取身世之始终而熟念之也!"②只要公正的美德人格能够得到展现,贤人、君子、士人就不计较个人得失,不计较富贫,公正无私。船山公正思想高扬了君子、士人的美德人格,美德人格的展现通过公正之礼得以完成。

其次,王船山认为民众的美德人格通过公正规范得到自化。船山没有忽视普通民众美德人格的存在,这符合其人本主义思想和民本价值思想,主张给小人物一个合理的生存空间和价值空间,普通民众也有公正的美德人格和虚灵不昧的天性,提升了民众的人本价值。他说:"田畴易,税敛薄,则所可欲者已足;食以时,用以礼,已足而无妄欲,即养以寓教,民不知而自化矣。"③满足民众合理的欲求,对民众进行礼用教化,则私欲得到调节,民众自然而然地就归化,因为民众也有公正的美德人格,虽然有些无知,但不会顽固不化。船山的公正道德人格思想具有大众化的性质,没有否定普通民众公正美德人格的存在。"以刑治者,治人者也;以礼治者,自治者也。"④正是基于民众美德人格存在的人本主义思想,船山礼学认为礼治具有可行性,礼用达到公正,礼用的过程是自治过程,礼治是治理的重要途径,刑治只是礼治的辅佐途径,礼治与刑治齐头并进达到道德和社会公正。礼治之所以具有可行性和现实性,是因为普通民众具有公正的美德人格,而礼用途径则可以使民众回归到公正的美德人格上来。

再次,王船山认为礼用的公正规范塑造公正的美德人格达到情理合一。船山的"理"类似于美德人格,"情"类似于情感习性,通过公正规范最终使"情"符合"理"。"草木有气而无情,禽兽有情而无理,兼情与理而合为一

① 《四书训义》,《船山全书》(第八册),岳麓书社 2011 年版,第 211 页。
② 《四书训义》,《船山全书》(第七册),岳麓书社 2011 年版,第 270 页。
③ 《张子正蒙注》,《船山全书》(第十二册),岳麓书社 2011 年版,第 268 页。
④ 《春秋家说》,《船山全书》(第五册),岳麓书社 2011 年版,第 348 页。

致,乃成乎人之生。故遇物之危而恻然动,见人之哀而隐然恤,虽残忍习成,而当可恻可隐之时,则心必动,如其悍然而恝忘之,则必非人而后然矣。如己有可愧而羞之,见人有不善而恶之,虽廉耻道丧,而于可羞可恶之时,则心必动,如其坦然而忽忘之,则必非人而后然也。得非所有,不容已于辞;人不可陵,不容已于让;虽骄盈气盛,而当必辞必让之际,则心为之动,如其傲然而安之,必非人而后然矣。理所同是,不可以为非;理所必非,不可以为是;虽私利相蒙,而当是一是一非之着,不觉而动,如其冥然而莫觉,则必非人而后然矣。贤者全此心,而不肖者亦不昧;后念失此心,而前念必不迷也。"①船山表达了几层意思:一是人有公正的美德人格,是情与理的合一,人生即是德性人生,公正美德是人生的本性;二是人有恻隐的美德人格,在危难之时展现出来,体现公正美德;三是人向往善良美德,这是人的本性,虚灵不昧,美德公正;四是人的美德人格在日用行为中体现,即礼用实现公正的贯通。船山认为天下人的共性是美德人格,美德人格的塑造需要礼用途径,与其说是美德人格的塑造,不如说是美德人格的回归,因为大道内存于本心之中,礼用自然能够达到公正。《礼记》云:"大道之行也,天下为公,选贤与能,讲信修睦。"船山章句说:"'天下为公',谓五帝官天下,不授其子。'选',择。'与',授也。谓择贤能而禅之。'讲信'者,讲说期约而自践之,不待盟誓。'修睦'者,修明和睦之教而人自亲,不待兵刑也。凡此皆人道之固然,尧、舜因之以行于天下。与贤而百姓安之,讲信修睦而天下固无疑叛,则礼意自达,无假修为矣。"②认为讲信修睦即是礼用,达到公正,通过礼用过程百姓自然顺安,公平公正,自然达到美德之礼。

总之,王船山公正思想的美德向度在规范礼用途径的贯通下回归和塑造了公正的美德人格,美德人格是虚灵不昧,本心固存,公正规范使美德人格得以恢复。普通民众在礼用的教化下,回归公正美德人格,展现人本价值,天下得到治理,这一思想体现了船山公正思想的人本主义性质,超越了传统的朱子理学的规范伦理向度。公正的美德人格是对道德是否公正进行评价的重要内容,使公正的规范伦理走向公正的美德伦理。

### 三、美誉至尊

王船山美德公正论以评价的公正来体现,公正是一种美德,公正通过美德境界来评价。美的境界是儒家思想追求的最高境界,公正的道德评价必

---

① 《四书训义》,《船山全书》(第八册),岳麓书社 2011 年版,第 218 页。
② 《礼记章句》,《船山全书》(第四册),岳麓书社 2011 年版,第 537 页。

然进入美的境界评价阶段。《礼记》云："夫鼎有铭,铭者自名也。自名以称
扬其先祖之美,而明着之后世者也。为先祖者,莫不有美焉,莫不有恶焉,铭
之义,称美而不称恶,此孝子孝孙之心也,唯贤者能之。铭者,论譔其先祖之
有德善,功烈、勋劳、庆赏、声名,列于天下,而酌之祭器,自成其名焉,以祀其
先祖者也。显扬先祖,所以崇孝也。身比焉,顺也。明示后世,教也。夫铭
者,一称而上下皆得焉耳矣。是故君子之观于铭也,既美其所称,又美其所
为。为之者,明足以见之,仁足以与之,知足以利之,可谓贤矣。"①意思是说
儒家对先祖的美德进行称颂,关键原因在于先祖有仁义美名,为了弘扬这一
美名,通过鼎铭将其记录和展现出来,儒家君子善于观赏铭器,因为鼎铭是
内在仁义和外在美称的双面结合,真正的贤者是内外结合,既有内在的美,
也有外在的美,内的仁义与外在的行为二者合一才是真正的美。孔子曰:
"《诗》三百,一言以蔽之,曰:'思无邪。'"朱熹注曰:"凡《诗》之言,善者可
以感发人之善心,恶者可以惩创人之逸志,其用归于使人得其情性之下而
已。然其言微婉,且或各因一事而发,求其直指全体,则未有若此之明且尽
者。"程子注曰:"'思无邪'者,诚也。"②孔子、程子、朱熹对《诗经》的评价都
以美来评价,道德最后都达到美。因此,公正的道德评价必然进入美的最高
阶段,船山美德公正必然也达到美的评价思想上。

　　规范的公正向美德公正的贯通,需要通过公正的美德评价来实现,公正
美德评价的结果是要赢得美誉。公正美德是对规范公正的超越。但是,美
德公正并不高高在上,与规范的公正相分野但不相分体,始终相互促进而致
和。美德是否实现需要通过规范的公正进行评价和矫正,没有规范的公正
在现实中的运用,美德公正就是静态的、单向度的,其最终也是不真实的,船
山认识到了这一点。美德公正的实现需要公正规范的路径,以公正的途径
进行评价和矫正,最终得到美誉。船山公正思想体现了人本主义性质,关注
人本身的存在和发展,但最终要在公正的规范途径中得到评价和矫正,公正
体现了一种人文特征。钱穆说:"船山的人本主义,同时注重到人的'用',
所以与从来儒者以天道范围人生的人本主义不同。"③钱穆对王船山的人本
主义性质把握得十分精当,船山的人本主义思想主张在礼用公正中得到美
的赞誉。

　　王船山认为礼用是评价美德的关键环节,礼用效果好才能享有美誉,礼

---

①　阮元:《礼记·祭统》,《礼记正义》,《十三经注疏》,中华书局 1980 年版,第 1606—
　　1607 页。
②　朱熹:《论语·为政》,《四书章句集注》,中华书局 1983 年版,第 53—54 页。
③　钱穆:《中国学术思想史论丛》(八),九州出版社 2011 年版,第 108 页。

是否成为美德,需要和的礼用,和顺人心。《礼记》中有子曰:"礼之用,和为贵。先王之道斯为美,小大由之。有所不行,知和而和,不以礼节之,亦不可行也。"船山诠释说:"所以然者,以有子说'礼之用,和为贵',言'为贵'则非以其体言,而亦不即以用言也。'用'只当'行'字说,故可云'贵'。若'和'竟是用,则不须拣出说'贵'矣。'用'者,用之于天下也。故曰'先王之道',曰'小大由之',全在以礼施之于人而人用之上立论。此'用'字不与'体'字对。'贵'者,即所谓道之美而大小之所共由也。'和'者,以和顺于人心之谓也。用之中有和,而和非用礼者也。有子盖曰:礼之行于天下而使人由之以应夫事者,唯和顺于夫人之心而无所矫强之为贵;唯其然,斯先王之以礼为小大共由之道,以纯粹而无滞也。"①船山对有子思想的诠释凸显了礼用的公正规范是评价美德的关键要素,主要有四个方面:一是公正规范是评价美德的方式,美德不是静态的,体现在礼用公正的过程之中,要通过礼用公正的实践方式来评价,这就是儒家的"日用"实践精神;二是礼用公正评价美德的标准是和顺人心,礼用是否合适需要,以和顺人心为标准,不可过犹不及,达到公正;三是享有美誉是礼用公正的目标,礼用达到公正效果的好坏直接关系到美誉的产生,目标是得到"贵"的美誉;四是赢得美誉需要天下民众来评价,评价主体是天下民众,评价内容是道德是否公正。船山公正的美德评价体系的四个方面要素完全超越了规范伦理学的范围,是美德和美誉向度的伦理思想体系,以评价促进美德公正的生成。船山继续诠释道:"有子大旨,只是重礼。前三句谓能知礼意,则行为贵美而不可废。后四句则以为能达礼意,而或废礼者之防。若夫不知礼之用而可贵者,唯以和故,乃贸贸然以礼为程限,而深其畏葸,以自役而役人,则必将见礼之不足贵,而与于无礼之甚者矣。知其用于天下之本旨,则礼未尝不可损益,以即乎人心;而知人心必于礼得和,而舍礼无和,则虽有可损益,而必不可过乎其节。此斟酌百王、节文自性者所必谨也。"②认为公正的道德评价能够矫正行为是否达到美德目标,在过程之中纠正不符合美德的偏向,超越规范的公正,和顺人心达到美誉,公正道德贯通了规范伦理和美德伦理。

王船山认为公正的矫正功能通过美德评价来实现,使民众心服口服,赢得美誉。《礼记》云:"是故,礼者君之大柄也,所以别嫌明微,傧鬼神,考制度,别仁义,所以治政安君也。故政不正,则君位危,君位危,则大臣倍,小臣窃。"船山章句:"礼以自正而正人,则政治而君安,不待刑而自服。若无礼

① 《读四书大全说》,《船山全书》(第六册),岳麓书社 2011 年版,第 592 页。
② 《读四书大全说》,《船山全书》(第六册),岳麓书社 2011 年版,第 594—595 页。

以正上下而虑下之倍窃,则必过为刑法以钤束之。刑愈密,法愈繁,而民愈偷,士失其职,民怨其上。"①认为礼是君王必须具有的美德,是规范的公正,君王礼用精当,民众心服口服,君王因此享有美誉盛名。圣人和君王通过礼用矫治人情,达到公正,君王和民众都享有美誉,美德自在其中。《礼记》云:"故圣王修义之柄、礼之序,以治人情。"船山诠释说:"义为礼之制,'柄'也;礼为义之章,'序'也。义之柄,礼之序,盖天道之著于人情者。圣王本仁达顺,修其德以凝其道,则人情治而人之大端立矣。"②船山认为礼用矫正了人情,人情得到治理,实现了公正的美德,人人享有美誉。张载说:"体正则不待矫而弘,未正必矫,矫而得中,然后可大。故致曲于诚者,必变而后化。"船山注:"体,才也;才足以成性曰正。聪明强固,知能及而行能守,则自弘矣。得中道之一实以体天德,然后可备万物之理。才既偏矣,不矫而欲弘,则穷大失居,弘非其弘矣。盖才与习相狎,则性不可得而见,习之所以溺人者,皆乘其才之相近而遂相得。故矫习以复性者,必矫其才之所利;不然,陷于一曲之知能,虽善而隘,不但人欲之局促也。"③规范的公正能够矫正不正之才,矫正能够恢复美德本性,天下人通过礼用的矫正,人人都能弘扬美德,人人享有美誉,从规范的公正走向美德公正。

　　总之,王船山美德公正思想建构了以美德为中心的公正评价体系,矫正人情,享有美誉,规范的公正是一个美德催生的过程,是德性的矫正过程,公正最后成为一种美德,公正即是美德,美德在用的过程中通过民众的评价赢得美誉,船山公正思想的路径超越了规范的向度,向美德向度跨越。

①　《礼记章句》,《船山全书》(第四册),岳麓书社 2011 年版,第 553 页。
②　《礼记章句》,《船山全书》(第四册),岳麓书社 2011 年版,第 572 页。
③　《张子正蒙注》,《船山全书》(第十二册),岳麓书社 2011 年版,第 163 页。

# 参 考 文 献

## 一、经 典 文 献

1. 王夫之:《船山全书》,岳麓书社 2011 年版。

2. 阮元:《十三经注疏》,中华书局 1980 年版。

3. 朱熹:《四书章句集注》,中华书局 1983 年版。

4. 王先谦:《荀子集解》,中华书局 1988 年版。

5. 郭庆藩:《庄子集释》,中华书局 2004 年版。

6. 黎翔凤:《管子校注》,中华书局 2004 年版。

7. 王先慎:《韩非子集解》,中华书局 1998 年版。

8. 王聘珍:《大戴礼记解诂》,中华书局 1983 年版。

9. 许慎:《说文解字》,中华书局 1963 年版。

10. 段玉裁:《说文解字注》,上海古籍出版社 1988 年版。

11. 王国轩、王秀梅:《孔子家语》,中华书局 2011 年版。

12. 谭戒甫:《公孙龙子形名发微》,中华书局 1963 年版。

13. 洪亮吉:《春秋左传诂》,中华书局 1987 年版。

14. 司马迁:《史记》,中华书局 2006 年版。

15. 周敦颐:《周敦颐集》,岳麓书社 2002 年版。

16. 王利器:《新语校注》,中华书局 1986 年版。

17. 阎振益、钟夏:《新书校释》,中华书局 2000 年版。

18. 朱谦之:《新辑本桓谭新论》,中华书局 2009 年版。

19. 石光瑛:《新序校释》,中华书局 2001 年版。

20. 向宗鲁:《说苑校证》,中华书局 1987 年版。

21. 汪荣宝:《法言义疏》,中华书局 1987 年版。

22. 苏舆:《春秋繁露义证》,中华书局 1992 年版。

23. 董仲舒:《春秋繁露·天人三策》,岳麓书社 1997 年版。

24. 屈守元、常思春:《韩愈全集校释》,四川大学出版社 1996 年版。

25. 张载:《张载集》,中华书局 1978 年版。

26. 程颢、程颐:《二程集》,中华书局 1981 年版。

27. 邵雍:《邵雍集》,中华书局 2010 年版。

28. 朱熹、吕祖谦:《近思录》,上海古籍出版社 2000 年版。

29. 黎靖德:《朱子语类》,中华书局 1986 年版。

30. 陆九渊:《陆九渊集》,中华书局 1986 年版。

31. 王阳明:《王阳明全集》,上海古籍出版社 1992 年版。

32. 许维遹:《韩诗外传集释》,中华书局 1980 年版。

33. 王廷相:《王廷相集》,中华书局 1989 年版。

34. 来可泓:《国语直解》,复旦大学出版社 2000 年版。

35. 戴震:《孟子字义疏证》,中华书局 1961 年版。

36. 范仲淹:《范仲淹全集》,四川大学出版社 2002 年版。

37. 范文澜:《文心雕龙注》,人民文学出版社 1958 年版。

38. 陈立:《白虎通义疏证》,中华书局 1994 年版。

39. 谭嗣同:《仁学》,华夏出版社 2002 年版。

40. 康有为:《大同书》,华夏出版社 2002 年版。

41. 黄宗羲:《黄宗羲全集》,浙江古籍出版社 2005 年版。

42. 黄汝成:《日知录集释》,上海古籍出版社 2006 年版。

43.《二十四史》,中华书局 1997 年版。

44. 章学诚:《文史通义校注》,中华书局 2014 年版。

45. 陈淳:《北溪字义》,中华书局 1983 年版。

46. 梁启超:《饮冰室合集》,中华书局 1989 年版。

47. 梁启超:《清代学术概论》,中国人民大学出版社 2004 年版。

48. 梁启超:《梁启超讲国学》,吉林人民出版社 2008 年版。

## 二、研 究 专 著

1. 王泽应:《船山伦理与西方近代伦理比论》,国际展望出版社 1991 年版。

2. 唐凯麟、张怀承:《六经责我开生面——王船山伦理思想研究》,湖南出版社 1992 年版。

3. 陈远宁:《中国古代政治观的批判总结——王船山政治观研究》,湖南出版社 1992 年版。

4. 邓辉:《王船山历史哲学研究》,上海人民出版社 2017 年版。

5. 陈来:《诠释与重建——王船山的哲学精神》,北京大学出版社 2004 年版。

6. 张立文:《正学与开新——王船山哲学思想》,人民出版社 2001 年版。

7. 陈力祥:《王船山礼学思想研究》,巴蜀书社 2008 年版。

8. 陈力祥:《王船山礼宜乐和的和谐社会理想》,社会科学文献出版社 2014 年版。

9. 庄凯雯:《王船山〈读四书大全说〉研究》,花木兰文化出版社 2009 年版。

10. 张立文:《和合学概论——21 世纪文化战略的构想》,首都师范大学出版社 1996 年版。

11. 张立文:《中国哲学思潮发展史》,人民出版社 2014 年版。

12. 张立文:《和合哲学论》,人民出版社 2004 年版。

13. 张立文:《宋明理学研究》,中国人民大学出版社 1985 年版。

14. 张立文:《中国哲学范畴发展史(天道篇)》,中国人民大学出版社 1988 年版。

15. 张立文:《中国哲学范畴发展史(人道篇)》,中国人民大学出版社 1995 年版。

16. 张立文:《新人学导论》,广东人民出版社 2000 年版。

17. 张立文、祁润兴:《中国学术通史》(宋元明卷),人民出版社 2004 年版。

18. 陆玉林:《中国学术通史》(先秦卷),人民出版社 2004 年版。

19. 梁漱溟:《梁漱溟全集》,山东人民出版社 2005 年版。

20. 唐君毅:《中华文明与当今世界》,广西师范大学出版社 2005 年版。

21. 唐君毅:《文化意识与道德理性》,广西师范大学出版社 2005 年版。

22. 张岱年:《中国哲学大纲》,中国社会科学出版社 1982 年版。

23. 陈来:《朱子哲学思想研究》,华东师范大学出版社 2000 年版。

24. 陈来:《仁学本体论》,三联书店 2014 年版。

25. 余英时:《士与中国文化》,上海人民出版社 2006 年版。

26. 余英时:《现代儒学的回顾与展望》,三联书店 2004 年版。

27. 冯友兰:《中国哲学简史》,北京大学出版社 1996 年版。

28. 冯友兰:《中国哲学史新编》,人民出版社 1999 年版。

29. 冯友兰:《中国哲学史》,华东师范大学出版社 2000 年版。

30. 冯友兰:《三松堂全集》,河南人民出版社 2001 年版。

31. 马克斯·韦伯:《儒教与道教》,商务印书馆 1995 年版。

32. 马克斯·韦伯:《新教伦理与资本主义精神》,中国社会科学出版社 2009 年版。

33. 恩斯特·卡西尔:《人论》,上海译文出版社 2004 年版。

34. 卢梭:《社会契约论》,商务印书馆 2003 年版。

35. 费希特:《国家学说:或关于原初国家与理性王国的关系》,中国法制出版社 2010 年版。

36. 北京大学哲学系:《中国哲学史》,北京大学出版社 2001 年版。

37. 任继愈:《中国哲学史》,人民出版社 1996 年版。

38. 康德:《道德形而上学原理》,上海人民出版社 2002 年版。

39. 康德:《道德形而上学基础》,中国社会科学出版社 2009 年版。

40. 康德:《实践理性批判》,商务印书馆 1999 年版。

41. 约翰·穆勒:《功利主义》,上海人民出版社 2008 年版。

42. 约翰·罗尔斯:《正义论》,中国社会科学出版社 1988 年版。

43. 约翰·罗尔斯:《万民法》,吉林人民出版社 2001 年版。

44. 万俊人:《寻求普世伦理》,北京大学出版社 2009 年版。

45. 柏拉图:《柏拉图全集》,人民出版社 2003 年版。

46. 亚里士多德:《形而上学》,商务印书馆 1996 年版。

47. 林语堂:《吾国与吾民》,长江文艺出版社 2009 年版。

48. 钱穆:《中国学术思想史论丛》,九州出版社 2011 年版。

49. 张加才:《诠释与建构——陈淳与朱子学》,人民出版社 2004 年版。

50. 罗安宪:《虚静与逍遥——道家心性论研究》,人民出版社 2005 年版。

51. 彭永捷:《朱陆之辩——朱熹陆九渊哲学比较研究》,人民出版社 2002 年版。

52. 张宗舜、李景明:《孔子大传》,山东友谊出版社 2003 年版。

53. 林铭钧、曾祥云:《名辩学新探》,中山大学出版社 2000 年版。

54. 陈卫平:《孔子与中国文化》,贵州人民出版社 2000 年版。

55. 胡治洪:《全球语境中的儒家学说:杜维明新儒家思想研究》,三联书店 2004 年版。

56. 葛荣晋:《中国哲学范畴通论》,首都师范大学出版社 2001 年版。

57. 张世英:《天人之际:中西哲学的困惑与选择》,人民出版社 1994 年版。

58. 蒙培元:《心灵超越与境界》,人民出版社 1998 年版。

59. 北京大学哲学系:《中国哲学史》,北京大学出版社 2001 年版。

60. 唐文:《郑玄辞典》,语文出版社 2004 年版。

61. 赵国璋:《文献学大辞典》,广陵书社 2005 年版。

62. 张善文:《周易辞典》,中国大百科全书出版社 2005 年版。

63. 安作璋:《论语辞典》,上海古籍出版社 2004 年版。

64. 南怀瑾:《南怀瑾著作珍藏本》二、三、六、十卷,复旦大学出版社 2000 年版。

65. 伽达默尔:《真理与方法》,洪汉鼎译,上海译文出版社 2004 年版。

66. 赵馥洁:《中国传统哲学价值论》,人民出版社 2009 年版。

67. 刘进田:《人本价值与公共秩序》,中国社会科学出版社 2010 年版。

68. 林毓生:《中国传统的创造性转化》,三联书店 2011 年版。

69. 张立文:《中国哲学逻辑结构论》,中国社会科学出版社 2002 年版。

70. 朱义禄:《儒家理想人格与中国文化》,复旦大学出版社 2006 年版。

71. 张耀南:《"大人"论——中国传统中的理想人格》,北京大学出版社 2005 年版。

72. 周光庆:《中国读书人的理想人格》,湖北教育出版社 1999 年版。

73. 托克维尔:《旧制度与大革命》,商务印书馆 1992 年版。

74. 沟口雄三:《中国的公与私·公私》,三联书店 2011 年版。

75. 文德尔班:《哲学史教程》,商务印书馆 1987 年版。

76. 李翔海:《寻求德性与理性的统一》,文史哲出版社 1997 年版。

77. 李翔海:《现代新儒概要》,南开大学出版社 2010 年版。

78. 李长泰:《天地人和——儒家君子思想研究》,人民出版社 2012 年版。

79. 李长泰:《儒家人本价值与公共理性耦合机理研究》,花木兰文化出版社 2014 年版。

80. 李长泰:《马克思主义中国化的文化生态和合论》,中南大学出版社 2010 年版。

81. 李长泰:《孟子公共理性思想研究》,中南大学出版社 2013 年版。

82. 张康之:《公共管理伦理学》,中国人民大学出版社 2009 年版。

83. 郭湛:《社会公共性研究》,人民出版社 2009 年版。

84. 黄建洪:《公共理性视野中的当代中国政府能力研究》,中国社会科学出版社

2009 年版。

85. 谭安奎：《公共理性》，浙江大学出版社 2011 年版。

86. 张志伟：《西方哲学史》，中国人民大学出版社 2002 年版。

87. 李洁：《公正与仁爱——论叔本华的同情道德观》，中国文联出版社 2006 年版。

88. 吴忠民：《社会公正论》，商务印书馆 2019 年版。

89. 唐代兴：《公正伦理与制度道德》，人民出版社 2003 年版。

90. 黄显中：《公正德性论》，商务印书馆 2009 年版。

91. 宋增伟：《制度公正与人的全面发展》，人民出版社 2008 年版。

92. 向世陵：《理学与易学》，长春出版社 2011 年版。

93. 胡治洪：《全球语境中的儒家学说：杜维明新儒家思想研究》，三联书店 2004 年版。

94. 侯外庐、赵纪彬、杜国庠：《中国思想通史》，人民出版社 1957 年版。

95. 杜维明：《〈中庸〉洞见》，人民出版社 2008 年版。

96. 杜维明：《儒家传统与文明对话》，人民出版社 2010 年版。

97. 安巧珍：《马克思公正思想研究》，光明日报出版社 2016 年版。

98. 罗素：《西方哲学史》，商务印书馆 1976 年版。

99. 查士丁尼：《法学总论》，商务印书馆 1989 年版。

100. 赵吉惠：《中国传统文化导论》，陕西人民出版社 1994 年版。

101. 王海明：《伦理学原理》，北京大学出版社 2005 年版。

102. 王海明：《公正与人道》，商务印书馆 2010 年版。

103. 泰·德萨米：《公有法典》，商务印书馆 1982 年版。

104. 塞缪尔·普芬道夫：《人和公民的自然法义务》，商务印书馆 2010 年版。

# 三、博士、硕士学位论文

1. 唐铁惠：《王船山美学思想研究》，武汉大学（博），2002 年。

2. 章启辉：《王夫之的〈四书〉研究及其早期启蒙思想》，中国社会科学院（博），2002 年。

3. 彭传华：《王船山政治思想研究》，武汉大学（博），2008 年。

4. 陈浩：《王夫之哲学的存在论与心性论研究》，南京大学（博），2016 年。

5. 夏亚平：《王船山"道"学体系研究》，湖南大学（博），2017 年。

6. 张震：《道器之际：王船山的"象"哲学思想研究》，东南大学（博），2017 年。

7. 朱玉红：《王夫之的义利观》，延边大学（硕），2001 年。

8. 卢江宁：《王夫之经济法制思想述论》，西南政法大学（硕），2008 年。

9. 潘新辉：《王夫之天道观与人性论的法哲学研究》，湘潭大学（硕），2008 年。

10. 乔红茹：《王夫之人性论探究》，陕西师范大学（硕），2009 年。

11. 陈泓树：《王船山"即民见天"民本思想研究》，湖南师范大学（硕），2011 年。

12. 王琪：《王夫之理欲观研究》，湖南工业大学（硕），2012 年。

13. 王羿皓:《王夫之义利观研究》,西北师范大学(硕),2013 年。

14. 魏宽:《王夫之论为君之道——以〈读通鉴论〉〈宋论〉为中心》,东北师范大学(硕),2016 年。

15. 陈箬涵:《王夫之政治哲学思想探析》,沈阳师范大学(硕),2017 年。

16. 王志华:《王船山遵礼之道研究》,湖南大学(硕),2017 年。

17. 刘文路:《王船山政治伦理思想研究》,湖南师范大学(硕),2018 年。

# 后　记

　　船山学研究是当代中国哲学和传统伦理学研究的热门领域,王船山是湖湘学派的重要代表人物,对船山学的研究学术界正在全面铺开,但以湖湘地区船山学的研究尤为兴盛。本人在湖南工作期间开始涉及船山学的研究,研究方向从先秦哲学转向明清哲学,对船山学逐渐有所认识。本人自湖南调动工作来到山城从事教学科研,正式投入了船山学的研究。学术界对船山学的研究有很多学术成果,仁者见仁,智者见智。从研究的全局上看,学术界对船山哲学的研究比较完整,框架比较清晰,但研究大多体现为大的方向和大的领域,如船山历史哲学、船山哲学本体论和船山礼学思想等方面,对船山哲学思想还没有完全具体展开,需要对船山哲学的具体和细小的哲学思想展开研究。同时,由于时代价值的需要,社会发展在新时代追求公平和公正价值观念,需要将传统思想与新时代相结合,船山思想中有丰富的公正思想,对船山公正思想的研究正是这一学术心路的产物,本书的完成是这一心路历程的转换和见证。

　　本书是2019年国家社会科学基金后期资助项目——“王船山公正思想研究”(编号19FZXB070)的著作成果,该项目能够完成得益于湖湘学人的鼓励和引导。本人一直得到湖湘学者王泽应和陈力祥等教授的大力帮助和鼓励,在船山公正思想研究上才有自己的一些见解。湖湘文化博大精深,尤以船山学最为显著,船山学的研究成果多见诸于百年学刊《船山学刊》,本人的一些船山公正思想研究成果在《船山学刊》上多有发表。本书的完成要感谢湖湘学者和《船山学刊》的帮助和引导。

　　本书的完成得到了我的导师张立文教授的精心指导。张教授是船山学研究方面的大家,本人在中国人民大学攻读博士学位期间就学习了张教授的《正学与开新——王船山哲学思想》著作,初步了解了船山学的思想与哲学,感叹船山哲学思想的博厚、精锐和船山为学、为道的精意精神。张立文教授为学言传身教,近二十年一直对我的学问研究进行指导,本人在船山公正思想研究上的一些见解与张教授的指导分不开。本书从撰写再到修改,张教授都提出了具体的研究建议,真正做到了学为示范。张教授将道家的至静无为境界与儒家的天下情怀相结合,开拓出现实与理想相和合的学术心路,是一代学者大师的气质与风范。本书的完成要感谢张教授的培养和指导。

　　本书得以完成也要感谢广大的中国哲学和传统伦理学界的同仁的帮助和指导,正是由于这些同仁的学术指导和学术交流,才有船山公正思想研究上的一些拙见。这些同仁学者为人厚道、功底扎实、不吝赐教,让我受益匪浅,他们是不可或缺的良师益友,对他们表示由衷的感谢。同时本书的完成也要感谢家人的辛勤劳动,妻子基本承担了一切家务,使我能够将精力集中于船山学研究之中,感谢家人的劳动和付出。我是重庆师范大学马克思主义学院的教师,身为教师要做到学高为师和身正为范,要有寓教于乐的价值取向。本书的完成在资金上得到重庆师范大学学术出版基金的资助。本书得到学校、学院的领导、老师的帮助和鼓励,在此一并表示感谢!本书作为项目成果有研究生们的大力帮助,他们在收集资料、电子文本输入上付出了辛勤的劳动,对研究生们的努力和付出表示感谢!

　　本书尽管已经完成并将要见之于世,但由于学术水平有限和涉猎不深,成果见解不是十分理想,本人将在以后的时间里继续丰富和完善。欢迎广大学者、同仁和读者批评指正!

李长泰

2021 年 10 月 10 日于诚静轩

重庆师范大学

责任编辑:方国根　崔秀军

封面设计:毛　淳　姚　菲

**图书在版编目(CIP)数据**

王船山公正思想研究/李长泰 著. —北京:人民出版社,2023.6

(国家社科基金后期资助项目)

ISBN 978－7－01－025127－1

Ⅰ.①王…　Ⅱ.①李…　Ⅲ.①王夫之(1619-1692)-公正-思想评论

　Ⅳ.①B249.25②D081

中国版本图书馆 CIP 数据核字(2022)第 185192 号

王船山公正思想研究

WANGCHUANSHAN GONGZHENG SIXIANG YANJIU

李长泰　著

人民出版社 出版发行

(100706　北京市东城区隆福寺街 99 号)

北京汇林印务有限公司印刷　新华书店经销

2023 年 6 月第 1 版　2023 年 6 月北京第 1 次印刷

开本:710 毫米×1000 毫米 1/16　印张:22

字数:390 千字

ISBN 978－7－01－025127－1　定价:88.00 元

邮购地址 100706　北京市东城区隆福寺街 99 号

人民东方图书销售中心　电话 (010)65250042　65289539